Kärnten

Walter M. Weiss

Reise-Taschenbuch

Inhalt

Schnellüberblick	6
Die Qualität der Vielfalt	8
Lieblingsorte	10

Reiseinfos, Adressen, Websites

Informationsquellen	14
Wetter und Reisezeit	17
Rundreisen planen	18
Anreise und Verkehrsmittel	20
Übernachten	23
Essen und Trinken	26
Aktivurlaub, Sport und Wellness	29
Feste und Unterhaltung	31
Reiseinfos von A bis Z	35

Panorama – Daten, Essays, Hintergründe

Steckbrief Kärnten	42
Geschichte im Überblick	44
Landschaften und Naturraum – ein Paradies für Geologen und Botaniker	48
Holz, Chips und Biogas – Krise und Chancen der Kärnter Wirtschaft	52
Die (un)erträgliche Leichtigkeit des Seins – über das Wesen der Kärnter	55
Jörg Haider – Mythos und Wirklichkeit	58
Günther Domenig und sein Steinhaus	62
Alpentransit anno dazumal – auf den Spuren der Säumer	65
Nationalpark Hohe Tauern – sanfter Umgang mit den Alpen	69
Vom Holztrog zum Luxusspa – Kuren in Kärntens Bergwelt	71

Inhalt

Die Großglockner-Hochalpenstraße – ein Jahrhundertbauwerk	74
Die Freuden der Langsamkeit – Entwicklungsinitiative Lesachtal	77
Wo Herzen schmelzen – über das Kärnter Lied	80
Von Boekl und Berg bis Zobernig – moderne Kunst in Kärnten	83
Kärnten – fruchtbarer Boden für spannende Dichtkunst	85

Unterwegs in Kärnten

Klagenfurt und Wörthersee 90
Das Klagenfurter Becken 92
Klagenfurt 93
Rund um den Wörthersee 111
Keutschacher Seental 126

Rosental, Jauntal und Lavanttal 128
Unteres Drautal und äußerster Osten 130
Durch das Rosental 130
Völkermarkt und Umgebung 136
Rund um den Klopeiner See 140
Bleiburg 144
Durch das Lavanttal 148
St. Paul im Lavanttal 153

Zollfeld und Umgebung 156
Kärntens historisches Herz 158
St. Veit an der Glan 158
Burg Hochosterwitz 166
Maria Saal 167
Schloss Tanzenberg 171

Metnitztal, Gurktal und Görtschitztal 174
Der Nordosten 176
Hirt und Friesach 176
Durch das Metnitztal 181
Gurk 183
Von Straßburg nach Althofen 186
Entlang der Görtschitz 188

Inhalt

Villach, Ossiacher See und Umgebung — 194
Die heimliche Hauptstadt und ihr (bade-)paradiesisches Umland — 196
- Villach — 196
- Dobratsch und Umland — 204
- Faaker See — 206
- Rund um den Ossiacher See — 209
- Im Gegendtal — 214
- Feldkirchen und Umgebung — 218

Spittal, Millstätter See und Liesertal — 220
Zwischen Badesee und Hochgebirge — 222
- Spittal an der Drau — 222
- Millstätter See — 229
- Millstatt — 231
- Durch das Liesertal — 234
- Maltatal und Kölnbreinsperre — 240
- Nockberge — 241

Mölltal und Hohe Tauern — 248
Im Angesicht der Dreitausender — 250
- Unteres Mölltal — 250
- Oberes Mölltal — 255
- Heiligenblut — 257
- Großglockner-Hochalpenstraße — 263

Oberes Drautal, Gailtal und Lesachtal — 264
Der Südwesten — 266
- St. Peter im Holz — 266
- Von St. Peter nach Oberdrauburg — 267
- Weissensee — 269
- Durch das Gailtal — 271
- Im Lesachtal — 281

Register — 284
Abbildungsnachweis/Impressum — 288

Inhalt

Auf Entdeckungstour

Minimundus – eine Weltreise en miniature	108
Verspielte Bauten an den Ufern des Wörthersee	116
Land Art – durch den »Kultur- und Landschaftsgarten« Rosental	132
Spurensuche im Zollfeld – zu Kärntens historischen Wurzeln	160
Magdalensberg – Exkursion in die Antike	172
Friesach – Schauplatz Mittelalter	178
Tibet und retour – ein Besuch im Heinrich-Harrer-Museum	192
Gmünd – eine Kleinstadt als Hotspot der Gegenwartskunst	236
Großglocknerstraße – Panoramafahrt durch Gipfelwelten	260
Kötschach – in paradiesischer Landschaft der Hölle gedenken	278

Karten und Pläne

Klagenfurt: Innenstadt	96
Klagenfurt: Äußere Bezirke	104
Friesach	180
Villach	198
Gmünd	238
Großglockner-Hochalpenstraße	262

▶ Dieses Symbol im Buch verweist auf die Extra-Reisekarte Kärnten

Schnellüberblick

Mölltal und Hohe Tauern
Seltene Tiere und Pflanzen, einsame Hochalmen, Wasserfälle, Gletscher und kühne Gipfel – im Nordwesten zeigt sich Kärntens Natur von ihrer spektakulärsten Seite. Ein Muss, selbst für eilige Besucher: die Fahrt über die Großglockner-Hochalpenstraße. S. 248

Spittal, Millstätter See und Liesertal
Die Hauptstadt Oberkärntens, der Millstätter See mit dem berühmten Stift, der Nationalpark Nockberge mit dem Kurort Bad Kleinkirchheim und die Straße in das hochgebirgige »Tal der stürzenden Wasser« sind die Höhepunkte dieser vielgestaltigen Ferienregion. S. 220

Oberes Drautal, Gailtal und Lesachtal
Eine Römersiedlung und kirchliche Kleinode harren am Oberlauf der Drau ihrer Entdeckung. Ganz im Südwesten, der neuerdings mit gutem Grund »Naturarena Kärnten« heißt, finden vor allem Aktivsportler in den Karnischen Alpen, am Weissensee und entlang den Flüssen Lesach und Gail ihre Träume erfüllt. S. 264

Villach, Ossiacher See und Umgebung
Kärntens zweitgrößte Stadt liegt im Herzen einer mit Badeseen, Aussichtsbergen und Thermalquellen gesegneten Urlaubsregion, der die Nähe zu Italien ein nahezu südliches Flair beschert. Als Ferienreviere besonders beliebt sind der Ossiacher See und der Ski- und Wanderberg Gerlitzen. S. 194

Metnitztal, Gurktal und Görtschitztal
Die Region im Nordosten ist dank ihres Waldreichtums ein wunderbares Wander- und Erholungsgebiet. Mit der Burgenstadt Friesach, dem Gurker Dom und dem alten Bergbauzentrum Hüttenberg bietet sie aber auch Fünf-Stern-Attraktionen. S. 174

Zollfeld und Umgebung
Auf der kleinen Ebene nördlich von Klagenfurt schlägt seit alters das historische Herz des Landes. St. Veit an der Glan, Magdalensberg, Maria Saal, und ganz in der Nähe Burg Hochosterwitz … Die Gegend ist gespickt mit imposanten Zeugnissen römischer und mittelalterlicher Zeit. S. 156

Klagenfurt und Wörthersee
Die Landeshauptstadt birgt in ihrem Herzen eine entzückende, sorgfältig renovierte Altstadt mit qualitätvollen Museen und einer quirligen Lokal- und Einkaufsszene. Der angrenzende See gilt zu Recht als Synonym für Badevergnügen und gesellige Freizeitkultur. S. 90

Rosental, Jauntal und Lavanttal
Rosental und Jauntal, die Beckenlandschaften im Südosten, gelten eher noch als Geheimtipp für Genießer. Dabei finden Familien, Aktivsportler und auch Kunstfreunde hier ein reiches Betätigungsfeld. Ähnliches gilt für das Lavanttal, dessen Highlight, Stift St. Paul, als Gästemagnet fungiert. S. 128

Der Autor

Mit Walter M. Weiss unterwegs
Reiseführer fallen nicht vom Himmel. Sie werden bei DUMONT von Menschen geschrieben, die eine ganz besondere Beziehung zu ihrem Thema haben. Walter M. Weiss, der in Wien lebt, kennt Österreichs südlichstes Bundesland von unzähligen Aufenthalten wie seine Westentasche. Seit gut 25 Jahren als freier Autor tätig, hat er über Kärnten sehr viel geschrieben. Insgesamt veröffentlichte er bislang an die 80 Reise- und Sachbücher – für den DuMont Reiseverlag u. a. über Wien, Niederösterreich, Salzburg, Venedig, Prag und Syrien. Details unter: www.wmweiss.com.

Die Qualität der Vielfalt

Eingebettet zwischen den Hohen Tauern im Nordwesten und den Karnischen Alpen beziehungsweise Karawanken im Süden, präsentiert sich Kärnten als ein Mosaik unterschiedlicher Landschaften, das in seiner Anmut und Vielfalt europaweit seinesgleichen sucht. Da liegt rund um Klagenfurt und Villach, jene beiden Urbanzentren, die über fast südländisches Flair und ein für Städte mit nur fünfstelliger Einwohnerzahl erstaunlich vielfältiges Kulturleben verfügen, ein Kranz von Seen. Makellos sauber, für ein Alpenland ungewöhnlich warm und mit einer perfekten touristischen Infrastruktur versehen, garantieren sie Badevergnügen par excellence. Zu den meistbesuchten zählen der über weite Uferstrecken sehr mondäne Wörthersee, der Klopeiner und der Faaker See. Deutlich ruhiger geht es am Ossiacher und Millstätter See, weiter westlich am Weissensee sowie an den vielen kleineren Gewässern, vom Afritzer bis zum Turner See, zu.

Den zweiten touristischen Hauptanziehungspunkt bildet Kärntens spektakuläre Bergwelt. Ob im Nordwesten die Hohen Tauern oder die schroffen Kalkspitzen entlang der südlichen Landesgrenze, ob die deutlich sanfteren Gras- und Waldkuppen der Gurktaler Alpen oder, ganz im Osten, der Kor- und Saualpe – die Möglichkeiten zum Wandern und Klettern sind schier unbegrenzt. Und als Wintersportler gerät man nicht nur beim Gedanken an Bad Kleinkirchheim, die Skiarena Nassfeld sowie die Skigebiete Großglockner/Heiligenblut und Mölltaler Gletscher ins Schwärmen. Wem der Skizirkus dort zu lebhaft ist, der findet Dutzende stillere Alternativen.

Unbekanntes entdecken

Apropos Stille: Selbst ein so wohl vermarktetes Ferienland wie Kärnten besitzt noch viele vergleichsweise wenig entdeckte Ecken. Zu solchen mit besonderem Reiz zählen das Rosen- und das Jauntal südlich der Drau, das obere

> Der Magdalensberg gehört zu Kärntens geschichts- und aussichtsreichsten Orten

Gurk- und Metnitztal oder, an der Grenze zu Osttirol, das landschaftlich atemberaubende Lesachtal. Zwei Zonen seien ob ihrer grandiosen, sorgsam vor allen Zumutungen durch den Menschen geschützten Natur eigens vor den Vorhang gebeten: die Nationalparks Hohe Tauern bzw. Nockberge. Beide gelten in puncto nachhaltiger Bewirtschaftung wie auch sanftem Tourismus als Modellregionen für den gesamten Alpenraum.

Wie meinte der in Kärnten wohnhafte Schriftsteller Humbert Fink, als man ihn auf die Pracht seiner Heimat ansprach? »Es gibt keinen ernst zu nehmenden Fremdenverkehrsprospekt über dieses Land, der nicht die klimatischen Vorzüge, das Idyllische der Natur, die traumverlorene reizvolle Schönheit der ›Badeseen‹, die Sanftheit stiller Almen oder den aufwirbelnden Schneestaub in den schillerndsten Farben und Worten schildert. Wenn man diesen Lobpreisungen lauscht, die alle natürlich einen materiellen Zweck haben, erkennt man allerdings sehr bald, dass zwischen der dargestellten Traumwelt auf den Prospekten und der Kärntner Wirklichkeit gar keine so große Lücke klafft.«

Das ›andere‹ Kärnten
Anzufügen bleibt für all jene, die Österreichs südlichstes Bundesland bislang bloß vom Bade- oder Wanderurlaub oder vielleicht gar nur aus den operettenhaft inszenierten TV-Welten kennen: Es gibt auch ein ›anderes‹, aus der Ferne noch vergleichsweise wenig wahrgenommenes Kärnten. Gemeint ist das eminent reiche und geschichtsträchtige Kulturland. Es erweist sich als gespickt mit tausendjährigen Klöstern und Kirchen, mit archäologischen Stätten und hochkarätigen Museen, in denen die Kunst der Renaissance und Romanik, der Antike, Gotik und Gegenwart aufs Anmutigste Hochzeit feiern. Beseelt ist es von Menschen, die heute wie einst fantasievoll zu dichten, zu malen, zu bildhauern und mit wunderbarer Wehmut zu singen verstehen. Es ist auch das Entdecken und Erleben jenes so geist- und gemütvollen ›anderen‹ Kärnten, bei dem dieses Reise-Taschenbuch Wege weisend behilflich sein will.

Spektakulär: der Fernblick vom Pyramidenkogel, S. 124

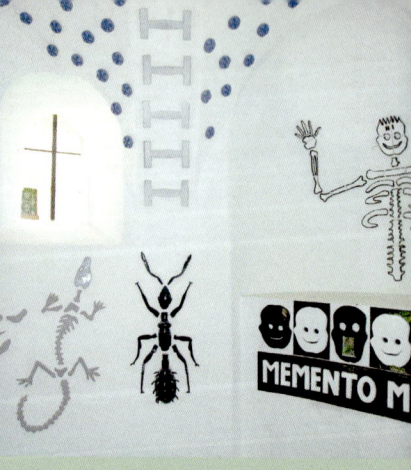

Salopp: die Fresken der Künstlerin Kiki Kogelnik in Stein im Jauntal, S. 142

Lieblingsorte!

Rundum-Genuss im Landhaus Kellerwand in Kötschach-Mauthen, S. 274

Erhebende Transzendenz: die Basilika von Schloss Tanzenberg, S. 168

Überaus skurril: der Kleinsasserhof bei Spittal, S. 226

Wehmütig bis schrullig: zu Besuch im Werner Berg Museum in Bleiburg, S. 146

Die Aussichtswarte auf dem Pyramidenkogel erklimmen, um den grandiosen Panorama-Fernblick zu genießen; Werner Bergs eigenwillig expressive Bildsprache im gleichnamigen Museum studieren; gemeinsam mit Kiki Kogelnik im Karner in Stein post mortem über den Tod witzeln; in der Kirche von Tanzenberg angesichts der Wand- und Altarbilder von Valentin Oman neue spirituelle Räume ausloten; mich in der art lodge in Verditz oder im Kleinsasserhof bei Spittal nach Strich und Faden verwöhnen lassen oder im Karlbad im Holztrog gesundschwitzen … Jeder dieser Orte, die ich immer wieder ganz gezielt und mit Freude aufsuche, bringt mir in Erinnerung, was Kärntens Atmosphäre so einzigartig und liebenswert macht.

Schwitzen im Holztrog: rustikal relaxen in Bad Kleinkirchheim, S. 246

Komfortabel und schräg: die art lodge in den Nockbergen, S. 216

Reiseinfos, Adressen, Websites

Badevergnügen pur bieten die vielen Seen Kärntens, so auch der Faaker See

Informationsquellen

Infos im Internet

Folgende Adressen können bei der Vorbereitung einer Kärntenreise sowie beim Aufenthalt in Österreichs südlichstem Bundesland aktuelle Tipps und nutzbringende Hinweise liefern (Möglichkeiten zur Onlinebuchung des Urlaubsquartiers: s. S. 23).

Landeskennung: .at

www.kaernten.at
Die Homepage der Urlaubsinformation Kärnten bietet jene geballte Ladung an Infos, die man für einen gelungenen Sommer- oder Winterurlaub benötigt: Sport & Spaß, Natur & Wellness, Kultur & Kulinarik, dazu aktueller Eventkalender, außerdem Wetterprognosen, Schneeberichte, Badetemperaturen, Wanderrouten, Panorama-Webcams u. v. m. Inklusive Reise-Blog, Facebook Fanpage, Echtzeit-Infos auf Twitter, Videos auf Youtube, Fotos auf Flickr etc. Außerdem: die sehr hilfreiche Möglichkeit, das Urlaubsquartier oder maßgeschneiderte Pauschalangebote gleich direkt online zu buchen.

www.kaerntencard.at
Umfassende Informationen über die vielfältigen Angebote der landesweit gültigen All-Inclusive-Ermäßigungskarte, die Konditionen für ihren Kauf sowie viele Details zu den über 100 Ausflugszielen (s. auch S. 21).

www.info.klagenfurt.at
Eine Fülle von Informationen zu allen nur erdenklichen Aspekten des Stadtlebens, von Sightseeing und Veranstaltungen über Essen & Trinken, Shopping, praktische Tipps zu Anreise und Aufenthalt bis hin zu Unterkünften (auch direkte Buchungsmöglichkeit!) sowie vielerlei Hintergrundinfos zu diversen Themen erhält man auf dieser offiziellen Website von Klagenfurt Tourismus.

www.gde.at
Das Serviceportal sämtlicher Kärntner Gemeinden, von Afritz bis Zwickenberg – mit den stets aktuellsten Infos über die Serviceangebote der jeweiligen örtlichen Behörden – Wohnen, Gesundheit, Soziales, Bildung, Forschung, Umwelt, Natur, Verkehr, Energie, außerdem ein Blick hinter die Kulissen der Landespolitik sowie – für Gäste wohl am relevantesten – Kultur und Tourismus, Sport und Freizeit, Umwelt, Natur und Wirtschaft finden sich auf dieser offiziellen Website der Landesregierung.

www.kulturchannel.at
Kulturhomepage der Kärntner Landesregierung, inklusive Veranstaltungs- und Galerieführer, die Online-Ausgabe des Kulturmagazins »Die Brücke« sowie, zum Downloaden, die Broschüre mit ausführlicher Beschreibung sämtlicher 108 Museen im Land samt Öffnungszeiten, Eintrittspreisen und Kontaktdaten.

www.artgoespublic.com
Ein zweites Portal über alles rund um Kunst und Kultur, von Architektur bis Theater, von Chören und Galerien bis Literatur, Museen und Musik – erstellt von einer privaten, österreichweit aktiven Plattform.

www.musica.at/musikland_kaernten
Alles, wirklich alles für Musikinteressierte via rund 260 einschlägigen Links:

Reiseinfos

von den namhaftesten Chören, Solisten, Jazz- und Volksmusikensembles bis zu den besten Bühnen, Tanz(Studios), Konzertveranstaltern, Festivals und Fachgeschäften.

www.nightguide.at
Alle jungen und jung gebliebenen Gäste auf der Suche nach Tipps zu alltäglichen und abgedrehten Parties, Festen und Szene-Events in ganz Kärnten werden auf dieser Website fündig. Dazu gibt's ausgewählte Kino- und Konzerttipps.

www.monat.at
Die Online-Ausgabe von Kärntens Szene-Magazin – ein kunterbuntes Themenpotpourri zu Lifestyle, Gastronomie, Sport, (Jugend-)Kultur, mit Promi-Interviews.

www.nationalpark-hohetauern.at
Vielfältige Anregungen zum perfekten (Hoch-)Gebirgserlebnis – Ausflugsziele, Veranstaltungen, Sportmöglichkeiten von Reisseck bis Raggaschlucht, vom Almsommer bis zur Glocknerstraße; außerdem Online-Hotelbuchung.

www.austria.info
Eine touristische Horizonterweiterung über die Grenzen Kärntens hinaus gefällig? Die offizielle Website der Österreich-Werbung ermöglicht sie mit vielerlei Wissenswertem über sämtliche Kunst- und Naturschätze, Aktivitäten und Ferienangebote zwischen Boden- und Neusiedlersee.

www.kleinezeitung.at
Der Platzhirsch unter den Printmedien des Landes: Die »Kleine« bringt, wie es sich für eine angesehene Tageszeitung gehört, auch auf ihrem Online-Portal vielfältige News, aktuell, mit Hintergrundanalysen, fein säuberlich sortiert

Karten zu Kärnten
Eine sehr gute **Übersichtskarte** ist die Allianz Freizeitkarte Kärnten (Ostfildern). Mit einem Maßstab von 1:120 000 bietet sie einen detaillierten Blick auf das Straßennetz; inkl. 66 Freizeittipps und Touren.

Zur Vorbereitung von Wanderungen zu empfehlen sind die **Wanderkarten** im Maßstab 1:50 000 von Kompass.

Radfahrern seien die **Bikeline-Radkarten** Kärnten Ost bzw. West ans Herz gelegt.

Für Kombinierer bestens geeignet: die **Karte für Mountainbiker und Bergwanderer** in Kärnten & Osttirol (Steirische Verlagsanstalt, 1:20 000). Zahlreiche Spezialkarten sind bei der Kärnten Information erhältlich (s. u.).

aus der weiten Welt, dem Herz der Landespolitik, aber auch den peripheren Orten der einzelnen Bezirke. Wer wissen will, worüber die Kärntner diskutieren: Hier steht es zu lesen.

Fremdenverkehrsämter

In Deutschland
Österreich Information: aus ganz Deutschland zum Ortstarif: Tel. 01802 10 18 18, Fax 01802 10 18 19, Mo–Fr 9–17.30 Uhr, www.austria.info.

In der Schweiz
Österreich Werbung: Tel. 0842 10 18 18, Fax 0842 10 18 19, Mo–Fr 9–17 Uhr, www.austria.info.

In Kärnten
Kärnten Information: 0220 Velden, Casinoplatz 1, Tel. 0463 30 00, Fax 04274 521 00-50, info@kaernten.at, www.kaernten.at.

Reiseinfos

Lesetipps

Klaus Amann (Hg.): Kärnten. Literarisch, Klagenfurt 2003. Vergnüglich-provokante, äußerst umfangreiche Anthologie voll der »Liebeserklärungen. Kopfnüsse. Denkzettel.« bekannter und unbekannter Autoren.

Ingeborg Bachmann: Das dreißigste Jahr, München 2003. Der erste und berühmteste Erzählband der brillanten Lyrikerin – mit dem Text »Jugend in einer österreichischen Stadt«, womit ihre Geburtsstadt Klagenfurt gemeint ist.

Alois Brandstetter: Hier kocht der Wirt, als Tb München 1997. Zum Lachen und Erschrecken: Die Geschichte eines Wiener Kunsthistorikers, der ins obere Drautal reist, um wertvolle Kirchenfresken zu studieren, und sich vom ortsansässigen Wirt einen langen Monolog anhören muss über die hohe Kunst, Naturkatastrophen und über Stammtische.

Marlene Faro: Die Kellnerin, der Heilige und die Bienenkönigin – Kärntner Melancholien, Wien 2009. Feuilletonistische Streifzüge durch Österreichs »widersprüchlichen Süden«, erschienen in der Picus-Reihe »Leserreisen«.

Lotte Fuchs: Auf ihren Spuren in Kärnten: Berg, Mahler, Brahms, Wolf Webern, Klagenfurt 2006.

Egyd Gstättner: Klagenfurt – Literarisches Portrait einer Stadt, Klagenfurt 2010. Wissenswertes und Anekdotisches, amüsant verknüpft – vom Landhaus und Lendhafen bis zum Kreuzbergl, Minimundus und Fußballstadion, von Udo Jürgens bis Gustav Mahler. Weitere Werke des Klagenfurter Autors: u.a. Nachrichten aus der Provinz (Wien 1997); Servus oder Urlaub im Tauerntunnel (München 1994).

Peter Handke: Wunschloses Unglück bzw. Der kurze Brief zum langen Abschied, beide Frankfurt 2001. Längst klassische Frühwerke über den Abschied von der Mutter bzw. seine Jugend in Kärnten.

Gert Jonke: Geometrischer Heimatroman, Salzburg 2004. Ein Dorfplatz mit Kirche, Schule, Rathaus als Spiegelbild eines sozialen Mikrokosmos, als paradigmatische »Heimat«, erzählt mit poetisch-virtuosem Sprachwitz.

Werner Kofler: Guggile. Vom Bravsein und Schweinigeln. Eine Materialsammlung aus der Provinz, Wien 1995. Klassiker der österreichischen Gegenwartsliteratur – eine Jugend in den 1950er-Jahren, aus Textversatzstücken montiert zu einer beispielhaften Autobiografie.

Christine Lavant: Pfauenschrei/Bettlerschale/Spindel im Mond, Salzburg 1986. Sammelband mit drei Gedichtzyklen der großen Kärntner Lyrikerin.

Florjan Lipus: Der Zögling Tjaz. Klagenfurt 1997. Erstmals vor 40 Jahren erschienenes Romandebüt des slowenisch schreibenden Autors über das Scheitern eines Antihelden, der sich gegen die geforderte Anpassung zu wehren sucht; co-übersetzt von Peter Handke.

Sabine Rudas (Text) & Manfred Bockelmann (Fotos): Wörthersee. Ein anekdotisches Bilderbuch, Wien 2009. Opulent illustrierter Prachtband, prallvoll mit launigen Geschichten vom Zauber der ›Österreichischen Riviera‹.

Hans Tschemernjak und Christoph Wagner: Kärntner Küche. 500 traditionsreiche und zeitgemäße Rezepte, Klagenfurt 2006.

Lojze Wieser (Hg.): Kärnten, Klagenfurt 1998. Von Artmann und Bachmann bis Turrini und Zernatto – repräsentative Sammlung von mehr als 100 belletristischen Texten über das Land.

Josef Winkler: Der Ackermann aus Kärnten, Frankfurt 1980. Kunstvoll formulierte Aufarbeitung einer schweren Kindheit und Jugend im bäuerlichen Nachkriegskärnten, im Fokus: die Themen Selbstmord, Homosexualität und Katholizismus.

Wetter und Reisezeit

Klima und Reisezeiten

Kärnten kennt, grob gesprochen, zwei Hauptsaisonzeiten. Die **Sommersaison** dauert von Juni bis Oktober mit dem ferienbedingten Saisonhöhepunkt im Juli und August, wenn das touristische Angebot am umfangreichsten und Luft- und Wassertemperaturen sowie Hotelpreise am höchsten sind. Die **Wintersaison** beginnt mit dem ersten ergiebigen Schneefall (meist im Lauf des späten November) und endet, je nach Höhenlage, zwischen Anfang April und Mitte Mai.

Während die Wochen von ca. Anfang April bis Mitte Mai im Tal eher besucherschwach sind, locken von Anfang September bis Ende Oktober, wenn sich die Natur von ihrer farbenprächtigsten Seite zeigt, abertausende Kilometer Wanderwege und 150 ausgesuchte Gastbetriebe in allen Regionen zum Genuss der **Herbstzeit**. Als überaus stimmungsvoll erweist sich in Stadt und Land auch die **Adventszeit**. Dann werden an zahlreichen Orten Advents- und Christkindlmärkte abgehalten, Adventsingen veranstaltet und vielerlei alte Bräuche gepflegt.

In Kärnten herrscht ein südalpines, also gemäßigt mitteleuropäisches Klima. Allgemeine Wettervorhersagen sind unter http://wetter.orf.at ersichtlich. Über das Regionalwetter informieren der Wetterdienst des Alpenvereins, Tel. 0512 291600 (kostenfrei) oder ein Tonbanddienst unter Tel. 0900 91 15 66 81 (ca. 0,68 €/Min.). Über die Lawinensituation gibt die Website www.lawine.ktn.gv.at Auskunft. Aktuelle Wetterinfos für Sommer (z. B. Temperaturen der Badeseen) wie Winter bietet die Website der Kärnten Information (www.kaernten.at).

Kleidung und Ausrüstung

Von ungefähr Mitte Mai bis Ende September ist es mehr oder weniger warm, ja manchmal sogar richtig heiß. Dann empfiehlt es sich, leichte Kleidung plus einige wärmere Sachen für die eher kühlen Abende im Gebirge oder am Seeufer bzw. für die durchaus immer wieder hereinbrechenden Kälte- und Regenperioden dabei zu haben. Im Winterhalbjahr ist massiver Kälteschutz angebracht.

Im touristischen Alltag genügt für gewöhnlich Freizeitkleidung. Wobei allzu legeres Outfit Marke Shorts, Plastiksandalen oder Super-Mini in Kirchen, Museen, gehobenen Lokalen usw. unangebracht ist. Bei festlicheren Anlässen wie klassischen Konzerten, Theaterabenden, Galabällen etc. ist elegante Garderobe (im Zweifel samt Schlips) für gewöhnlich verpflichtend.

Klimadiagramm Klagenfurt

Rundreisen planen

Bevor man mit der Erkundung von Kärnten startet, gilt es bei beschränktem Zeitlimit eine Grundsatzentscheidung zu treffen: Will man sich auf die Schönheiten des Zentralraums rund um Klagenfurt, den Wörthersee und das Zollfeld beschränken oder in entferntere Gefilde, sprich: die hochgebirgige Region im Westen oder das waldreiche Grenzland zur Steiermark im Norden und Osten vordringen?

Auf der Liste der Attraktionen ohne Zweifel ganz oben stehen **Bergwelt** und **Badeseen**. Dazu kommen spektakuläre **Naturdenkmäler**, seien es Tropfsteinhöhlen wie die bei Griffen oder Bad Eisenkappel, Schluchten wie die Tscheppa- und Raggaschlucht oder Panoramastraßen, allen voran die Richtung Großglockner.

Über das ganze Land verstreut haben sich geschichtsträchtige, mit jahrhundertealten **Baudenkmälern** gespickte

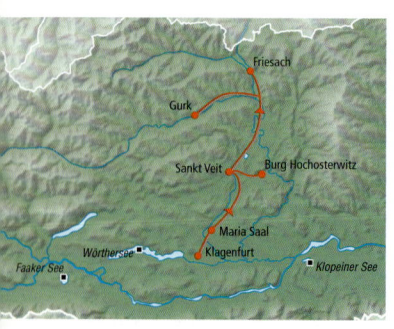

Städte erhalten. Paradebeispiele sind Friesach, St. Veit, Spittal, Gmünd, Althofen oder Wolfsberg. Weithin strahlen darüber hinaus die großen kirchlichen **Zentren des Mittelalters**: Klöster wie Millstatt, Ossiach, Viktring, St. Paul und auch Dome wie jene von Gurk und Maria Saal. Hinzu kommen kleinere Juwele, Kirchlein mit einzigartigen Altären und Fresken oder mit einer bis zu den Wurzeln der Landesgeschichte zurückreichenden Vergangenheit.

Wer ein Faible für **Relikte aus Römer- (und Kelten-)zeit** hegt, wird etwa auf dem Magdalensberg fündig. Ritterromantik wird in gewaltigen **Burgen** (Musterexemplar schlechthin: Hochosterwitz) lebendig. Bleiben keineswegs nur als Schlechtwetter-Alternative die unzähligen **Museen** wie das Landes- und das Diözesanmuseum in Klagenfurt, die Freilichtmuseen wie jene in Maria Saal (Bauernhöfe) oder in Heft (Bergbau) und Kleinode wie das Heinrich-Harrer-Museum in Hüttenberg, das Musil-Bachmann-Museum in Klagenfurt oder das Ferlacher Büchsenmachermuseum.

Mittelkärnten in 3–4 Tagen

Wer sich aus Zeitgründen auf Mittelkärnten konzentrieren muss, sollte (da die Entfernungen hier gering sind) an einem zentralen Ort übernachten und von dort sternförmig Ausflüge unternehmen. Demnach wäre am günstigsten, in **Klagenfurt** oder an einer Ufergemeinde des **Wörther-, Klopeiner-** oder **Faaker See** Quartier zu nehmen. Die Seen bieten die Möglichkeit zum Schwimmen oder Wassersport. Klagenfurt wartet, angenehm vor allem in der Zwischensaison oder kalten Jahreszeit, mit den Vorzügen urbanen Ambientes auf. Von überall sind Highlights wie **Burg Hochosterwitz** und **Maria Saal, St. Veit, Friesach** oder **Gurk** mit dem Auto in maximal 30/40 Minuten und auch mit öffentlichen Verkehrsmitteln problemlos erreichbar.

Reiseinfos

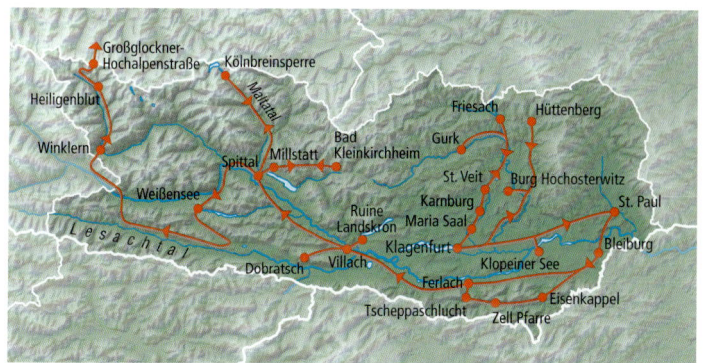

Zehn-Tages-Rundreise in Kärntens Bergwelt

1. Tag: Nach der Ankunft in Klagenfurt (Aufenthalt für vier Nächte) kann man durch die Altstadt bummeln und das Landhaus samt Wappensaal, vielleicht auch das Landes- oder Musilmuseum besichtigen. Am Nachmittag ein Gang durch Minimundus, durch den Wald zu Mahlers Komponierhäuschen, hernach ein Sundowner oder Dinner am See.
2. Tag: Zu den Wurzeln der Kärntner Geschichte auf dem Zollfeld: Maria Saal, der Magdalensberg, vielleicht Karnburg, ganz sicher die erste Landeshauptstadt, St. Veit an der Glan.
3. Tag: Erste Station ist die Burgenstadt Friesach. Nach ausführlichem Rundgang und einem Abstecher ins Metnitztal steht als zweiter Höhepunkt der Gurker Dom auf dem Programm.
4. Tag: Zunächst in den hohen Norden, in Heinrich Harrers Heimatort Hüttenberg; auf dem Rückweg die ›Mutter aller Burgen‹ – Hochosterwitz.
5. Tag: Übersiedlung für zwei Nächte in den Osten, in ein Quartier an der unteren Lavant oder Drau. Hier wartet mit St. Paul das nächste klösterliche Highlight, danach Seelebaumeln – eine Wiesenwanderung, ein Bad im Klopeiner See …
6. Tag: Ein Vormittag, der der modernen Kunst gewidmet ist: in der Bleiburger Werner-Berg-Galerie und im Museum Liaunig, später wahlweise in eine Tropfsteinhöhle (Griffen oder Obir), durch die Tscheppaschlucht und/oder zum Keltenheiligtum auf den Hemmaberg.
7. Tag: Zu Füßen der Karawanken über Eisenkappel, Zell Pfarre und Ferlach geht es westwärts, abseits der Autobahn. Zwei, drei Landart-Stationen im Rosental, danach Adlerschau auf der Burgruine Landskron oder selbst in die Vogelperspektive – auf den Villacher Hausberg, den Dobratsch. Quartiernahme für zwei Nächte in Spittal.
8. Tag: Stadtrundgang, Schloss Porcia inklusive, später Stift Millstatt und danach wahlweise eine lange Runde über Bad Kleinkirchheim und die Nockalmstraße oder durch das Lieser- ins Maltatal zur Kölnbreinsperre.
9. Tag: Drauaufwärts mit Zwischenstopps bei zwei, drei Freskenkirchlein, ein Abstecher an den Weißensee oder, etwas weiter, ins Lesachtal, schließlich über Winklern nach Heiligenblut.
10. Tag: Bei hoffentlich strahlendem Wetter ein grandioses Finale – die Panoramafahrt auf der Großglockner-Hochalpenstraße über die Alpen zurück nach Norden.

Anreise und Verkehrsmittel

Einreisebestimmungen

Für EU-Bürger, Schweizer und auch Bürger einiger anderer Staaten genügt – wenn sie sich nicht länger als drei Monate in Österreich aufhalten – der Personalausweis. Mitreisende Kinder benötigen entweder einen eigenen Pass oder müssen im Reisepass eines Elternteils eingetragen sein, in diesem Fall müssen sie jedoch in Begleitung des Reisepassinhabers reisen.

Zollkontrollen werden bei Einreise aus einem EU-Land gemäß dem Schengener Abkommen nicht mehr durchgeführt. Stichproben sind – insbesondere bei Einreise aus der Schweiz – freilich jederzeit möglich.

Devisenvorschriften: Euro und andere Zahlungsmittel dürfen in unbeschränkter Höhe ein- und ausgeführt werden. Ab einer Summe von ca. 7000 € muss die Aus- bzw. Einfuhr jedoch, so sieht es das Gesetz vor, an die Österreichische Nationalbank gemeldet werden.

Anreise

... mit dem Auto

Von Deutschland kommend, bietet sich die Anfahrt über die A 8 von München nach Salzburg und von dort auf der Tauernautobahn A 10 über Spittal und Villach als direkteste Strecke an. Nicht vergessen: vor Fahrtantritt (beim ADAC) oder spätestens beim Grenzübertritt unbedingt die gesetzlich vorgeschriebene Autobahnvignette besorgen (auch Motorradfahrer). Als gemütlichere und längere Alternative steht die Route aus dem Raum München über Rosenheim und Kufstein (Inntal-Autobahn), ab dort über Kitzbühel und Mittersill durch das Gasteiner Tal per Bahn mit der Autoverladung nach Mallnitz ins Mölltal oder, im Sommer bei trockenem Wetter, über die landschaftlich atemberaubende Großglockner-Hochalpenstraße (Maut) zur Auswahl. Anreise aus der Schweiz: via Autobahn über Innsbruck bis Kufstein (von dort: s. o.). Innerhalb Österreichs führen die Autobahnen von Wien und Graz (A 2) sowie Salzburg (A 10) direkt nach Villach bzw. Klagenfurt.

Generell entsprechen die Straßenverkehrsregeln und Verkehrszeichen in Österreich jenen in Deutschland und der Schweiz. Hierzu zählt auch die Gurtpflicht. Die Geschwindigkeitsbegrenzungen liegen auf Autobahnen bei 130 km/h und auf Landstraßen bei 100 km/h. Im Ortsgebiet gilt, wenn nicht anders angezeigt, die Beschränkung von 50 km/h.

Die Blutalkoholgrenze liegt bei 0,5 Promille. Ihre Überschreitung wird mit einer Geldstrafe ab etwa 580 € oder dem Führerscheinentzug geahndet.

Nähere Informationen auch über die Homepages der beiden Autofahrerclubs: ÖAMTC (www.oeamtc.at) und ARBÖ (www.arboe.or.at).

... mit der Bahn

Klagenfurt und Villach liegen an der Haupt-Nord-Süd-Verbindung von Deutschland nach Italien bzw. Slowenien und auf den Balkan. Etliche Direktzüge verbinden täglich beide Städte u. a. mit München (Fahrzeit: von Klagenfurt: knapp 5 Std.), Laibach (2,5 Std.), Zürich (je nach Route mind. 9 Std.), Wien (4,5 Std., im 2-Std.-Takt).

Informationen über die wichtigsten Zugverbindungen erteilt die Österreichische Bundesbahn (ÖBB) unter Tel. 05 17 17; unter Tel. 05 17 17-1 gelangt man zur Stelle für Reisebuchungen,

Reiseinfos

Kärnten Card und Top-Ski-Kärnten-Pass

Mit dieser Chipkarte, die zwischen Mitte April und Mitte Oktober schnell und unbürokratisch bei fast allen Tourismusbüros bzw. in vielen Gemeindeämtern und bei den allermeisten Vermietern erhältlich ist, kann man bis zu fünf Wochen lang im ganzen Land beliebig oft nahezu alle Bergbahnen und Schifffahrtslinien kostenlos und die öffentlichen Verkehrsmittel zum halben Preis benutzen. Vor allem aber hat man zu über 100 der wichtigsten Ausflugsziele – Museen, Erlebniswelten, Höhlen, Schluchten, Tierparks, Bäder, Panoramastraßen u. v. m. – freien Eintritt.

Beim einmaligen Besuch aller Attraktionen würde man über 600 € sparen. Sie kostet für Erwachsene für eine Woche 34 €, für Kinder von 7 bis 15 Jahren 14 €, für jüngere Kinder bzw. ab dem jeweils dritten Kind ist sie gratis. Preise für zwei- bzw. fünfwöchige Gültigkeit: 42/53 € für Erwachsene und 18/26 € für Kinder. Weitere Informationen unter Tel. 0463 90 88 88 bzw. www.kaerntencard.co.at.

Das Gegenstück für Winterurlauber ist der Top-Ski-Kärnten-Pass. Ihn gibt es für verschiedene Zeiträume, von eineinhalb bis 14 Tage, für 34 Skigebiete im ganzen Land und auch im angrenzenden Osttirol. Nähere Infos: Tel. 04242 570 47-0 bzw. www.topski.at.

mit der Durchwahl -2 erhält man Auskünfte zum Fernverkehr im In- und Ausland, mit -3 solche über den Busverkehr, mit -4 solche über regionale Verbindungen im Inland.

Autoreisezüge zwischen Deutschland und Kärnten verkehren derzeit (Stand 2. Halbjahr 2010) keine.

... mit dem Flugzeug

Der Alpen-Adria-Flughafen Klagenfurt liegt 3 km nördlich des Stadtzentrums und wird täglich mehrmals direkt von Wien (Austrian, www.austrian.com), München (Lufthansa, www.lufthansa.com) und Köln-Bonn (Germanwings bzw. Air Berlin, www.germanwings.com bzw. www.airberlin.com) angeflogen. Außerdem bestehen mehrmals wöchentlich Direktverbindungen u. a. mit Berlin, Hamburg, Hannover (alle mit Air Berlin) bzw. Frankfurt und London (Ryanair, www.ryan air.com). Auskünfte sind erhältlich unter Tel. 0463 41500 bzw. www.kaernten-airport.com.

Verkehrsmittel in Klagenfurt und der Region

Unterwegs in Stadt und Land

Der zentrale Busbahnhof für alle Linien in der Stadt und ins Umland befindet sich auf dem Heiligengeistplatz. Infos über die Linienführung sowie über Preise und Ermäßigungen der Fahrscheine unter Tel. 0463 521-0 bzw. www.stw.at/mobilitaet. Allgemein gilt: Einzeltickets, die für 1 Std. als Netzkarte gelten, sind beim Fahrer erhältlich (1,80 €; im Vorverkauf an Automaten in allen größeren Haltestellen oder in Trafiken: per Chipkarte pro Fahrt; 1,50 €, 24-Stunden-Netzkarte 4,10 €). Diesbezüglich sehr zu empfehlen: die **Kärnten Card,** mit der man nur die Hälfte zahlt (s. o.).

Auch für Fahrten über Land bieten die öffentlichen Verkehrsmittel eine brauchbare Alternative zum eigenen Gefährt. Der Klagenfurter Hauptbahnhof, der über ausgezeichnete Eurocity-,

Reiseinfos

Intercity- und Interregio-Verbindungen verfügt, liegt nur wenige Gehminuten südlich der Altstadt. Von hier erreicht man mit den Zügen der Österreichischen Bundesbahn (ÖBB) schnell und mit minimalen Wartezeiten, ohne Stress und Stau die Regionen im Osten und Norden (Glan- und Gurk-, Jaun- und Lavanttal) sowie im (Nord-)Westen (Gail-, Drau- und Mölltal). Dabei wird eine ganze Palette von Sondertarifen für Senioren, Junioren, Familien und Gruppen angeboten.

Von den großen Städten bis zu den kleinsten Dörfern in abgelegenen Landesteilen reichen die Linien der Bundesbusse sowie privater Busunternehmen. Sämtliche Informationen über Fahrpläne, Preise, Ermäßigungen und Sonderleistungen von Bahn und Bundesbussen erhält man an allen Bahnhöfen in Österreich bzw. über die Fernauskunft (Tel. 05 17 17). Auskünfte über landesweite Bahn- und Busverbindungen auch beim Verkehrsverbund Kärnten (Tel. 0463 546 18 21 bzw. www.kaerntner-linien.at) sowie über die Angebote der insgesamt acht landesweit tätigen privaten Busunternehmen (www.kaernten-bus.at, www.kaernten-bus.at). Dieselben Auskünfte und zusätzlich solche über Schifffahrt und Tälerbusse bietet die Adresse www.fahrgast.at/kaernten.

Wichtig fürs Sightseeing: Anfang Juli–Mitte Sept. fährt der Kärnten Kulturbus So–Fr 4 x täglich (Juni u. 2. Sept.-Hälfte nur Di u. Do) im Zwei-Stunden-Rhythmus zu allen wichtigen Sehenswürdigkeiten im Zentralraum zwischen Klagenfurt, Wörthersee und Zollfeld. Infos: Tel. 0463 565 90, www.paradiesreisen.at, Tages-/Halbtages-/30 Min.-Karte um 12/8/4 €.

Mietwagen

Eine Auswahl guter Verleihfirmen (alle in 9020 Klagenfurt):

Avis: Flughafenstr. 60–64, Tel. 0463 559 38, www.avis.at.
Hertz: St. Ruprechter Str. 12, Tel. 0463 561 47, www.hertz.at.
Europcar: Porschestr. 16, Tel. 0463 215 25, www.europcar.at.
Buchbinder: Schlachthofstr. 23, Tel. 0463 466 60, www.buchbinder.co.at.

Schifffahrt auf Fluss und Seen

Linienschiffverkehr existiert auf der Drau, dem Millstätter, Ossiacher, Weissen- und Wörthersee. Informationen über die beiden Letzteren unter www.stw.at bzw. www.weissensee-schifffahrt.at, über alle anderen Betreiber unter den jeweiligen Links auf www.schifffahrt.at bzw. bei allen regionalen Tourismusämtern.

Bergbahnen

Die Zahl der Bergbahnen, die zu allen Jahreszeiten in Betrieb sind, ist enorm. Zu den beliebtesten Gipfelzielen zählen u. a. Kanzel (Talstation: Annenheim), Goldeck (Spittal), Kreuzeck und Reisseck (Kolbnitz), Schareck (Heiligenblut), Ankogel (Mallnitz), Mölltaler Gletscher (Flattach), Petzen (St. Michael/Bleiburg) und das Dreiländereck oberhalb von Arnoldstein.

Fahrrad

Landesweit existiert ein äußerst dichtes, gut beschildertes Wegenetz für Wander-, Sport- und Mountainbiker. Informationen, auch über Gasthäuser und Unterkünfte, die sich auf Radsportler spezialisiert haben, finden sich auf S. 21.

Wer mit dem eigenen Fahrrad anreisen will, kann es von Mai bis Oktober über Nacht im UrlaubsExpress von Deutschland aus mitnehmen (Auskünfte in allen DB-ReiseZentren und Reisebüros mit DB-Lizenz oder unter www.dbnachtzug.de bzw. www.bahn.de). Auf allen Regional- und Eilzügen innerhalb Kärntens (und Osttirols) kann man sein Rad im Gepäckabteil dabei haben. An manchen Bahnhöfen werden Räder verliehen, die man an anderen Bahnhöfen in Österreich wieder zurückgeben kann.

Im Großraum Klagenfurt und rund um den Wörthersee betreibt die Firma Impulse rund 20 Verleihstellen (Auskünfte: Tel. 0463 41 89 37, www.impulse.co.at).

Beim Klagenfurt Tourismus liegt die Gratisbroschüre »Radwandern« mit Routen, Kilometerangaben und Wegzeiten im Großraum der Landeshauptstadt aus.

Übernachten

Die Auswahl an guten Unterkünften ist in der gesamten Region Kärnten sehr groß. Allein die Stadt Klagenfurt hat – gewerbliche und private Quartiere zusammengefasst – 100 Nächtigungsbetriebe mit über 4500 Betten aller Arten zu bieten.

Naturgemäß um ein Vielfaches höher ist die Zahl der Hotels, Pensionen und Gasthöfe aller Preiskategorien im gesamten Land. Hinzu kommen außerdem während der Haupturlaubssaison unzählige Privatvermieter. Hier wie dort sind die hygienischen Standards durchweg hoch.

Preisniveau

Die Konditionen für Hotelzimmer oder Ferienwohnungen bewegen sich in Kärnten grundsätzlich etwa auf ähnlichem Niveau wie in bundesdeutschen Fremdenverkehrsgebieten. Zu beachten ist allerdings, dass die Tarife zur Hauptsaison, also im Juli/August und um Weihnachten, vielerorts deutlich erhöht werden – wobei in diesen Wochen in den touristischen Ballungsräumen Quartiere generelle Mangelware und dementsprechend frühzeitige Reservierungen ratsam sind.

Buchung über Telefon und Internet

Wer sein Urlaubsquartier von daheim aussuchen und buchen will, kann dies bequem per Telefon über die Kärnten Information oder – eventuell auch im Rahmen von Pauschalarrangements – bei den im Reiseteil jeweils angeführten örtlichen Tourismusbüros bzw. Regionalverbänden.

Online stehen dafür u. a. folgende Webadressen zur Verfügung: www.kaernten.at (Homepage der Kärnten Information, Link zu Hotels/Unterkünften), www.roomquest.com, www.kvi.at, www.urlaubinkaernten.at (Privatquartiere).

Ein wichtiger Tipp: In wirtschaftlich turbulenten Zeiten wie diesen steht auch die Hotellerie stark unter Druck. Viele Marktteilnehmer trachten daher einander mit kurzfristigen Preisnachlässen zu unterbieten. Vor allem auf deren Websites findet man häufig Angebote, die deutlich unter den Listentarifen liegen. Kurzfristige Recherchen online sind deshalb erfahrungsgemäß oft sehr lohnenswert. Auch bei Anfragen über Telefon sollte man stets nach Sonderkonditionen fragen.

Reiseinfos

Pauschal oder individuell?

Ob man seinen Urlaub in Kärnten im Voraus bucht oder erst vor Ort selbst ein Quartier sucht, ist wohl eine Frage des persönlichen Geschmacks. Außer vielleicht in der Hochsaison (Juli/Aug. und zu Weihnachten) wird man fast immer, auch für eine Nacht, kurzfristig ein Hotelzimmer ausfindig machen. Es empfiehlt sich, den örtlichen Tourismusverband anzusteuern. Für Ferienwohnungen gilt im Prinzip das Gleiche, doch werden sie in der Regel bloß für eine Mindestaufenthaltsdauer von mehreren Tagen vermietet. Mancherorts, vor allem im Winter, ist überhaupt nur eine wochenweise Buchung möglich.

Sämtliche Fremdenverkehrsverbände und viele Hotels haben spezielle Pauschalangebote für Ausflüge, Freizeitaktivitäten, Kulturabende etc. im Programm, die jedoch für gewöhnlich nur im jeweiligen Ort oder in der Region Geltung haben. Einen umfassenden Überblick auf das diesbezügliche landesweite Angebot geben diverse Broschüren und die Website der Kärnten Information (s. S. 14).

Die Kärnten Information sowie die Tourismusbüros der einzelnen Regionen und Orte (Details siehe im jeweiligen Adressanhang) sind bei der Buchung von **Hotelzimmern** selbstverständlich gerne behilflich. Dabei lohnt es, nach günstigeren Wochen(end)pauschalen bzw. Nebensaison-Rabatten zu fragen.

Einige Worte zur Begriffsklärung: **Pensionen** unterscheiden sich in Kärnten wie generell in ganz Österreich von Hotels darin, dass sie häufig nur einen Teil, meist eine Etage, eines Wohngebäudes umfassen. Ihr Angebot ist oft weniger vielfältig, enthält etwa nur Frühstück. Dafür besitzen Pensionen in der Regel eine familiärere Atmosphäre.

Alle im Reise-Adressteil dieses Buches angeführten Preise beziehen sich auf ein Doppelzimmer mit Frühstück. Ist Halbpension inbegriffen, wird dies eigens angeführt.

Hotels und Pensionen

Was Komfort und Ausstattung betrifft, reicht die Palette von luxuriösen (Schloss)Hotels über gutbürgerliche Traditionshäuser im Drei- und Vier-Sterne-Bereich bis zu einfacheren, aber in der Regel tadellosen Quartieren für kostenbewusste Gäste.

Ferienwohnungen und Apartments

Insbesondere für vielköpfige Familien oder größere Freundesgruppen bieten **Ferienwohnungen**, von denen es in den Touristengemeinden für gewöhnlich viele gibt, eine praktische und preisgünstige Alternative. Hier wie auch bei **Apartments** sind Wohn- und Schlafbereich getrennt und – für sparsame Selbstversorger entscheidend! – Kochnischen vorhanden.

Jugendherbergen und Camping

Über das Land verstreut finden sich zudem etliche, in der Regel ganzjährig geöffnete **Jugendherbergen** (wwwoejhv.or.at, www.hiyou.at, www.jufa.at, www.herberge.at), die manchmal auch unter der Bezeichnung Hostel oder Jugendgästehäuser firmieren. Allerdings ist der Aufenthalt hier auf maximal sechs Nächte beschränkt. Er ist grundsätzlich jeder Person ohne Altersbeschränkung möglich. Ohne Herbergsausweis ist freilich ein Tagesaufschlag in Höhe von ca. 3,50 € zu bezahlen.

In der warmen Jahreszeit bieten sich zahlreiche bestens ausgestattete **Campingplätze** (www.campsite.at/kaernten) an. Zum Thema ›Campingland Kärnten‹ gibt es eine eigene Gratisbroschüre der Kärnten Information. Wild zu campieren ist übrigens – vor allem aus landschafts- und umweltschützerischen Gründen – strikt verboten.

Urlaub auf dem Bauernhof

Morgens mit Kuhglockengeläut geweckt werden, beim Stallausmisten helfen oder sich um die Hoftiere kümmern: Speziell für Familien hat ein Urlaub auf dem Bauernhof einen ganz besonderen Reiz. Diesbezügliche Informationen liefert die Gratisbroschüre »Urlaub am Bauernhof«, erhältlich über die Kärnten Information (s. S. 15) oder den Landesverband Urlaub am Bauernhof, 9020 Klagenfurt, Viktringer Ring 5, Tel. 0463 33 00 99, Fax 0463 33 00 33, www.urlaubambauernhof.com.

Kirchliche Gästehäuser

Weihrauch und bigotte Frömmigkeit waren einmal. Heute präsentieren sich die von der Diözese oder Ordensgemeinschaften betriebenen Unterkünfte, wie zum Beispiel die Bildungshäuser in St. Georgen und Tainach oder das Kloster Wernberg, freundlichhell und komfortabel. Dazu kommen die sehr zuvorkommende Betreuung, eine spirituelle Grundstimmung und, last but not least, äußerst moderate Preise. Speziell empfehlenswert: die Angebote für »Kloster auf Zeit«. Allgemeine Infos gibt es im Bischöflichen Ordinariat, Tel. 0463 57 77-0, im Pilgerbüro, Tel. 0463 58 77-23 00 bzw. unter www.kath-kirche-kaernten.at.

Mitwohnen und Couchsurfing

Immer noch interessant für junge Leute und welche mit schmalem Geldbeutel: die Mitwohnzentralen. Um rasch und unkompliziert Möglichkeiten zum **Mitwohnen** bzw. günstige Apartments, Ferienwohnungen und Hotels zu finden, empfiehlt sich die Eigenrecherche u. a. auf folgenden Websites: www.mitwohnzentrale.org/Oesterreich, www.urlauburlaub.at, www.urlaub-anbieter.com.

Ein weiteres Angebot ist das sogenannte **Couchsurfing**. Die Idee ist so einfach wie bestechend und hat sich längst weltweit zu einem Riesenerfolg mit über einer Million Usern ausgewachsen: Man bietet über eine Internet-Plattform Quartiersuchenden seine Wohnzimmercouch zum Gratis-Übernachten. Im Gegenzug findet man, selbst unterwegs, bei Gleichgesinnten freien Unterschlupf, so selbstverständlich auch in Kärntens größeren Städten.

Damit dieses Prinzip angewandter Gastfreundschaft niemand missbraucht, können Gäste wie Gastgeber online persönliche Referenzen übereinander hinterlassen. Gegen eine kleine Spende per Kreditkarte kann man Identitäten prüfen. Auch gibt es »Freundeslisten« und ein gegenseitiges Bürgschaftssystem. Mitglied der coolen Non-Profit-Community zu werden, kostet keinen Cent, eine Anmeldung online genügt. Alle Details finden Interessierte auf www.couchsurfing.org.

Essen und Trinken

Die Kärntner Küche

Der Grund der zwar äußerst schmackhaften, aber eher schlichten Kärntner Küche liegt in der Geschichte des Landes: Das bäuerliche Volk war hier von Adel und Klerus stets unter ein besonders schweres Joch gezwungen und musste mit dem Vorlieb nehmen, was der Boden des jeweiligen Tales hergab. Außerdem hätte ihm wohl auch die Zeit für aufwendige Rezepte gefehlt. Auf ihrem von Bedürftigkeit diktierten Menüplan standen dementsprechend überwiegend Milch und Milchprodukte, Gemüse und Kräuter, dazu Getreide in Form von Brot, Sterz, Polenta sowie allerlei Knödel, Nockerln und Nudeln. Fleisch, gleich ob aus Stall oder freier Wildbahn, war prinzipiell an den Grundherren abzuliefern. Lediglich ›wertlose Dinge‹ wie Schweinsköpfe, Innereien, Haxen und Hirn war den Zehntpflichtigen erlaubt zu behalten und zu Speck, Würsten und Verhackertem (Brotaufstrich aus Schweinefett) zu verarbeiten. Echte Braten landeten, wie auch süße Mehlspeisen, höchstens an Festtagen auf dem Tisch.

Natürlich haben Kärntens Köche inzwischen mit viel Fantasie und Raffinement die ursprünglichen Rezepte ihrer Heimat angereichert, verfeinert und zeitgenössischen Essgewohnheiten angepasst. Die bäuerlich-bodenständige Herkunft ihrer Schöpfungen lässt sich jedoch in den meisten Fällen bis heute gut erschmecken.

Von Kärntner Nudeln …

Unbestritten die ›Nationalspeise‹ Nummer eins ist die **Kärntner Nudel**, im gebirgigen Oberland auch Krapfen genannt – ein Nudelteig, dünn ausgewalzt, zu einer eigroßen Tasche geformt, in Salzwasser gekocht, mit verschiedenerlei Köstlichkeiten gefüllt und der passenden Beilage, vom Sauerkraut bis zum süßen Kompott, genossen. Wobei Kenner nach der Zubereitungsart zwischen Faust-, Kranz- und ausgeradelten Nudeln unterscheiden (Details bitte bei eingeweihten Hausfrauen oder Küchenchefs erfragen). Als Klassiker, den die frommen Einheimischen gerne als Freitagsmahl verzehren und der längst seinen Weg von den Bauernküchen in die Gourmetlokale gefunden hat, gilt die mit einem Gemisch aus Kartoffeln, Topfen, Lauch und Zwiebeln gefüllte **Kasnudel**. Zu den gefragtesten Alternativen zählen **Fleisch-, Pilz-, Spinatnudeln** oder die mit gedörrten Birnen versüßte **Kletzennudel**. Beliebte Suppeneinlagen sind die ›Schlickkrapferl‹, eine mit Innereien und Kräutern gefüllte Miniaturvariante. Entscheidungsschwache Feinspitze müssen angesichts der Qual der Wahl nicht verzagen: Viele Kärntner Wirte haben der Nudelvielfalt Tribut gezollt und servieren ihren Gästen ein ›Nudl-Kudl-Mudl‹.

… Kirchtagssuppen …

Eine unverzichtbare Spezialität ist auch die Kirchtagssuppe, für die sich die Bäuerinnen alljährlich zum Fest des örtlichen Kirchenpatrons (Kirchtag) ihrer höchsten Kochkünste besinnen, stehen doch der Reichtum an Zutaten – nämlich Fleisch vom Rind, Huhn und Lamm samt Eiern und Rahm – und die Schmackhaftigkeit in direktem Verhältnis zum Status des Hofes, in dem man sie auftischt. Apropos Suppe: Er-

Reiseinfos

Zünftig und typisch kärntnerisch: die Brettljause

währung verdient auch die ›Gelbe Rahmsuppe‹, der Muskatblüten, Fenchel, Anis und vor allem Safran einen mediterranen Touch verleihen.

Überhaupt kennt in Kärnten guter Geschmack keine Grenzen. Je näher an den Karawanken oder Karnischen Alpen man sich zu Tische setzt, desto unverkennbarer schmeckt man die Einflüsse der südlichen Nachbarn, wird man etwa der engen Verwandtschaft von Kärntner Nudel und Ravioli, von Reindling und Gibanica gewahr oder findet Ingredienzien wie Olivenöl, Radicchio, Polenta und Lorbeer. Um diesen Austausch kulinarischer Traditionen mit dem friulanischen und slowenischen Raum zu fördern, hat Hans Tschemernjak, der legendäre ›Tschebull-Wirt‹ vom Faaker See, schon in den 1980er-Jahren eine grenzüberschreitende Wirtekooperation ins Leben gerufen, in deren Rahmen jeweils eine Woche im Jahr ein Koch im Wirtshaus der Partner kocht. Und als Initiator der Aktion ›Kärntner Wirte für Kärntner Produkte‹, der saisonales Kochen liebt und Tiefkühlkost hasst, trägt er auch mit die Hauptverantwortung dafür, dass das Land inzwischen jeden Frühling in einen regelrechten Spargel-, jeden Herbst in einen Gänsebratenrausch verfällt und sich 15 der besten Köche zum Verbund der Kärtner Spargelwirte zusammengetan haben.

… und anderen ›Schmankalan‹

Im Windschatten von Wegbereitern wie ihm sind in den letzten Jahren landauf landab die kulinarischen Aktivitäten wie Pilze aus dem Boden geschossen: Im Gailtal etwa vermarkten 18 Käsereien ihren nach alter Sennertradition produzierten, würzigen Almkäse. In Döllach im Mölltal gewinnt man von den laichenden Saiblingen und Bachforellen den Rogen und ver-

Reiseinfos

Online-Fundgruben für Gastro-Tipps
www.wirtshaus.com
www.wogehmahin.info
www.spargelwirte.at
www.genuss-region.at

kauft ihn, konserviert und in Glasdosen gefüllt, als ›Mölltaler Kaviar‹. Gleiches betreibt der Sicher-Wirt in Tainach an der Unteren Drau. Auf den Hochweiden des Mölltales, der Sau- und Koralpe und der Nockberge ist der Almochs zuhause – mittlerweile ein Markenbegriff. In den Hohen Tauern und im Lesachtal werden Lämmer und Schafe gezüchtet, deren Biofleisch Kenner als Offenbarung rühmen. Die Bauern des Lavanttales sind insbesondere für ihre zarten Spargel und köstlichen Kürbisse bekannt. Im Jauntal, im äußersten Südosten, betreibt man schwungvoll die Renaissance des hier Had'n genannten Buchweizen.

Kärntner Jause

Was aber wäre ein einschlägiges Kulinarium ohne Erwähnung der zünftigen Kärntner Jause? Sie pflegte – zumindest in der guten alten Zeit – gemäß Bauernregel um 10 und um 16 Uhr schnabuliert zu werden. Und zwar häufig auf dem Feld, weshalb man sie statt auf einem Teller auf dem Holzbrett kredenzte. Kernstück einer solchen ›Brettljause‹ ist ein großes Stück geräucherten Specks. Die Bauern hätten, so weiß es die Überlieferung, die Konservierungsmethode des Räucherns zufällig erfunden, als sie das Schlachtgut vor dem gierigen Landesherren eines Tages im Kamin versteckten. Mittlerweile reichert man diese Zwischenmahlzeit mit Almkäse, Trockenwürsten und allerlei weiteren Zutaten an. So unterscheidet man zwischen Rettich-, Zwiebel-, Kasjausn (oft mit Sauerkäse), Öljausn (Schwarzbrot mit diversen Kernölen) und – als Königin im Jahreslauf – der Osterjausn, die das Cholesterin unter anderem mit Eiern und Geselchtem (Rauchfleisch) lustvoll in lichte Höhen treibt.

All diese Deftigkeiten muten freilich recht harmlos an im Vergleich mit so exotisch klingenden Gerichten wie dem **Ritschert** (einem Eintopf aus Speck, Bohnen, Graupen alias Rollgerste und Petersilie), dem **Maischl** (einem in ein Darmnetz gebundenen und knusprig braun gebratenen Gemisch aus Rollgerste und verhackten Innereien), oder der **Frigga** (einem Pfannengericht aus Speck, Eiern, Käse) und **Türknsterz** (einer Maispolenta). Wobei letztere freilich auch früher in erster Linie von Holzfällern gegessen wurde, deren Schwerstarbeit solche Kalorienbomben wirklich erforderte.

Für Süßmäuler

Und was gönnt sich der Kärntner, wenn ihm nach sündhaft-süßen ›Schmankalan‹ gelüstet? Sehr häufig einen **Reindling** – einen aus Hefeteig gekneteten, mit Zucker, Zimt und Rosinen versetzten, in einer großen Kasserolle (Rein) gebackenen Kuchen. Aber auch die eingangs erwähnte Kletzennudel, den Bauernkrapfen, den Grantschleck (aus gezuckertem Rahm und Preiselbeeren), den ›süßen Schmarren‹ (zerrissener Pfannkuchen) mit frischen Schwarzbeeren oder die Dampfnudeln mit Honigschmalz. Und zur Vorweihnachtszeit gibt es allerorten die **Potitze**, ein mit Honig und Wasser aufgekochtes, mit Nüssen oder Mohn gefülltes und mit Schnaps verfeinertes Gebäck.

Aktivurlaub, Sport und Wellness

Feriengäste werden kaum eine Sportart finden, der man in Kärnten nicht frönen kann. Mit seinen zahlreichen Seen, den Dreitausendern und vielfältigen Tal-, Hügel- und Berglandschaften ist Österreichs südlichstes Bundesland ein Paradies für alle nur erdenklichen Sportarten, die sich zu Wasser, zu Lande und in der Luft praktizieren lassen.

Golfen

Golfer finden ein breites Betätigungsfeld im Kärntner Land. Sie haben die Wahl zwischen sieben 18-Loch-Plätzen, einem 27-Loch-Areal sowie zwei 9-Loch-Kompaktanlagen. Golfer-Hochburg ist der Wörthersee mit Plätzen in Velden, Pörtschach, Klagenfurt und Dellach. Darüber hinaus finden sich Plätze in Bad Kleinkirchheim, in Wolfsberg-Hattendorf, Berg im Drautal, am Millstätter und am Klopeiner See/Turner See (Infos unter www.golfland.kaernten.at).

Radwandern

Für **Radwanderer** erweist sich das touristische Angebot im ganzen Land als riesengroß. In den letzten Jahren ist das Wegenetz enorm ausgebaut, sind neue Routenvorschläge und zahlreiche geführte Touren ausgearbeitet worden. Verleihstellen gibt es mittlerweile in fast jeder größeren Gemeinde. Zu den beliebtesten Strecken zählen der Drau-, der Lavant- und der Mölltal/Glockner-Radweg, der Karnische Radweg, die Routen rund um den Wörther- und den Millstätter See. Auch **Mountainbiker** finden überall speziell auf ihre Bedürfnisse zugeschnittene Angebote. Um den Ehrgeiz zu stillen und die Waden zu stählen, sind die Nockberge und die Hohen Tauern besonders geeignete Regionen. Spannende Routen sind der Bike-Cross-Carinzia und der Alpe-Adria-Bike. Alle relevanten Informationen gibt es im Katalog ›Radlland‹, auf der ›Raderlebniskarte‹ (beide erhältlich über die Kärnten Information) sowie unter www.kaernten-radreisen.at. Für all jene, die gern auf eigene Faust unterwegs sind, bietet der ›Stop over Rad Pass‹ Übernachtungen in den Partnerbetrieben von ›Kärnten Radreisen‹.

Rafting

Ein feuchtfröhliches Unterfangen mit einer Portion Nervenkitzel versprechen Rafting- oder Canyoning-Touren u. a. auf der Möll, Lieser, Lavant, Gurk und Gail, durch die Tscheppa- und Malta-Schlucht. Die Angebote reichen

---

Bergerlebnis-Paket von Profis

2008 haben sich in der Nationalparkregion Hohe Tauern 37 Betriebe, vom Vier-Sterne-Hotel bis zum Gästehaus, von der Familienpension bis zum Berggasthof sowie Bergführer und Sporthändler zur Angebotsgruppe »Tauern Alpin Nationalpark-Partner« zusammengeschlossen. Von der Unterkunft bis zu Nationalpark-Ranger-Touren, Wildtiersafaris zu Bartgeier und Gams und Trekkingtouren sind die Angebote zentral unter www.tauernalpin.at abrufbar. Die Initiative wurde mit dem »Kärntner Tourismus-Award« ausgezeichnet und ist offizieller Partner des Nationalparks.

Reiseinfos

Après-Ski unter besten Bedingungen: Relaxen in der Kärntner Bergwelt

(aus Sicherheitsgründen ausschließlich bei konzessionierten Unternehmen) von gemütlichen Fahrten im Schlauchboot für Kids oder Familien bis zu deutlich turbulenteren Touren – auch im Kanu und Kajak – für Fortgeschrittene. Dazu gibt es vielerorts Einführungs- und Perfektionskurse, Flusswanderungen, Floßfahrten und Uferpicknicks.

Reiten

Auch Reiter kommen in Kärnten voll auf ihre Kosten. Über 80 Betriebe, Gestüte, Guts- und Reiterhöfe, Jugend-Reitercamps und Pferderaststationen, freuen sich auf den Besuch von Zwei- und Vierbeinern. Mehrtägige Pferdetrekking-Touren in die Hohen Tauern veranstaltet der Schlosswirt in Großkirchheim, Poloturniere das Dienstl Gut in Launsdorf. Insgesamt warten 1400 km gut beschilderter Reitwege darauf, beritten zu werden. Alle weiteren Informationen in den Gratiskatalogen ›Reitererlebnisland‹ bzw. ›Urlaub am Reiterbauernhof‹ unter Tel. 04212 288 80 69 39 oder 0664 283 15 64 bzw. www.reit-eldorado.at.

Mehr als 80 Orte haben sich auf Reiterferien spezialisiert. Wanderreiten wird vor allem im Nationalpark Hohe Tauern und in der Sportwelt Amadé praktiziert.

Wandern

Selbstverständlich ist Kärnten auch eine Wanderregion par excellence mit einem riesigen, hervorragend instand gehaltenen Wegenetz, das alles vom gemütlichen Spazierweg bis zum Klettersteig auf eisige Gipfel umfasst. Dutzende, größtenteils von Alpenverein bzw. Naturfreunden unterhaltene Hütten bieten in allen Gebieten Einkehr- und Übernachtungsmöglichkeiten. Zahlreiche Wanderrouten und Führungen finden sich z. B. unter

Reiseinfos

www.kaernten.at und sommer.nationalpark.at.

Wassersport

Die Gelegenheiten zum Baden, Segeln, Surfen, Kanufahren, Angeln usw. sind dank der vielen kleinen und großen – häufig warmen - Gewässer mannigfach. Nahezu alle Fremdenverkehrsorte an den größeren Seen haben Segel- und Surfschulen sowie Verleihstellen für Boote und Bretter. Wasserski ist am Wörther-, Ossiacher und Millstätter See populär. Zentren des Tauchsports sind u. a. Millstatt, Seeboden und Annenheim.

Wellness

Wer es liebt (oder vom Arzt empfohlen bekommen hat), sich in warmem, heilkräftigem Wasser zu suhlen und sich rundum verwöhnen zu lassen, kommt in den zahlreichen Kurorten voll auf seine Rechnung. Zu den renommiertesten zählen Warmbad Villach, Bad Bleiberg, Bad Kleinkirchheim, Bad St. Leonhard und Bad Eisenkappel; immer noch ein Geheimtipp ist St. Lorenzen im Lesachtal (siehe auch S. 77).

Wintersport

Ob Bad Kleinkirchheim/St. Oswald, die Ski- und Naturarena Nassfeld oder die Region Großglockner/Heiligenblut, ob Innerkrems, Mallnitz, das Goldeck bei Spittal, die Kanzelhöhe oder Gerlitzen – die Möglichkeiten zum Alpinski- und Langlaufen, zum Snowboarden, Eislaufen und Schlittenfahren sind schier ungezählt. Und mit dem Mölltaler Gletscher oberhalb von Flattach bietet sich sogar im Sommer, zumindest am Vormittag, die Chance zum Skifahren (einschlägige Kataloge und Übersichtskarten erhältlich bei der Kärnten Information).

Feste und Unterhaltung

Bei einem Land, das im Laufe der Jahrhunderte Sitz eines keltischen Königreiches, weströmische Provinz, slawisches Fürstentum, deutsches Herzogtum und schließlich habsburgisches Kronland war, verwundert es nicht, dass es ein extrem vielfältiges Brauchtum entwickelt hat. Dies umso mehr, da sich seine Bewohner vor allem in den alpinen Regionen, den Erscheinungen und Gefahren der Naturgewalten ausgesetzt, von Geistern und Göttern abhängig wähnten und sie mit Riten und Prozessionen günstig zu stimmen trachteten. Ihre insbesondere in kleineren Ortschaften bis heute ungebrochene Lebendigkeit verdanken jedoch viele der ursprünglich keltischen, später ›christianisierten‹ Mythen und Gebräuche der überdurchschnittlich ausgeprägten Freude der Kärntner am Festefeiern.

Kirchtage und Wiesenmärkte

Als österreichweit größtes Brauchtumsfest gilt der **Villacher Kirchtag,** bei dem am ersten Samstag im August über 60 000 Besucher mit den Einheimischen feiern. Im Vordergrund steht dabei stets das Zelebrieren der ›Kärntner Kuchl‹. Was das bunte Treiben in Villach auszeichnet, ist der riesige far-

Reiseinfos

Festkalender

Januar/Februar
Faschingsumzug: Faschingssamstag, Villach

Februar
Striezelwerfen: am Agathentag (5. Feb.), Stein; kirchliches Fest

Mai
›Mostbarkeiten-Kostbarkeiten-Messe‹: Anfang Mai, Lavanttal, kulinarisches Fest ›Gackern‹
Lavanttaler Radsporttage: Anfang Mai, Lavanttal, www.rmlav.at
Bikerfestival: Ende Mai, Villach, www.villach.at
Internationale Musikwochen Millstatt: Mitte Mai–Anfang Okt., Millstatt; Gastspiele von Organisten, Solisten und Kammerensembles, www.musikwochen.com

Mai/Juni
Kranzlreiten: Pfingstmontag, Weitensfeld; Reiterwettstreit um eine (hölzerne) Jungfrau
Kufenstechen: Pfingstmontag, Feistritz/Gail; Reiterwettstreit, bei dem ein Fass (Kufe) zerschlagen wird
Reiftanz: am Sonntag nach Pfingsten, alle drei Jahre (das nächste Mal im Mai 2013), Hüttenberg; historischer Tanz zum Gedenken eines Bergmannstreiks aus dem 18. Jh.

Juni
Speckfest: Anfang Juni, Hermagor/Gailtal
Kultursommer auf Stift S. Paul: Anfang Juni–Mitte Aug., Lavanttal; Treffpunkt der Künstler und Nachwuchsmusiker aus dem gesamten Alpen-Adria-Raum, www.kuso-stpaul.at
Festival Trigonale: Mitte Juni–Mitte Juli, Gemeinden rund um Zollfeld; Mekka der alten Musik, www.trigonale.com
Wörthersee Classics: 2. Junihälfte, Wörthersee, www.woertherseeclassics.com
Salamancafest: Ende Juni, Spittal; Stadtfest
Internationales Bike Select Downhill-Rennen: Ende Juni, Afritz, www.region-villach.at
Friesacher Burghofspiele: Ende Juni–Mitte Aug., Friesach; klassische Komödien in Kärntens ältestem Sommer-Freilichttheater, www.burghofspiele.com
Südkärntner Sommerspiele: Ende Juni–Mitte Aug., im ehemaligen Stift Eberndorf; vorwiegend klassische Komödien à la Molière, www.sks-eberndorf.at
Tage der deutschsprachigen Literatur: Ende Juni, Klagenfurt; Verleihung des renommierten Ingeborg-Bachmann-Preises, www.bachmannpreis.eu

benprächtige Umzug, an dem unzählige Musik- und Trachtengruppen aus aller Herren Länder teilnehmen.

Die großen **Wiesenmärkte**, die alljährlich in Bleiburg (letztes Augustwochenende) und St. Veit/Glan (letztes Septemberwochenende) stattfinden, haben ihre Wurzeln im 14. Jh. und üben für die ländliche Bevölkerung bis heute auch eine Versorgungsfunktion aus. Angereichert mit historischen Kostümen und Zeremonien, locken sie jährlich mehrere hunderttausend (!) Besucher an.

Juli

Ironman Austria: Anfang Juli, Klagenfurt; Sportevent, www.ironmanaustria.com

Weissensee Triathlon: Anfang Juli, Weissensee; Sportevent, www.weissenseethriathlon.at

Starnacht am Wörthersee: Anfang Juli, Pörtschach; Promi-Auftritte, www.starnacht.at

Fest der Stimmen: Anfang Juli, Spittal/Drau; Wettsingen der Chöre aus Europa und Übersee, www.singkreis-porcia.at

World Bodypainting Festival: Mitte Juli, Region Millstätter See, www.ebf.info

Villacher Straßenkunstfestival: Mitte Juli, Villach; über 100 Künstler aus aller Welt sind in der Fußgängerzone zu sehen, www.villach.at

Schinkenfest: Ende Juli, Millstatt

Spectaculum: Ende Juli, Friesach; Stadtfest

Worldtour der Beachvolleyballer: Ende Juli/Anfang Aug., Klagenfurt und Velden, www.beachvolleyball.at

Musikforum Viktring: Mitte Juli–Anfang Aug., bei Klagenfurt; Konzerte und Meisterkurse in den Bereichen Klassik und Jazz, www.musikforum.at

Carinthischer Sommer: Mitte Juli–Ende Aug., Stiftskirche Ossiach und Villacher Congress Center; weltberühmte Orchester, Chöre und Solisten treten auf, www.carinthischersommer.at

Komödienspiele Porcia: Mitte Juli–Ende Aug., im Renaissancehof des gleichnamigen Schlosses in Spittal/Drau; klassische Komödien und moderne Lustspiele, www.komoedienspiele-porcia.at

August

Wörtherseefestspiele: Aug., Klagenfurter Wörherseebühne; aufwendige Musicalinszenierungen, www.woertherseefestspiele.com

Fest rund ums Huhn: 1. Augusthälfte, Gackern

Ritterspiele auf Burg Sommeregg: zwei Augustwochen, am Millstätter See

Altstadtzauber Clagenfurth: Ende Aug., Klagenfurt

Stadtmarathon: Ende Aug., Klagenfurt, www.klagenfurt.at

September

Brotfest: Anfang Sept., Lesachtal
Kürbisfestival: Sept., Gackern
Käsefest: Ende Sept., Kötschach

Oktober

Polentafest: Anfang Okt., Nörtsch

Dezember

Umzug der Perchtgloba: Weihnachten, in Feistritz und Oberdrauburg

Ortsgebundene Bräuche

In einer Region mit solch ausgeprägtem Brauchtum wie Kärnten gibt es natürlich zahlreiche ortsspezifische Bräuche, von denen hier nur zwei exemplarisch genannt sein sollen (weitere Veranstaltungen dieser Art finden sich im Festkalender).

Ante Pante Populare am 31. Januar in Bad Eisenkappel: Am Vorabend zu Maria Lichtmess (1. Februar) gedenken die Kinder des Ortes eines rechtzeitig verhinderten Hochwassers, indem sie hunderte selbstgebastelte, mit Kerzen illuminierte Holzkirchlein die Vellach hinabtreiben lassen.

Vierbergelauf: Am Dreinagelfreitag, dem zweiten Freitag nach Ostern, findet einem in keltischen Riten wurzelnden Brauch gemäß eine der wohl merkwürdigsten Wallfahrten des Alpenraumes statt. Dabei ziehen – seit einigen Jahren übrigens wieder tausende – Pilger in rund 17 Stunden 50 km weit über jene vier seit alters als heilig geltenden Berge, die das Zollfeld umstehen. Zu Beginn, um Mitternacht, wird auf dem Gipfel des Magdalensberges eine Messe gehalten, werden in der Hoffnung auf reiche Ernte geweihte Getreidekörner getauscht. Dann geht es unter Glockengeläute, mit Fackeln, Kreuzen und gegen missgünstige Dämonen mit ›Berglerlaub‹ geschützt, hinab in die Ebene, vorbei am Prunnerkreuz, auf den Ulrichsberg, dann über das Glantal auf den Veits- alias Göseberg und schließlich auf den Lorenziberg oberhalb von St. Veit/Glan. Würde dieses für das spirituelle Selbstverständnis der Kärntner so elementare Ereignis jemals unterbleiben, hätte dies, so der Volksglaube, unweigerlich Hunger und Elend zur Folge.

Fasching

Zwischen dem 11.11. um 11 Uhr 11 und Faschingsdienstag sind dem närrischen Treiben in Kärnten Tür und Tor geöffnet. Unzählige Kostümfeste, Faschingssitzungen und Maskenumzüge sind in diesen Wochen über das ganze Land verstreut. Hochburg des kollektiven Scherzens ist dabei unbestritten Villach, wo am Faschingssamstag zehntausende maskierte Passanten unter heftigem Gejohle und »Lei-Lei«-Rufen den prächtigen Umzug durch die Stadt geleiten.

Ostern

Intensiv werden landauf landab auch diverse Osterbräuche gepflegt – von der **Palmbuschweihe** (bei dem man in der Kirche Segen bringende Weidenruten für den ›Herrgottswinkel‹ daheim weihen lässt) über das **Karfreitagsratschen** (bei dem Kinder mit dem ohrenbetäubenden Geräusch hölzerner Zahnräder die Richtung Rom fliegenden Kirchenglocken ersetzen) bis zum **Ostermarsch und -feuer,** dem Räuchern von Haus und Hof mit den österlichen Palmzweigen samt einem Büschel von Speik und Wacholder, der Fleischweihe und Osterjause. Eine Tradition, die sich im deutschsprachigen Raum seit Reformation und Aufklärung im Wesentlichen auf Kärnten (und auf Westfalen) beschränkt, ist das **Verhängen des Hochaltars** während der Fastenzeit mit einem Fasten- oder Hungertuch. Dieses ist in der Regel bemalt und zeigt die Lebens- und Leidensgeschichte Christi. Besonders schöne Exemplare sind in Baldramsdorf, Sternberg, Haimburg, Millstatt und Gurk erhalten geblieben (zu Letzterem s. S. 183).

Advent und Weihnachten

Auch Weihnachten duftet es hierzulande noch stärker als vielerorts sonst nach Lebkuchen, Weihrauch und Tannenzweigen. Der **Krampus- und Nikolausbrauch,** der Umzug der – in Feistritz und Oberdrauburg angeblich besonders Furcht erregenden – **Perchtgloba,** die den Winter vertreiben sollen, das **Sternsingen** am Dreikönigstag – all dies verleiht der Advents- und Weihnachtszeit vielerorts in ganz Kärnten ein besonderes Gepräge. Hinzu kommen die vielen Weihnachtsmärkte in der Region.

Reiseinfos von A bis Z

Apotheken

Öffnungszeiten Mo–Fr 8–12.30, 14.30–18 Uhr, Sa 8–12 Uhr; für die Beanspruchung des Nacht-, Wochenend- und Feiertagsdienstes werden kleine Gebühren berechnet. Bei jeder geschlossenen Apotheke finden sich Hinweise auf die nächste geöffnete.

Ärtzliche Versorgung

Das Niveau des Gesundheitssystems entspricht jenem in Deutschland. Ärzte, Zahnärzte etc. sind in allen größeren Orten leicht zu finden. Krankenhäuser gibt es in Klagenfurt, Villach, St. Veit, Wolfsberg, Lienz und Spittal/Drau.

Bei einem Unfall oder einer plötzlichen Erkrankung haben EU-Bürger und Schweizer Anspruch auf öffentliche Gesundheitsversorgung. Hierfür wird die Europäische Krankenversicherungskarte benötigt, die von der Krankenkasse zu Hause ausgestellt wird. Bei ihrer Vorlage muss der Patient vor Ort nichts bezahlen. Vielmehr rechnet die Gebietskasse in Kärnten die angefallenen Kosten mit der jeweiligen heimischen Kasse ab (gilt für Spitäler und Kassenärzte). Bei beiden ist freilich mit oft erheblichen Wartezeiten zu rechnen, die durch den Besuch bei Privatärzten oder -kliniken meist zu umgehen sind. Doch sind dortige Behandlungen ebenso wie Zahnarztbesuche grundsätzlich direkt vor Ort zu bezahlen. Für Privatbehandlungen ist der Abschluss einer Reisekrankenversicherung ratsam.

Wer sich viel in Wäldern aufzuhalten plant, sollte eine Impfung gegen die in Österreich weit verbreitete, durch Zecken übertragene FSME (Frühsommer-Meningoencephalitis) in Erwägung ziehen.

Diplomatische Vertretungen

Deutsche Botschaft in Wien
1030 Wien, Metternichgasse 3,
Tel. 01 711 54.
Schweizer Botschaft in Wien
1030 Wien, Prinz-Eugen-Str. 7,
Tel. 01 795 05.
Honorarkonsulat der Schweiz
9100 Völkermarkt, Kreuzberglstr. 44,
Tel. 04232 23 40.

Feiertage

1. Januar (Neujahr)
6. Januar (Hl. Drei Könige)
Karfreitag, Ostermontag
1. Mai
Christi Himmelfahrt
Pfingstmontag
Fronleichnam
15. August (Mariä Himmelfahrt)
26. Oktober (Nationalfeiertag)
1. November
8. Dezember
25. und 26. Dezember (Weihnachten)

Geld

Gesetzliches Zahlungsmittel ist der Euro. Bezahlen kann man außer mit Bargeld, wie in Deutschland und der Schweiz auch, vielerorts mit Kreditkarten oder EC-Karte. Mit Letzterer kann man an Bankomaten bis zu 400 € pro Tag abheben. Banken sind geöffnet Mo–Fr 8.30–12 und 14–16.30 Uhr. Wechselmöglichkeiten in vielen Hotels, Wechselstuben und Banken.

So manche Impressionen von anno dazumal bieten Ferien auf dem Bauernhof

Kinder

Generell erweist sich die touristische **Infrastruktur** des Landes als überaus kinder- und familienfreundlich. So finden sich in fast jeder Urlaubsgemeinde Spielplätze, vielerorts auch Gastkindergärten, Babysitterservice und spezielle Kinderprogramme (Auskünfte in den jeweiligen Fremdenverkehrsämtern). Dutzende Übernachtungsbetriebe bemühen sich besonders um das Wohl der kleinen Gäste und ihrer Eltern. Sie präsentieren sich, analog zum gängigen Sterne-System je nach Ausstattungsstandard mit drei, vier oder fünf Bären-Logos versehen, im Katalog ›Familienland‹ (erhältlich über die Kärnten Information). Etliche haben sich zur Gruppe der Familien- und Kinderhotels (www.kinderhotels.at) zusammengeschlossen. Diesbezüglich besonders engagiert und ideal ausgestattet ist die Region Lieser-Maltatal, die sich zu Recht als Familiental bezeichnet (www.familiental.com), und dort ganz speziell die Gemeinde Trebesing als Europas erstes Baby- und Kinderdorf (www.babydorf.at).

Das speziell auf die Bedürfnisse des Nachwuches angepasste **Kultur- und Freizeitangebot** ist riesengroß. Ein intensives Naturerlebnis versprechen die als eigene Produktgruppe angebotenen Ferien auf dem Bauernhof (s. S. 25). Möglichkeiten zu hautnahen Begegnungen mit Tieren bieten etwa auch der Tierpark Rosegg, der Alpenwildpark in Feld am See, Affenberg und Greifvogelschau in Landskron, das Fischereimuseum in Seeboden am Millstätter See oder die Reptilienzoos Nockalm (in Patergassen) bzw. Happ (in Klagenfurt). Die seltene Möglichkeit, eigenhändig einen leibhaftigen Braunbären zu füttern, gibt es in Villach/Müllern (www.kenny-bear.com, s. S. 203).

Mit märchenhaften Erlebnissen warten u. a. der Zwergenpark im Gurktal,

Reiseinfos

der Zauberwald am Rauschelesee, die Heidi-Alm am Falkert, die Pilz-Wald-Naturwunderwelt in Treffen und die Märchenwandermeile in Trebesing auf. Auf sinnliche Weise die Hochgebirgsnatur erkunden, können Jung und Alt im Nationalparkzentrum BIOS in Mallnitz. Ebenfalls in den Hohen Tauern sorgt das Goldwaschen im Mölltal für besondere Spannung.

Bei Schlechtwetter ein Hit sind **Bergwerks- und Höhlenbesuche** – z. B. der Terra Mystica und Humoristica in Bad Bleiberg, des Schaubergwerks Knappenberg oder der Tropfsteinhöhlen von Griffen und im Obir –, aber auch die riesigen Modelleisenbahnen in Köttmannsdorf (www.carinzia.net) und Faak sowie, in Klagenfurt, das Planetarium. Letzterem benachbart ist **Minimundus**, das mit seinen 170 Modellen weltberühmter Bauwerke stets großen Eindruck hinterlässt.

Für besonders **sportiven Nachwuchs** hat man u. a. am Faaker See eine Kleinkinder-Golfschule, am Dienstl Gut in Launsdorf ein Jugend-Reitercamp und auf der Sonnenalpe Nassfeld für ›Rockkids‹ einen Klettergarten eingerichtet. Und die Region Millstätter See bietet vier- und siebentägige Outdoor-Camps für Familien an.

Medien

Der Österreichische Rundfunk (ORF) war lange Monopolist. Im Fernsehen ist er mit den Sendern ORF 1 und ORF 2 vertreten. Auch der Privatsender ATV sendet ganztägig. Bundesdeutsche Häuser bedienen den rotweißroten-Markt stundenweise mit spezifischen Programmen, sogenannten Österreich-Fenstern. Radioprogramme: Ö 1 (91,1 oder 89,7 MHz), und Ö 3 (mit Verkehrsfunk; 86,0 oder 97,0 MHz; s. Autobahnbeschilderung) und FM 4. Darüber hinaus gibt es eine Reihe von Privatsendern.

Kärntens Presselandschaft kennt drei regionale Tageszeitungen, die »Kleine Zeitung«, die »Kärntner Tageszeitung« und, als Regionalausgabe des Wiener Mutterblattes, die »Kärntner Kronenzeitung«. Als überregionale, einheimische Blätter finden sich in allen Tabaktrafiken und sonstigen Verkaufsstellen u. a. »Kurier«, »Standard«, »Die Presse« und »Wirtschaftsblatt« im Regal. Neben heimischen Zeitschriften wie dem Nachrichtenmagazin »Profil« oder dem Wirtschaftsmagazin »Format« sind vielerorts auch die wichtigsten überregionalen deutschen (und teilweise auch schweizerischen) Medien erhältlich.

Notruf

Feuerwehr: Tel. 122
Polizei: Tel. 133
Rotes Kreuz (Rettungsdienst): Tel. 144
Euro-Notruf: Tel. 112
Ärzte-Bereitschaftsdienst: Tel. 141 (Fr 19 Uhr bis Mo 7, feiertags 7 Uhr bis zum nächsten Tag 7 Uhr)
Flugrettung: 0463 17 77
Vergiftungszentrale: Tel. 01 406 43 43-0
Bergrettung: 140

Öffnungszeiten

Geschäfte: Mo–Fr 8/10–18/18.30 Uhr, gelegentlich ein- bis zweistündige Mittagspausen in kleineren Geschäften, größere Geschäfte und Supermärkte in den Stadtzentren auch bis 19 oder 19.30, Sa meist 9–17 Uhr, branchenweise und jahreszeitliche Abweichungen, z. B. zur touristischen Hauptsaison und an Samstagnachmittagen. Einige Läden, etwa für Souvenirs sind auch So und Fei geöffnet.

Reiseinfos

Post

Postämter sind in der Regel Mo–Fr 8–12 und 14–18 Uhr, in größeren Städten bisweilen auch Sa 8–10 Uhr oder länger geöffnet. Porto: Ansichtskarte oder Standardbrief kosten innerhalb Europas 0,65 €.

Rauchen

Im Unterschied zu den meisten anderen Ländern Europas vollzieht der Gesetzgeber in Österreich beim Thema Rauchen seit Jahren einen peinlichen Eiertanz. Zwar ist der Glimmstengel aus Amtsgebäuden und öffentlichen Einrichtungen verbannt. Gastronomen jedoch müssen auch gemäß dem neuen, am 1. Januar 2009 in Kraft getretenen Gesetz ihr Lokal bloß in Raucher- und Nichtraucherbereich trennen. Und auch dies nur, »wenn es baupolizeiliche oder gesetzliche Gründe nicht verunmöglichen«.

Reisende mit Handicap

Die Broschüre »friendly«, aufgelegt vom Klagenfurt Tourismus, liefert vielerlei nützliche Tipps für Gäste mit Handicap in der Landeshauptstadt, so etwa ein Verzeichnis aller behindertengerecht geführten Hotels und Restaurants, Museen und Freizeiteinrichtungen, aber auch Parkplätze und WC-Anlagen. Die Hotelkataloge der Kärnten Information geben Auskunft, welche Unterkünfte im Land auf einschlägige Bedürfnisse abgestimmt sind. Auf die Begleitung von Behinderten bei Ausflügen spezialisiert haben sich u. a.:

Alpinschule Nationalpark: Hohe Tauern, 9843 Großkirchheim, Döllach 146, Tel. 04825 593, 0664 24 04 9 01 (Herr Rieger), spezielles Klettern für sehbehinderte Kinder.

Reisedienst für Behinderte: 9020 Klagenfurt, Krasniggstr. 60/5/22, Tel. 0463 578 36.

Einschlägige **Fahrtendienste** sind unter Tel. 0463 31 8407, eine eigens geschulte **Fremdenführerin** unter 0664 416 96 64 zu buchen. **Rollstühle** mieten kann man in Klagenfurt u. a. unter 0463 414 69, 38 11 00 oder 578 25. **Allgemeine Auskünfte** gibt der Österreichische Zivilinvalidenverband in Klagenfurt (Tel. 0463 58 70-306) bzw. Villach (Tel. 04242 232 94).

Sicherheit

Kärnten ist zwar keineswegs eine kriminalitätsfreie Zone, aber im Alltag im europäischen Vergleich ausgesprochen sicher. Schützen sollten Sie sich in den Städten im Gedränge, etwa in öffentlichen Verkehrsmitteln zur Stoßzeit, vor Trick- und Taschendieben, indem Sie Wertsachen tunlichst im Hotelsafe lassen und Geld am Körper tragen. Steigend ist vor allem in Städten auch die Zahl der Autoeinbrüche. Deshalb niemals Taschen oder Wertgegenstände (z. B. Laptops) sichtbar im Wageninneren liegen lassen!

Souvenirs und Lebensmittel

Die bekanntesten Kärntner Souvenirs sind **kulinarischer Art**: Kasnudeln, Kräuter, Marmeladen, Honig sowie alle Ingredienzien einer zünftigen Brettljause, wie man sie in den aberhunderten Buschenschanken kredenzt bekommt – vom knusprigen Bauernbrot über Almkäse bis zu ›Gselchtem‹, Schinken und Speck. Nicht zu vergessen die Lebenselixiere der Kärntner, als da sind: Most, diverse einheimische Biere (besonder gerühmt: jenes aus Hirt) und Edelbrände (als Meisterdestillateure gelten u. a. Wilhelm Jesche in Treffen und Wolfram Ortner in Bad Kleinkirchheim). All diese Leckereien werden übrigens auch auf den vielerorts regelmäßig abgehaltenen Bauernmärkten und Kirchtagen feilgeboten. Als besondere Spezialitäten gelten der Lavanttaler Spargel und der sogenannte Mölltaler bzw. Tainacher Kaviar, der Rogen von Bachforellen und Saiblingen.

Auf der Liste potenzieller Kärntner Mitbringsel ganz oben stehen, obgleich in der wünschenswert hohen Qualität nicht ganz billig, **Loden-, Leinen- und Trachtenstoffe** beziehungsweise die daraus gefertigten Trachten, Kleider und Tücher, Joppen, Anzüge und Mäntel. Charmante Erzeugnisse des örtlichen Kunsthandwerks sind darüber hinaus **Trockenblumen** (z. B. Edelweiß vom Gasthof Waldheim in Mörtschach), bemalte **Bauernmöbel** und auch **Lederhosen.**

Telefonieren

Vorwahlen: Von Deutschland und der Schweiz wählt man nach Kärnten die 0043, gefolgt von der Ortsvorwahl ohne Null (für Klagenfurt z. B. 0043 463) und der Teilnehmernummer. Die Landesvorwahl für Deutschland lautet 0049, die der Schweiz 0041.

Gesprächsgebühren: Ortsgespräche kosten je nach Tageszeit ca. 3 € pro Stunde; Ferngespräche im Inland bzw. ins europäische Ausland sind je nach Tageszeit und Entfernung sehr unterschiedlich gestaffelt (Deutschland und Schweiz pro Minute ca. 0,45 €). Ziemlich unterschiedlich sind auch die Gebühren der derzeit sechs **Mobilfunkbetreiber** (Mobilkom/A1, T-Mobile, One, Yesss, Hutchinson), die gemeinsam ein dichtes Versorgungsnetz über das gesamte Land gezogen haben.

Telefonauskunft: Inland Tel. 118 11, Ausland Tel. 118 12.

Trinkgeld

Im gastronomischen Betrieb werden die Rechnungen, wie auch etwa im Taxi oder beim Friseur, um 5–10 % des Rechnungsbetrages aufgerundet.

Das Aufräumpersonal im Hotelzimmer erwartet ca. 1–2 €. Andere Dienstleister, etwa Gepäckträger, Tankwarte oder die Garderobefrau im Theater, bekommen etwa 0,50 bis 1,50 €.

Reisekasse und Spartipps

Die Preise für einen Urlaub in Kärnten liegen etwa auf bundesdeutschem Niveau. DZ in Mittelklassehotels kosten zwischen 80 und 140 €, Drei-Gang-Menüs in gehobenen Gaststätten ohne Getränke ca. 12–15 €. Häufig deutlich niedrigere Hotelpreise erzielt, wer vorab online bucht. Preiswert Feinkost für ein Picknick erstehen kann man in den vielerorts täglich bzw. wöchentlich abgehaltenen Bauernmärkten.

Wärmstens zu empfehlen ist der Erwerb der **Kärnten Card** und ihrem winterlichen Pendant, dem Top-Ski-**Kärnten-Pass** (Details s. S. 21). Darüberhinaus bieten auch manche Regionen, etwa Wörthersee Tourismus, Ermäßigungskarten an (siehe Info-Boxen am Beginn der Regionalkapitel). Beim Besuch von Museen und anderen Sehenswürdigkeiten die Mitnahme von Studenten-, Seniorenausweisen etc. nicht vergessen!

Panorama – Daten, Essays, Hintergründe

Einer von zwei Nationalparks in Kärnten: die Hohen Tauern mit dem Großglockner

Steckbrief Kärnten

Daten und Fakten
Lage und Größe: Das Bundesland liegt etwa auf dem 47. nördlichen Breitengrad sowie zwischen dem 13. und 15. östlichen Längengrad. Es grenzt an Osttirol, Salzburg, die Steiermark sowie an Italien und Slowenien. Maximale Ausdehnung in Nord-Süd-Richtung: 70 km, in Ost-West-Richtung: 160 km. Die Landesfläche beträgt 9533 km^2, das sind 11,4 % des österreichischen Staatsgebietes.

Einwohnerzahl: Im Bundesland Kärnten leben 560 600 Menschen.
Größte Städte: Klagenfurt (93 500 Einw.), Villach (59 000 Einw.), Wolfsberg (25 300 Einw.), Spittal/Drau (16 000 Einw.), Feldkirchen (14 300 Einw.), St. Veit/Glan (12 800 Einw.), Völkermarkt (11 400 Einw.), St. Andrä (10 700 Einw.).
Währung: Euro, Untereinheit Cent
Zeitzone: MEZ, Sommerzeit

Geografie und Klima
Kärnten bildet eine weitgehend in sich geschlossene **Beckenlandschaft,** die im Süden von den Karnischen Alpen bzw. Karawanken, im Nordwesten von den Hohen Tauern, im Norden von Gurk- und Seetaler Alpen sowie Packalpe und im Osten von der Koralpe umschlossen wird. Dieser Gebirgskranz, der 93 Dreitausender-Gipfel umfasst, wird nur an wenigen Stellen durchbrochen, so z. B. im Süden durch das Tal der Gailitz und im Norden durch das Tal des Olsabaches.

Kärntens Hauptfluss, die **Drau,** bildet eine Art Landschaftsachse in West-Ost-Richtung. Sie entspringt außer Landes in Südtirol und mündet in Ostkroatien in die Donau; fast alle Gewässer des Landes fließen zu ihr hin. Kärnten besitzt rund 1270 **Seen** und andere stehende Gewässer, die eine Fläche von gut 60 km^2 bedecken. Die vier größten Seen sind Wörther-, Ossiacher, Millstätter und Weißensee. Mit dem **Großglockner** (3798 m) besitzt das Land die höchste Erhebung, und mit der Pasterze zu seinen Füßen auch den größten **Gletscher** Österreichs.

Gegliedert ist das Land im Wesentlichen in das gebirgige **Oberkärnten,** dessen Kernzonen das obere Drautal mit dem Möll-, Lieser- und Gailtal bilden, und das mehrheitlich flachwelligere **Unterkärnten.** Letzteres besitzt mit dem Zoll-, Krapp- und Jaunfeld und vor allem dem Klagenfurter Becken mehrere großflächige Ebenen. Ganz im Osten erstreckt sich, durch die Saualpe vom restlichen Land weitgehend getrennt, in Nord-Süd-Richtung das Lavanttal.

Klimatisch liegt Kärnten in einem Übergangsraum mit atlantisch geprägten Einflüssen im Nordwesten und mediterranen in den Seen- und Beckenlandschaften. Dank seiner Lage südlich des Alpenhauptkamms und nahe der Adria ist es generell wärmer und sonniger als das übrige Österreich. Im Frühjahr und Spätherbst kommt es infolge von Adriatiefs häufig zu Staugegen. In den Hochgebirgsregionen herrschen raue Alpinverhältnisse.

Politik und Verwaltung

Kärnten, eines von neun Bundesländern der föderativen Bundesrepublik Österreich, ist in acht politische Bezirke unterteilt: Feldkirchen, Hermagor, Klagenfurt, Spittal/Drau, St. Veit/Glan, Villach, Völkermarkt und Wolfsberg. Deren lokale Verwaltung besorgen die zuständigen, in den jeweiligen Städten amtierenden Bezirkshauptmannschaften. Die Gesetzgebung hat der auf fünf Jahre gewählte Landtag mit 36 Abgeordneten inne. Diese üben die politische Kontrolle über die Landesregierung aus, welche aus dem Landeshauptmann, dessen zwei Stellvertretern sowie vier Landesräten besteht.

Bei den Landtagswahlen 2009 gewann das Bündnis Zukunft Österreich (BZÖ), obwohl – oder vielleicht weil – dessen Gründer, Jörg Haider, im Herbst zuvor tödlich verunglückt war, fast 45 % der Stimmen. Das höchste Amt im Land nimmt Gerhard Dörfler ein. Die übrigen Stimmen verteilten sich auf SPÖ (knapp 29 %), ÖVP (knapp 17 %), Grüne (gut 5 %) und FPÖ (knapp 4 %).

Wirtschaft und Tourismus

Kärnten erwirtschaftet gegenwärtig ein Brutto-Inlandsprodukt von rund 13 Mrd. € pro Jahr, jeder Einwohner statistisch rund 26 500 € (österreichweit: 31 100 €); dabei entfallen rund 70 % in den Bereich des Dienstleistungsgewerbes. Von eminenter Bedeutung ist der Fremdenverkehr mit jährlich rund 13 Mio. Übernachtungen, fast zwei Drittel davon verdankt das Land ausländischen Gästen. Von den insgesamt rund 205 000 unselbstständig Beschäftigten sind nur noch 0,5 % in der Land- und Forstwirtschaft und ca. 28 % in Industrie und Gewerbe tätig. Im Produktionssektor führend sind die Bereiche Elektro und Elektronik, Maschinen/Metall und Bau/Baustoffe (jeweils 18–19 %), sowie Chemie (15 %), Konsumgüter, Holz/Papier (jeweils 10 %). Die Arbeitslosenquote war 2008 mit 9,3 % deutlich höher als der Bundesdurchschnitt (7,2 %).

Bevölkerung, Sprache, Religion

Kärnten ist Österreichs einziges Bundesland, dessen Bevölkerung 2009 aufgrund einer negativen Wanderbilanz schrumpfte. Mehr als die Hälfte der Kärntner lebt in ländlichen Siedlungen. Die Bevölkerungsdichte ist mit 59 Einwohnern pro km^2 deutlich geringer als im österreichischen Gesamtschnitt (97 Ew./km^2). Am dichtesten besiedelt sind das südliche Klagenfurter Becken und das Lavanttal.

Im Gleichklang mit der Gesamtentwicklung westlicher Wohlstandsgesellschaften verzeichnet Kärnten einen

Geburtenrückgang und parallel eine markante Überalterung aufgrund der rasant wachsenden Lebenserwartung, die für Frauen mittlerweile bei 83,7, für Männer bei 77,5 Jahren liegt.

Rund 86 % der Bevölkerung bekennen sich zum katholischen, 9 % zum evangelischen, rund 5 % zu einem anderen (oder gar keinem) Glauben.

Geschichte im Überblick

Früh-, Römer- und Slawenzeit

3. u. 2. Jt. v. Chr. Funde von Tongefäßen, Steinwerkzeugen und -schmuck auf dem Maria Saaler Berg, dem Kanzianiberg bei Villach und im Lavanttal weisen auf Siedlungstätigkeit und Ackerbau hin.

ab 250 Keltische Stämme dringen im Raum des heutigen Kärnten ein, vermischen sich mit den ansässigen Illyrern und begründen ein norisches Königreich, dessen Hauptstadt auf dem Magdalensberg entsteht.

1. Jh. n. Chr. Nachdem die Römer das dank seiner Bodenschätze reiche Noricum besetzt haben (15 v. Chr.), degradieren sie es 45 n. Chr. zur Reichsprovinz. Sitz des Statthalters wird die am Fuße des Magdalensberges eigens begründete Stadt Virunum.

4.–6. Jh. Christianisierung des Landes. Virunum und Teurnia, das heutige St. Peter in Holz, werden Bischofssitze des Patriarchats von Aquileia. Im Zuge der Völkerwanderung bedrängen Ostgoten das Gebiet. Wenig später wird es von den letzten Römern geräumt und hierauf erst den Germanenreichen Odoakers und Theoderichs, später dem oströmischen und schließlich dem langobardischen Reich angegliedert.

nach 590 Durch das Drautal eingedrungene Slawen errichten ein Fürstentum mit Karnburg im Zollfeld als Mittelpunkt. In der ersten Hälfte des 7. Jh. gehört das Gebiet zum Slawenreich.

1. Hälfte des 8. Jh. Erstmals taucht in Quellen für die Bevölkerung der Region die Bezeichnung ›Carontani‹ (Karantanen) auf. Um 740 ruft der karantanische Slawenfürst Boruth die Baiern unter Herzog Odilo gegen die Awaren zu Hilfe. Er ebnet damit den Weg für die bairische – und ab 788 fränkische – Oberherrschaft, unter der freilich weiterhin slawische Fürsten über das Land regieren. Es folgt die endgültige Christianisierung.

Von der deutschen Kolonisation bis zu den Türkeneinfällen

Frühes 9. Jh. Karl der Große erklärt die Drau zur Grenze zwischen den Missionsbereichen von Salzburg bzw. Aquileia (811). Die slawischen Teilfürstentümer werden aufgelöst. Die Verwaltung übernehmen fränkische Reichsbeamte. Im Zuge der bairisch-fränkischen Kolonisation werden Aquileia sowie die Bistümer Salzburg, Passau, Freising, Säben/Brixen und kurz nach 1000 auch Bamberg nach und nach mit kärntnerischen Ländereien reich beschenkt.

876 König Karlmann überträgt Karantanien seinem Sohn Arnulf, der in der Folge zum König des oströmischen Reiches und 896 gar zum römisch-deutschen Kaiser aufsteigt.

11./12. Jh.	Eine Reihe wichtiger Klöster und Stifte wird gegründet. Parallel entwickeln sich Burgflecken zu wichtigen Märkten. Villach, Friesach, St. Veit, Völkermarkt, Wolfsberg und Klagenfurt erhalten das Stadtrecht.
1122	Das Gebiet der späteren Steiermark wird von Kärnten getrennt. Ab nun stellt das Geschlecht der Spanheimer die Herzöge. Dessen bedeutsamster Vertreter, Bernhard II. (1202–1256), hält in St. Veit an der Glan, der ersten Hauptstadt des Landes, glanzvoll Hof.
1335	Ludwig der Bayer belehnt die habsburgischen Brüder Albrecht und Otto mit Kärnten. Das Herzogtum zählt ab nun – meist gemeinsam mit der Steiermark und Krain – zur habsburgischen Hausmacht.
1348	Ein Erdbeben zerstört große Teile von Villach und löst am Dobratsch einen verheerenden Bergsturz aus.

Reformation, Reformen, Revolution

1514	Ein Großbrand vernichtet weitgehend Klagenfurts Baubestand. Die im Renaissancestil erneuerte Stadt wird Sitz der Landesregierung.
ab 1520	Luthers Lehre fällt landesweit auf fruchtbaren Boden. Bald bekennt sich ein Großteil der Bevölkerung, darunter auch der Adel, zu ihr.
1578	Um die Unterstützung der Stände im Krieg gegen die Türken zu gewinnen, gewährt Erzherzog Karl II. als Landesfürst dem Adel beschränkte Religionsfreiheit. Eine Generation später jedoch hält die Gegenreformation in Kärnten machtvoll Einzug. Die Anhänger Luthers müssen ihre Heimat verlassen. Die Auswanderungswelle schwächt nachhaltig die Wirtschaft und die Macht der Stände.
1728	Im Klagenfurter Landhaus huldigen die Stände Kaiser Karl VI. Handel und Verkehr erfahren in diesen Jahren eine deutliche Belebung.
1740–1780	Kaiserin Maria Theresia bindet das Land eng an die Zentralbehörden in Wien. Verwaltung, Justiz und Steuerwesen werden reformiert, Bergbau, Eisen- und Textilindustrie im Sinne des Merkantilismus gefördert, Schulen gegründet. Die Bauernschaft erhält das Recht, Boden zu erwerben und frei zu vererben. Der Staat kauft dem Bistum Bamberg dessen Kärntner Besitzungen, beispielsweise Villach und Wolfsberg, ab. Der Jesuitenorden wird aufgelöst, sein Besitz verstaatlicht.
1780–1790	Joseph II. schafft Folter und Leibeigenschaft ab. Sein Toleranzpatent ermöglicht den Protestanten, ihre Religion wieder frei auszuüben und Pfarren zu gründen. Das Gros der Kärntner Klöster wird aufgehoben.

1797–1813	Kärnten wird durch die Franzosenkriege schwer in Mitleidenschaft gezogen. 1805 fallen Salzburgs Besitzungen in Kärnten – u. a. Friesach, Althofen und Maria Saal – an den österreichischen Staat.
1848/49	Im Zuge der Revolution, die den Bauern die endgültige Enthebung von der Abgabenpflicht beschert, wird Kärnten selbstständiges Kronland und Klagenfurt wieder unabhängige Landeshauptstadt.
1860er-Jahre	Der Verlust Venetiens (1866) macht Kärnten zum Grenzland, die Fertigstellung der Eisenbahnlinien nach Marburg, Leoben und Tarvis verstärkt zum Durchgangsland. Die leichtere Erreichbarkeit lässt am Wörther- und Millstätter See zaghaft ersten Fremdenverkehr knospen.

Kärnten im 20. und 21. Jahrhundert

1914–1918	Erster Weltkrieg: Der zweijährige Stellungskrieg mit den Italienern fordert einen immensen Blutzoll. Nach dem Zusammenbruch der Front und des habsburgischen Vielvölkerstaates erklärt die provisorische Landesregierung am 11. November 1918 den Beitritt Kärntens zum neuen Staat Deutsch-Österreich. Nachdem noch im selben Monat slowenische Verbände mit der Besetzung von Teilen Südkärntens beginnen, beschließt die Landesregierung am 5. Dezember den bewaffneten Widerstand gegen die eindringenden ›Südslawen‹. Eine überparteiliche ›Heimwehr‹ wird gebildet.
1919	Nach einem ersten Waffenstillstand und mehreren Monaten weiteren gewaltsamen Ringens um den Grenzverlauf verliert Kärnten durch den Friedensvertrag von St. Germain (10. September) das Kanaltal mit Tarvis an Italien, die Gemeinde Seeland und das Mießtal mit Unterdrauburg an das Serbisch-kroatisch-slowenische Königreich.
1920er-Jahre	Am 10. Oktober 1920 votieren die Bewohner der von Jugoslawen besetzten Zone in einer unter interalliierter Aufsicht stattfindenden Volksabstimmung zu knapp 60 % für den Verbleib Kärntens bei Österreich. Die Landeseinheit bleibt damit gewahrt. Wirtschaftskrise und politische Radikalisierung prägen in den Folgejahren das Land. Verhandlungen um eine kulturelle Autonomie der slowenischen Minderheit verlaufen im Sand.
12. März 1938	Kärnten wird mit Österreich von Deutschland annektiert und gemeinsam mit Osttirol zum Reichsgau, in dem nun für sieben Jahre, wie im gesamten Reich, der NS-Terror wütet.
1945	Nach schweren Bombardements vor allem Klagenfurts und Villachs (1944) und der Kapitulation Deutschlands besetzen britische Truppen

das Land. Jugoslawische Partisanenverbände stoßen kurzfristig bis Klagenfurt vor. Es kommt zur Bildung einer provisorischen Landesregierung und zur unrühmlichen Auslieferung der Domobrancen-Verbände und Kosaken an die Jugoslawen bzw. Sowjets.

1955 Österreichs Staatsvertrag sichert die Südgrenze völkerrechtlich ab und legt in Artikel 7 die Rechte der Minderheiten fest. Zwei Jahre später kommt es in Klagenfurt zur Gründung des Slowenischen Bundesrealgymnasiums.

1970er-Jahre 1972 kommt es wegen der Aufstellung zweisprachiger Ortstafeln zu heftigen Konflikten, deren Beilegung mehrere Jahre dauert. 1976 verursacht ein Erdbeben in der Nachbarregion Friaul auch in Kärnten beträchtliche Schäden. 1978 wird die gewaltige Kraftwerksgruppe im Maltatal eröffnet, in Hüttenberg zugleich der auf eine 3000-jährige Tradition zurückblickende Eisenerzabbau endgültig eingestellt. Im selben Jahr wird die ›Alpen-Adria‹, die Arbeitsgemeinschaft der östlichen Alpenländer, gegründet.

1983 Der Landtag schafft die gesetzlichen Grundlagen zur Gründung des Nationalparks Hohe Tauern. Ein zweiter Nationalpark wird vier Jahre später in den Nockbergen entstehen.

1986 Die Tauernautobahn wird von Salzburg bis zum Knoten Villach durchgehend dem Verkehr übergeben.

1989 Jörg Haider (FPÖ) wird, 39-jährig, Landeshauptmann.

2004 Der EU-Beitritt Sloweniens am 1. Mai eröffnet Kärnten wirtschaftlich, kulturell und geistig neue, zusätzliche Chancen.

2005 Aufstellung der letzten zweisprachigen Ortstafeln in Umsetzung der Topografieverordnung aus den 1970er-Jahren.
Jörg Haider gründet nach FPÖ-internen Streitigkeiten eine neue Partei: das BZÖ (Bündnis Zukunft Österreich).

2008 Am 11. Oktober verunglückt Landeshauptmann Jörg Haider spätnachts bei einem selbst verursachten Verkehrsunfall tödlich.

2010 Im Zuge der allgemeinen Wirtschaftskrise ist das Land Kärnten bereits im Vorjahr in extreme finanzielle Schieflage geraten. Als zentraler Auslöser erweisen sich die Geschäftsgebarung und die Turbulenzen rund um den Verkauf der Hypo Alpe-Adria-Bank. Deren drohende Insolvenz kann nur durch eine Notverstaatlichung abgewendet werden.

Landschaften und Naturraum – ein Paradies für Geologen und Botaniker

»Bergketten der buntesten Formen, hier zackig, zerrissen, dort sanft aufgewölbt, bis zur Höhe der Wolken überdeckt mit reichem Pflanzenleben, zwischen denselben die üppigsten Täler, besäet mit Dörfern und Herrensitzen, blühend in der reichsten Kultur des Bodens, umsäumt von Wald- und Felsenhöhen, von deren Scheitel überall stolze Burgruinen niederblicken.

Zauberisches Kärnten« – geradezu schwärmerisch beschrieb der Geologe und Alpenforscher Friedrich Simony um 1850 in einem Brief an Adalbert Stifter die Region.

Kärntens Schönheit rührt zu einem Gutteil von seiner ungemein vielfältigen Oberflächengestalt. Das knapp 10 000 km² große Land lässt sich zwar, grob gesprochen, in zwei etwa gleich

Seine große Attraktivität verdankt Kärnten der landschaftlichen Vielfalt

große Hälften, das stark gebirgige Ober- und das auf deutlich geringerer Seehöhe gelegene Unterkärnten, teilen. Doch in sich ist jeder Teil wiederum in diverse Gebirgsketten und -stöcke, Becken und Täler gegliedert. Dem Formenreichtum über Tage entspricht ein komplizierter geologischer Aufbau. Für erdgeschichtlich Interessierte hält Österreichs südlichstes Bundesland demnach überaus faszinierende Strukturen bereit.

Die Erdgeschichte im Zeitraffer

Die Gesteine Kärntens entstanden im Erdaltertum, vor etwa 500 bis 400 Mio. Jahren, als der Alpenraum den Boden eines riesigen Meeres bildete. Nach einer sich über unvorstellbare Zeiträume hinziehenden Abfolge von Anhebungen, Verwerfungen, neuerlichen Absenkungen und Überflutungen falteten sich schließlich – hauptsächlich im späten Tertiär, vor rund 20 Mio. Jahren – die Alpen. In diesem tektonisch extrem unruhigen Zeitalter entstanden jene Spannungsrisse in der Erdkruste, denen das Land seine Thermal- und Mineralquellen verdankt. Vor ungefähr 1 Mio. Jahren begannen Eis- und Zwischeneiszeiten mit ihren bis zu 1000 m dicken Gletschern und Schmelzwässern Becken und Täler aus dem felsigen Boden zu schürfen und hügelige Moränenwälle aufzuhäufen, hinter denen sich Seen stauten. Ein Prozess, der, verstärkt durch die wet-

terbedingte Erosion, in extremer Zeitlupe bis heute anhält.

Grundsätzlich lassen sich in Kärnten zwei große, parallel angeordnete Gesteinszonen feststellen: Nördlich des Drautals erstrecken sich, von den Hohen über die Niederen Tauern, die Gurktaler und Seetaler Alpen bis zu Sau- und Koralpe, die kristallinen Zentralalpen. Sie bestehen aus einem Kern aus Granit und Gneis, der im Laufe der Äonen von Schichten aus Schiefern, Kalken und anderen Gesteinen überdeckt wurde, und enthalten Erze wie Gold, Silber, Kupfer, Eisen, Wolfram, Nickel oder Kobalt. An manchen Stellen, etwa im Großglocknergebiet, bei der Kreuzeck-Gruppe und am Katschberg, schufen die komplexen Gesteinsbewegungen ein Phänomen: die sogenannten Tauernfenster. Durch sie lugt das alte Urgestein aus den jüngeren Deckschichten bis an die Oberfläche hervor.

Einen formalen Gegensatz zu diesem Alpenhauptkamm bilden, jenseits der Drau, die Südlichen Kalkalpen, bestehend aus Gailtaler Alpen, Dobratsch und Karawanken. Ihre schroffen, stark verkarsteten Felstürme und -wände sind aus rund 150 Mio. Jahre altem Kalk, Mergel und Tonschiefer und vergleichsweise spärlich bewachsen. Charakteristisch sind hier die reichen Lagerstätten für Blei und Zink.

Geschätzte 200 bis 300 Mio. Jahre älter sind die südlich der Gail entlang der Grenze zu Italien verlaufenden Karnischen Alpen. Wobei sich auch hier Formationen aus dem Erdaltertum streckenweise über jüngere Schichten geschoben haben. Hobbygeologen pilgern aus halb Europa über die eigens angelegten ›Geo Trails‹, um sich an dem faszinierenden Durcheinander von Gesteinen und Meeresablagerungen zu delektieren, und auch, um nach – reichlich vorhandenen – Fossilien zu suchen.

Artenreiche Tier- ...

Dank der Grenzlage am Südrand Mittel- und Nordrand Südeuropas sowie dank der sehr unterschiedlichen Landschaftsformen und (Mikro-)Klimate bietet Kärnten überdurchschnittlich vielen Tierarten ein Zuhause. In den Tälern und stark bewaldeten Mittelgebirgen tummeln sich Reh, Hirsch, Hase, Fuchs, Dachs, Marder und Wiesel, aber auch Birk- und Auerhahn, viele Wald- und Raubvögel wie Bussard, Sperber oder Habicht. Im Hochgebirge kann man, Umsicht und Glück vorausgesetzt, Gemsen, Murmeltieren, Schneehasen und -hühnern und seit Neuestem vermehrt auch wieder Steinböcken, Steinadlern und Bartgeiern begegnen.

Wasser- und Zugvögel, unter ihnen etwa Fisch- und Purpurreiher, finden ihr – teilweise temporäres – Paradies an den Seeufern, in den Flussauen und Feuchtgebieten. In den Seen, den Flüssen und Bächen wimmelt es von Fischen. Die Bestände umfassen vor allem Forellen, aber auch Huchen, Äschen und Zander, Hechte, Saiblinge und Schleien.

Der Wolf hingegen wurde schon im 19. Jh. ausgerottet. Zumindest gelegentlich über die Karawanken zu Besuch kommt indes der Braunbär, dessen Gefährlichkeit übrigens ebenso gerne überschätzt wird wie die der wenigen ähnlich scheuen, giftigen Vipern und Ottern.

... und Pflanzenwelt

So groß wie in der Tierwelt ist die Artenvielfalt auch bei der Vegetation: Kärnten ist gesegnet mit einer Überfülle von Grün. Wälder, Wiesen, Weiden und Almen bedecken rund 78 % der Landesfläche. Wobei der Wald zu gut zwei Dritteln aus Nadelbäumen, vorwiegend Fichten, aber stellenweise zum Beispiel auch aus seltenen Zirbelkiefern besteht und, je nach örtlicher Gegebenheit, auf eine Seehöhe von 1600 bis 2000 m reicht. Im klimatisch begünstigten Lavanttal tragen Obstbäume, darunter für diese Breitengrade eher ungewöhnliche wie Quitten, aber auch Nussbäume reiche Ernte. Den Weinbau, den die Kärntner in früheren Jahrhunderten sehr wohl betrieben, hat man wegen der qualitativ unbefriedigenden Ergebnisse vor längerer Zeit schon eingestellt.

Botanische Kostbarkeiten

Kärnten besitzt etliche Flecken Erde, auf denen botanische Raritäten ersten Ranges gedeihen. So sind etwa die Almwiesen der Mussen im östlichen Lesachtal der Lebensraum für eine Fülle seltener Enziane, Lilien- und Orchideenarten. Hobbybotaniker schwärmen auch von der Trögener Klamm am Fuß des Hochobir, wo alpine und subalpine Pflanzen in nächster Nähe zu Arten des illyrischen Karstwaldes wachsen. In den Hohen Tauern, eine Gehstunde von der Franz-Josef-Höhe entfernt, versammelt die Gamsgrube ein Sortiment arktischer Pflanzen, die in Europa sonst nur auf Island und Spitzbergen gedeihen.

Die wohl berühmteste Blume des Landes ist die Wulfenia. Die unter strengsten Naturschutz gestellte, im Hochsommer blau blühende Pflanze aus der Familie der Braunwurzgewächse findet sich nur an ganz wenigen Standorten dieser Erde: in Montenegro, Südanatolien, dem Himalaya – und auf einem eng begrenzten Gebiet unter dem Gartnerkofel in den Karnischen Alpen. All diese Raritäten – und viele mehr – lassen sich im Alpengarten auf dem Dobratsch, im Botanischen Garten auf dem Klagenfurter Kreuzbergl und entlang der zahlreichen, im ganzen Land angelegten Naturlehrpfade aus der Nähe bewundern.

Kärntner Erdgeschichte und Hüttenwesen
Bergbaumuseum in Klagenfurt: s. S. 102.
GeoPark Karnische Alpen: Besucherzentrum in Dellach, Tel. 04718 301, Juli/Aug. Mo–Sa 9–16 Uhr, Eintritt und Führungen frei; **Geo Trails** Garnitzenklamm (4 €) und Nassfeld (frei zugänglich) bei Hermagor; insgesamt 70 Schauplätze auf 1000 km^2 zwischen Feistritz und Maria Luggau, www.geopark-karnische-alpen.at.
Relief von Kärnten in Villach: mit 182 km^2 Europas größte Geoplastik, s. S. 200.
Terra Mystica und Montana in Bad Bleiberg-Nötsch: s. S. 205.
Freilichtmuseum Heft in Hüttenberg: s. S. 189.
Schaubergwerk und Mineralienschau in Knappenberg: s. Heft/Hüttenberg, S. 189.
Grubenbahnmuseum: Knappenberg, im Ortsteil Obergossen, Tel. 01 667 6063, April–Okt. jeden 2. Sa sowie 1. Mai und 26. Okt., Eintritt: freiwillige Spende erbeten.
Ausstellung Tauerngold in Großkirchheim an der Möll: s. S. 256.
Arsenbergbau-Schauhütte im Pöllatal: bei Rennweg, Tel. 04762 28 90, www.museum-spittal.com, Mai–Okt., Eintritt frei.
Erlebniswelt Granatium in Radenthein: s. S. 214.

Holz, Chips und Biogas – Krise und Chancen der Kärntner Wirtschaft

Bergbau und Holzwirtschaft gehörten früher zu den wichtigsten Wirtschaftszweigen

Der Schein trügt: Medial wird Kärnten im In- und Ausland vor allem als Tourismusland wahrgenommen. Doch vom gesamten jährlichen Bruttoregionalprodukt von derzeit rund 13 Mrd. Euro fällt nicht einmal ein Fünftel auf den Fremdenverkehr.

Einst ein alpenländisches Ruhrgebiet

Wer würde vermuten, dass dieses Land über Jahrhunderte hinweg eine Art alpenländisches Ruhrgebiet war, aus dessen Schmelzöfen und Eisen verarbeitenden Hammerwerken Waffen und Pflugscharen, Sensen, Nägel und später Eisenbahnschienen nach ganz Europa exportiert wurden? Doch nicht nur das Hüttenberger Eisen machte Kärnten zu einem Brennpunkt des Bergbaus: Aus den Tiefen der Tauern etwa wurden in der frühen Neuzeit alljährlich hunderte Kilogramm Gold und Silber geschürft. Aus dem Mölltal kam Kupfer und aus den Kalkstöcken der Karawanken und der Villacher Alpe en masse Blei. Der montanistische Glanz ist verblasst, daran ändern auch einzelne bis heute ertragreiche Abbaustätten wenig.

Agrarland im Wandel

Auch der einst ähnlich bedeutsamen Holzwirtschaft hat der Strukturwandel zugesetzt: Zwar ist nach wie vor ungefähr die Hälfte des Landes mit Wald bedeckt, und der Anteil am österreichweiten Einschlag und Holzexport ist überproportional hoch. Doch von den mehr als 2500 Holz verarbeitenden Betrieben, die noch in der Zwischenkriegszeit existierten, sind zwei, drei Groß- und ungefähr hundert Kleinbetriebe übrig geblieben, von denen freilich einige – in den Sparten Fertighaus- und mehrgeschossiger Holzbau zum Beispiel – sehr erfolgreich Marktnischen besetzen. Dramatisch gewandelt haben sich die Strukturen auch in der Landwirtschaft: In ihr verdiente vor 90 Jahren noch mehr als die Hälfte der Bevölkerung ihr täglich Brot. Heute tun dies nur mehr ein paar zehntausend Kärntner – ein gutes Drittel von ihnen als Bergbauern, mehr als die Hälfte im Nebenerwerb. Und die Zahl der Betriebe schrumpft kontinuierlich weiter.

Prekärer Schuldenstand

Kärntens Wirtschaftsdaten wirken zurzeit, im Jahre zehn nach dem Milleniumswechsel, nicht gerade sehr robust. Die Arbeitslosenrate lag Ende 2008 mit 9,3 % um zwei Prozentpunkte über, das jährliche Bruttoinlandsprodukt pro Kopf hingegen mit 26 500 € fast ein Sechstel unter dem österreichweiten Schnitt. In Wachstum wie Einkommensstatistik rangiert Kärnten in den Bundesländercharts an einer der hintersten Stellen. 76 000 Personen sind akut armutsgefährdet; es ist in Proportion zur Gesamtbevölkerung die zweithöchste Zahl in Österreich. Zugleich hat die Abwanderung der Qualifizierten und Talentierten ein besorgniserregendes Ausmaß erreicht. Noch krasser ist die Situation der Landesfinanzen: »Kärnten ist Schuldenkaiser« titelte die angesehene Tageszeitung Die Presse im Winter 2009 nach dem Quasi-Konkurs der Hypo Alpe Adria, jener ehedem führenden Bank im Land, die damals gerade von der Bundesregierung durch eine Notverstaatlichung vor dem Konkurs bewahrt worden war. In der Tat verzeichnete das südlichste aller Bundesländer zwei Jahre nach Ausbruch der globalen Wirtschaftskrise mit 2254 € die mit Abstand höchste Pro-Kopf-Verschuldung. Tirol lag im Vergleich bei 89, Vorarlberg bei 212 und selbst das notorisch ausgabenfreudige Wien bei ›nur‹ 870 €. Die Gesamtschulden des Landes und seiner ausgegliederten Unternehmen übertrafen Anfang 2010 mit 2,2 Mrd. € sogar sein Jahresbudget.

Kreativer Hightech-Sektor

Ist also Kärntens Ökonomie zum chronischen Schwächeln verurteilt? Nicht unbedingt. Auf manchen Gebieten wird Erstaunliches geleistet. Auf dem Technologiesektor beispielsweise: Der Anteil der Bereiche Elektronik sowie Software-Entwicklung und -Dienstleistungen an der Gesamtwirtschaft liegt deutlich über dem Österreichschnitt. Der im Technologiepark Villach angesiedelte ›me2c‹ [micro]electronic cluster‹ zum Beispiel versorgt mehr als 40 Partnerbetriebe aus den Schwerpunktbereichen Mikroelektronik, erneuerbare Energien und Geomatik mit Kontakten und Know-how. Größter privater Arbeitgeber des Landes ist mit fast 2000 Beschäftigten der Konzern Infineon, der, ebenfalls in Villach, jährlich etwa 20 Mrd. Halbleiterchips für die globale Telekommunikation und die Autoindustrie fabriziert. Traditionell einen hohen Stellenwert haben Bau- und Elektrizitätswirtschaft, letztere dank ihrer leistungsstarken Stau- und Laufkraftwerke in den Tauern und entlang der Drau.

Die Büchsenmacher, ein kleiner exotischer Wirtschaftszweig
Unter Jägern ist die ›Ferlacher‹ ein Begriff. Ebenso unter Waffensammlern. Denn die Gewehre, die man in Ferlach, der südlichsten Stadt Österreichs, fertigt, zählen mit zu den besten Jagdwaffen der Welt. Die Ursprünge der örtlichen Büchsenmacherei reichen in das 16. Jh. zurück. Kaiser Ferdinand I. soll 1558, weil von Süden her ständig die Gefahr türkischer Angriffe drohte, mehr als 100 Waffenschmiede aus den österreichischen Niederlanden nach Kärnten beordert haben. Die erste Blütezeit erlebte die Ferlacher Büchsenindustrie zur Zeit des Dreißigjährigen Krieges.
Im 18. Jh. bestimmte der Wiener Hofkriegsrat, dass die Bewaffnung sämtlicher Truppen der Monarchie ausschließlich aus Ferlacher Produktion zu erfolgen hat. Rund 40 000 Stück Steinschlossgewehre wurden damals pro Jahr gefertigt. Heute gibt es vor Ort gerade noch 13 Büchsenmacher, doch die sind international bekannt und ihre 30 000–80 000 € teuren Produkte, von denen sie jährlich 300–400 Stück produzieren, weltweit gefragt. Die einschlägige Tradition wird freilich auch durch die noch zu k.u.k.-Zeiten in Ferlach eingerichtete Fachschule für Gewehrindustrie gepflegt. Auf ihr werden heute Schüler aus aller Welt zu Büchsenmachern, Graveuren, Gold- und Silberschmieden ausgebildet. Dazu hat sich auch noch eine Höhere Lehranstalt für Maschinenbau-Waffentechnik etabliert.
Büchsenmacher- und Jagdmuseum im Schloss Ferlach: Mitte Mai–Mitte Okt. tgl. 10–18, sonst Di–Fr außer Fei 14–18 Uhr, Tel. 04227 4920. Aufwendige Dauerschau zum Thema Schusswaffen und Jagd.

Auch Anlagenbau, Energie- und Umwelttechnik sowie Kunststoffindustrie bilden Schwerpunktbranchen, in denen Kärnten reüssiert. Besonders großes Zukunftspotenzial sprechen Experten dem im Industriepark St. Veit angesiedelten ›Netzwerk Umwelt‹ zu. Es hat sich die Förderung von Klein- und Mittelbetrieben zum Ziel gesetzt, die den Ausbau erneuerbarer Energieträger – von Solarenergie über Erdwärme bis Biomasse und Biogas – vorantreiben.

Diesbezügliche Vorzeige-Initiativen sind das Holzforschungszentrum W3C und das Programm »Nawaros« (steht für ›nachwachsende Rohstoffe‹), das im Alpen-Adria-Raum grenzüberschreitend Biogasprojekte verwirklichen will. Europas größte Anlage dieser Art wurde kürzlich in St. Veit eröffnet. Sie kostete 2,5 Mio. € und verwandelt im Vollbetrieb pro Jahr bis zu 150 000 t in der Region angebauter Pflanzen, vorwiegend Mais und Getreide, in saubere Energie, sprich Fernwärme und Ökostrom.

Große Chancen stellen Volkswirtschaftler den Kärntnern mittelfristig im Zusammenhang mit der EU-Erweiterung in Aussicht. Bereits in den 1990er-Jahren habe das Land, so ihr Tenor, von der schrittweisen Ostöffnung profitiert. Nun, nach dem Beitritt der Nachbarn im Süden, schaffe deren großer Bedarf an Konsum- und Investitionsgütern zusätzliches Wachstumspotenzial. Dabei verfüge Kärnten mit seiner slowenischsprachigen Minderheit im (mittel-)europäischen Wettbewerb über einen nicht zu unterschätzenden Startvorteil.

Die (un)erträgliche Leichtigkeit des Seins – über das Wesen der Kärntner

»Umgeben von einer landschaftlichen Kulisse, der Mediterranes, Mitteleuropäisches und Nordländisches auf faszinierende Weise eigen sind, verwöhnt von einem Klima, das die Lebenslust eines beinah übertrieben gefühlsbetonten Menschenschlags bis zur Frivolität zu steigern vermag, geht der Kärntner mit sich selbst und den Dämonen in seinem Blut äußerst behutsam um. Wie kaum ein anderer Österreicher ist er imstande, selbst unter Tränen zu lächeln ... Und des Lebens Tollerei, manchmal bis zum Exzess gesteigert, genießt er seufzend, gleichsam mit einem melancholischen Augenaufschlag.«

Was der Publizist und Kärnten-Kenner Humbert Fink über das Wesen der Bewohner von Österreichs südlichstem Bundesland formulierte, erspürt auch der feinfühlige Urlauber recht rasch. Die Kärntner seien leichtblütig, offenherzig, sentimental, fest- und feierfreudig, musisch und tolerant, so lauten generationenalte Gemeinplätze. Und wie bei vielen Klischees steckt auch in diesen mehr als nur ein Körnchen Wahrheit.

Als ungezwungen und heimatliebend gelten die Kärntner

Offenherzig und freiheitsliebend

Von der außerordentlichen Musikalität und Empfindsamkeit zum Beispiel wird jeder schwärmen, der zwischen Gurk- und Jaun-, Lavant- oder Lesachtal schon einem der aberhundert Chöre lauschen durfte. Mit gutem Grund schrieb der Wahl-Wörtherseer Johannes Brahms seinerzeit begeistert nach Hause, »hier fliegen einem die Melodien nur so zu«.

Von der ungezwungenen Offenherzigkeit kann ein Lied singen, wer beispielsweise einen langen Wirtshausabend unter Einheimischen verbracht oder auch nur an der Straße nach dem Weg gefragt hat. Sie äußert sich auch in einer sprichwörtlichen – und beileibe nicht nur von Tourismusvermarktern beschworenen – Gastfreundschaft. Dem Kärntner als Bewohner eines Transitlandes sind Fremde von alters her nicht fremd. Ein Wesenszug der sich, so besagen fröhliche Gerüchte, auch in einem Hang zur unkomplizierten Liebe zeigen soll.

Neben der Leichtlebigkeit, um die manch Nordländer sie wohl beneidet, haben die Kärntner auch einen besonders starken Freiheitsdrang, den man vielleicht ebenso als widerspenstige Individualität bezeichnen könnte. Die meisten ihrer Ahnen hatten seit dem Mittelalter ihr Leben als Bauern und Knappen, sprich: als agrarische und industrielle Fronarbeiter, unter der Knute von Adel und Kirche gefristet. Die Folgen – Instrumentalisierung des Luthertums im politischen Kampf, Türkenkriege, blutige Bauernrevolten, die kompromisslose Unterdrückung durch die Gegenreformation – prägten sich tief ins kollektive Bewusstsein ein und wirken bis heute nach.

Mythen und Ängste: die »Slowenenfrage«

Dazu kommt, vor allem im 20. Jh., die ethnische Frage: Kärnten liegt an der Nahtstelle des germanischen, slawischen und romanischen Kulturraums und wird, wie bei alten Grenzländern üblich, diesbezüglich von mancherlei Widersprüchen und verkrampften Mythen geplagt. Insbesondere das Verhältnis zwischen der deutschsprachigen Mehrheit und der slowenischsprachigen Minderheit erlebte Phasen tiefer gegenseitiger Aversionen und Ängste.

Germanen und Slawen leben in Kärnten (Koroska) seit beinahe 1500 Jahren mit- und nebeneinander und kannten zunächst weder Sprach- noch Volkstumsgrenzen. Unzählige slawische Orts- und Flurnamen, Sagen und Volkslieder zeugen davon. Den echten Kärntner, solches bekommt der Fremde denn auch bis heute kokett erklärt, zeichne eine ›windische‹ (slowenische) Großmutter oder ein friulanischer Ahnherr aus. Und doch gibt es in Europa wohl nicht viele Regionen, in denen zwei ansässige Bevölkerungsgruppen mittels historischer Argumente ihre politische Anwartschaft so lange und hartnäckig für sich reklamieren. Dabei wurde – sei es im Rahmen des politischen Spiels, sei es, weil der Mensch denn auch im Allgemeinen dazu neigt – das erlittene Unrecht jeweils gerne gebrandmarkt, das begangene hingegen in seiner Bedeutung verkleinert oder gar geleugnet.

Die schleichende Dominanz der bairisch-christlichen Kolonisatoren über die slawischen Karantanen (ab dem 8. Jh.), die Vorherrschaft alles Deutschen im Zuge der habsburgischen Gegenreformation (im 16./17 Jh.), der auf beiden Seiten erwachende Nationalismus, vor allem jedoch, im 20. Jh., die jugoslawische Besatzung, der Abwehrkampf, die Volksabstimmung und die seither alljährlich am 10. Oktober absichtsvoll inszenierten Gedenkfeiern, die Herrschaft der Nazis und ihr Eindeutschungswahn, Titos Spaltungsversuch, die Minderheitendebatte, der Schul- und Ortstafelnstreit sowie diverse Volkszählungen, die in Anbetracht steten Anpassungsdrucks die zahlenmäßige Stärke einer Minderheitengruppe naturgemäß nur sehr ungenau widerspiegeln ... all dies schuf einen lange Zeit für unentwirrbar gehaltenen Knoten aus gegenseitigen Vorhaltungen und Ressentiments.

Gemeinsam an einem Strang

Tatsache ist jedenfalls, dass das Hauptsiedlungsgebiet der Kärntner Slowenen, die Bezirke südlich der Drau und des Wörthersees, noch vor gut 100 Jahren kompakt slowenisch war, heute hingegen fast durchwegs gemischtzweisprachig ist. Und dass bei der letzten Volkszählung (2001) als Folge dauerhafter Assimilierung gerade noch 12 586 Kärntner, das sind zweieinviertel Prozent der Bevölkerung, Slowenisch als ihre Umgangssprache angaben und nur noch in zwölf Gemeinden ihr Anteil 10 % überstieg.

Tatsache ist freilich auch, dass sich seit den 1970er-Jahren, als bei einigen hundert Deutschkärntnern wegen der vom Gesetz geforderten Aufstellung zweisprachiger Ortstafeln noch einmal eine törichte und rabiate Abart vermeintlicher Heimatliebe hervorbrach, die Meinung der allermeisten Kärntner zur Zweisprachigkeit und damit zum respektvollen Zusammenleben der beiden Volksgruppen grundsätzlich zum Positiven gewandelt hat.

Nun, da Slowenien zum 1. Mai 2004 der EU beigetreten ist, hat die ehemals so argwöhnisch beäugte Grenze zum Nachbarn im Süden ihre Bedeutung ohnedies weitgehend verloren. Und das Hadern mit der von Misstrauen belasteten Vergangenheit ist auf beiden Seiten endgültig dem gemeinsamen Streben nach einer gedeihlichen Zukunft gewichen.

Mein Tipp

Literaturempfehlungen
Mirko Bogataj: Die Kärntner Slowenen. Ein umfassendes Nachschlagewerk zur Geschichte und Kultur der Volksgruppe. Klagenfurt 2007.
Anton Haderlap: Graparji. So haben wir gelebt. Ein bewegendes autobiografisches Dokument – Beschreibung des Partisanenlebens aus der Sicht eines 14-Jährigen. Klagenfurt 2008.
Erwin Ringel: Die Kärntner Seele. Der berühmte Psychiater und Suizidforscher legt »die Sizilianer Österreichs« schonungslos und liebevoll auf die Therapiecouch. Klagenfurt 2000, derzeit nur antiquarisch verfügbar.
Hellwig Valentin: Der Sonderfall. Kärntner Zeitgeschichte 1918–2004/08. Nüchtern-analytische Bestandsaufnahme der vielen regionalpolitischen Sonderbarkeiten, von Partisanenkampf und Volksabstimmung bis Jörg Haider. Klagenfurt 2009.

Jörg Haider – Mythos und Wirklichkeit

Das »Phänomen Haider« bescherte Kärnten eine Zeit lang internationale Schlagzeilen und bis heute einen demokratiepolitisch zweifelhaften Ruf. Doch der Blick über die schillernd-quecksilbrige Persönlichkeit des früheren Landeshauptmanns und seine beispiellose Karriere hinaus in die Tiefen der Sozial- und Mentalitätsgeschichte zeigt: Österreichs südlichstes Bundesland spielt schon länger eine politische Sonderrolle.

Der Mann war ohne Zweifel hochintelligent und immens begabt. Politbeobachter und Kommentatoren aus dem In- und Ausland, Biografen, selbst seine zahlreichen Gegner – alle bescheinigten Jörg Haider ein außergewöhnliches Charisma, mit dem er Menschen in seinen Bann zu schlagen verstand. Die Rhetorik des 1950 im oberösterreichischen Bad Goisern Geborenen beeindruckte offenbar schon im Gymnasiastenalter: Mit 16 gewann er einen bundesweiten Redewettbewerb mit einem Beitrag zu dem eher ambivalenten Thema »Sind wir Österreicher Deutsche?«. Ein letztes Mal überzeugte er sein Publikum postum – im März 2009, als ›seine‹ Partei bei den Landtagswahlen noch im Gedenken an den fünf Monate zuvor Verstorbenen mit fast 45 % der Stimmen einen fulminanten Sieg einfuhr.

Aufstieg und Fall

Zwischen erstem und letztem Sieg liegt eine fast 40-jährige Politkarriere, die sich rückblickend wie die schwindelerregende Fahrt auf einer Hochschaubahn ausnimmt. Begonnen hatte sie

1971 mit dem Vorsitz über die Jugendorganisation der Freiheitlichen Partei. Acht Jahre später zieht er als damals jüngster Abgeordneter für eben jene FPÖ in den Nationalrat, steigt 1986 mithilfe des deutschnationalen Flügels der Partei zu deren Bundesobmann auf, verdoppelt bei den folgenden Nationalratswahlen den Stimmanteil und wird 1989 schließlich Landeshauptmann von Kärnten. Ein Amt, das er freilich schon zwei Jahre später, nachdem er im Landtag öffentlich mit haarsträubenden Worten die »ordentliche Beschäftigungspolitik im Dritten Reich« gelobt hat, wieder abgeben muss.

1999 erobert er mit diesmal 42 % Stimmanteil erneut den Landeshauptmannsessel. Im selben Jahr avanciert die FPÖ unter seiner Führung zur nach Stimmen bundesweit zweitstärksten Kraft. Als sich daraufhin Wolfgang Schüssel, der Chef der nur mehr drittstärksten Mitte-rechts-Partei ÖVP, zum Kanzler macht, indem er mit dem Wahlkärntner koaliert, bricht ein Proteststurm ungeahnten Ausmaßes los. Haider wird im In- wie im Ausland zur Symbolfigur der sich wieder erhebenden Hydra Rechtsextremismus – zum Paradegegner aller ernsthaften Demokraten, der sogar das Titelblatt des New Yorker Time Magazine ziert. Der Welt scheint durch Haiders Regierungsbeteiligung im kleinen Österreich jener Bann gebrochen, mit dem die politisch Verantwortlichen im Nachkriegseuropa Grenzgänger am rechten Rand bislang konsequent geächtet haben.

Ein Rechtspopulist als Aufreger

In all den Jahren hatte Jörg Haider durchaus auch vernünftige Anliegen vertreten. Sein Kopf war stets übervoll von Ideen. Welcher kritische Zeitgenosse wollte ihm etwa prinzipiell widersprechen, wenn er gegen Korruption und Proporzfilz der Großparteien wetterte? Zumal er zunächst tatsächlich manch verkrustete Machtstrukturen, etwa bei Gewerkschaften oder Behörden, aufbrechen half. Doch erstens verschreckte sein brachialer Umgang mit innerparteilichen Widersachern. Lang ist die Liste einstiger Weggefährten, die er über die Jahre mit der Waffe des Wortes gedemütigt, bloß- und letztlich kaltgestellt hat. Nicht minder ängstigte viele Verantwortungsträger im Land sein hemmungsloser Populismus: Als cleverer, blendend formulierender Polit-Profi redete er jedem Publikum, ob bei der Kirchweih oder beim Galaempfang für Führungskräfte, perfekt nach dem Mund. Mit hämischen Parolen schürte er Argwohn, Neid und Hass gegen »die da oben« und erntete so unter den von ihm gerne zitierten »kleinen Leuten«, den Zukurzgekommenen und Modernisierungsverlierern, in Bierzelten und Wirtsstuben massenhaft schenkelklopfende Zustimmung.

So erfolgreich wilderte er damit im angestammten Wählerreservoir der Sozialdemokratie, dass Demoskopen seine FPÖ als neue Arbeiterpartei klassifizierten. Zugleich sagte er in einem merkwürdigen programmatischen Spagat auch »den Fleißigen und Tüchtigen«, sozialen Aufsteigern also, seine Unterstützung zu und inszenierte sich obendrein, indem er vor laufenden Kameras chamäleonhaft den jeweils neuesten Moden und Freizeittrends huldigte, für die jungen Hedonisten im Land als einer der ihren.

Der eigentliche Grund für die so heftige globale Erregung, die zwischenzeitlich sogar diplomatische Sanktionen durch die EU-Mitgliedstaaten nach sich zog, lag freilich anderswo: »Jörgls« Eltern entstammten beide stramm nationalsozialistischem Milieu – die heute über 90-jährige Mutter Dorothea, Arzttochter und BdM-Führerin, der Vater Robert, Schuhmacher, bereits als ›Illegaler‹ Mitglied der NSDAP und aktiv am Juliputsch 1934 in Österreich beteiligt.

Von Gedankengut und Diktion seines Elternhauses sagte sich der Sohn sein Leben lang nicht los. Berühmt-berüchtigt sind seine einschlägigen Statements – von der österreichischen Nation als »ideologische Missgeburt«; von der »Anständigkeit«, für die er Veteranen der Waffen-SS lobte, die doch im Zweiten Weltkrieg nur »für die Freiheit des Landes gekämpft hatten«; und immer wieder von »Heimattreue« und »gesundem Volksempfinden«, von »Systemparteien«, »Vaterlandsverrätern«, »arbeitsscheuem Gesindel« und »gewissen Kreisen von der amerikanischen Ostküste«.

Jörg Haider war als Doktor iuris und ehemaliger Uni-Assistent für Staats- und Verwaltungsrecht intellektuell zu wendig, seine Persönlichkeitsstruktur zu komplex, um ideologisch einfach schubladisiert werden zu können. Jedoch scheute er sich nie, aus politischem Kalkül Ressentiments zu bedienen, sei es gegen moderne Kunst oder eine multikulturelle Gesellschaft, gegen das Europa der EU oder Einwanderer – ein Provokateur, mit dem, wie ein Kontrahent es formulierte, »einfach kein Staat zu machen ist«.

Narziss mit Hang zur Selbstzerstörung

Tiefenpsychologen sahen in Haider einen ausgeprägten Narzissmus am Werk, der ihn zwang, unausgesetzt und, wenn nötig, aggressiv um größtmögliche Aufmerksamkeit und Anerkennung zu buhlen. Wohl nicht zufällig erkor er meist junge, beruflich wenig erfahrene, aber dynamische und sehr ehrgeizige Männer zu engen Mitarbeitern. Wohl nicht zufällig betrieb er Sozialpolitik am liebsten nach Feudalherrenart, indem er seine Geldgeschenke dem bedürftigen Volk bevorzugt an seinem Amssitz persönlich »bar aufs Handerl« überreichte – mit ein Grund dafür, dass Kärnten zuletzt hart am Bankrott vorbeischrammte (s. S. 53).

Und es sind wohl auch die selben seelischen Zwiespältigkeiten, die Haider in späteren Jahren sein politisches Werk geradezu mutwillig fast zugrunde richten ließen: Dem Rücktritt als Parteichef im Jahr 2000 folgte zwei Jahre darauf ein innerparteiliches Schisma, wenig später der Verlust von fast zwei Dritteln der früheren Wähler. 2005 gründete er, von seinem Widersacher Heinz-Christian Strache, dem heutigen FPÖ-Chef, bedrängt, flugs eine neue Partei, genannt Bündnis Zukunft Österreich (BZÖ), die freilich – nach einem kurzen bundesweiten Zwischenhoch – außerhalb Kärntens längst in Bedeutungslosigkeit versunken ist.

Vielleicht ist auch eine schicksalshafte innere Logik dafür verantwortlich, dass der pathologisch Rastlose am 11. Oktober 2008 mit nur 58 Jahren am Steuer seiner Dienstlimousine tödlich verunglückte – um zwei Uhr früh, stockbetrunken, mit dreifach überhöhter Geschwindigkeit, nach dem Besuch einer Nachtbar.

Seine politischen Erben verliehen dem toten Idol stante pede Kult- und auch Märtyrerstatus. Eine Gedenkschau wurde inszeniert, ein Marterl enthüllt. Im Internet kursierten Verschwörungstheorien, die den Unfalltod als Mord durch dunkle Mächte deuteten. Doch unmittelbar nach dem mit viel Pathos begangenen ersten Todestag brachen Diadochenkämpfe aus. Wenig später, inzwischen war das Debakel um die Landesfinanzen ruchbar geworden, lief das Gros der Kärntner Funktionäre von Haiders BZÖ zu dessen Erzrivalen, FPÖ-Chef Strache über und gründete einen Ableger namens FPK. Womit die Ära ihres einstigen Mentors noch schneller als gedacht ihren endgültigen Abschluss gefunden hatte.

Das Punschkrapfen-Syndrom

NS-Sympathisant – Sozialdemokrat – Haider-Fan: Eine solche Polit-Biografie ist in Kärnten keineswegs unüblich. Das Land war zur Zeit der Reformation mehrheitlich protestantisch, und nach dem Backlash des Katholizismus überwiegend antiklerikal, antimonarchistisch und freisinnig deutsch eingestellt. Bereits bei den ersten freien Reichsratswahlen 1907 hatten die Deutschnationalen über 40 % der Stimmen erreicht und in der Ersten Republik dreimal den Landeshauptmann gestellt. Katholisch und konservativ, also dem christlich-sozialen Lager, gehörten in erster Linie die Slowenen sowie Kleinbürger und -bauern aus Unterkärnten an. Die Sozialdemokratie hatte traditionell in jenem ländlichen Proletariat ihre Klientel, das durch das Erbhöfegesetz entstanden war: Dieses sprach den gesamten Hof dem ältesten Sohn zu und zwang die nachgeborenen Geschwister zum Dasein als Taglöhner oder Nebenerwerbsbauern. Das Deutschtum galt schon zu Zeiten der Monarchie als fort-, das Slowenische als rückschrittlich.

Nach 1945 gingen die meisten wohlhabenden Bauern in Oberkärnten und im Raum St. Veit zur FPÖ. Stimmenstärkste Partei war zwar die SPÖ. Doch griff sie in Ermangelung akademischen Personals bei der Besetzung höherer Ämter auf ehemalige minderbelastete Nationalsozialisten zurück. Daher behauptete Leopold Wagner, Haiders Vorgänger als Landeshauptmann (1974–88), mit gutem Grund, der Kärntner sei zuerst national und dann erst sozialistisch. Und daher entstand auch der Kalauer vom Punschkrapfen, einer beliebten österreichischen Mehlspeise mit Rum-haltiger Füllung, als Symbol für den Charakter manch Ewiggestriger in Kärnten – »außen rosa, innen braun und immer ein wenig betrunken«.

Günther Domenig und sein Steinhaus

Er hat Fabriken und Wohnhäuser, Kirchen und Kraftwerke, Bankzentralen und Bühnenbilder, Forschungszentren, Spitäler und Schulen gebaut. Und zwar im In- wie im Ausland. Und wurde dafür mit zahlreichen Preisen bedacht. Doch sein persönlichstes und zugleich spektakulärstes Werk hat ›nur‹ ihn selbst zum Bauherrn und keinen kommerziellen Zweck.

Das sogenannte Steinhaus des 1934 in Klagenfurt geborenen Günther Domenig, der seit 1980 an der Technischen Universität Graz Architektur lehrt, steht, für jedermann leicht einsehbar, in der Gemeinde Steindorf am Nordufer des Ossiacher Sees. Geistig jedoch steht es gleichsam auf exterritorialem Gelände. Zwischen Bundesstraße und Seeufer auf ein schmales Wiesenstück gezwängt, schlägt es in dem ländlich-biederen Ambiente von Campingplätzen, Badehütten und Frühstückspensionen mit geranienbehangenen Holzbalkonen hohe Wellen, seit Domenig Anfang der 1980er-Jahre mit der Arbeit an diesem, seinem Manifest und Vermächtnis begann.

Ein Pionier des Dekonstruktivismus

»Als das New Yorker Museum of Modern Art 1988 den Dekonstruktivismus als neueste Epoche der Architekturgeschichte ausrief, hätte Domenig dabei sein müssen«, schrieb die Frankfurter Allgemeine Ende 2003. »Aber die Kuratoren sahen, von Frank O. Gehry abgesehen, nur Jüngere.« Das hohe Lob des Kritikers wird auch dem Laien verständlich, wenn er dem Konstrukt aus Beton und Stahl leibhaftig gegenüber steht. Solcher Kühnheit begegnet man nur äußerst selten! Eine erstarrte Explosion, eine Hausskulptur, ein gebautes Ich … Die Metaphorik der Beschreibungen in den Fachmedien spiegelt das Außergewöhnliche, Neue wider. Science-Fiction-Fans mögen bei den auf Basen aus grauem Beton aufsitzenden silbrigen Kanzeln an Burgen von Jedi-Rittern denken.

Wie auch immer: Die Räumlichkeiten des bizarren Gebildes – ihr Schöpfer nennt sie ›Schwebesteine‹ – lassen sich durchaus als Ateliers oder Wohnstudios nutzen. Doch in erster Linie ist das Steinhaus ein ›work in progress‹, ein nie vollendbarer Selbstversuch, bei dem Geld keine Rolle spielt – die Fluchtburg für die Fantasien eines Grenzgängers, der übrigens sein Allerheiligstes zwei-, dreimal im Jahr der Öffentlichkeit zugänglich zu machen pflegt, indem er eine Avantgarde-Jazzgruppe zum Konzert oder Schriftsteller zu Lesungen einlädt und den Grund hinter dem Haus zu einer Bühne umfunktioniert.

Als »Paraphrase auf Bergformationen« will Günther Domenig sein Steinhaus verstanden wissen

Ein architektonisches Forschungslabor

Das Steinhaus sei, schrieb der Essayist Christian Reder, auch ein Forschungslabor. Materie werde hierbei wichtiger genommen als in den Naturwissenschaften: »Wie glatt, gewölbt, kantig, spitz«, fragt er, »kann Beton gegossen werden? Wie reflektieren Oberflächen wechselnde Lichtnuancen? Wie lässt sich Stahl in Stein verwandeln? Was ist beim Drüberstreichen über die Haut des Materials zu spüren? ... Welche Signale sendet Form durch die Augen ins Gehirn?« Nach der vieljährigen Bauzeit werde die mit Beobachtungen und Experimenten verbrachte Zeit als etwas Notwendiges erfahren. Langsamkeit stabilisiere offenbar Empfindungsmöglichkeiten.

Mein Tipp

Für Freunde neuen Bauens
Für alle Architekturinteressierten ist das Klagenfurter Informations-, Wissens- und Forschungszentrum **Napoleonstadel – Kärntens Haus der Architektur** eine Top-Adresse. Das einzige Museum zum Thema bietet ganzjährig ein reichhaltiges Programm aus Ausstellungen, Vorträgen, Diskussionsabenden, Workshops, Exkursionen und auch eigenen Publikationen (St. Veiter Ring 10, Tel. 0463 50 45 77, www.architektur-kaernten.at, Ausstellung und Café: Mo–Do 7–17, Fr 7–12, Büro Mo–Do 9–12 Uhr, Eintritt frei).

Der Grenzgänger Domenig selbst bezeichnete sein Steinhaus einmal als »Paraphrase auf Bergformationen«. Aus dem Boden wüchsen Hügel, aus denen, durch eine Schlucht getrennt, die Felsen brechen. Diese Felsen aus Metall und die Hügel aus Mauern seien durchdrungen von Räumen und Wegen, die bis unter das Wasser reichten.

Weitere Arbeiten Domenigs in Kärntnen

Das Wirken des wegweisenden Dekonstruktivisten ist auf Kärnter Boden übrigens keineswegs auf sein Steinhaus beschränkt: Schon 1992 baute er im Auftrag des Industriellen Herbert Liaunig dessen Wohnsitz, das gut 500 Jahre alt Schloss Neuhaus bei Lavamünd, zeitgemäß um. 1995 schuf er am östlichen Stadtrand von Völkermarkt das Gründer Innovations- und Gewerbezentrum GIG, dessen Büroturm, ein expressiver, flügelartiger Stahlgerüstbau, Autofahrer von Weitem signalhaft grüßt.

1998 fügte Domenig dem Klagenfurter Stadttheater einen spannenden Anbau hinzu. Und drei Jahre zuvor schon adaptierte er in Hüttenberg die Ruine eines Eisenschmelzwerks aus frühindustrieller Zeit als Ausstellungs- und Veranstaltungsareal und schuf – indem er die archaisch anmutenden Hochöfen mit filigranen Brücken, Rampen, Liften, Treppen, Stegen sowie einer gekurvten Halle und einem »schwebenden Stollen« überbaute und verband – eine ästhetisch atemberaubende Symbiose aus Alt und Neu (weitere Informationen unter ww.domenig.at bzw. in dem ausgezeichneten Handbuch »Neue Architektur in Kärnten«, von Otto Kapfinger, Salzburg 2006).

Alpentransit anno dazumal – auf den Spuren der Säumer

Was heute Tauernautobahn A 10, Bahntunnel Böckstein-Mallnitz und Felbertauerntunnel, waren über Jahrhunderte die Säumerpfade: Fernhandelsrouten, auf denen die Säumer mit 60–80 kg auf dem Rücken und schwerbepackten Norikerpferden am Zügel bis zu 5000 t Güter jährlich aus dem süddeutschen respektive oberitalienischen Raum über die Hohen Tauern beförderten.

Die erste ausschließlich für den motorisierten Verkehr konzipierte Nord-Süd-Transversale über den Hauptkamm der Tauern bildete die 1935 eröffnete Großglockner-Hochalpenstraße (vgl. S. 74). Der Weg freilich, dem ihre Trasse folgt, ist – mindestens – 2000 Jahre alt. Und nur einer von mehreren, die ehedem von der Alpensüdseite in die damals noch ungerodeten Täler des Nordens führten. Immerhin lassen Funde wie die im Gasteiner Tal entdeckte Lochaxt aus Serpentin oder diverse Steinbeile vom Nassfelder Tauern vermuten, dass sich schon in der Mittel- und Jungsteinzeit Menschen in die Hochtäler und sogar Passregionen gewagt haben.

Als schließlich die Römer 15 v. Chr. Noricum besetzten und wenig später ihrem Imperium einverleibten, erweiterten sie die bisherigen schmalen Fuß-

Geführte Trekkingtouren folgen bis heute den alten Händlerpfaden

pfade über das Gebirge zu Saum- und teilweise regelrechten Fahrwegen. Die wichtigste Verbindung in der neuen Provinz bildete dabei die Reichsstraße von Teurnia nahe dem heutigen Spittal an der Drau über den Radstädter Tauern nach *Iuvavum*, Salzburg. Doch überstiegen sie mit den schwer beladenen Norikern – den stämmigen, eigens für diesen Zweck gezüchteten Zugpferden – auch regelmäßig den Heiligenbluter Tauern. Eindrucksvollstes Relikt ihrer Präsenz im Hochgebirge: die bronzene Herkules-Statuette aus der Zeit um Christi Geburt, die Arbeiter 1933 beim Bau der Scheitelstrecke am Hochtor aus einem Steilhang pickelten.

klar, ein namhafter Naturforscher, die Bezeichnung verbindlich auf den gesamten, rund 125 km langen Gebirgszug zwischen der Birnlücke im Westen und dem Katschberg im Osten.

Seine große Blüte erlebte der transalpine Handel freilich im Mittelalter. Da die Route zwischen Kärnten und dem Salzburger Kirchenstaat die einzige Möglichkeit zur Querung des Gebirgsriegels zwischen Deutschland und Italien abseits habsburgischen Bodens bot, wurde eine ganze Kette von Passübergängen ausgebaut, die Regensburg, Nürnberg und die anderen Wirtschaftszentren des Nordens mit dem Friaul und vor allem Venedig verbanden.

Die Taurisker als Taufpaten der Tauern?

Tief in die vorchristliche Vergangenheit reichen im Übrigen auch die etymologischen Wurzeln des Namens ›Tauern‹. Eine der Theorien führt die Silbe ›Taur‹ auf das indogermanische Wort für ›Stier‹ zurück, der bei Totenkulten im Alpinraum eine große Rolle gespielt haben soll; eine andere auf das illarische Synonym für ›Erhebung‹ oder ›Berg‹. Fest steht jedenfalls, dass der griechische Astronom und Geograf Ptolemäus um 150 n. Chr. von den »Tauriskern, die am Fuße des Gebirges Alpes leben«, geschrieben hat und auch in römischen Schriften der Ausdruck »Taurisci« zu finden ist.

Sind also die ansässigen Kelten die Taufpaten der Hohen Tauern? Zu beachten ist bei all diesen Mutmaßungen freilich, dass mit dem Begriff »Tauern« die längste Zeit über nicht eigentlich die Berge, sondern vielmehr die dazwischen befindlichen Sättel gemeint waren. Erst um die Mitte des vorigen Jahrhunderts übertrug Karl von Son-

Salz, Eisen und Venedigerware

Die wichtigsten für den Süden bestimmten Handelsgüter waren Salz, Leder, Wolle, Leinwand, Holz, Eisen, diverse andere Metalle und, zum Ausgleich der stets negativen Handelsbilanz, große Mengen Tauerngoldes. In die Gegenrichtung wurde – vornehmlich im Winter, weil viele Säumer im Nebenerwerb Bauern und deshalb den Rest des Jahres auf ihren Höfen unabkömmlich waren – die sogenannte Venedigerware geschleppt: Olivenöl, Glas, Südfrüchte, Seife, Baumwolle, Seide, Gewürze und der besonders begehrte ›welsche Wein‹. Zur Blütezeit, um 1500, wechselten pro Jahr bis zu 5000 t Güter die Seiten. Wobei die Normlast für Pferde, die ›Roßsaum‹, mit knapp 170 kg, die ›Mannsaum‹ hingegen mit 60 bis 80 festgelegt war.

Gut zwei Drittel des Warenumschlages wurden über die ›Untere Straße‹ abgewickelt, die von der Adria über Gemona, Villach, Gmünd, den Katschberg und die Radstädter Tauern nach

Werfen und Salzburg verlief. Rang zwei, was die Frequenz betraf, nahm die ›Obere Straße‹ von Winklern über das Hochtor, Taxenbach, Saalfelden und Berchtesgaden ein. Es folgten der ›Untere‹ und der ›Obere Weg‹ über den Krimmler beziehungsweise Felber Tauern. Doch gelegentlich benützte man auch weiter abseitig gelegene Pässe wie den Mallnitzer und den Krimmler Tauern, die Arlscharte zwischen Maltatal und Hüttschlag, das Hollersbacher Tauernschartl, das Sandebenthörl oder die um 1500 von den Fuggern auf eigene Kosten angelegte, damals angeblich 4 m breite Privatstraße über den Korntauern hinüber ins Gasteiner Tal.

In den Hohen Tauern wurde es im späten 17. und frühen 18. Jh. merklich stiller, als man nach und nach die Wege über die niedrigeren Alpenpässe – den Radstädter, den Katschberg und den Brenner – zu Kunststraßen ausbaute und sich die Hauptströme des Fernhandels überhaupt in andere Weltgegenden zu verlagern begannen. Was nicht heißt, dass nicht immer noch Menschenkolonnen die Übergänge passierten – Männer und Frauen aus Osttirol und Kärnten zum Beispiel, die sich, erstere im Winter als Weber, letztere im Sommer als Feldjäterinnen, auf salzburgischen Höfen verdingten; oder Pilger, die vom Norden herüber nach Heiligenblut wanderten, um von den himmlischen Mächten im Allgemeinen Gnade und im Speziellen den Schutz der Haustiere vor Wölfen, Luchsen und Bären zu erbitten; oder verurteilte Übeltäter aus dem Salzburgischen, die, wie zahlreiche Urkunden belegen, von den dortigen Erzbischöfen scharenweise im Marschkonvoi nach Venedig überstellt wurden.

Mein Tipp

Bergerlebnis auf Händlerpfaden
Pionier und führender Anbieter für Alpinreiten in der Nationalparkregion ist der Schlosswirt in Großkirchheim. Den alten Säumerwegen folgend geht's auf dem Rücken freundlicher und trittsicherer Haflinger vom Ufer der Möll auf den Spuren der Säumer bis auf Dreitausendergipfel. Im Programm: eintägige Sternritte für Einsteiger, speziell auch Familien, Trekkingwochen mit Ausritten in diverse Hochtäler und an den Rand des ewigen Eises sowie, als Leckerbissen, die dreitägige Überquerung des Tauernhauptkamms ins Salzburger Land, mit Hüttenübernachtungen, u. a. im historischen Rauriser Tauernhaus. Infos & Buchung: Tel. 04825 411, www.schlosswirt.net bzw. www.alpinreiten.com.
Lesetipp: »Der Säumer – Wege über die Berge«, von Hubert Sauper, erschienen im Eigenverlag, erhältlich im gut sortierten Kärntner Buchhandel und direkt beim Schlosswirt (s. o.).
Museumstipp: Am Scheitelpunkt der Großglockner-Hochalpenstraße wurde 2010 die Dauerausstellung »Passheiligtum Hochtor« eröffnet, die auch diverse Aspekte des historischen Säumerhandels behandelt.

Es gab einmal eine Zeit, da sah die Zukunft für das Hochgebirge in Kärnten so aus wie noch heute für einen Großteil der Alpen, nämlich düster. Damals, es ist keine 40 Jahre her, hatten die Landwirte sehr viele ihrer Almen bereits aufgelassen, Caterpillars und Autos die Täler erobert. Es herrschte die Hochblüte der Bettenburgen, Seilbahnen und Großkraftwerke. Bauern und Bürgermeister sorgten sich mehr um Arbeitsplätze und Übernachtungszahlen als um Umwelt und Tradition. Lebensqualität war Nebensache. Doch seither hat sich vieles zum Besseren gewendet.

etc. All diese Männer, deren Namen heute so manche Schutzhütte trägt, durchstiegen, erstmals nicht von ökonomischen Interessen, sondern von schierer Neugier und sportlichem Ehrgeiz getrieben, unermüdlich die Almböden, Felsschründe und Gletscherbrüche der Region.

Sie vermaßen mit ihren schweren, sperrigen Theodoliten die Gipfel, sammelten und katalogisierten Pflanzen und Insekten, machten auch Bekanntschaft mit den diversen Launen der örtlichen Wettergötter und hielten all diese aufregend neuen Erfahrungen in Reisetagebüchern und Journalen so

Nationalpark Hohe Tauern – sanfter Umgang mit den Alpen

Während des Mittelalters waren es ausschließlich die sogenannten Säumer gewesen (s. S. 65), die mit Handelsware im Gepäck in die Kernregion der Hohen Tauern vorgedrungen waren. Ab etwa 1800 jedoch begann eine merkwürdige neue Spezies Mensch die hochalpinen Gefilde zu erobern – eine bis dahin unbekannte Kreuzung aus Naturwissenschaftlern und Alpinisten. Belsazar Hacquet, David Heinrich Hoppe, Ulrich Schiegg, Sigmund Graf von Hohenwart, Franz Freiherr von Wulffen, Rudolf Hinterhuber sowie, ein bis zwei Generationen später, Johann Stüdl und Karl Hofmann, Ignaz von Kürsinger und Anton von Ruthner

Ein imposantes Wandergebiet: im Nationalpark Hohe Tauern

authentisch fest, dass sie damit vor allem bei den Städtern ihrer Zeit jene Begeisterung für das Hochgebirge weckten, die schon bald in konkreten Taten zur Erschließung, aber auch zum Schutz eben dieser ihren Niederschlag fand.

Anfänge vor gut 100 Jahren

Bereits 1832 waren am Fuße des Glockners die Hofmanns- und die Oberwalderhütte errichtet worden, die damit zu den frühesten derartigen Unterkünften in den Ostalpen zählen. 1880 entstand mit der Errichtung der Erzherzog-Johann-Hütte auf der Adlersruhe (3454 m) das bis heute höchstgelegene Schutzhaus Österreichs. Etwa zur gleichen Zeit begann der Alpenverein die Prinzipien des Landschafts- und Naturschutzes zu propagieren. Doch es mussten noch mehrere Jahrzehnte vergehen und die Behörden 1970 in Straßburg ein Europäisches Naturschutzjahr ausrufen, ehe sich Kärnten, Salzburg und Tirol zu einer konzertierten Aktion aufrafften. Am 21. Oktober 1971 bekundeten wenigstens einmal schriftlich die Landeshauptleute der drei Bundesländer die Absicht, einen solchen Nationalpark wirklich einrichten zu wollen.

Durchbruch per Gesetz

Es folgte das bei solchen Projekten offenbar unvermeidliche Gefeilsche um Paragrafen. Wobei die Rolle der Buhmänner, sprich der hartnäckigsten Widersacher der Ökologen, bei den Herren der E-Wirtschaft in guten Händen lag. Doch in den Jahren 1983/84 machten die Kärntner und Salzburger Ernst und erklärten große Bereiche der Reichenspitz-, Venediger-, Granatspitz-, Glockner-, Schober-, Goldberg- und Ankogelgruppe – eine Gesamtfläche von über 800 km^2 – per Gesetz zum Nationalpark.

1992 schlossen sich auch die Osttiroler mit beträchtlichen Flächen an. Da man allerdings neben der Protektion der Naturlandschaft gleichrangig die »Erhaltung, Pflege und Gestaltung der naturnahen Kulturlandschaft« stellte, gliederte man das nunmehr insgesamt 1800 km^2 große Gebiet in drei Zonen, in denen jeweils unterschiedliche Kriterien des Schutzes gelten: in die ›Kernzone‹ – die grandiose Gipfelwelt des ewigen Eises, der steilen Felswände und kristallklaren Gletscherbäche, in die ›Außenzone‹ – die Region der Almen und Wälder, Bergseen, Moore und Wasserfälle – und in die ›Kulturzone‹, welche die Dörfer außerhalb in den Haupttälern umfasst. Darüber hinaus schuf man die Möglichkeit, sogenannte Sonderschutzzonen zu errichten, in denen sowohl Beweidung und Jagd als auch das Schlagen von Holz und das Sammeln von Pflanzen oder Mineralien verboten sind.

Der Gesetzesbeschluss bereitete etlichen Großprojekten wie etwa Wasserkraftwerken oder dem industriellen Goldbergbau ein endgültiges Ende. Auch stellte man sämtliche Projekte für neue Skilifte, Seilbahnen und Hotels auf Nationalparkboden unverzüglich ein. Damals, 1983, waren über zwei Drittel der Bevölkerung gegen das Gesetz.

Nur zehn Jahre später jedoch ergaben Umfragen, dass bereits neun von zehn Anrainern die Beibehaltung, ja sogar Ausweitung des Nationalparks wünschten. Ein prächtiger Erfolg für die zuständigen Behörden, die auch künftig, so ihr erklärter Wille, bei Einheimischen und Gästen beharrlich um Verständnis für die Naturschutzidee werben wollen.

> **Nationalpark-Informationsstellen**
> **Nationalpark Region Hohe Tauern Kärnten:** Großkirchheim, Döllach 1, Tel. 04825 200 49, www.nationalpark-hohetauern.at (s. a. S. 250); weitere Infostellen in **Heiligenblut** (s. S. 263), auf der **Franz-Josef-Höhe** (Mitte Mai–Anfang Okt. tgl. 10–16 Uhr), in **Mörtschach** (s. S. 256), in **Mallnitz** (s. S. 252) und in **Malta** (im Gemeindeamt, Juli–Sept. Mo–Fr 8–18, Sa/So 8–12, Okt.–Juni 8–12, 13–16 Uhr).

Vom Holztrog zum Luxusspa – Kuren in Kärntens Bergwelt

Alpine Wellness: Kuren und Relaxen in der rustikalen Variante

Ob rustikal im älpisch-archaischen Karlbad oder hoch elegant im ultramodernen Thermaltempel: Unter dem Markenzeichen »Alpine Wellness« lässt sich in dem ehemaligen Bauerndorf Bad Kleinkirchheim auf vielerlei Weise relaxen.

Erholsam schwitzen in Holztrögen

»Booodn!« – Wenn Georg Aschbacher, Seniorchef im Gasthaus und Heilbad im Karlbad, allmorgendlich nach dem Frühstück in breitem Kärntnerisch zum Bade ruft, nimmt ein im gesamten Alpenraum einzigartiges Ritual seinen Lauf. Dann begeben sich die Hausgäste erwartungsvoll hinunter ins Badehaus. 14 Holztröge stehen dort auf knorrigem Dielenboden parat – aus mächtigen Lärchenstämmen gehöhlt, und gefüllt mit heißem Wasser, das über hölzerne Rinnen direkt vom Bächlein draußen hereingeleitet wird.

In aller Herrgottsfrüh schon hat der Bademeister ein Holzfeuer entfacht und darüber, wie jeden Tag, große Steine gelegt, die er zuvor aus dem Bachbett geholt hat. Er hat die Riesenkiesel aufgeheizt, bis sie rot glühen und hernach mit Heugabel und Holztragen, sogenannten Moltalan, ins Badehaus geschleppt, wo sie zischend in die Wannen geplumpst und zerplatzt sind. So haben sie nicht nur das eisige Wasser auf fast 40 °C erwärmt, sondern auch diverse hochwirksame Mineralstoffe freigegeben. Und diese üben nun auf die Badenden, insbesondere wenn Gicht, Hautkrankheiten, Nervenschwäche oder Unterleibsbeschwerden sie plagen, ihre heilende Wirkung aus.

Chronisten berichten von einem gewissen Melchior Payr, der hier auf 1700 m Seehöhe, in einer Mulde am Hang des Königstuhls, bereits an der Wende vom 17. zum 18. Jh. aus Holz ein Gehöft errichtete. Es waren anfangs vornehmlich Jäger, Bauern und Holzfäller aus der Region, die im »Bad im kleinen Kar« ihre gicht- und rheumageplagten Glieder erquickten.

Seither ist die Kunde von der heilsamen Quelle und den wundertätigen Steinen längst bis ins ›ferne‹ Deutschland vorgedrungen, sodass selbst von den Gestaden der Nordsee regelmäßig Stammgäste anreisen und frühzeitige Buchung ratsam ist. Verändert hat sich im Karlbad, das die Familie Aschbacher nun schon in achter Generation betreibt, dennoch wohltuend wenig. Nach wie vor gibt es keinen Stromanschluss (und auch keinen Handyempfang), dafür Ruhe und Muße in Überfluss. Man schläft viel weit droben, nahe der Baumgrenze, wohlig ermattet vom heißen Wasser und der frischen Luft. Bauernhof und Badehaus – das über 300 Jahre alte Anwesen entbehrt jeglicher künstlichen Rustikalität. Die Einrichtung der sieben Zimmer ist denkbar schlicht. Eine Etage drunter, im Stall, muht das Vieh. Die meiste Arbeit wird per Hand verrichtet: Brot backen, käsen, buttern … Dementsprechend herzhaft und bodenständig schmeckt, womit die Wirtin Gäste und auch Ausflügler verwöhnt.

Wellnesstempel der Extraklasse

Loslassen, eintauchen, den Alltag abstreifen: Dieses Motto gilt nicht nur für den Aufenthalt im urtümlichen Bauernbad, sondern auch für einen Urlaub unten in Bad Kleinkirchheim, dem touristischen ›Nabel‹ des Nockgebiets. Denn der eine gute halbe Autostunde entfernte, ein paar hundert Höhenmeter tiefer gelegene, idyllische Ort verfügt ebenfalls über heilendes Wasser. Es sprudelt 36 °C warm aus 120 m Tiefe an die Erdoberfläche und soll nicht zuletzt dank seines Calcium-, Magnesium- und Radongehalts vor allem Kreislauf und Immunsystem, Bindegewebe und Gefäße stärken. Eine Legende besagt, der Allmächtige höchstselbst habe angesichts seines hier am Südbalkon der Gurktaler Alpen besonders paradiesisch gelungenen Schöpfungswerks eine Freudenträne vergossen. Und diese sei zu einer unversiegbaren Heilquelle geworden, die noch heute die altehrwürdige, freilich längst hochgradig modernisierte St.-Kathrein-Therme speist.

Bereits anno 1055 soll ein Pfalzgraf namens Poto aus dem bajuwarischen Geschlecht der Aribonen, der sich, bei einer Schlacht verwundet, im Kirchheimer Tal versteckte, die Heilkraft der hiesigen Wässer kennen und schätzen gelernt haben. Für die rasche Linderung seiner Schmerzen dankbar, schenkte er das Quellgebiet dem nahen Kloster Millstatt, das er kurz zuvor gemeinsam mit seinem Bruder gegründet hatte. Erstmals urkundlich erwähnt findet sich die Thermenquelle im Jahr 1492. Damals wurde – wohl als geistiger Schutz gegen marodierende Türken – direkt über ihr die bis heute bestehende Kirche St. Kathrein eingeweiht.

Trotz der Bekanntheit seines Heilwassers war Bad Kleinkirchheim noch vor zwei Generationen ein bescheidenes Bauerndorf. Sein erstes Thermalfreibad erhielt es 1934, sein erstes Hallenbad erst 1969. Knapp zehn Jahre später machte dann das Thermal-Römerbad als »Erste Erlebnistherme Österreichs« Furore. 2007 runderneuert, präsentiert es sich heute als 4000 m² große Verwöhn-Landschaft, die getreu dem Vorbild römischer Thermenanlagen, mit großzügig gestalteten Innen- und Außenbecken, Sauna, Massage- und Beautyabteilung auf drei Ebenen aufwartet. 15 Mio. € haben diese Runderneuerung und der Ausbau zu einer der schönsten Wellnessoasen im Alpenraum gekostet – eine zukunftsweisende Investition, die etwa das Thermenhotel Ronacher, der hotelleristische Leitbetrieb des Orts, mit seinem Fünf-Sterne-Spa bereits vollzogen hat.

Wohlbehagen dank Fantasie

Um das Profil der Region als Vorzeigedestination in Sachen sanfter Qualitätstourismus zu schärfen, setzt Bad Kleinkirchheim allerdings nicht nur beträchtliche finanzielle Mittel, sondern, mehr noch, Kreativität und Fantasie ein. »Alpine Wellness« lautet das Zauberwort, für das es sogar schon eine einschlägige Zertifizierung gibt. Zahlreiche Hüttenwirte bereiten ihren Gästen zum Beispiel Fußbäder im Wasser-Wandl, auf Hochdeutsch: Zuber. Danach werden die Füße sanft mit Speiköl eingerieben. Die Speikpflanze, ein botanischer Verwandter des Baldrian, der vorrangig in den Gurktaler Alpen gedeiht, verströmt einen wohltuend würzigen Duft. Am Ufer des Brunnachsees auf 2000 m Seehöhe vermitteln Strandkörbe südliches Flair. Wo immer ein Bach plätschert, eine Quelle gurgelt, ein Wasserfall gischtet, hat man Hängematten aus Holz aufgespannt. An

Bäder in Bad Kleinkirchheim
Thermal Römerbad: tgl. 10–21, Fr/Sa bis 22, Massage-, Beauty- und Vitalcenter tgl. 12–19 Uhr, gestaffelter Eintritt, Therme ab 13,50 €, Sauna ab 22,50 €.
St.-Kathrein-Therme: Familien- und Kurtherme mit je zwei Frei- und Innenbecken, Kinderbereich, großes Kurtherme-Becken (34 °C), Gesundheitswelt mit Tepidarium, Sauna, Dampfbad, ärztlicher Betreuung, tgl. 9–21, Sauna ab 12 Uhr, Therme 15,50 €, Sauna 21 €, Tel. 04240 82 82-0, www.therme-badkleinkirchheim.at.
Karlbad-Betrieb: Mitte Juni–Mitte Sept., Radenthein, St. Peter 2, Tel. 04246 34 30.

Weitere Kur- und Thermalbäder in Kärnten
Warmbad-Villach: s. S. 204
Therme Bad Bleiberg: s. S. 205
Thermalheilbad Weissenbach: St. Margarethen im Lavanttal, Weissenbachstr. 111, Tel. 04352 345 88-0, www.weissenbach.co.at, tgl. 11–21 Uhr, Eintritt 9 €.
Gesundheitstherme Wildbad: Dürnstein (10 km von Friesach), Tel. 04268 28 22, www.wildbad.at, Do–Di 9–20.30, Mi 9–19 Uhr, Eintritt ab 5,50 €.
Kurzentrum Bad Eisenkappel (nur für Kur- und Therapiegäste): Vellach 9, Tel. 04238 905 00, www.kurzentrum.at.
Kurzentrum Althofen: Moorweg 30, Tel. 04262 20 71-0, www.kurbad-althofen.at.

die 40 solche ›berauschenden Plätze‹, an denen man es sich zu zweit bequem machen kann, gibt es bereits.

Die Großglockner-Hochalpenstraße – ein Jahrhundertbauwerk

Die unbestrittene Königin unter Österreichs Panoramastraßen wurde 1935 eröffnet. Doch eine Fahrt über die fast 50 km lange Straße verlangt dem Benützer noch heute höchste Anerkennung für das Geschick ihrer Schöpfer ab. Rund 60 Brückenbauten, 600 Rohrdurchlässe, zwei Straßentunnel, 26 Kehren, eine Höhendifferenz von 2000 m, eine halbe Mio. m^3 gesprengter Fels, ein etwa ebenso großes Volumen bewegter Erde und eine Rekordbauzeit von nur 28 Monaten bescheinigt die Statistik. Mindestens so bewundernswert ist freilich die Anmut, mit der sich das Bauwerk in die Landschaft schmiegt.

Bis zu 10 000 Menschen täglich befahren die kurvenreiche Panoramastraße

Der Wunsch, die Schönheit der Hochgebirgswelt rund um den Großglockner breiteren Bevölkerungsschichten zugänglich zu machen, war bereits im 19. Jh. erwacht. So hatte etwa schon 1889 ein gewisser Heinrich Schröder um die Vorkonzession für eine Adhäsions- und Zahnschienenbahn angefragt, die auf der Salzburger Seite von Bruck-Fusch bis zum Glocknerhaus führen sollte. Auch wälzte der ehrgeizige Ingenieur Pläne, mit einer Seilbahn die Pasterze zu queren und von dort durch eine Stollenbahn die ›vorläufige Endstation‹ Adlersruhe zu erreichen. Wenig später tauchte gar der Plan einer Seilbahn auf den Fuscherkarkopf auf. Kaum waren diese Ideen dank ihrer Unfinanzierbarkeit verworfen, errichtete man auf Kärntner Seite in achtjähriger Bauzeit ein einspuriges Mautsträßchen, auf dem Touristen in Zweispännern für kurze Zeit bis zum Glocknerhaus gelangen konnten. Es wurde jedoch 1917 durch mehrere Erdrutsche zerstört.

Konkrete Schritte in den frühen 1920er-Jahren

Verkehrspolitisch frischer Wind blies erst wieder zu Beginn der 1920er-Jahre durch die Täler. Im Sommer 1922 hatten sich hohe Beamte getroffen, um, wie man auf Amtsdeutsch stelzte, »die technische Überprüfung der Ausbauwürdigkeit einer seitens des Bundesministeriums für Verkehrswesen angeregten fahrbaren Wegverbindung von Fusch nach Heiligenblut« zu erörtern – vor der düsteren Kulisse des österreichischen Wirtschaftsdesasters ein geradezu verwegenes Unterfangen. Erwartungsgemäß ließ die vom Völkerbund verordnete Sanierung der Staatsfinanzen den Vorschlag in den Schubladen der Behörden verschwinden. Doch im Hintergrund bastelten die Länder Salzburg und Kärnten an dem Projekt zielstrebig weiter. Zwei Jahre später tauchte in der Gegend ein gewisser Dipl. Ing. Franz Wallack auf, der von einem Ausschuss zur Erbauung einer Großglockner-Hochalpenstraße den Auftrag erhalten hatte, generell eine Fahrverbindung vom Salzach in das Mölltal zu planen. Binnen zwei Monaten legte der forsche Landesbaurat ein detailliertes Konzept für die Trassierung vor. Doch obwohl ihm »allgemein Anerkennung gezollt wurde«, musste er noch sechs Jahre lang um Zustimmung und vor allem Geld kämpfen, ehe am 30. September 1930 in Fer-

leiten die erste Sprengung krachen und damit den Baubeginn signalisieren durfte.

Wie es auf der Baustelle zuging, zeigt ein Blick in alte Fotoarchive: Gläserne Schwarz-weiß-Dias zeigen zerwühlte Berghänge, ärmliche Holzbaracken am Fuße mächtiger Geröllhalden, schwitzende Männer, in Felswänden hängend, bohrend, martialisch schwere Hämmer schwingend, archaische Walzen, Fuhrwerke, schneeschaufelnde Arbeiterkolonnen; aber auch Menschenmassen bei Eröffnungen, Politiker, Reden haltend und Hände schüttelnd.

Kampf gegen die Massenarbeitslosigkeit

Ausschlaggebend für den Baubeschluss war zweifellos die verheerende Massenarbeitslosigkeit gewesen, die man mit Infrastrukturprojekten zu bekämpfen trachtete. Auch sollte die Straße helfen, eine nationale Kränkung zu lindern. Denn nach dem Verlust Südtirols durch den Friedensvertrag von St. Germain war die Verbindung von Nord- nach Osttirol und nach Kärnten nur über das Ausland oder immense Umwege möglich. Dementsprechend mutierte das ehrgeizige Bauprojekt rasch zum nationalen Anliegen, ja zum Sinnbild der kraftvollen Selbstbehauptung des kleinen Staates Österreich gegenüber dem bedrohlich lauernden Hitler-Deutschland.

Nicht ohne Grund stilisierten Regierung und Medien die über 3000 »Glockner-Baraberer«, die unter extrem harten Bedingungen in bis zu 2500 m Seehöhe schufteten, zu ›Helden der Arbeit‹. Und nicht ohne Grund beschwor Bundeskanzler Kurt Schuschnigg bei der Eröffnung der Nordrampe im Frühherbst 1935 Österreich als »klassisches Land der Harmonie« und die Straße als Ausdruck einer »neuen Harmonie von Kunst und Natur, der der Technik gelang«. Der Mythos des Pionierwerks überdauerte sogar die 1000-jährige Katastrophe: »Vom Willen gemeißelt« hieß ein 1951 erschienener Roman über die am Bau Beteiligten. Und das flotte Signet mit dem Automobil und dem Glocknergipfel in einem großen ›G‹ wurde, an Windschutzscheiben klebend, zum Statussymbol der Wiederaufbauzeit, das Modernität und Dynamik signalisierte.

Abermillionen staunende Besucher

Freilich war schon bei Planungsbeginn klar gewesen, dass »die Einnahmen aus dem Fremdenverkehr um ein Vielfaches höher sein würden als der anderweitige Nutzen«, weshalb sich die Straße »nicht nur harmonisch in das Landschaftsbild einfügen, sondern – im Interesse des zögernd erwachenden Massentourismus – gleichzeitig möglichst viele schöne Aussichtspunkte direkt berühren sollte«.

Bereits 1938, nur drei Jahre nach ihrer Eröffnung (der Großglockner war inzwischen zu »Deutschlands höchstem Berg« aufgestiegen), erklommen über 30 000 Automobile die Straße. Heute zählt man an den Mautkassen in Roßbach und Ferleiten pro Saison weit über eine Million Besucher. An Schönwettertagen sind auf der je nach Schneelage von etwa Anfang Mai bis Anfang November geöffneten Strecke an die 10 000 Personen unterwegs (detaillierte Routenbeschreibung mit praktischen Informationen, auch über die zahlreichen Museen, Lehrpfade und Aussichtspunkte siehe Auf Entdeckungtour S. 260).

Die Freuden der Langsamkeit – Entwicklungsinitiative Lesachtal

Schon Mitte der 1990er-Jahre ernannten deutsche Medien, insbesondere Die Zeit, das Lesachtal zum »umweltfreundlichsten Tal Europas«. Die Naturfreunde kürten es sogar zur »Landschaft des Jahres« und priesen es als ein Zukunftsmodell für alpine Regionen. So viel Lorbeeren stimmen fast schon skeptisch. Doch ein Lokalaugenschein bestätigt: In Kärntens südwestlichstem Winkel gelten die Unversehrtheit der Natur und nachhaltiges Wirtschaften mehr noch als im übrigen Land als Selbstverständlichkeit.

Das Lesachtal war stets ein wenig später dran als andere Regionen Kärntens. Elektrisches Licht kam erst 1957 in das 25 km lange Tal. Erst seit 1993 ist die Siedlung Aigen auch mit dem Auto erreichbar. Und während in den 1970er-Jahren die meisten Regionen Kärntens vom Tourismusboom profitierten, blieb der entlegene Landstrich an der Grenze zu Italien und Osttirol von dieser Entwicklung ausgeschlossen. Mit gravierenden Folgen. Mitte der 1980er-Jahre litten die 34 Dörfer und Weiler des Tals unter massiver Abwanderung. Bis der Verein Eigeninitiative

Viele alte Wassermühlen des Lesachtals wurden wieder restauriert

Auf Holzgestellen wird das frisch gemähte Gras der Almhänge getrocknet

Lesachtal die Nachteile in Vorteile umzuwandeln begann.

Grundprinzip Sanfter Tourismus

Dorferneuerungen, Vermieterringe, die den Urlaub am Bauernhof professionell vermarkten, und der gemeinsame Vertrieb bäuerlicher Produkte, vom Almheuschnaps und Honigwein bis zur Edelhirschwurst und dem Wildheutee, sind das eine Standbein. Sanfter Tourismus, der nicht zwanghaft jede Mode mitmachen muss, bildet das zweite. Auf jeden der 1500 Talbewohner kommt im Lesachtal denn auch nur ein Fremdenbett, das Gros davon in Bauernhöfen. 120 000 Übernachtungen verzeichnet die Statistik insgesamt pro Jahr. Dieses Prinzip der weitsichtigen Selbstbeschränkung wurde von manchen Einheimischen zunächst scheel angesehen, hat sich jedoch bald als voller Erfolg erwiesen. Bereits 1995/96 kürte die Naturfreunde-Internationale mit 600 000 Mitgliedern das Lesachtal zur »Landschaft des Jahres« und pries sie als ein Zukunftsmodell für Alpenregionen. Gleichzeitig wurden die Lesachtaler mit dem Ford European Conservation Award ausgezeichnet. Was gestern noch als Region ohne Zukunftsaussichten galt, war mit einem Mal zum Vorbild geworden.

Gerade unter zahlungskräftigen Erholungssuchenden erfreuen sich Konzepte wie dieses großer Beliebtheit. Umso mehr, wenn sie, im Verbund mit Wellnessangeboten und einer grandiosen Bergwelt, ein klug gestricktes Netz aus gemütvollen Promenadenwegen, lehrreichen Themenpfaden, anspruchsvollen Bergrouten und hochalpinen Klettersteigen bieten. Einen Tag als Hirte oder Senner mit den Bauern arbeiten, unter fachkundiger Führung Jodeln oder Chorsingen lernen, Goldwaschen oder Edelsteine schürfen – solch authentische Erlebnisse prägen sich eben tiefer ins Gedächtnis ein als manch flachgeistiger Zeitvertreib, wie ihn findige Marketingstrategen andernorts zwecks raschem Lust- und Geldgewinn propagieren.

Behutsame Schritte aus dem Dornröschenschlaf

Es gibt indes auch kritische Stimmen, die dem Idyll des Lesachtals misstrauen und die völlige Abhängigkeit vom Fremdenverkehr befürchten. Die Erfolge des Vereins sind freilich unbestreitbar. Mit »kleinen Schritten, ohne Großmannssucht«, ziehen seine Vertreter Zwischenbilanz, habe man das Tal in den letzten zwei Jahrzehnten wach geküsst. Mit der Zucht des Lesachtaler Lammes zum Beispiel, dessen hochwertiges Fleisch heute längst Feinschmecker in ganz Kärnten schätzen. Mit dem systematischen Ausbau des »Urlaub am Bauernhof«-Angebots. Mit der Sanierung alter Bauernhäuser, dem Verkauf kunsthandwerklicher Produkte und der Installierung von Solaranlagen in Eigenregie.

Jedes Dorf habe begonnen, seine Eigenart herauszustreichen. In Maria Luggau zum Beispiel hat man die alten Mühlen restauriert, in St. Lorenzen das Tuffbad zu einem zeitgemäßen Kur- und Wellnesszentrum ausgebaut. Birnbaum hat sich erfolgreich als Wildwasser- und Bergsteiger-Eldorado etabliert. Und in Liesing wurde vor wenigen Jahren erst vom Kärntner Bildungswerk die Erste Alpenländische Volksmusik-Akademie ins Leben gerufen, an der das ganze Jahr über professionelle Lehrer Kurse für Instrumentalmusik und Gesang abhalten. Außerdem organisiert man hier seit einem Vierteljahrhundert schon jeweils Anfang September das weithin beliebte Brotfest. Freilich gebe es sehr wohl hie und da auch etwas zu kritisieren: die Einschränkung der Postbusdienste etwa oder die Einsparungen bei den Gendameriepposten. Gegen manche negative Entwicklungen der Welt ›draußen‹ ist eben nicht einmal ein Bilderbuchidyll wie das Lesachtal immun.

Initiativen, Feste, Programme
Kulturinitiative Lesachtal: in St. Lorenzen, Kontakt: Herr Ortner, Tel. 04716 548, übers Jahr verstreut Lesungen, Konzerte u. ä., Ausstellungen in der Galerie Stabulum.
Festival AlpenKammerMusik: ca. 10 Tage Mitte Aug. in Liesing, Kontakt: Werner Lexer, Tel. 0664 283 02 82, www.alpenkammermusik.com.
Volksmusikakademie Lesachtal: in Liesing, Hauptplatz 1, Kontakt und Info Tel. 0463 536-405 72, www.volksmusikakademie.at.
Lesachtaler Dorf- und Brotfest: 1. Sept.-Wochenende in Liesing, Kontakt: Hans Guggenberger, Tel. 047 16 549, www.brotfest.at.
Natur- & Kräuterwerkstatt Lesachtal: in Liesing, Kontakt: Simone Matouch, Tel. 04716 200 15, www.kraeuterwerkstatt-lesachtal.at.
Mühlenfest: Anfang Aug. in Maria Luggau, Kontakt: Familie Lugger, Tel. 04716 269, www.karnische-museen.at.
Weitere Adressen & Infos: s. S. 281.

Wo Herzen schmelzen – über das Kärntner Lied

Die Kärntner sind seit jeher ausgesprochen musikliebend

»Drei Kärntner sind schon ein Gesangsverein«, ist eine in Österreich gängige Feststellung. Und der Kärntner Dichter Josef Friedrich Perkonig schrieb: »Nimm dem Kärntner sein Lied und er müsste welken wie eine Blume ohne Tau.« Die Kärntner und ihre Lieder, das ist mehr als nur ein Klischee.

Grenzlandchor Arnoldstein, Singkreis Porcia, Doppelsextett Carinthia, Sängerrunde St. Peter, Gurktaler Viergesang, Gesangsverein Kärntnertreu oder, schlicht, Die Rosentaler, aber auch Amici della Musica, Ensemble Vokal, Vox Nova oder Da 8Gsong … Wer einschlägige Websites konsultiert, kommt aus dem Staunen über die Vielfalt an Ensembles nicht heraus. Rund 670 Chöre zählt das Land, zwischen 20 000 und 30 000 Sänger tummeln sich in Männergesangsvereinen, in gemischten, Kirchen- und anderen Chören. Bisweilen entspricht in Kärntner Dörfern die Zahl der Mitglieder in den unterschiedlichen Chören gar jener der Einwohnerzahl.

»Dass das Kärntner Lied ein Bestandteil unseres Lebens ist, steht, glaube ich, außer Zweifel«, schreibt Dieter Fleiss in der Zeitschrift des Kärntner Bildungswerks. »Es wird gesungen in ungezwungener (feucht) fröhlicher Runde im Gasthaus, bei Festen, bei Feiern.« Schier unendlich scheint der Liederschatz, den dieses so sangesfreudige Volk im stillen Kämmerchen pflegt, aber natürlich sehr gerne auch vor Publikum zum Besten gibt und als klingendes Kulturgut auf Konzertreisen und Tonträgern in die ganze Welt exportiert. Und es sind tatsächlich typisch Kärntner Lieder, mit einem eindeutig Kärntner Klang, die so gepflegt werden.

Von verlassenen Dirndalan und Buam

Im Grunde genommen ist das Kärntner Lied zuallererst ein Liebeslied. Es geht um die Liebe zwischen »Dirndalan« (Mädchen) und »Buam« (Burschen), zum »Hamatle« (Heimat) oder, allgemeiner, zu den Menschen. Man singt vom Lustigsein und vom Abschiednehmen. Und selbst wenn andere Themen auftauchen, die Mühen der Arbeit zum Beispiel oder der Gang in die Fremde, bleibt die humane Grundtendenz eindeutig.

Mit ihren für gewöhnlich vier- oder fünfstimmigen Sätzen, den Moritaten, Jodlern, Krippenliedern und der tief ins »Gmüat« gehenden »Bauernterz« symbolisiert jene Art von Volksmusik die für Kärnten seit alters prägende multikulturelle Vielfalt. Es ist freilich gerade die einfache, nahezu unschuldig-naive Konstruktion dieser einstrophigen Vierzeiler mit jeweils zwei aufeinander gereimten Zeilen, die ihnen so viel Charme verleiht. Beispiel gefällig?: »Holladri holladre, auf der Alm, auf der Heh./ holladri holladre, gschnittene Nudel und Kaffee,/ holladri holladre, auf der Alm ist fidel, /holladri holladre, aba tanzn muass ma schnell.« Solche vierzeiligen »Gsangln« nennt der Volksmund übrigens Plepper- oder Schwatz-, Flausen- oder Schmetterliedl.

Musikhistoriker unterscheiden zwischen Altem und Neuem Kärntner Lied. Letzteres sei erst nach dem Zweiten Weltkrieg entwickelt und von sogenannten Kreisen wie dem Spittaler, dem St. Veiter etc. Kreis geprägt worden. Seine Schöpfer seien herausragende Dichter- und Komponistenpersönlichkeiten, Männer wie Günther Mittergradnegger, Gerhard Glawischnig oder Justinus Mulle, gewesen.

Als (Über-)Vater seines Genres ging vor hundert Jahren schon Thomas Koschat (1845–1914) in die Annalen ein. Er hinterließ, ausgehend vom Alten, übrigens fast immer in Dur gesungenen Kärntner Lied, ein gewaltiges Oeuvre, das bis heute weit über die Landesgrenzen geschätzt und gesungen wird. Indem Koschat volkstümliche Melodien in – teilweise lange – Chorwerke umgearbeitet hat, schuf er eine sehr eigenständige Musik, die Kenner schon nach wenigen Takten als eindeutig von Koschat komponiert identifizieren.

Der geborene Viktringer war schon zu Lebzeiten ein Vorläufer heutiger Popstars – eine glühend verehrte Größe mit Kultstatus. Als »bsundare

Zuckalan« (dt. »besondere Zuckerl«) seines immensen Werkes gelten »Schneewalzer« und, mehr noch, das berühmte »Valassn, valassn…« (dt. »Verlassen«) – ein Evergreen, der als Idealbeispiel für die Schwermut und Getragenheit des Kärntner Liedes bei fast jedem Konzert angestimmt wird.

Unverkennbar kärntnerisch

Was Kenner- wie Laienohren bei allen Kärntner Liedern feststellen: Sie klingen irgendwie anders. Es zeichne sich, erklären Kompositionstheoretiker das Phänomen, durch einen verspielten Umgang mit dem Dreiklang aus, wobei statt der ›linearen‹, aufbauenden Melodie eher die harmonische Mitte vorherrsche. Daraus ergebe sich die unverwechselbare, leicht zu singende Mehr-, meist Vier- oder Fünfstimmigkeit, die den Kärntner Gesang beinahe einzigartig mache.

Woher diese Eigenheiten rühren, ist ungewiss. Dieter Fleiss ortet den Ursprung in der Landschaft. Harmonisch sei sie, vielfältig, und nicht, wie anderswo, dominiert von den Ehrfurcht einflößenden Berggiganten. Das ist nicht von der Hand zu weisen. So sagte einmal Gustav Mahler zu Richard Strauss, der den Anblick des Höllengebirges im Salzkammergut bewunderte: »Bemühen Sie sich nicht, das habe ich alles schon wegkomponiert.« ›Wegkomponiert‹ hat Mahler auch in Kärnten. So wie Johannes Brahms und Alban Berg sich von Kärnten, seiner Landschaft und seinen Klängen beeinflussen ließen. Und namhafte Jazzmusiker der Gegenwart immer wieder das alte und neue Kärntnerlied in ihre Kompositionen einfließen lassen.

Infos und Veranstaltungen rund um das Kärntner Lied
Tag des Kärntnerliedes: »Veranstaltungsplattform für volkskulturelle Gruppen«, jeweils am 26. Okt. in einer jährlich wechselnden Gemeinde, aktuelle Infos unter www.kulturchannel.at.
Internationaler Chorwettbewerb auf Schloss Porcia: 2010 schon zum 47. Mal in der 2. Juli-Woche in Spittal an der Drau, mit Spitzenensembles aus allen Kontinenten, Info & Karten: Tel. 04762 56 50-220, www.singkreis-porcia.at.
Festival der Chöre: traditionsreiches Get-together diverser Ensembles aus dem ganzen Land, jeweils Anfang/Mitte Juli in der Werzer Seearena in Pörtschach, Tel. 0810 97 70 85.
Carinthische Musikakademie (ganzjährig Kurse): Im Stift Ossiach, Tel. 04243 455 94; in Knappenberg, Tel. 04263 75 02 80, www.cma-musikakademie.at.
Volksmusikakademie Lesachtal: Tel. 0463 536-405 72 bzw. www.volksmusikakademie.at.
Die wichtigsten Chorensembles: www.chor.at/html/kaernten.html.
Kärntner Blasmusikverband: in Feldkirchen, Tel. 0676 411 61 66, www.kbv.at.
Koschatmuseum: Klagenfurt, Viktringer Ring 17, Tel. 0463 59 96 33, Mitte Mai–Mitte Okt. Di–Do 10–12 Uhr, Eintritt: freiwillige Spende. Originalpartituren, Handschriften und andere Dokumente in Erinnerung an Kärntens Liederkönig.

Von Boeckl und Berg bis Zobernig – moderne Kunst in Kärnten

Fresken des Kärntners Giselbert Hoke schmücken den Klagenfurter Hauptbahnhof

Romanische Flechtwerksteine, Klöster, Wehrkirchen, gotische Schnitzaltäre, als Zeichen der Volksfrömmigkeit Aberhunderte Bildstöcke und Marterln … Wohl kein anderes Bundesland Österreichs besitzt im Verhältnis zu Größe und Einwohnerzahl eine solche Fülle von Kunstschätzen wie Kärnten. Was freilich zu wenig bekannt ist: Auch die moderne und zeitgenössische Kunst hinterlässt im Land ungemein vielfältige und spannende Spuren.

Als ein Doyen der zeitgenössischen Künstler Kärntens darf Giselbert Hoke (geb. 1927) gelten. Er, der bald nach dem Krieg mit seinen Fresken im Klagenfurter Hauptbahnhof einen Skandal hervorrief, hat sich seither, von seinem abgeschiedenen Atelier auf Schloss Saager aus, vor allem mit Wand- und Glasbildern, Metallarbeiten und Tapisserien international einen Namen gemacht.

Wegbereiter: der Nötscher Kreis

Einen bleibenden Beitrag zu Kärntens Renommee als fruchtbarer Boden für höchste bildnerische Kreativität leisteten Anfang des 20. Jh. schon die Mitglieder des Nötscher Kreises, namentlich Sebastian Isepp, Franz Wiegele und Anton Kolig, die in dem gleichnamigen Dorf am Fuße des Dobratsch eine sehr eigenständige, expressionistische Farben- und Formensprache entwickelten. In ihrer wegweisenden Bedeutung vergleichbar sind der gebürtige Klagenfurter Herbert Boeckl (1894–1966), der u. a. im Dom von Maria Saal ein Wandbild schuf, sowie, etwas später, der gebürtige Rheinländer Werner Berg (1904–81), der in seiner Wahlheimat bei Bleiburg Mensch und Natur des Jauntales so faszinierend wie eigenwillig auf Leinwand bannte (s. S. 146).

Starke Frauen: Lassnig und Kogelnik

Zu den namhaftesten Vertretern der heutigen Seniorengeneration zählen neben Giselbert Hoke unter anderem Maria Lassnig (geb. 1919) mit ihrem umfangreichen, vom Surrealismus über Informel bis zu ›Körpergefühlsbildern‹ reichenden Œuvre, Hans Staudacher (geb. 1923), ein vor allem dem Abstrakten verpflichteter Grafiker und Maler, sowie Valentin Oman (geb. 1935), dessen Werk man u. a. in der Kirche von Schloss Tanzenberg (s. S. 168), in der Klagenfurter Egydikirche und in der Pfarrkirche von St. Jakob im Rosental begegnen kann.

Viel zu früh verstorben ist die stark von ihrer langjährigen Wahlheimat New York beeinflusste Pop-Art-Künstlerin Kiki Kogelnik (1935–97). Sie hinterließ u. a. zwei witzige Brunnen (in ihrer Heimatstadt Bleiburg und auf dem Klagenfurter Heiligengeistplatz) sowie Wandbilder in Form eines schräg-witzigen Totentanzes im Karner oberhalb von Stein im Jauntal, westlich des Klopeiner See (s. S. 142).

Lange ließe sich die Liste der in In- und Ausland erfolgreichen Kärntner Künstler fortsetzen. Aus der ›mittleren‹ Generation zu nennen wären etwa auch Max Gangl, Raimo Wukonig und die für ihre sozialkritisch-feministischen Grafiken geschätzte Elisabeth Kmölinger, unter den Jüngeren u. a. Tomas Hoke, Suse Krawagna, Heimo Zobernig und Cornelius Kolig (geb. 1942).

Kolig ist einer breiten Öffentlichkeit für die äußerst kontrovers aufgenommene – und verschiedenerseits bewusst missverständlich gedeutete – Neugestaltung des Jahrzehnte früher von seinem Vater Anton bemalten Kolig-Saales im Kärntner Landhaus bekannt. Doch Kunstkenner schätzen ihn generell für seine ebenso konsequente wie subtile, Genregrenzen sprengende Auseinandersetzung mit der menschlichen Wahrnehmung von Körperlichkeit und Sinnlichkeit.

Begegnungen mit Bildender Kunst von heute
Museum Moderner Kunst Kärnten in Klagenfurt: s. S. 99.
rem (Reinhard Eberhard Museum) in Villach: s. S. 201.
Museum des Nötscher Kreises in Nötsch: s. S. 272.
Cornelius Koligs »Paradies« in Vorderberg a. d. Gail: s. S. 272.
Werner Hofmeisters Museum für Quellenkultur/kunsthaus:kärnten mitte: s. S. 191.
Werner Berg Museum in Bleiburg: s. S. 146.
Land Art im Rosental: s. Auf Entdeckungstour S. 132.
Künstlerstadt Gmünd: s. Auf Entdeckungstour S. 236.

Lesetipp
Moderne in Kärnten – aus der Reihe »Die Kunstgeschichte Kärntens«, über Architektur, Malerei und Plastik im 19. und 20. Jh., von C. Brugger, K. Leitner-Ruhe und G. Biedermann (Hrsg.) 2009.

Kärnten – fruchtbarer Boden für spannende Dichtkunst

Ingeborg Bachmann, Peter Handke, Josef Winkler, Gert Jonke, Peter Turrini – Kärntens Beitrag zur deutschsprachigen Literatur der Moderne ist ungleich höher, als Größe und Traditionen des Landes zunächst vermuten ließen. Robert Musil, dem in Klagenfurt geborenen Romancier von Weltrang, hat man sogar ein eigenes Museum samt Forschungsinstitut gewidmet.

»Ein Buchmensch geht hier zu Lande nur dreimal im Jahr außer Haus. Im Frühling fährt er nach Leipzig, zur Sommersonnenwende nach Klagenfurt (und überschreitet dabei ausnahmsweise eine Landesgrenze) und zu Erntedank nach Frankfurt.« Was vor einigen Jahren, von einem Kenner der Literaturszene formuliert, in der Frankfurter Rundschau geschrieben stand, darf durchaus zu Recht als Verbeugung vor der kleinen Landeshauptstadt verstanden werden. Immerhin seit 1977 nun schon stellt sich dort, am Ufer eines wohl nicht zufällig W ö r t h e rsee genannten Gewässers, alljährlich Ende Juni eine Riege deutschsprachiger Autoren aus unveröffentlichten Texten lesend dem Urteil des Publikum und einer gestrengen, oft prominent besetz-

Peter Handke: seit fast 50 Jahren an vorderster Front der dichterischen Avantgarde

ten Jury. Der vom ORF-Landesstudio gemeinsam mit der Stadt veranstaltete Wettbewerb, dessen Gewinner den Ingeborg-Bachmann-Preis zuerkannt bekommt, wird stets in seiner gesamten Länge live auf 3sat übertragen. Er gilt in der Tat als einer der wichtigsten Termine im Jahreskalender des Literaturbetriebs – offenbar würdig, in einem Atemzug mit den beiden großen Branchenmessen genannt zu sein.

Die »Tage der deutschsprachigen Literatur« – wie die Veranstaltung offiziell heißt, seit die Erben der berühmten Dichterin im Jahr 2000 als Protest gegen die Haider'sche Politik die Bezeichnung Ingeborg-Bachmann-Wettbewerb untersagten – mögen das Scheinwerferlicht der eventseligen Medien auf Kärnten lenken. Gut so. Die Bedeutung dieses Landes an der äußersten Peripherie des deutschen Sprachraums für die moderne und zeitgenössische Literatur reicht jedoch weit über dieses einmalige Ereignis hinaus, ist es doch Heimat und Wirkraum einer ganzen Reihe hoch angesehener Autoren.

Zwei Dichterinnen: Bachmann und Lavant

Da ist zum einen natürlich die Namenspatronin besagten Wettlesens: Ingeborg Bachmann kam 1926 in Klagenfurt zur Welt, das freilich als topografischer Ort nur ein einziges Mal ausdrücklich in ihr Werk hineinspielt. Ihre Erzählung »Jugend in einer österrischen Stadt« sei zwar keine autobiografische Geschichte, meinte die begnadete Lyrikerin, Hörspielautorin und Romandichterin (»Malina«, »Der Fall Franza«) später, »obwohl die Stadt K. Klagenfurt ist«. Doch als «Bruchstück ihrer Lebensgeschichte«, so merkte der Literaturforscher Klaus Amann in der Folge an, könne der Text sehr wohl gelesen werden.

Obwohl Bachmann Kärnten als Neunzehnjährige verließ, erst in Graz, dann in Wien studierte und später in Italien lebte, arbeitete und schließlich 1971 auch starb, blieb sie mit der Geburtsstadt durchaus auf Tuchfühlung. Nicht ohne Grund fand sie am Friedhof Annabichl auch ihre letzte Ruhe.

Kärnten ihr Leben lang aufs Engste verbunden blieb hingegen Christine Lavant, die 1915 in St. Stefan im Lavanttal geboren wurde. Bereits im Alter von ein paar Wochen erkrankt sie an einer Haut- und Lymphknotenerkrankung, die sie später an einem über die Bürgerschule reichenden Schulbesuch hindern wird. Die Schöpferin so subtiler Gedichtsammlungen wie »Die Bettelschale« und »Der Pfauenschrei« stirbt – wie ihre Dichterkollegin viel zu früh – 1973 im Krankenhaus Wolfsberg, ohne ihr Heimatland jemals für einen längeren Zeitraum verlassen zu haben.

Ambivalente Gefühle zur eigenen Herkunft

Wie Lavant wird auch Peter Handke 1942 auf dem Land geboren – konkret in Griffen, wo er auch einen Teil seiner Kindheit verbringt. Doch wie Bachmann nimmt er auch schon mit 19 Reißaus. Er übersiedelt zum Studium nach Graz, findet Anschluss an die Schriftstellergruppe um das ›Forum Stadtpark‹ und publiziert in der Zeitschrift »manuskripte«. Und wie Lavant sollte auch er nie wieder in seine Heimat zurückkehren. Nachdem er mit dem »Wunschlosen Unglück« in frühen Jahren eine unerbittliche Beschreibung der kleinhäuslerisch-tristen Alltagswelt seiner Mutter geliefert und mit der Veröffentlichung der »Publikumsbeschimpfung« endgültig europaweit den Durchbruch geschafft hat, wechselt er fortan seine Wohnsitze zwischen Deutschland, Österreich, Frankreich und den USA.

Die Liste der in Kärnten geborenen, aber außerhalb der Landesgrenzen lebenden Gegenwartsautoren ist lang: Peter Turrini zum Beispiel, der 1944 geborene, international viel gespielte Bühnenautor, dessen frühe provokante Heimatstücke (»Rozznjogd«, »Sauschlachten«) in satirischer Überzeichnung Brutalität, Intoleranz und Korruption entlarvten, stammt aus Sankt Margarethen im Rosental, lebt jedoch in Wien. Auch Werner Kofler, einen der österreichweit virtuosesten Prosaautoren, der als »Beschimpfungskünstler« und »Wirklichkeitszerstörer« (Eigendefinition) mit Hingabe gegen die herrschenden Verhältnisse anschreibt (geb. 1947; »Guggile«, »Hotel Mordschein«, »Tanzcafé Treblinka«), hat es auf Dauer in die Bundeshauptstadt gezogen. Und auch der begnadete Sprachexperimentator und -kritiker Gert Jonke (1946–2009; »Geometrischer Heimatroman«, »Sanftwut oder Der Ohrenmaschinist« und zuletzt die Wirtschaftsfarce »Platzen Plötzlich«) hat bis zu seinem Tod in Wien gewohnt.

Florjan Lipus (geb. 1937; »Der Zögling Tjaz«) hingegen und der – auch malende – Lyriker Gustav Janus (geb. 1939), die beiden wohl bedeutendsten lebenden, auf Slowenisch schreibenden Autoren des Landes, sind ihrer Heimatregion, dem Rosental, auch im Alltag verbunden geblieben. Und auch Büchner-Preisträger Josef Winkler (geb. 1953; »Menschenkind«, »Muttersprache«, »Natura Morta«), der 2009 bei der traditionellen Eröffnungsrede zu den »Tagen der deutschsprachigen Literatur« mit seinem grimmigen Rundumschlag gegen die anwesenden Polit-Honoratioren für gewaltiges Aufsehen sorgte, trotzt in Klagenfurt wacker allen seelischen Zwiespältigkeiten.

Bleibt zu guter Letzt Klagenfurts großer Sohn, Robert Musil: Der Schöpfer des Jahrhundertromans »Der Mann ohne Eigenschaften« war zwar gewissermaßen nur ein Zufallskärntner. Gerade die ersten elf Monate seines Erdendaseins, von der Geburt im November 1880 bis zum darauf folgenden Oktober, lebte er in der Landeshauptstadt. Danach zogen seine Eltern mit ihm nach Böhmen, nach Oberösterreich und schließlich nach Brünn. Und auch als Erwachsener kehrte er, außer auf Durchreise, nie wieder an den Ort seiner Geburt zurück. Was die Kulturverantwortlichen der Stadtpolitik freilich nicht daran hinderte, in jenem Haus, in dem der bahnbrechende Romancier einst das Licht der Welt erblickte, ein Robert-Musil-Literaturmuseum einzurichten.

Infos und Veranstaltungen
Tage der deutschsprachigen Literatur (Bachmann-Preis): alljährlich gegen Ende Juni, Tel. 0463 53 30-295 28, http://bachmannpreis.eu.

Robert-Musil-Literaturmuseum
Die erste literarische Adresse des Landes. Ständige Ausstellungen widmen sich außer Musil auch Christine Lavant und Ingeborg Bachmann; außerdem: Klagenfurter Literaturkurse, Klagenfurt, Bahnhofstraße 50, Tel. 0463 50 14 29, www.musilmuseum.at, Mo– Fr 10–17, Sa 10–14 Uhr, So/Fei geschl., Eintritt frei.

Unterwegs in Kärnten

Ein Paradies für Wanderer – die Hohen Tauern im Nordwesten Kärntens

Das Beste auf einen Blick

Klagenfurt und Wörthersee

Highlight !

Klagenfurt: Die Landeshauptstadt empfängt Besucher mit einem reichhaltigen Kulturangebot und einer musterhaft herausgeputzten, mediterran anmutenden Altstadt. Schmuckstück: das aus der Renaissance stammende Landhaus mit dem berühmten Wappensaal. S. 93

Auf Entdeckungstour

Minimundus: Eiffelturm, Petersdom und Taj Mahal, Chinesische Mauer und Weißes Haus … an die 150 detailgetreue Modelle berühmter Bauwerke aus allen Kontinenten im Maßstab 1:25 laden zu einer vergnüglichen Weltreise für Jung und Alt. S. 108

Wörthersee-Architektur: Die in prachtvolle Parks gebetteten Sommerfrische-Villen, dazu diverse Hotels, Bootshäuser und Strandbäder bilden zusammen ein kostbares stilistisches Erbe aus der k.u.k.-Zeit. Ihnen entlang dem Seeufer die Parade abzunehmen, ist für Ästheten mit einer Neigung zur Nostalgie ein Erlebnis ersten Ranges. S. 116

Kultur & Sehenswertes

Gustav-Mahler-Komponierhäuschen: Wo der Maestro um 1900, von der unberührten Natur inspiriert, vier seiner Symphonien und zwei große Liederzyklen schuf, kann man heute dem Genius loci nachspüren, Dokumente studieren und Mahlers Musik lauschen. S. 121

Viktring: Die Kirche des ehemaligen Zisterzienserklosters stammt im Kern aus der burgundischen Blüte des Ordens in der Hochromanik. Sie ist alljährlich im Juli ein zentraler Aufführungsort für Konzerte im Rahmen des renommierten Musikforums. S. 127

Aktiv & Kreativ

Zauberwald Rauchelesee: In dem 10 000 m² großen Reich der Waldgeister, Hexen und Bergwerkszwerge tauchen Kinder für Stunden in eine unvergessliche Abenteuerwelt. S. 127

Genießen & Atmosphäre

Schleppe Brauerei in Klagenfurt: Liebhaber edlen Gerstensafts aufgepasst! Hier bekommt man Brau- und auch Brennkunst in höchster Vollendung vorgeführt. Und danach kann man die Biere und Brände im 400 Jahre alten Felsenkeller verkosten. S. 102

Onyx: Ein gepflegter Drink oder fangfrischer Fisch bei Sonnenuntergang mit Blick über den Wörthersee – stimmungsvoller als auf der Terrasse von Schloss Loretto kann ein Tag kaum zu Ende gehen. S. 106

Abends & Nachts

Klangwelle: An drei Abenden der Woche steht im Sommer in der Veldener Bucht eine mitreißende Choreografie aus Musik, irisierendem Laserlicht und bis zu 60 m hohen Wasserfontänen auf dem Programm. Ein Fest für die Sinne! S. 119

Das Klagenfurter Becken

In der Wörthersee-Metropole schlägt Kärntens politisches und kulturelles Herz. Hinter ihren teilweise baulich recht schnöden Außenbezirken verbirgt sich eine entzückende, sorgfältig renovierte Altstadt, in der sich wunderbar flanieren lässt. Renommierte Museen, eine quirlige Lokal- und Einkaufsszene sowie das grüne Umland garantieren einen abwechslungsreichen Aufenthalt. Dennoch haftet der Landeshauptstadt im österreichweiten

Infobox

Reisekarte: ▶ J–L 6

Informationen
Klagenfurt Tourismus: A-9020 Klagenfurt, Rathaus, Neuer Platz 1, Tel. 0463 537-22 23, www.klagenfurt-tourismus.at, Mo–Fr 8–18, Sa 10–17, So/Fei 10–15, Okt.–April So/Fei nur bis 13 Uhr. Hier erhält man gratis Stadtpläne sowie alle Arten von Broschüren und Auskünften – u. a. auch über kostenlose Altstadtspaziergänge und Schlosswanderungen (s. S. 103).
Wörthersee Tourismus GmbH: 9220 Velden, Villacher Straße 19, Tel. 04274 382 88, www.woerthersee.com, Mo–Fr 8–17 Uhr.

Zeitrahmen
Die meisten Sehenswürdigkeiten Klagenfurts befinden sich in der Altstadt oder lassen sich von dort problemlos zu Fuß erreichen. Für den beschriebenen **Erkundungsgang** sollte man – Museumsbesuche ausgenommen – zwei bis drei Stunden veranschlagen. Diverse Innenbesichtigungen, Einkaufsbummel und die eine oder andere Rast bei Imbiss oder Kaffee und Kuchen eingeschlossen, lässt er sich ohne Weiteres zu einem abwechslungsreichen Tagesprogramm erweitern. Die **Fahrt rund um den Wörthersee** erfordert, je nach Muße und Neugier auf Details, einen halben oder ganzen Tag.

Verkehrsmittel
Natürlich kann man – fast – alle Wege im Pkw zurücklegen. Doch speziell für die Klagenfurter Innenstadt empfiehlt es sich, den fahrbaren Untersatz am Stadtrand oder in einer Garage zu parken. Per pedes oder eventuell mit einem Leihfahrrad erreicht der Besucher in der fußgänger- und radlerfreundlichen Stadt meist schneller sein Ziel als im Auto. Der Kernbereich ist seit 1961 Fußgängerzone und kann problemlos in wenigen Minuten zu Fuß durchquert werden. Zudem steht ein bestens ausgebautes Netz von einem Dutzend öffentlicher Buslinien zur Verfügung, mit dem man alle wichtigen Punkte der Stadt erreicht.

Details, auch zu Bahn- und Busverbindungen ins Umland bzw. zur Wörthersee-Schifffahrt: s. S. 107.

Wörthersee-Kärnten-Card
Die Wörthersee-Kärnten-Card ist der Sesam-öffne-dich zu unzähligen Attraktionen und Leistungen rund um den See, gratis zu jeder Zimmerbuchung bei einem Betrieb aus dem Wörthersee-Gastgeber-Katalog, Infos: Tel. 04274 382 88-48.

Klagenfurt

Vergleich immer noch ein wenig der Ruf von Provinzialität und Nüchternheit an. Zu Unrecht, wie ein Lokalaugenschein offenbart. Denn in Klagenfurt erblühen Lokalszene und Museumslandschaft, zeitgemäße (Bau-)Kunst und Kultur mittlerweile viel bunter, als man einer Stadt mit nicht einmal 100 000 Einwohnern und nur wenig mehr als 7000 Studenten zutrauen würde. Am offenkundigsten wird der Erfolg dieser Verjüngungskur jeden Sommer während des Open-Air-Festes namens Altstadtzauber.

Der historische, vom Autoverkehr wohltuend befreite Kern mit seinen idyllischen Gassen und Plätzen und über 50 Innenhöfen verströmt vor allem im Sommer geradezu südländisches Flair. Und die Stadt präsentiert sich mustergültig gepflegt – eine Leistung, für die die Wörthersee-Metropole als einzige Stadt des Kontinents bereits dreimal das begehrte Europa-Nostra-Diplom einheimsen konnte.

Als Synonym für sommerliches Badevergnügen und gesellige Freizeitkultur gilt der sich westlich der Stadt erstreckende Wörthersee. Eine Fahrt entlang seiner sonnigen Gestade, die nicht zufällig lange Zeit im Ruf einer ›österreichischen Riviera‹ standen, von Krumpendorf über Pörtschach nach Velden und entlang dem Südufer wieder ostwärts nach Maria Wörth, macht mit zweierlei Seiten bekannt: mit schickem Highlife zwischen Disco, Corso und Luxushotel, aber auch mit manch stillen Ecken und Juwelen alter Kunst.

Klagenfurt! ▶ L 6

Geschichte

Die Wurzeln Klagenfurts reichen in keltische und römische Zeit zurück. Allerdings befand sich die Ursiedlung auf einem Waldrücken, dem heutigen Spitalberg, nördlich der Glan. Erst in der zweiten Hälfte des 12. Jh. ließ Herzog Hermann aus dem Geschlecht der Spanheimer unten an der Flussfurt einen Markt anlegen – wohl um gegenüber den damals mächtigen Bischöfen von Bamberg und Salzburg seine landesfürstliche Macht zu unterstreichen, aber auch wegen der Mauteinnahmen. Dieses älteste Klagenfurt wurde freilich durch den sumpfigen Boden und Überschwemmungen in seiner Entwicklung stark gehemmt. Zudem sollen, so die legendenhafte Überlieferung, »Klaga«, mystische Totenfrauen, an der Furt gehaust und häufig Opfer gefordert haben. Also gründete Hermanns Sohn Bernhard bereits Mitte des 13. Jh. auf Erfolg versprechenderem Gelände, nämlich um den heutigen Alten Platz, ein neues Klagenfurt. Dieses umfasste ein Areal von rund 400 x 250 m und lag an der Kreuzung wichtiger Fernwege – der Nord-Süd-Straße, die, entlang der Ecke der Wiener- und Kramergasse verlaufend, von der Adria beziehungsweise Laibach über den Loiblpass in die damalige Landeshauptstadt St. Veit führte, und der West-Ost-Route von Villach nach Völkermarkt und Marburg. Die Stadt lebte dementsprechend vom Handel, wurde 1514 jedoch durch eine Feuersbrunst vollkommen eingeäschert. Vier Jahre später gab Kaiser Maximilian I. den Bitten der Landstände nach und überließ ihnen die Brandruinen zum Wiederaufbau als Bollwerk gegen die aufständischen Bauern und die stets drohenden Türken. Die Pläne für die wehrhafte Stadt mit massiven Mauern, den vier Eckbasteien und dem streng gerasterten Straßennetz erstellte der berühmte Festungsbaumeister Domenico dell'Allio. Er konzipierte auch den über 5 km lan-

Klagenfurt und Wörthersee

Wahrzeichen Klagenfurts: der Lindwurm-Brunnen auf dem Neuen Platz

gen Lendkanal, der die Wehrgräben mit Wasser aus dem Wörthersee versorgen und zugleich als Transportweg dienen sollte.

In der Folge erlebten Adel und Klerus, eine wirtschaftliche und politische Blütezeit. Sie ließen sich im Umland einen ganzen Kranz von Schlössern bauen und innerhalb der Stadtmauern prachtvolle Häuser mit Innenhöfen nach italienischer Manier. Als Zeichen ihres Machtbewusstseins schufen sie im manieristischen Stil Repräsentativbauten wie das Landhaus, den Dom samt zugehörigem Spital und die sogenannte Burg, die als protestantische Bildungsstätte fungierte.

Napoleon, dessen Truppen erstmals 1797 und danach noch zweimal Klagenfurt besetzten, ließ die Befestigungen schließlich schleifen. Die Gräben wurden zum Straßenring. Der alte Kern begann mit den neuen Vororten zu einem größeren Ballungsraum zu verschmelzen. Mitte des 19. Jh. erhielt Klagenfurt dank der Eisenbahn verkehrstechnisch Anschluss an die weite Welt – eine Pioniertat, vergleichbar übrigens mit jener im Mai 1925, als man den örtlichen Flughafen Annabichl und zugleich Österreichs erste Fluglinie, nämlich zwischen Wien und Klagenfurt, eröffnete. Besonders dramatische Momente hatte die Stadt am

Klagenfurt

Neuer Platz, Dom und südliche Altstadt

Es gibt mehrere Gründe, den Stadtspaziergang auf dem **Neuen Platz** zu beginnen. Zum einen bildet dieses 150 x 75 m große Geviert, das im frühen 16. Jh. im Zuge des Wiederaufbaus nach der Brandkatastrophe angelegt wurde und anfangs als Richtstätte, später als Exerzierplatz diente, das Zentrum der Altstadt. Zum Zweiten befindet sich unter seinem Pflaster eine Tiefgarage, in der motorisierte Besucher praktischerweise ihren fahrbaren Untersatz parken sollten. Und an seiner Westseite, hinter der dreigeschossigen, klassizistischen Fassade des ehemaligen **Palais Rosenberg,** das seit 1918 das Rathaus beherbergt, unterhält der städtische Tourismusverband ein Informationsbüro (siehe Infobox S. 93).

Lindwurm 1

Außerdem liegt hier auf dem Neuen Platz seit nunmehr schon über 400 Jahren das unumstrittene Wahrzeichen der Stadt, der Lindwurm, auf der Lauer. Bereits auf den beiden ältesten erhaltenen Klagenfurter Stadtsiegeln aus dem Jahr 1287 ist das Untier abgebildet. Die Sage berichtet, dass sich auf dem Gebiet der heutigen Stadt einst ein weites Moorgebiet erstreckte, in dem ein geflügelter Drache hauste – ein schrecklicher Lindwurm, der sich auf alles Leben stürzte, das dem Sumpf zu nahe kam, und es mit Haut und Haar verschlang. Um dem blutigen Treiben Einhalt zu gebieten, ließ der Herzog von Kärnten einen Turm bauen, von dem aus das Untier erlegt werden sollte. Darin verschanzten sich ein paar beherzte Männer, nicht ohne vorher einen Stier und einen gewaltigen Widerhaken an dem Turm zu be-

Ende der beiden Weltkriege zu durchleben: 1919 wurde sie von Truppen des Serbisch-Kroatischen-Königreiches besetzt und erst durch die Volksabstimmung am 10. Oktober 1920 endgültig der Republik Österreich zugesprochen. 1945 fand sie sich, nach dem nationalsozialistischen Wahn, ziemlich zerbombt und völlig verarmt, nach kurzzeitiger Bedrohung durch Jugoslawische Partisanen, für zehn Jahre wie ganz Kärnten unter Verwaltung der britischen Besatzer. Zehn Jahre, in denen freilich die Weichen zur demokratischen Entwicklung und zur heutigen Blütezeit als Landeshauptstadt gelegt wurden.

festigen. Als der Drache sich auf den Köder stürzte, bohrte sich der Haken in seinen Rachen. Nun konnten die Männer das grausige Wesen erschlagen.

An der Stelle des Turms wurde ein Schloss gebaut, und nach und nach entstand darum die Stadt Klagenfurt. Als die Brüder Ulrich und Andreas Vo-

Klagenfurt: Innenstadt

Sehenswert
1. Lindwurm
2. Maria-Theresia-Denkmal
3. Domkirche St. Peter und Paul
4. Diözesanmuseum
5. Landesmuseum
6. Robert-Musil-Literaturmuseum
7. Museum Moderner Kunst
8. Wörthersee-Mandl
9. Landhaus
10. Kiki-Kogelnik-Brunnen
11. Stadttheater
12. Stadtgalerie
13. Pfarrkirche St. Egyd

Übernachten
1. Palaishotel Landhaushof
2. Moser Verdino
3. Geyer
4. Blumenstöckl

Essen & Trinken
1. Pumpe
2. Landhaushof
3. Bierhof Zum Augustin
4. Sandwirth
5. Dolce Vita

Einkaufen
1. Kärntner Heimatwerk
2. B 15
3. Pink
4. Grüner
5. Otto Graf
6. Modellhüte Luise
7. Roland Mutter
8. Galerie 3
9. Adil-Besim-Passage
10. Pasena
11. Zehrer
12. Jäger
13. Benediktinermarkt
14. City Arkaden

Aktiv & Kreativ
1. Eboardmuseum

Abends & Nachts
1. Klagenfurter Ensemble
2. Molly Malone
3. Gallo Nero
4. Kamot

Äußere Bezirke siehe Karte S. 104

---

gelsang in den Jahren 1582–90 im Auftrag des Magistrats aus einem monolithischen Block aus Chloritschiefer den steinernen Lindwurm meißelten, benutzten sie übrigens den Schädel eines im 14. Jh. nördlich von Klagenfurt gefundenen echten Monstrums, eines prähistorischen Wollnashorns, als Modell. Das 124 Zentner schwere Standbild soll 1593 von 300 weiß gekleideten Jünglingen auf seinen Standplatz am Neuen Markt gezogen worden sein. Seit 1636 wacht zur Sicherheit ein Keulen schwingender Herkules über das nunmehr zahme und nur noch Wasser speiende Ungeheuer – um es, sollte es sich je bewegen, umgehend in Stücke zu schlagen.

Maria-Theresia-Denkmal 2
Das Denkmal an der Ostseite des Neuen Platzes wurde 1765 – angeblich als erste Statue der Kaiserin in ganz Österreich – anlässlich der Durchreise Ihrer Hoheit aus Blei gegossen (und später durch ein Exemplar aus Bronze ersetzt). Die den Platz umstehenden stattlichen Häuser, darunter das ehemalige **Palais Porcia** (Nr. 13), das **Longo-Haus** (Nr. 10) und Nr. 9 mit einer schönen Apotheke, stammen mehrheitlich aus dem 17. Jh. und besitzen teilweise sehenswerte Arkadenhöfe.

Benediktinerplatz
Im Südwesten gelangt man durch die kurze Postgasse auf den Benediktinerplatz, wo von montags bis samstags jeweils vormittags ein malerischer **Viktualienmarkt** 13 abgehalten wird. Hier stehen der »Steinerne Fischer«, die ziemlich derbe Mahnfigur eines betrügerischen und deshalb auf ewig erstarrten Fischhändlers, sowie die äußerlich schlichte, innen mit schönem Stuck und einer Rokokokanzel dekorierte Marienkirche.

Domkirche St. Peter und Paul 3
Karfreitstraße, tgl. 7.30–18 Uhr
Zwei Häuserblöcke östlich erhebt sich, von den modernen Häusern der Um-

Klagenfurt und Wörthersee

gebung ein wenig ihrer ursprünglichen Wirkung beraubt, die Domkirche. Sie wurde um 1580 von den Landständen als protestantisches Gotteshaus in Auftrag gegeben, gleich zu Beginn der Gegenreformation jedoch den Jesuiten überantwortet und brannte in der Folge gleich zweimal aus. Die Ausstattung dieser frühesten Wandpfeilerkirche Österreichs, ihr zarter Stuckdekor, die prächtigen Decken- und Wandmalereien und das Mobiliar stammen fast zur Gänze aus den ersten Jahrzehnten des 18. Jh., also dem Hochbarock.

Hervorhebenswert sind der imposante, fast 18 m hohe Hochaltar mit zwei Meistergemälden von Daniel Gran (Apostel Petrus und Paulus sowie Hl. Dreifaltigkeit), die reich geschmückte Kanzel, vis-à-vis die geschnitzte Johannes-Nepomuk-Apotheose sowie die Seitenkapellen. Deren Altäre zieren ein vom Südtiroler Paul Troger in Öl verewigter Ignatius von Loyola und zwei Bilder Joseph Ferdinand Fromillers.

Interessant ist das seit Sommer 2007 auf dem Domplatz aufgestellte **Modell der Stadt,** an dem sich ihr Festungscharakter samt der vom Lendkanal gespeisten Wassergräben im Zustand des Jahres 1591 studieren lässt.

Diözesanmuseum 4
Lidmanskygasse 10, Mitte Juni–Mitte Sept. 10–12, 15–17, 1. Juni-Hälfte, Mitte Sept.–Mitte Okt. nur 10–12 Uhr, Eintritt 3 €
Um die Ecke lohnt das mit einer reichhaltigen Sammlung sakraler Kunst von der Romanik bis zum Spätklassizismus ausgestattete Diözesanmuseum eine Visite. Als seine Glanzstücke gelten die Magdalenenscheibe aus Weitensfeld, immerhin das österreichweit älteste Dokument einer Glasmalerei (1160/70), das Hölleiner Kruzifix und das Rundsiegel des Bischofs Roman von Gurk, beide ebenfalls aus dem mittleren 12. Jh., sowie Zeugnisse der Volkskunst wie Votivgaben und -bilder.

Landesmuseum 5
Museumgasse 3, Tel. 050 536-305 99, www.landesmuseum-ktn.at, Di–Fr 10–18, Do bis 20, Sa/So/Fei bis 17 Uhr, Eintritt 5 €
Von hier sind es nur zwei Gehminuten zum großen Landesmuseum, dessen gut 30 Schauräume Aufschluss über mannigfache Aspekte der Landes-, Kunst-, Naturgeschichte und Volkskunde, der Zoologie, Mineralogie, Botanik und Urgeschichte geben. Zu den hervorragendsten Exponaten zählen diverse prähistorische Funde aus der Höhle von Griffen, der Bleiwagen aus dem hallstattzeitlichen Gräberfeld bei Frög/Rosegg, Skulpturen und Freskenfragmente aus Virunum und vom Magdalensberg sowie der Fürstenstein, jener römische Säulenstumpf, auf dem Kärntens Bauern jahrhundertelang, bis ins Jahr 1414, ihre Herzöge rituell ins Amt einführten.

Robert-Musil-Literaturmuseum 6
Bahnhofstraße 54, www.musilmuseum.at, Mo–Fr 10–17, Sa 10–14 Uhr, So/Fei geschl., Eintritt frei
Fünf weitere Gehminuten steht Robert Musils Geburtshaus, in dem ein Literaturmuseum nicht nur den persönlichen Nachlass des großen Romanciers präsentiert, sondern auch Leben und Werk der beiden großen Kärntner Schriftstellerinnen Ingeborg Bachmann und Christine Lavant dokumentiert (s. auch S. 86).

Und gleich gegenüber, in der Bahnhofshalle, verdienen die beiden nach der Fertigstellung in den 1950er-Jahren ungemein kontrovers aufgenommenen, jeweils 22 x 5 m großen **Wandfresken Giselbert Hokes** Beachtung (s. S. 83).

Klagenfurt

Museum Moderner Kunst [7]
Burggasse 8, Tel. 050 536-305 42, www.mmkk.at, Di–So 10–18, Do (außer Fei) bis 20 Uhr, Eintritt 6,50 €
Geht man wieder zum Dom zurück, gelangt man durch die Domgasse und, links ab, in die Burggasse. Hier kommt man an etlichen schönen Palais und Bürgerhäusern des 16. und 17. Jh. vorbei und schließlich zurück auf den Neuen Platz. Zuvor noch verdient das Museum Moderner Kunst Beachtung. Es wurde 2003 in dem einst als protestantisches Collegium errichteten Eckkomplex Burg-/Domgasse eröffnet und bietet spannende Wechselausstellungen zeitgenössischer Künstler.

Dr.-Arthur-Lemisch-Platz

Nächste Station ist der Dr.-Arthur-Lemisch-Platz. Über ihn wacht lebensgroß, als marmorne Brunnenfigur, assistiert von vier kauernden Löwen, der Stadtgründer Herzog Bernhard von Spanheim. Beachtung verdienen auch die beiden Fassaden in seinem Rücken: jene alt-deutsche, von einem Barockgiebel bekrönte des **Gutenberghauses** (Nr. 2) und, nebenan (Nr. 1), die historisierende im Stil der Wiener Sezession.

Im Westen des Platzes erinnert das 1962 aus Bronze gegossene **Wörthersee-Mandl** [8] an die Legende um die Entstehung von Kärntens größtem See (s. S. 111). Ihm zu Füßen bezeugen, als Mosaike in den Boden eingelassen, über ein Dutzend Wappen von Klagenfurts Partnerstädten, welch vielfältige Bande die Landeshauptstadt mit ganz Europa und darüber hinaus geknüpft hat.

Rund um den Alten Platz

Durch die verkehrsbefreite Kramergasse bummelt man eine Reihe reizvoller Barock-, aber auch Jugendstilfassaden entlang Richtung Norden zum Nabel des historischen Stadtkerns – dem Alten Platz. Das leicht gekrümmte Geviert ist, wie die umliegenden Gassen, Fußgängerzone und mit hübschen Läden und Boutiquen gespickt. Die **Dreifaltigkeitssäule** wurde ursprünglich zum Dank für das Ende einer Pestepidemie errichtet und bekam nach dem Sieg über die Türken bei Wien (1683) Kreuz und Halbmond aufgesetzt.

Das Haus Nr. 1 (Ecke Wienergasse), das **Palais Orsini-Rosenberg**, diente früher als Rathaus. Um 1600 erbaut, trägt es ein Fromiller-Fresko (s. u.) der Justitia und besitzt einen doppelstöckigen und besonders prächtigen Arkadenhof. Das um 1490 errichtete, an seiner gefiederten Namenspatronin über dem Portal sofort erkennbare ›**Haus zur Goldenen Gans**‹ an der westlichen Stirnseite (Nr. 31) gilt als ältestes erhaltenes Haus der Stadt.

Ähnlich repräsentativ: das **Palais Goess** (Nr. 30) und das **Palais Stampfer** (Nr. 31). Wie sie stammen die meisten Gebäude hier aus dem 16. und 17. Jh., besitzen barocke Fassaden, in den Innenhöfen Renaissance-Arkaden und wurden in den vergangenen Jahren allesamt liebevoll restauriert. Insbesondere in der warmen Jahreszeit empfiehlt es sich daher, in diesem charmanten, fast mediterran anmutenden Labyrinth aus Gässchen, Plätzen, Laubengängen und insgesamt rund 50 Innenhöfen eine Zeit lang ohne Ziel zu flanieren, in einem der Open-Air-Cafés Rast einzulegen, vielleicht auch der einen oder anderen ›konsumistischen‹ Verlockung zu erliegen …

Landhaus [9]
Landhaushof 1, Tel. 0463 577 57-0, www.landesmuseum-ktn.at, April–Okt. Mo–Sa 9–17 Uhr, Eintritt 3 €,

Klagenfurt und Wörthersee

kostenlose Führungen jeden 1. Sa im Monat 15 Uhr

Eines der wichtigsten Baudenkmäler Klagenfurts wartet in unmittelbarer Nähe: Das Landhaus, ein zweiflügeliger, von zwei Türmen überragter Renaissancekomplex, wurde 1574–94 im Auftrag der Stände anstelle der ersten Burg erbaut und ist heute Sitz der Kärntner Landesregierung.

Hauptattraktion bildet der im Obergeschoss des Mitteltraktes gelegene, über zwei offene Stiegen und einen Laubengang erreichbare große Wappensaal. Dessen Wände zieren die 665 Wappen des Uradels, der Landleute, der geistlichen Stände und der Burggrafen, wobei sich so ziemlich alle großen österreichischen Geschlechter vertreten finden. Nachdem ein Brand 1723 die frühere Ausstattung beschädigt hatte, schuf Joseph Ferdinand Fromiller, Kärntens großer Barockmaler, eine repräsentative Neugestaltung: Sein Deckenbild zeigt die Erbhuldigung Kaiser Karls VI. (1728). Der höfische Prunk und die demütige Haltung der Stände stehen in auffälligem Kontrast zu der ungleich egalitäreren Szene der Amtseinführung des Herzogs im Bauernkleid auf dem Fürstenstein (an der Kaminwand) oder auch, vis-à-vis, der Überreichung der Schenkungsurkunde an die Landstände (1518).

Für gewöhnlich ebenfalls zugänglich sind der kleine Wappensaal mit weiteren 298 Wappen, der ob seiner zeitgenössischen Ausgestaltung heftig diskutierte Kolig-Saal sowie, wenn nicht gerade getagt wird, auch der Sitzungssaal des Landtags. Auf dessen Wänden hat Suitbert Lobisser ein Fries mit Szenen aus den schwierigen Jahren vor der Volksabstimmung von 1920 hinterlassen – jenem politischen Schlüsselereignis, an das neuerdings unten, an der Nordseite des Hofes, eine Gedenkstätte erinnert.

Stadttheater und Stadtgalerie

Stadtgalerie: Theatergasse 4, Tel. 0463 537 55 32, www.stadtgalerie. net, Di–So/Fei 9–17 Uhr, Eintritt 5 €

Westlich des Landhauses, am Rand des vom Doppelzwiebelturm der gleichnamigen Kirche und dem Ursulinenkloster dominierten **Heiligengeistplatzes,** steht ein origineller **Brunnen** 10 der 1997 verstorbenen Kärntner Pop-Art-Künstlerin Kiki Kogelnik. Von dort führt der Weg durch die Ursulinen-Gasse zum **Stadttheater** 11. Der historistische Bau, ein Drei-Sparten-Haus, wurde in der Gründerzeit von dem in der gesamten k.u.k.-Monarchie unermüdlich tätigen Theaterarchitektenduo Helmer & Fellner erbaut. 1998 erhielt er von deren Zunftkollegen Günther Domenig einen Aufsehen erregenden Zubau sowie von dem italienischen Maler Mimmo Paladino einen fantasievollen ›Eisernen Vorhang‹ verpasst.

Wenige Schritte weiter lockt die im ehemaligen Armen- und Waisenhaus etablierte **Stadtgalerie** 12 auf über 1000 m² mit interessanten Kunstausstellungen.

Pfarrkirche St. Egyd 13

tgl. ca. 8–18 Uhr, Aussichtsgalerie am Turm: April–Okt. Mo–Fr 10–17.30, Sa 10–12.30 Uhr, nicht bei Schlechtwetter, Eintritt 1 €

Einen Höhepunkt im buchstäblichen Sinne bedeutet schließlich die Besteigung des 97 m hohen Turmes der nahen Hauptpfarrkirche St. Egyd. Von dessen Aussichtsgalerie kann man sich wie von nirgendwo sonst einen Überblick auf die Topografie von Stadt und Umland verschaffen. Im Norden bilden die sanften Bergkuppen Mittelkärntens wie Ulrichs-, Lorenzi-, Veits- und

Prachtfassade auf dem Lemisch-Platz: das Gutenberghaus (Nr. 2)

Klagenfurt und Wörthersee

Mein Tipp

Brauen & Brennen
In der 1607 gegründeten **Schleppe Brauerei** 10 bekommt man Brau- und Brennkunst in höchster Vollendung vorgeführt. Vor oder nach der Führung kann man im dazugehörigen, 400 Jahre alten Felsenkeller die Biere und Brände samt passender Kulinarik verkosten sowie sich im »Schleppe Genusseck« mit einschlägigen Spezialitäten für daheim eindecken (Schleppeplatz 1/Feldkirchner Str. 147, Tel. 0463 427 00, www.schleppe.at, Führungen Anfang Mai–Mitte Sept. Mo–Fr 10.30, Juli/Aug. auch 13.30 Uhr, Genussecke: Mo–Fr 10–16, Felsenkeller: Mo–Sa 10–24, So/Fei bis 21 Uhr).

Magdalensberg den Horizont. Ihnen vorgelagert: Flughafen und Zentralfriedhof im Ortsteil Annabichl und der Spitalberg. Im Osten zerfranst die Stadt eher gesichtslos mit Gewerbe- und Industriebauten ins Flache. Im Westen glitzert, 3 km entfernt, der Wörthersee. Rechts davon erhebt sich das dicht bewaldete Kreuzbergl. Und im Süden, entlang der slowenischen Grenze, stehen die schroffen Gipfel der Karawanken – Petzen, Hochobir, Koschuta, Ferlacher Horn, Triglav und Mittagskogel – Spalier.

Nicht versäumen sollte man freilich, wieder zu ebener Erde, einen Rundgang durch das großräumige Kircheninnere. Bemerkenswert sind u. a. der klassizistische, 16 m hohe Hochaltar, die schönen Fresken von Joseph Mölk und dem allgegenwärtigen J. B. Fromiller sowie das Grabmal des berühmten amerikanisch-französischen Romanciers Julien Green (1900–98; Bronzeplastik von Ios Pirkner), der auf eigenen Wunsch in St. Egyd seine letzte Ruhestätte erhielt. Zu jeder vollen Stunde erklingt übrigens am Turm das Glockenspiel.

Die äußeren Bezirke

Kreuzbergl
Kreuzberglkirche: tgl. ca. 8–18 Uhr
Nach solcher Tour d'Horizon sollte man sich – vielleicht nach einer Stärkung in einem der vielen Lokale der Umgebung (gastronomisch besonders ergiebig: Pfarrplatz und Pfarrhofgasse) – die Peripherie der Stadt vorknöpfen: Ein lohnender Weg führt etwa zu Fuß durch die Radetzkystraße nach Nordwesten auf das Kreuzbergl. Das Innere der gleichnamigen, mit ihren Doppeltürmen weithin sichtbaren **Kirche** 14, die man über einen Kreuzweg (schöne Kalvariengruppe) erreicht, wartet mit einem weiteren malerischen Gesamtkunstwerk Fromillers auf (leider versperrt außerhalb der Gottesdienste ein Gitter das Hauptschiff).

Botanischer Garten und Bergbaumuseum 15
Kahler-Platz 1, Botanischer Garten: Mai–Sept. tgl. 9–18, Okt.–April Mo–Do 9–16 Uhr, Eintritt frei
Bergbaumuseum: April–Okt. tgl. 9–18 Uhr, Eintritt 5 €
In einem nahen Steinbruch hat man einen Botanischen Garten sowie in einem ehemaligen Luftschutzstollen auf 2500 m² ein Bergbaumuseum eingerichtet, das über Kärntens Bergbaugeschichte und Mineralogie informiert. Dahinter – beziehungsweise hinter der Volkssternwarte – erstreckt sich ein **Naturpark,** der mit seinem dichten Netz aus lauschigen Spazierwegen, mit mehreren Teichen und einem Fitness-

Klagenfurt

parcours ein beliebtes Naherholungsgebiet bildet. Für einen schönen Spaziergang oder als beschauliche Fahrradstrecke empfiehlt sich auch der Weg entlang dem nahen Fluss Glan.

Schlösser und Herrensitze
Tierpark: tgl. 9–18 Uhr, Eintritt frei
Landwirtschaftsmuseum: Juni–Aug. tgl. 10–18, Mai, Sept./Okt. 10–16 Uhr
Für Freunde aristokratischer Architektur hat die Tourismusinformation die Broschüre Schlosswandern erstellt. Sie führt zu insgesamt 24 Herrensitzen des Umlandes. Viele von ihnen sind freilich gar nicht oder, wie etwa im Fall der Schlösser Pitzelstätten, Emmersdorf und Annabichl, bloß von außen zu besichtigen. Andere hingegen laden zur eingehenden Erkundung: **Schloss Mageregg** 16 etwa mit seinem **Tierpark,** die heutigen Hotels **Hallegg** und **St. Georgen am Sandhof** 6 oder **Schloss Ehrental** 17, das ein sehenswertes Landwirtschaftsmuseum beherbergt.

Moderne Architektur
Doch auch an zeitgenössischer Architektur hat der Stadtrand vielerlei zu bieten: Im Norden, an der St. Veiter Straße, bilden Wilhelm Holzbauers **Zentrale der Bank für Kärnten und Steiermark** (Nr. 43) und Ernst Giselbrechts **Haus der Kärntner Ärzte** (Nr. 34) Blickfänge. Die östliche Stadteinfahrt entlang der Völkermarkter Straße wird durch Boris Podreccas schiffsbugähnliches **Kaufhaus KIKA,** Tom Maynes **Hypo Alpe Adria-Zentrum** und die **Kunsthalle Ritter** (E. Walther und R. Mahnke) geprägt, die südliche, an der St. Ruprechter Straße, durch **Bundespolizeidirektion** und **Landesarchiv** (beide: Horst Aichernig).

Und auch im Westen, am oder nahe dem Wörtherseeufer, haben moderne Baukünstler spannende Akzente gesetzt – Günther Domenig und Volker Gienke z. B. mit der **Schiffsanlegestelle** am Friedelstrand, Roland Rainer mit dem Vorstufenbau zur **Uni Klagenfurt** oder, 1927 schon, F. Kopplhuber und P. Theer mit dem stilvollen städtischen **Strandbad am Metnitzstrand**.

Zwischen Stadt und See

Reptilienzoo: Tel. 0463 234 25, www.reptilienzoo.at, Mai–Okt. 8–18, Dez.–April 9–17 Uhr, Eintritt 9,50 €
Planetarium: www.planetarium klagenfurt.at, Tel. 0463 217 00, Mai–Okt. tgl. 11–16 Uhr, Juli/Aug. eigener Eingang, sonst über Minimundus
Touristisch hat die Gegend zwischen Klagenfurt und dem Wörthersee in mehrfacher Hinsicht große Anziehungskraft: zum einen natürlich wegen des Sees mit seinen Strandbädern, den Spiel- und Campingplätzen, mit Bootshafen, Seebühne, Beachvolleyball-Arena und, ein Stück südlich, dem anmutigen Ensemble von Kirche und **Schloss Loretto** 18, zum anderen wegen des **Europaparks** 19, jenem weitläufigen Grünareal, auf dem u. a. ein Reptilienzoo, ein Planetarium sowie, als einer von Kärntens Top-Touristenmagneten, **Minimundus** (s. Auf Entdeckungstour S. 108), zu Hause sind.

Außerdem führt von hier, genauer: von Maria Loretto, über 5 km der **Lendkanal** bis an die Westseite der ehemaligen Stadtbefestigung. Die Ufer dieses im 16. Jh. erbauten Kanals schlossen die Klagenfurter als bevorzugten Spazier-, Rad- und Inline-Skaterweg ins Herz.

Ein neuer Publikumsmagnet ist das im Vorfeld der Fußball-WM 2008 eröffnete, hypermoderne **Wörthersee-Stadion** 20 im Sportpark mit bis zu

32 000 Plätzen. Ihm beigefügt sind neu ein Ballsportkompetenzzentrum und eine Fußballakademie.

Übernachten

In der Innenstadt

Für Stilbewusste – **Palaishotel Landhaushof 1**: Landhaushof 3, Tel. 0463 59 09 59, www.landhaushof.at, DZ ab 200 €. Exquisit gestylte Luxusbleibe in einem kostbar freskierten Renaissancepalais unmittelbar neben dem Sitz der Landesregierung, im Haus: das Gourmetrestaurant Das Salzamt (s. u.) sowie, im obersten Stock, ein Wellnessbereich mit Stadtpanorama.

Flaggschiff – **Moser Verdino 2**: Domgasse 2, Tel. 0463 578 78, Fax 51 67 65, DZ ab 126 €. 150 Jahre altes Jugendstil-Juwel, zeitgemäß mit viel Holz und in kraftvollen Rottönen gestylt, High-Tech-Komfort, exzellenter Service, mit Café, Bar, Restaurant und trendiger Lounge (s. u.).

Schick restauriert – **Geyer 3**: Priesterhausgasse 5, Tel. 0463 578 86, www.hotelgeyer.com, DZ ab 96 €. Gastliches Mittelklasse-Haus im Nordosten der Altstadt, komfortabel, modernes, helles Ambiente.

Charmante Zeitreise – **Blumenstöckl 4**: 10.-Oktober-Str. 11, Tel. 0463 577 93, www.blumenstoeckl.at, DZ ab 76 €. Romantisches Altstadtquartier mit 400-jährigem, blumengeschmückten Arkadenhof.

In den äußeren Bezirken

Familiäre Gastlichkeit – **Dermuth 5**: Kohldorfer Str. 52, Tel. 0463 212 47,

Klagenfurt: Äußere Bezirke

Innenstadt siehe Karte S. 96

Sehenswert
- 14 Kreuzberglkirche
- 15 Botanischer Garten und Bergbaumuseum
- 16 Schloss Mageregg
- 17 Schloss Ehrental
- 18 Schloss Loretto
- 19 Europapark und Minimundus
- 20 Wörthersee-Stadion

Übernachten
- 5 Dermuth
- 6 Schlosshotel St. Georgen
- 7 Schattenhof

Essen & Trinken
- 6 Maria Loretto
- 7 Schweizerhaus
- 8 I Ragazzi
- 9 Morle Eis Truppe & Café Carmen
- 10 Felsenkeller der Schleppe Brauerei

Aktiv & Kreativ
- 2 Strandbad Klagenfurt
- 3 Strandbad Loretto
- 4 Strandbad Maiernigg
- 5 Ballooncup
- 6 Sternwarte Kreuzbergl
- 7 Wörthersee-Schifffahrt

Abends & Nachts
- 5 Bar 151
- 6 Relax

---

www.hotel-dermuth.at, DZ ab 134 €. Angenehmes Urlaubs- und Seminarhotel mit gehobenem Restaurant, Hallenbad, in ruhiger Grünlage am Kreuzbergl.

Aristokratisches Flair – **Schlosshotel St. Georgen** 6: Sandhofweg 8, Tel. 04 63/468 49-0, www.schloss-st-georgen.at, DZ ab 120 €. Gediegenes Vier-Sterne-Haus inmitten eines 17 000 m² großen Parks, 5 Minuten vom Zentrum in Flughafennähe.

Preiswert – **Schattenhof** 7: Villacher Str. 141, Tel. 0463 261 313, www.schattenhof.at, DZ ab 88 €. Sympathische, sehr kostengünstige Pension in ehemaliger Postkutschenstation in Seenähe.

Essen & Trinken

In der Innenstadt

Urige Tradition – **Pumpe** 1: Lidmannskygasse 2, Tel. 0463 571 96, Mo–Fr 8.30–23, Sa 8.30–14.30 Uhr, Gerichte 7–13 €. Gemütlicher Traditionstreff und Inbegriff Klagenfurter Gastlichkeit, lange auch bekannt als Gasthaus Zum Großglockner, beste Hausmannskost, dazu exzellente Biere.

Aufgetischt mit Stil – **Das Salzamt:** Landhaushof 3, Tel. 04 63 59 09 59, www.landhaushof.at, Mo–Sa 7–22 Uhr, Mittagsmenüs ab 6,90 €, abends à la carte ab 11 €. Das Restaurant des **Palaishotel Landhaushof** 1 bietet unter alten Gewölben verfeinerte Regionalspezialitäten, aber auch feine Paste und Leichtes aus dem Wok, im Sommer sitzt man unter Arkaden im Innenhof oder vor der Renaissancefassade.

Gutbürgerlich schmausen – **Landhaushof** 2: Landhaushof 1, Tel. 0463 50 23 63, tgl. 11–24, Küche bis 23 Uhr, Tagesmenüs ab 12,50 €. Klassiker der Wiener und Kärntner Küche, von Schweinsbraten und Kasnudl bis Apfelstrudel, in historischem Gemäuer; Spezialität: drei Sorten Rindfleisch im Kessel.

Kommunikativ – **Bierhof Zum Augustin** 3: Pfarrhofgasse 2, Tel. 0463 51 39 92, Mo–Sa (außer Fei) 11–24 Uhr, Hauptgerichte 7–17 €. Der In-Treff – nichts für Einzelgänger oder Bier-Asketen, emsiges Thekengeplauder und herzhafte Hausmannskost à la Klachlsuppe, Kutteln, Kalbsbeuschel oder Kernöleierspeis, auch viel Fleischloses, historisches Ambiente, heimeliger Innenhof.

Klassisches Altstadt-Café – **Sandwirth** 4: Pernhartgasse 9, Tel. 0463 562 09, www.sandwirth.at, Mo–Sa 7.30–0.30, So 8–18.30 Uhr, Mehlspeisen ca. 3,80 €. Gepflegte Rast bei Kaffee und Kuchen,

Klagenfurt und Wörthersee

probierenswert: die Haustorte oder den Haselnusspudding.

Mediterran und luxuriös – **Dolce Vita** 5: Heuplatz 2, Tel. 0463 554 99, www.dolce-vita.at, Mo–Fr (außer Fei) 10.30–15.30, 18–24 Uhr, Hauptgerichte 14–24 €, 5-gängige Degustationsmenüs ab 65 €. Der feinste Italiener weit und breit, kleine Räumlichkeiten, kleine Karte, aber große Kochkunst mit Schwerpunkt Meeresfisch und regionalen Einsprengseln, zudem hütet Patron Stephan Vadnjal ein fulminantes Weinsortiment.

In den äußeren Bezirken

Speisen am Seeufer – **Maria Loretto** 6: Lorettoweg 54, Tel. 0463 244 65, www.restaurant-maria-loretto.at, tgl. 11–24 Uhr, durchgehend warme Küche. Traditionsrestaurant und Promi-Treff, 5 km westlich der Altstadt auf der gleichnamigen Halbinsel, heimische und internationale Küche, insbesondere Süßwasser- und Meeresfisch, Seeterrasse, Balkon und Gastgarten, exzellente Weinauswahl, Tagesmenüs 18,80 €.

Traumpanorama – **Onyx**: im Schloss Loretto 18, www.schloss-loretto.com, Tel. 0463 21 02 98, Mi–So 10–18 Uhr, schick designte Cafe Lounge Bar mit gepflegten Getränken und leckeren Imbissen, ab 4 €; Schlossterrasse mit herrlichem Blick auf den Wörther See; Di–So ab 18 Uhr »Sundowner Dinner« als gutbürgerliches Feinschmeckererlebnis, Gerichte ab 12 €.

Hausmannskost – **Schweizerhaus** 7: Kreuzbergl 11, Tel. 0463 567 21, www.schweizerhaus.co.at, tgl. 10–23 Uhr, im Winter Mo geschl., Hauptgerichte ab 7 €. Am Ende eines Spaziergangs ins Grüne: bodenständig essen im Erholungsgebiet Kreuzbergl mit schönem Blick auf die Stadt, Kasnudeln, Seefische, Steaks und Pasta; auch Zimmer (DZ ab 82 €).

Italo-Feeling – **I Ragazzi** 8: Friedelstrand 1, Tel. 0463 21 07 12, www.villa-lido.at, tgl. 11.30–23.30 Uhr. Zeitgemäße, preisgünstige Trattoria, mit knusprigen Holzofenpizzen, handgemachten Pasta (jeweils ab 7,50 €) und sündhaft guten Dolci, Terrasse direkt am See, schicke Bar-Lounge.

Klasse-Eis – **Morle Eis Truppe & Café Carmen** 9: Lendkanal/Steinerne Brücke. Zu Recht äußerst beliebter Eissalon.

Frisch aus dem Braukessel – **Felsenkeller der Schleppe Brauerei** 10: siehe Mein Tipp S. 102.

Einkaufen

In der Innenstadt

Souvenirs mit Tradition – **Kärntner Heimatwerk** 1: Herrengasse 2, Tel. 0463 555 75, www.kaernterheimatwerk.at, Volkskunst und Kunsthandwerk in hoher Qualität – von Schnitzwerk und Hinterglasmalerei bis Trachten, Stoffen und Schmuck.

Zwei Mode-Hotspot – **B 15** 2 **und Pink** 3: Burggasse 15, Tel. 0463 598 610, und Fleischmarkt 3, Tel. 0463 50 86 10, beide: www.b15.at. Fashion for Men respektive Ladies and Girls – Labels: D&G, Diesel, John Galliano, Pedro Garcia u. v. m.

Mode seit 1868 – **Grüner** 4: Burggasse 17, Tel. 0463 572 22, www.gruener.at. Gediegene Kleidung für Sie, Ihn und den Nachwuchs, familiäre Beratung, sehr elegantes Ambiente.

Hochwertiges für Sie – **Otto Graf** 5: Alter Platz 2/Paulitschgasse 8, Tel. 0463 562 80. Feine Damenmode Marke Bogner, Daks, van Laack und anderen Marken auf 600 m^2.

Qualitätsarbeit – **Modellhüte Luise** 6: Wiener Gasse 9, Tel. 0463 51 31 74. Elegante Sommer(stroh)hüte, Lederhandschuhe, Tücher.

Klagenfurt

Gehobene Gebrauchskunst – **Roland Mutter** [7]: Lidmanskygasse 8/Passage. Originelle Seidenaccessoires, Krawatten, Blusen, Tücher, Gilets, (erotische) Gemälde, alles handbemalt, aus eigener Herstellung.

Gegenwartskunst – **Galerie 3** [8]: Alter Platz 25/2. Stock, Tel. 0463 59 23 61, Mi –Fr 11–18, Sa 10–12 Uhr, wwwgalerie3. at. Qualitätsadresse für Nachwuchstalente und arrivierte Künstler aus den bereichen Malerei, Fotografie, Bildhauerei und Installationen.

1001 Nacht – **Adil-Besim-Passage** [9]: Alter Platz 22, Tel. 0463 51 60 28, www.adil-besim.at. Teppiche und orientalischer Wohndekor.

Schöner Wohnen – **Pasena** [10]: Alter Platz 1, Tel. 0463 51 57 80. Originelle Accessoires aus aller Welt, vom Bettüberwurf und Kerzenständer bis zur Bronzefigur, Tischlampe u. v. m., auch Kleinmöbel und Modeschmuck.

Feines Süßes – **Zehrer** [11]: Alter Platz 6–7, Tel. 0463 51 25 12, www.zehrer.at. Hausgemachte Pralinen, Torten, Marzipan, auch Konditoreizubehör, Kerzen und erlesene Schokoladen aus aller Welt.

Delikatessen – **Jäger** [12]: Radetzkystr. 40, Tel. 0463 573 54, www.delijaeger.com. Qualitätsprodukte Kärntner Provenienz, vom Biofleisch, Obst, Gemüse bis zu Weinen und süßen Raritäten; angeschlossen: Café und Vinothek.

Viktualienmarkt – **Benediktinermarkt** [13]: Benediktinerplatz, Mo–Sa ca. 6–13 Uhr. Unter freiem Himmel und in der Markthalle – reiche Auswahl an frischen Lebensmitteln und Blumen von Bauern und Gärtnern des Umlandes.

Schnieker Shoppingtempel – **City Arkaden** [14]: Heuplatz 5, Tel. 0463 512 09 11 00, www.city-arkaden.at. 120 Fachgeschäfte für Mode, Kosmetik, Sport, Lifestyle, Lebensmittel, HiFi, Foto etc., dazu vielfältige Gastronomie auf drei Etagen in zentraler Lage.

Aktiv & Kreativ

Selbst musizieren – **Eboardmuseum** [1]: Florian-Gröger-Str. 20, Tel. 0699 19 14 41 80, www.eboardmuseum.at, tgl. 14–19 Uhr, Sa mit Voranmeldung, Eintritt 10 €. Um die 1000 historische Keyboards auf 1700 m² – Ur-Hammond-Orgel, Clavinet, Synthesizer, E-Pianos, Drummachines u. v. m. – werden gezeigt und vorgeführt; selbst bespielen, testen, fotografieren und sampeln ausdrücklich erlaubt, jeden Fr Livekonzerte auf eigener Bühne.

See-Genuss – **Strandbäder**: drei Anlagen am Seeufer im Stadtgebiet **Strandbäder Klagenfurt** [2], **Loretto** [3] und **Maiernigg** [4], alle mit weitläufigen Liegewiesen, viel Schatten, ersteres mit 114 m langer Wasserrutsche sowie Ruder-, Tret- und Elektrobootverleih, Info: www.stw.at, Mai–Sept. 8/9 bis mind. 19 Uhr, Tageskarte: 3,60 €.

In die Luft – **Ballooncup** [5]: Möglichkeit für Fahrten über der Landeshauptstadt auch für Amateure, Infos: Tel. 0664 411 86 01, www.ballon-kaernten.at.

Nächtliches Staunen – **Sternwarte Kreuzbergl** [6]: Kreuzbergl, Giordano-Bruno-Weg 1, Tel. 0463 217 00 21 oder 0664 123 27 75, www.sternwarte-klagenfurt.at, im Winter Sa, im Frühjahr und Herbst Do u. Sa, im Sommer, Di, Do u. Sa, nach Einbruch der Dunkelheit öffentliche Führungen inkl. Himmelsbeobachtungen, Eintritt 5 €.

Schiffstouren – **Wörthersee-Schifffahrt** [7]: An Bord moderner Linienschiffe oder im Rahmen von Nostalgie-Sonderfahrten des Dampfschiff-Oldies Thalia zwischen Klagenfurt und Velden schippern (zahlreiche Anlegestellen). Infos: Anlegestelle Klagenfurt-See, Friedelstrand 3, Tel. 0463 211 55, www.stw.at.

Mit dem Rad unterwegs – Beim Klagenfurt Tourismus liegt die Gratisbroschüre »Radwandern« mit fünf The-

Auf Entdeckungstour

Minimundus – eine Weltreise en miniature

Eiffelturm, Big Ben und Taj Mahal, Freiheitsstatue und Weißes Haus ... an die 150 originalgetreue Modelle berühmter Baudenkmäler aus über 40 Ländern finden sich in Minimundus [19], der »kleinen Welt am Wörthersee«, versammelt. Ihnen die Parade abzunehmen, erweist sich für Groß und Klein als unterhaltsam und lehrreich zugleich.

Dauer: 2–3 Std.

Infos: Minimundus, Villacher Str. 241, Tel. 0463 211 94-0, www.minimundus.at, Juli/Aug. 9–20, Mi bis 22, Mai/Juni, Sept. bis 19, April, Okt. bis 18 Uhr; Eintritt 12 €, Kinder 7 €, Familienkarte 26 €.

Anreise: A 2 bis Autobahnabfahrt Wörthersee/Minimundus

Das Szenario wirkt, als hätten sich die kühnsten Wunschträume eines Weltenbummlers in spe materialisiert: Da zahlt man ein paar Euro Eintritt und steuert schnurstracks auf den Athener Parthenon zu. Der Blick, nach rechts gewandt, fällt auf die Kiewer Sophienkathedrale und Mexico Citys Universitätsbibliothek. Nur wenige Schritte weiter warten mit dem Taj Mahal, Schloss Neuschwanstein und der Chinesischen Mauer die nächsten Unesco-Weltkulturerbe-Stätten. Markusdom, Sagrada Familia, Loire-Schloss oder Galata und Schiefer Turm, Abu Simbel, Petra, Mesa Verde, Sydney Opera oder die Burg von Osaka: Ein Bummel über das 2,6 ha große, sorgsam bepflanzte Gelände von Minimundus bietet einen Querschnitt durch das architektonische Erbe der gesamten Menschheit – eine Entdeckungsreise im Kleinformat, wie man sie so in Europa nirgendwo sonst unternehmen kann.

Mit dem Spaceshuttle unterwegs
Dabei waren die Anfänge alles andere als vielversprechend: 1957 hatten Privatleute aus Holland am Westrand von Klagenfurt nach dem Vorbild von »Madurodam« in Den Haag die Miniaturstadt »Minieurop« eröffnet. Sie bestand aus einer Hand voll bunt gestrichener Holzmodelle und ging nach nur acht Wochen in Konkurs.

Ungleich erfolgreicher verlief ein Jahr später mit Hilfe britischer Financiers der Neustart: Unter der Ägide des gemeinnützigen Verein »Rettet das Kind« – dem übrigens bis heute der Reinerlös zufließt – wurden mit Schloss Belvedere und Burg Hochosterwitz erste aufwendige Modelle geschaffen. Im ersten Jahr, 1959, kamen beinahe 50 000 Besucher. Mittlerweile sind es in Summe fast schon 18 Mio. Längst drehen auf dem weitläufigen Areal dampfende Eisenbahnen ihre Runden, die Wuppertaler Schwebebahn folgt ihrer Spur. Geschichtsträchtige Fregatten und Fährschiffe, Rad- und Ozeandampfer liegen vor Anker. Und die startende Raumfähre Space-Shuttle bringt im Stundenrhythmus die Erde zum Beben.

Detailtreue Bastelarbeit
Die inzwischen rund 150 Modelle, zu denen sich Jahr für Jahr mehrere neue gesellen, sind mit Ausnahme der allerältesten, um Größenvergleiche zu erlauben, einheitlich im Maßstab 1:25 gefertigt. Wo geht, werden Kopien der Original-Baupläne beschafft. Zusätzlich erstellt man oft vor Ort detaillierte Fotodokumentationen. Gebaut werden die Modelle in erster Linie von sechs Mitarbeitern des betriebseigenen Ateliers. Aber auch Top-Profis aus aller Welt zieht man zu heiklen Arbeiten heran.

Wenn technisch möglich, werden die gleichen Materialien, Lavabasalt, Sand- oder Tuffstein zum Beispiel, wie für den Originalbau verwendet, und tunlichst aus demselben Gebiet herbeigeschafft. Der Gebäudekern ist ein aus Stahlbeton gegossenes Stück. Auf ihn werden die einzelnen Steine – bei Schloss Miramare etwa 50 000 Marmor- und Sandsteinchen – aufgemauert. Serienteile wie Fenster und Türen fabriziert man mittels Modeln aus Epoxidharz. Fassadenfiguren werden einzeln geschnitzt.

Höchstes Modell ist mit 23 m der zur Gänze aus Beton gegossene und deshalb 20 t schwere CN-Tower. Die Kosten pro Bauwerk liegen im Schnitt bei 70–150 000 €. Im Spitzenmodell freilich, dem Petersdom, an dem man sieben Jahre baute, stecken sage und schreibe 40 000 Mannstunden und 730 000 €.

Klagenfurt und Wörthersee

menrouten aus. Im Großraum Klagenfurt und rund um den Wörthersee betreibt die Firma Impulse rund zwei Dutzend Verleihstellen, Verleihdauer: 3 oder 24 Std., 1 oder 2 Wochen, Auskünfte: Tel. 0463 41 89 37, www.impulse.co.at.

Abends & Nachts

In der Innenstadt
Führende Bühne – **Stadttheater** [11]: Theaterplatz 4, Tel. 0463 540 64, www.stadttheater-klagenfurt.at. Schauspiel, Oper, Musical, Konzert.
Experimentell – **Klagenfurter Ensemble** [1]: Messeplatz 1, Halle 11, Tel. 0463 31 03 00, www.klagenfurterensemble.at, Tickets 15 €. Spannendes Gegenwartstheater mit Mut zur Kontroverse.
Stilvoller Treff – **Moser Verdino** [2]: Domgasse 2, Tel. 0463 57 87 84 16, www.moserverdino.at, tgl. 6.30–24 Uhr, (Hotel-)Frühstück, kleiner Mittagstisch, abends stimmungsvolle Café-Bar mit große Auswahl feiner Weine und Cocktails (6–8 €), Café-/Tee-Spezialitäten und täglich frischen Torten und Kuchen, dazu smoothe Musik, jeden Do DJ-Jazz-Line.
Gruß von der Grünen Insel – **Molly Malone** [2]: Theatergasse 7/Pfarrhofgasse 4, Tel. 0463 572 00, tgl. 17–2 Uhr. Ale, Guiness, Kilkenny: In diesem stimmungsvollen Irish Pub schlagen die Herzen von Fans guter angelsächsischer, aber auch Kärntner Gerstensäfte höher, ab 3,60 €; für den kleinen Hunger gibt's Toast und andere Snacks.
Trattoria und In-Treff – **Gallo Nero** [3]: Pfarrhofgasse 8, Tel. 0463 51 27 80, Mo–Sa 18–1 Uhr. Wochentags Gourmet-Italiener in gemütlichem Keller-Ambiente mit feinen Pizzen (um 8–10 €, die mit San Daniele-Schinken oder Hokkaido-Kürbis probieren!), Weinen und Zigarren, der ab Fr zur Party-Area mit DJ-Besetzung mutiert; jeden Do Carinthian Swing Combo live.
Für Jazz-Fans – **Kamot** [4]: Bahnhofstr. 9, Tel. 0676 562 56 55, www.kamot.at, Di–So 20–2 Uhr. Beliebter Jazzkeller mit häufigen Liveauftritten und Jamsessions namhafter Musiker, große Bierauswahl, Baguette und Pizzen bis 1.30 Uhr, Gerichte 4–7 €.

In den äußeren Bezirken
Bar-Restaurant – **151** [5]: Höhenweg 151, Tel. 0463 28 16 53, www.151er.at, Mo–Sa, Juli/Aug. auch So 18–1 Uhr, Gerichte ab 15 €. Haubengekrönte Küche mit Klassikern wie Rindspaillard, Backhendl, Beef Tartare und süffigen Drinks und Weinen bis in die Nacht, gehobene Wohnzimmeratmosphäre, im Sommer auch unter alten Bäumen im stimmungsvollen Garten.
Internet-Café – **Relax** [6]: Mössingerstr. 26, Tel. 04 63 91 44 81, Mo–Fr 7–23, Juli/Aug. 10–22 Uhr. Mit nettem Speisen- und Getränke-Angebot.

Infos & Termine

Infos
Klagenfurt Tourismus: siehe Infobox S. 93.

Termine
Wörthersee Classics (2. Juni-Hälfte): Konzerte von Brahms und Berg bis Wolf und Webern auf hohem Niveau, Tel. 0664 918 14 41, www.woertherseeclassics.com.
Tage der deutschsprachigen Literatur (Bachmann-Literaturpreis): Ende Juni, Näheres s. S. 87.
Ironman Austria Triathlon (Anfang Juli): ca. 2000 Teilnehmer aus fünf Kontinenten absolvieren 3,8 km Schwimmen, 180 km Radfahren und 42 km Laufen, Infos: Tel. 0463 50 96 51, www.ironmanaustria.com.

Rund um den Wörthersee ▶ J/K 6

Beachvolleyball-Grand Slam (Ende Juli/Anfang Aug.): im Strandbad, Infos unter www.beachvolleyball.at.
Schiffsprozession vor Schloss Loretto: alljährlich am 15. Aug.
Wörtherseefestspiele (Aug.): Musical, Konzert, Show auf der Seebühne, www.woertherseefestspiele.com.
Altstadtzauber (letztes Aug.-Wochenende): großes Stadtfest.

Verkehr
Hinweise zu Flug-, Bus- und Bahnverbindungen und Radverleih siehe S. 22.

Nostalgiker unterwegs
Wer es liebt, als Passagier historischer Verkehrsmittel in sentimentalen Erinnerungen zu schwelgen, kommt in und um Klagenfurt voll auf seine Rechnung. So hat sich etwa entlang dem Lendkanal ein kleines, aber rührendes Stück hauptstädtischer Straßenbahngeschichte lebendig erhalten. Vom Buffet »Zur Tramway« am Lendkanal kann man an Bord der **Museumstram** immerhin 0,7 km weit ins Landschaftsschutzgebiet Lendspitz zuckeln – eine Zeitreise, die sich ganz in der Nähe beim Besuch der beiden Sonderausstellungen – Klagenfurt als Filmkulisse und Klagenfurt einst in Bildern – im ehemaligen ORF-Mittelwellensender fortsetzen lässt (Betrieb: Juli/Aug. tgl. außer Di, Abfahrten 13–18 Uhr nach Bedarf, 4 €). Auf dem Wörthersee verkehren zudem Juli–Anfang Sept. jeden Mi die beiden **Nostalgieschiffe** Loretto und Lorelei (Abfahrt 18 Uhr von der Lidobrücke; Details zu diesen und anderen Oldies unter: www.nostalgiebahn.at).

Der Sage nach entstand der Wörthersee, der übrigens mit einer Länge von 16,5 km, einer Fläche von 19,4 km² und einer maximalen Tiefe von knapp 85 m Kärntens größten See darstellt, an der Stelle einer stolzen Stadt. Diese hat angeblich ein rätselhafter Zwerg mit Wasser aus einem Fass überschwemmt, nachdem dieser ihre lasterhaften Bewohner mehrmals vergeblich zur Sittlichkeit ermahnt hatte. In Wirklichkeit ist er das Produkt eines geschmolzenen Tauerngletschers, dessen Eis zuvor eine gigantische Erdwanne geschürft hat. Zum Badeparadies ist er von Natur aus prädestiniert, denn durch Inseln (Werder), Halbinseln und unterirdische Schwellen in drei Becken gegliedert, erwärmt sich sein außergewöhnlich klares Wasser dank der windgeschützten Beckenlage, der geringen Durchflutung und angeblich auch dank warmer Quellen im Frühjahr sehr rasch und erreicht im Sommer in der Regel mindestens 25 °C. Die Lage zwischen den beiden größten Städten des Landes inmitten eines wald-, wasser- und sonnenreichen Hügellandes mit weiten Blicken auf die Berge ringsum tut ein Übriges.

So verwundert es nicht, dass der Fremdenverkehr am Wörthersee auf eine lange Tradition zurückblickt. Gleich nach der Eröffnung der Südbahn (1864) nämlich entdeckten reiche Wiener seine Ufer als Sommerfrischen-Region. Und schufen sich in der Folge – zum Vergnügen, aber auch zwecks Repräsentation – eine Vielzahl von Villen und Schlösschen, Bade- und Boots- häusern. Diese fröhlich-verspielte Ferienarchitektur, die als Kärntens einziger, aber umso eindrucksvoller

Klagenfurt und Wörthersee

Beitrag zur österreichischen Baukunst der Jahrhundertwende in die Geschichte einging, verleiht den Uferorten bis heute eine gewisse Weltläufigkeit (s. Auf Entdeckungstour S. 116).

Krumpendorf ▸ K 6

Gut spür- und sichtbar ist diese Weltläufigkeit gleich in Krumpendorf. Fährt man von Klagenfurt am Nordufer Richtung Westen, passiert man zunächst rechter Hand ein kurioses, leicht konisches, 67 m hohes Gemäuer – den **Schrotturm**, eine industriegeschichtliche Rarität, die im 19. Jh. der Erzeugung von Bleischrot diente.

Wenig später stößt man bereits auf etliche Häuser in der für die ›Wörthersee-Architektur‹ so typischen Kombination aus Historismus, Heimat- und Jugendstil. Allerdings besitzt der gemütlich-familiäre Kur- und Badeort, der übrigens schon zur Römerzeit als Poststation und Mode-Seebad bestand, auch wichtige Bausubstanz aus früherer Zeit: neben mehreren uralten Gasthöfen vor allem ein weitläufiges Schloss und, nördlich des Ortes im Wald gelegen, die Schlösser Hornstein und Drasing. Alle drei sind allerdings, da in Privatbesitz, nicht öffentlich zugänglich.

Übernachten

Familiär – **Strandhotel Habich:** 9201 Krumpendorf, Walterskirchenweg 10, Tel. 04229 26 07, www.strandhotel habich.at, DZ ab 106 €. Tadelloses Mittelklassequartier neben einem Naturschutzgebiet, direkt am See, eigener Badestrand, gute Infrastruktur für Hobbysportler mit Tennisplätzen, Hallenbad u. v. m., nettes Restaurant mit Terrasse.

Essen & Trinken

Fisch & Grill – **Kropfitschbad Wieser:** Strandweg 93–95, Tel. 04229 404 96, tgl. 9–24 Uhr, Hauptgerichte 9–15 €. Stilvolles, jüngst renoviertes See-Restaurant mit prächtiger Terrasse am Wasser und feiner Alpe-Adria-Küche am Schnittpunkt von Kärntnerisch und Mediterran.

Gutbürgerlich – **Jerolitsch:** Jerolitschstr. 43, Tel. 04229 23 79, Mo–Fr 16–24, Sa 11–24, So 11–15 Uhr, Gerichte 8–13,50 €. Auf halbem Weg von Klagen-

Rund um den Wörthersee

Eine TV-Berühmtheit: Mit dem Wörthersee verbinden viele das Barockschloss in Velden

furt nach Krumpendorf, eigene Landwirtschaft und Fischerei, Spezialität: fangfrischer Fisch, Speck, Würste, Apfelmost selbsterzeugt, nette Zimmer (DZ ab 78 €), eigener Badestrand.

Vorzeige-Gastronomie – **Krumpendorferhof**: Hauptstraße 164, Tel. 04229 2301, www.krumpendorferhof.at, Mi–Mo (Juni–Sept. tgl.) 10–2 Uhr, Feb. geschl., Hauptgerichte 7–25 €, Menü ca. 15 €. Familiengasthof mit verfeinert-bodenständiger Küche, in Frühjahr und Herbst auch kulinarisch-künstlerische Abendprogramme; zum Haus gehörig: Hotel (DZ ab 68 €), Restaurant Seeterrasse in der Berthastr. 49 und Café am Platz'l, Hauptstr. 167.

Infos

Infos
Krumpendorf Info: Hauptstr. 145, Tel. 0810 97 70 82, www.woerthersee.com.

Verkehr
Bahnstation an der Strecke Klagenfurt–Villach.

Klagenfurt und Wörthersee

Pörtschach und Moosburg ▶ K 6

Deutlich fashionabler geht es in **Pörtschach** zu. Der Ort, der an einer weit in den See ragenden Landzunge liegt, war noch Mitte des 19. Jh. ein verschlafenes Bauern- und Fischerdorf. Heute bildet er, durchzogen von ausgedehnten Parklandschaften und Blumenpromenaden, einen Brennpunkt erstklassiger Hotellerie und Gastronomie. In seinen Restaurants, Cafés und Bars, die sich besonders dicht rund um den Monte-Carlo-Platz ballen, wogt, auch wenn das ultraschicke Partyvolk inzwischen nach Velden umgezogen ist, immer noch bis in den frühen Morgen das pralle Szeneleben.

Mit dem ›östlichen Cottageviertel‹ weist Pörtschach, zu dessen Gästen übrigens in den Sommern 1877–79 auch Johannes Brahms zählte, das landesweit wohl besterhaltene Ensemble späthistoristischer Villen auf (siehe Auf Entdeckungstour S. 116). Und in der Westbucht, auf dem Areal des Etablissements Werzer, der einst größten Hotelanlage Österreichs, steht eine exzellent erhaltene, hölzerne Badeanlage. Mindestens 350 Jahre älter ist das an der Bundesstraße gelegene Schlosshotel Leonstain. Als ehemaliger Meierhof war der arkadenverzierte Bau Teil der gleichnamigen, längst zur Ruine verkommenen Burg – dem einstigen Sitz einer Herrschaft von zeitweise überregionaler Macht.

5 km nördlich von Pörtschach liegt inmitten eines reizvollen waldigen Hügellandes und am Rand mehrerer mooriger Seen **Moosburg.** Hier soll sich, die These ist freilich umstritten, die von König Karlmann, dem Sohn Ludwigs des Deutschen, im späten 9. Jh. gegründete karolingische Pfalz von ›Mosapurch‹ befunden und – eine weitere Annahme – dessen Sohn Arnulf, der spätere römisch-deutsche Kaiser, seine Jugend verbracht haben. Tatsache ist, dass nordwestlich des Ortes die Reste einer über 1000 Jahre alten Burganlage, darunter ein 17 m hoher, Arnulfeste genannter Turm, erhalten sind. Die im 16. Jh. erbaute, im 17. Jh. maßgeblich erweiterte ›neue‹ Moosburg, ein wuchtiger, weithin sichtbarer Komplex, beherbergt ein vornehmes Schlosshotel. Gegenüber dem Gemeindeamt findet sich ein liebevoll gestaltetes Museum, das sich mit der Karolingerzeit in Kärnten und der Geschichte des Moosburger Beckens beschäftigt (Krumpendorfer Str. 1, Tel. 04272/ 836 24, Mitte Juni–Mitte Sept. Mo–Sa 10–12, 15.30–18, So 10–12 Uhr, restliches Jahr auf Anfrage, Eintritt: freiwillige Spende).

Übernachten

Für Individualisten – **Schloss Leonstain:** 9210 Pörtschach, Leonstainstr. 1, Tel. 04272 28 16, www.leonstein.at, DZ ab 175 €. Romantisch-gemütliche Luxusoase in über 500 Jahre altem Gemäuer mit modernem Komfort, Retro-Bar im Schlosskeller, Indoor-Spa, Beachclub Leon, eigener Badestrand, Tenniscenter, preisgekröntes Restaurant.

Flair der Jahrhunderte – **Schlosshotel Moosburg:** 9062 Moosburg, Schloss 1, Tel. 0664 343 62 02, www.schloss-moosburg.com, Mitte Mai–Ende Okt. und Dez./Jan., DZ ab 150 €. Luxuriöse, äußerst stimmungsvolle Bleibe mit über 1000 Jahre alten Wurzeln, inmitten einer idyllischen Moor- und Teichlandschaft gelegen, modernster Komfort samt Wellnessbereich, kombiniert mit gotischer Ritterromantik, feines Restaurant.

Traumlage – **Werzer Resort:** 9210 Pörtschach, Werzerpromenade 8, Tel. 042

Rund um den Wörthersee

72 22 31–0, www.werzers.at, DZ ab 146 €. Keimzelle des Wörthersee-Tourismus, seit 1423 Poststation, seit 1735 in Familienbesitz, zwei Gästehäuser auf einer Halbinsel direkt am See in 33 000 m² großem Naturpark, 1500 m² Wellnessbereich, eigener Badestrand mit wunderschöner historischer Badeanlage aus dem 19. Jh., Kinderbetreuung, hoteleigenes Motorboot u. v. m.
Energietanken – **Balance:** 9210 Pörtschach, Winklerner Str. 68, Tel. 04272 24 79, www.balancehotel.at, DZ ab 114 €. Schickes 4-Sterne-Spa-Hotel mit ganzheitlichem Anspruch in modernem, eleganten Design, regionale Küche; die Zimmer sind den vier Elementen Erde, Wasser, Feuer, Luft zugeordnet und können von den Besuchern, wie auch die Menüs und Anwendungen, entsprechend gewählt werden; Frühstücksservice für Langschläfer bis 13 Uhr, großer Wellnessgarten und Spa-Pakete.

Essen & Trinken

Weinbaresskultur – **Sagmeisterei:** Moosburg, Feldkirchnerstr. 5, Tel. 042 72 828 98, www.sagmeisterei.at, Mi–Fr 16–23, Sa/So 12–23 Uhr, Hauptgerichte 12–25, Menüs 32–52 €. Edelrestaurant mit äußerst individueller Note, rustkalmoderne Wohnzimmer-Atmosphäre mit Mut zum Stil-Crossover und starken Farben, mediterrane, kurzweilige Küche auf Haubenniveau, behagliche Bar mit guten Weinen, Destillaten und Bier Marke Eigenbrau.
Familienfreundlich – **Gasthof Joainig:** Pörtschach, Kochwirtplatz 4, Tel. 04272 23 19, www.joainig.com, tgl. 7–24, Küche 11.30–22 Uhr, Hauptgerichte ab 6,30 €. Hier kocht Kärntens »Wirtin des Jahres 2001« halb traditionelle Hausmannskost, halb mediterrane Küche mit heimischen Produkten, im Sommer Grill- und Schlemmerabende mit Kinderanimation, sehr günstiges Preis-Leistungs-Verhältnis.
Teigräder-Profis – **Ciao Ciao:** Pörtschach, Töschling 74, Tel. 04272 39 93, www.ciaociao.at, tgl. 11.30–0.30 Uhr, durchgehend warme Küche. Klassische Italo-Kost, frisch, leicht, handwerklich sauber – zwei Dutzend verschiedene Pizzen (ab 4,80 €), aber auch ausgezeichnete Pasta, Risotti, Fleischspezialitäten, See- und Meeresfisch.

Einkaufen

Duftend & schön – **Lilo Kerzen:** Moosburg, Gradenegg 17, Tel. 04272 832 80, www.lilokerzen.com. Aus Bienenwachs handgearbeitete Zierkerzen, mit alten Elfenbein-, Lebkuchen und Holzschnittmodeln gegossen.

Aktiv & Kreativ

Abseits allen Trubels – **Promenadenbad:** Pörtschach, Blumenpromenade 24, Tel. 04272 24 35, Mai–Sept. tgl. 9–20 Uhr, Eintritt 4,40 €. Eine der schönsten Bademöglichkeiten am See überhaupt – weitläufige, schattige Liegewiesen, umgeben von dichtem Schilf, über eine Brücke erreichbar, Liegestühleverleih.
Für Golfer – **Golfplatz Pörtschach-Moosburg:** Moosburg, Golfstr. 2, Tel. 04272 834 86, www.golfmoosburg.at. Wunderschön gelegene, längste 18-Loch-Anlage Kärntens, nur 3 km vom Wörthersee entfernt.
Downhill-Spaß – **Sommerrodelbahn:** Moosburg, Kreggab 1, Tel. 04272 831 39, www.sommerrodeln.at, Mai–Ende Juni und 1. Sept.–Hälfte 10–18, bis Ende Okt. 12–18, Juli/Aug. 10–19 Uhr (kein Betrieb bei Regen), Tel. 042 72 831 39, Einzelfahrt 2,30 €.

Auf Entdeckungstour

Verspielte Ferienbauten an den Ufern des Wörthersee

Die Wörthersee-Architektur, Kärntens wichtigster Beitrag zur Baukunst um 1900, genießt dank ihrem speziellen Flair überregionale Bekanntheit. Zu Recht, wie ein Besuch an den Gestaden von ›Österreichs Riviera‹ zeigt.

Reisekarte: ▶ J/K 6

Dauer: je nach Gusto 2–3 Std. bis 1 Tag

Infos: www.woerthersee-architektur.at; im »Kärntens Haus der Architektur« in Klagenfurt (s. S. 64) ist ein Faltplan erhältlich, der alle wichtigen historistischen (und modernen) Gebäude rund um den See finden hilft. Manche sind als Übernachtungsbetriebe zu-, andere privat und ergo unzugänglich.

So heiter sich die Landschaft um Kärntens größten Badesee dem Betrachter präsentiert, so lebensfroh und zugleich unverwechselbar zeigt sich auch die Bausubstanz, die an seinen Ufern um 1900 entstand. Ihr in vielen Fällen hybrides, verspieltes Stilvokabular kann und will nicht verhehlen, dass es vom Wunsch nach Vergnügen und Repräsentation der ›auf Sommerfrische‹ weilenden Großstädter geprägt ist.

Nach der Eröffnung der k.u.k.-Südbahn 1864 waren mehr und mehr Wiener nach Kärnten geströmt. Betuchte Bürger, Adelige und Künstler bauten sich stattliche Villen und Schlösschen. Parallel entstanden Pensionen, Hotels und öffentliche Bäder. Gemeinsam war dieser ›Ferienarchitektur‹, dass sie nur in den Sommermonaten benutzt und mit Bezug zur Natur konzipiert wurde. Die privaten Anwesen lagen oft eingebettet in herrschaftliche Parkanlagen und besaßen am Seeufer Boots- und Badehäuser. Loggien und Terrassen eröffneten Blickachsen zum See und verliehen den Gebäuden in Kombination mit Erkern, Giebeln und reich gegliederten Fassaden eine romantische Note. Als wichtigster Vertreter dieser regionalspezifischen Spielart des späten Historismus gilt der Architekt Franz Baumgartner. Seine Schöpfungen und die mancher Zunftkollegen lohnen eingehende Beachtung.

Reihenweise Sommerdomizile

Die ersten Stiljuwele finden sich noch auf Klagenfurts Stadtgebiet: So erweist sich etwa am Nordufer der Bucht das 1909 nach Plänen Baumgartners errichtete **Bootshaus des Ruderverein Albatros** mit seiner Fachwerkkonstruktion als eine reizvolle Synthese aus englischer Landhaus-Noblesse und deutscher Nationalromantik. In ähnlicher Weise einem gründerzeitlichen Misch-Stil verpflichtet zeigt sich auch das benachbarte **Hotel Wörthersee** (1897) mit seinen hölzernen Balkonen und Loggien. Eher klassisch-repräsentativ hingegen die Grundkonzeption des **Strandbad Klagenfurt** (1927) mit seiner zentralen, von Kabinentrakten flankierten Halle.

Quasi um die Ecke, in der Bucht von Maiernigg, thronen gleich drei altehrwürdige Anwesen über dem Wasser: die **Seevilla Samek** (1902), wenige Steinwürfe westlich die repräsentative **Villa Schwarzenfels** (1894) sowie die **Villa Mahler** (1901), in der Gustav Mahler als Direktor der Wiener Staatsoper komponierend mehrere Sommer verbrachte.

Prunkstücke des Jugendstils

Auch schräg gegenüber, in Krumpendorf, finden sich mehrere stolze Feriendomizile. Gleich reihenweise säumen solche das Ufer in **Pörtschach**: Turkovic und Luckmann, die Baumgartner'schen Villen Almrausch, Edelweiss und Eugenie, aber auch die Häuser Miralago, Wörth und Schnür, sowie Seefried, -hort, -warte und -blick, um nur einige besonders prominente zu nennen, stehen da Spalier. Höhepunkt: die auf Piloten über dem Wasser ruhende, zweistöckige Holzkonstruktion Werzer-Bad (1895).

In **Velden** setzt sich der muntere Reigen fort. Hervorhebenswert hier sind, gleichsam als Schlüsselbauten der Wörthersee-Architektur, Baumgartners Hotel Kointsch (1909) und Carinthia (1926) am Karawankenplatz. Unbedingt einen Zwischenstopp verdient, am nordöstlichen Ortsrand, sein Fortsee-Kraftwerk (1925). Ein letztes Highlight wartet im Ortsteil Auen am Südufer mit der 1924 von keinem Geringeren als Josef Hoffmann errichteten Jugendstilvilla Ast.

Klagenfurt und Wörthersee

Abends & Nachts

Highlife – **Luna Bar:** Pörtschach, Monte-Carlo-Platz 1, Tel. 0699 10 10 00 11, www.lunabar.eu, Mitte Mai–Mitte Sept. tgl 17–ca. 4 Uhr. Seit vielen Jahren der In-Treff für die nächtliche High Society schlechthin, schick, Drinks auf höchstem Niveau, ab 7 €.
Schicke Bar & Bistro – **Anna W.:** Pörtschach, Hauptstr. 218, Tel. 04272 40 60, www.annaw.at, Mai–Sept. Mi-Sa 16–4, Küche 18–24 Uhr. Smarte Bar, coole Musik, gutes Essen – Crepes, Baguettes, hausgemachte Pasta, Fisch und Steak, Hauptgerichte ca. 7–18 €.
Chill out – **Jilly Beach:** Pörtschach, Alfredweg 5–7, Tel. 04272 225 82 00, www.JillyBeach.at, Mai–Sept. tgl. 10–3 Uhr, März/April, Anfang Okt. Di–So tgl. 11–20 Uhr. Restaurant, Bar und Lounge mit mediterranem Flair am Seeufer gelegen. Ideal für einen Sundowner in schickem Ambiente.
Clubbing – **Fabrik:** Saag 10, Gemeinde Techelsberg, Tel. 0463 571 86 75, www.fabrik.at. Tanztempel der Extraklasse mit Club-Bar-Lounge. Mitte Juni–Anfang Sept. Veranstaltungen an Wochenenden, Infos den örtlichen Veranstaltungsprogrammen entnehmen.

Infos & Termine

Infos
Pörtschach Tourismus: Hauptstr. 153, Tel. 0810 977 085
Moosburg Info: Kirchplatz 1, Tel. 0810/ 9770 84

Termine
Brahms Musiksommer (ca. Ende Mai– Ende Sept.): in Pörtschach und Velden, Tel. 04272 31 48 oder 04272 23 54, www.brahmscompetition.org.
Starnacht am Wörthersee (Anfang/ Mitte Juli): Schlagerfest der Sonderklasse mit internationalen Stars in der Werzer Seearena in Pörtschach, www.starnacht.at.
Festival der Chöre (Anf./Mitte Juli): Werzer Seearena in Pörtschach.
Fête Blanche (Ende Juli): Megaparty in mehreren Wörthersee-Gemeinden mit bis zu 50 000 ganz in Weiß gekleideten Besuchern.

Verkehr
Pörtschach hat eine Bahnstation an der Strecke Klagenfurt–Villach. Moosburg ist erreichbar per Direkt-Bus von Klagenfurt.

Velden und Umgebung
▶ J 6

Zurück am See, passiert man westlich von Saag das **Schau-Kraftwerk Forstsee,** einen Villenbau der 1920er-Jahre, in dem die Kärntner Elektrizitäts-AG (kelag) über Eigenschaften und Erzeugung von Strom informiert (www.kelag.at/schaukraftwerk, April–Okt. Di– So, Juli/Aug. auch Mo 10–18 Uhr, Führungen nach Voranmeldung, Eintritt frei). Der zugehörige, 160 m höher gelegene Speichersee ist ein Naturjuwel und beliebter Badeplatz. Ein Stück oberhalb, in **St. Martin am Techelsberg,** steht am Weg nach St. Bartlmä das 500 Jahre alte, sogenannte Tschahonig-Kreuz – der mit fast acht Metern größte Bildstock des Landes.

Zum unbestrittenen Lieblingsplatz der High Society, einer Open-Air-Bühne des kollektiven Sehens und Gesehenwerdes, hat sich seit den 1920er-Jahren am Westende des Sees die Marktgemeinde **Velden** gemausert. Die malerische Bucht hatte schon 1590 Bartholomäus Khevenhüller, seines Zeichens Burggraf in Klagenfurt, zum Bau eines Lustschlosses animiert. Der viertürmige Renaissancekomplex

Rund um den Wörthersee

lockte im 20. Jh., nunmehr in ein Luxushotel verwandelt, Weltprominenz in den Ort. 1990–92 diente er für drei Staffeln mit insgesamt 34 Folgen der TV-Erfolgsserie »Ein Schloss am Wörthersee« als vornehm-schönbrunngelbe Kulisse. Seit 2007 heißt er, mit 120 Mio. € auf Hochglanz gebracht, als Top-Hotel erneut betuchte Gäste aus aller Welt willkommen.

Den überwiegenden Teil seiner älteren Bausubstanz büßte der Ort 1881 bei einem Großbrand ein. Doch kein Schaden ohne Nutzen: Aus der Asche erwuchs ein moderner Kurort mit Hotels und Villen im vornehmen Stil des Fin de siècle. Die diesbezüglich interessantesten Ensembles, Hotel Kointsch, Hotel Carinthia und Mößlacherhaus, sind allesamt Werke Franz Baumgartners, des namhaftesten ›Wörthersee-Architekten‹, und stehen am Karawankenplatz (siehe auch Entdeckungstour S. 116).

Für Aktivsportler, Erholungssuchende und Nachteulen bietet Velden heute, was das Herz begehrt. Der Corso mit seinen schicken Boutiquen und Lokalen verströmt Italianità pur. Dreimal pro Woche lädt im Sommer die »Klangwelle«, eine abendliche Show aus Wasser, Musik und Laserlicht, zum kostenfreien Augen- und Ohrenschmaus. Und auch im Casino und in den angrenzenden Szenetreffs wogen Nacht für Nacht Fun und Highlife. Wer jedoch die Stille – und obendrein ein prachtvolles Panorama – sucht, wandere entlang der Köstenberger Straße hinauf zur Veldener Kanzel. Als romantische Wanderziele warten in der Nähe von Kranzlhofen der Saissersee sowie der Teufelsgraben.

Ein lohnender längerer Ausflug führt westlich von Velden, Richtung Villach, nach **Wernberg**. Das prachtvolle Renaissanceschloss, das dort über einem Altarm der Drau thront, wurde im frühen 13. Jh. von den Spanheimern erbaut und erhielt seine heutige Form 300 Jahre später durch den Bauherrn der berühmten Burg Hochosterwitz, Georg Khevenhüller. Seit 1935 wird sie von den Missionsschwestern vom Kostbaren Blut als Kloster und Gästepension geführt. Besonders sehenswert: die barocke Kirche mit Deckenfresken von J. F. Fromiller (Klosterführungen nach Voranmeldung, s. a. S. 120).

Übernachten

Legendär – **Schloss Velden:** 9220 Velden, Schlosspark 1, Tel. 04274 520 00-0, www.capellaschlossveldenhotel.at, DZ bzw. Suiten 550–4000 €. Das TV-berühmte »Schloss am Wörthersee« ist nach aufwendigem Umbau als Fünf-Sterne-Plus-Herberge für Ultrareiche auferstanden. Verwöhn-Service nach allen Regeln der Kunst versteht sich von selbst.

Landadelig – **Villa Bulfon:** 9220 Velden, Seepromenade 1, Tel. 04274 26 14, www.villabulfon.at, DZ ab 240 €, geöffnet Mai–Sept. Gediegenes Strandhotel in einem Landsitz aus dem 16. Jh., Ruheoase im turbulenten Ortskern mit großzügiger Strandanlage.

Charmant mit Seeblick – **Strandhotel Leopold:** 9220 Velden, Seecorso 18–24, Tel. 04274 26 32, www.strandhotel-leopold.at, DZ ab 116 €, Badekabine und Sonnenschirm inkl. schönes, inmitten der Veldener Bucht gelegenes Haus mit hoteleigenem Strandbad.

Eleganz mit Tradition – **Carinthia:** 9220 Velden, Karawankenplatz 3, Tel. 04274 21 71, www.carinthia-hotel.com, DZ ab 138 €. Luxuriöses Ambiente zu erschwinglichen Preisen, denkmalgeschütztes Juwel der Wörthersee-Architektur, zentral gelegen, sehr persönlich geführt, kostenlose Benutzung des nahen Strandbades.

Klagenfurt und Wörthersee

(Geistige) Einkehr mit Stil – **Pension Kloster Wernberg:** 9241 Wernberg, Klosterweg 2, Tel. 04252 22 16, www.klosterwernberg.at, EZ ab 36,50 €, Vollpension im DZ ab 29,50 € pro Person. Preiswert und komfortabel wohnen in klösterlichem und zugleich feudalem Ambiente, nette Führung, gutes Essen, sympathische Bastel- und Werkelangebote für Kinder; im zugehörigen Bildungshaus: Tage der Einkehr, Meditations- und Fastenwochen, Tanz-, Chor- u. a. Seminare.

Essen & Trinken

Sehen und gesehen werden – **Caramé:** Am Corso 10, Casinoplatz, Tel. 04274 30 00, www.carame.at, Di–So 18.30–22.30 Uhr, Hauptgerichte ab 22, Menüs ab 52 €. Der futuristische Glaswürfel im Herzen des Ortes birgt eines der Top-Restaurants in Kärnten, mit zwei Gault-Millau-Hauben prämiert und rund 400 Edelweinen im Keller, hoher Promi-Faktor.
Italienisch zeitgeistig – **Aqua:** Am Seecorso 3, Tel. 04274 517 71, www.aqua-velden.at, tgl. 9–23.30, Hochsaison ab 6.30 Uhr, Gerichte ab 10 €. Ultraschicke Kombination aus Bar, Bistro und Trattoria, feine Salate, Pasta, Antipasti, Eis, großzügige Terrasse als viel begehrter ›Logenplatz‹ während der Klangwelle-Show.
Kreativ mit Esprit – **Pavillon:** Seecorso 8, Tel. 04274 511 09, www.sternad-velden.at, April–Okt. tgl. 11–22 Uhr, Jan.–Ende Feb. geschl., März, Nov./Dez. Di/Mi geschl., Hauptgerichte 11–25, gute Pizzen ab 7,50 €. Café-Restaurant als turbulenter Society-Treff mit Live-Schlagermusik und guter Küche, Open-Air-Areal mit mediterranem Flair.
Rustikal-gemütlich – **Landhaus Kutsche:** Göriacher Str. 2, Tel. 04274 29 46, Mo–Sa 17.30–22.30, So/Fei auch 11.30–14 Uhr, Mai–Sept. Mi Ruhetag, Jan./Feb. geschl., www.landhaus-kutsche.at, Hauptgerichte ab 10 €. Gutbürgerlich essen, große Portionen, österreichische Klassiker etwa vom Kalb, Rind und Lamm, auch Meeres- und Seefisch, sehr moderate Preise.
Aus eigener Fleischerei – **Goritschnigg:** Seecorso 6, Tel. 04274 24 75, ca. Mitte April–Mitte Okt. Imbiss tgl. 9–18, Steakhaus 19–ca. 23 Uhr, z. B. Tagesmenü mit Getränk 7,90 €, Grillspezialitäten abends 13–30 €. Zeitgemäßes Selbstbedienungsrestaurant mit modernem Design und exzellentem Speisenangebot, tagsüber Wurstsalon, abends Steakhaus.
Direkt am See – **Café-Bistro Ampère:** im Schau-Kraftwerk Forstsee, Norduferstraße, Tel. 0664 420 21 18, www.segelschule-woerthersee.at, Mitte April–Mitte Sept. tgl. 10–18 Uhr, Mai/Juni, Sept. Mo Ruhetag; vom kleinen Imbiss (3 €) bis zum 7-Gang-Menü (30 €). Unmittelbar angeschlossen ist eine große Segelschule.

Abends & Nachts

Augenschmaus – **Klangwelle:** Veldener Bucht, vor dem Schloss, Anfang Mai–Ende Sept. Mi, Fr, So 22 Uhr, Eintritt frei.
Riens ne va plus – **Casino Velden:** Am Corso 17, Tel. 04274 20 64, www.casinos.at, Hotspot des Highlife – für Glücksritter und Hedonisten. Spielsäle tgl. ab 15, Automatenspiel 11 Uhr, mit Bar (17–1 Uhr), Außenbar (im Sommer bei Schönwetter 18–1 Uhr) und Seearena samt Tanzterrasse, Juli/Aug. tgl. wochentags 19–23, Sa/So zusätzlich 16–18 Uhr (nur bei Schönwetter).
Party-Institution – **Le Cabaret:** Am Corso 17, Tel. 0676 844 07 07 77, www.lecabaret.at, tgl. Außenbar ab 18,

Rund um den Wörthersee

Disco 22–4, im Winter nur Fr/Sa ab 22 Uhr. Schickeria-Treff, an dem die Post abgeht, hoher Promi-Faktor.
Singen und Schunkeln – **Stamperl:** Am Corso 8, Tel. 0664 180 30 30, tgl. 18–4 Uhr, www.stamperl.at. Bodenständige Gemütlichkeit in rustikalem Ambiente, Kneipenatmosphäre, die auch von häufig anwesenden Stars geschätzt wird, Schlagermusik.
Schnieke Café-Bar – **Do & Ga:** Am Korso 27, April–Okt. Mo–Fr ab 8, Sa/So/Fei ab 10, bei schlechtem Wetter ab 19 Uhr, www.doga-cafebar.at, Gratis-Internet an zwei Computern, WLAN- und Skype-Zugang, jeweils 19–20 Uhr Happy hour.
Auf ein Gläschen – **Vinothek:** Europaplatz 4, Tel. 04274 21 41-85, Ostern–Mitte Sept. tgl. 20–2 Uhr. Gute Drinks, nett sitzen an der Straße – ideal zum ›Leute-Gucken‹.
Schillernd – **Monkey Circus:** Bahnhofstr., www.monkeycircus.at, Mai–Sept. tgl. 17–2 Uhr (Mai Mo geschl.). Tolle Showbar mit über 300 Cocktails auf der Karte, österreichische Küche, Austropop-Zigarrenlounge.
Schleck! – **Café-Eissalon Moro:** Am Corso 17, Tel. 04274 20 98, Anfang Mai–Mitte Sept. tgl. 9–24 Uhr ›Großbetrieb‹ mit schnödem Ambiente (Plastikstühle), aber vorzüglichem Gefrorenem.

Infos & Termine

Infos
Velden Tourismus: Villacher Str. 19, Tel. 04274 21 03-0, www.velden.co.at.

Termine
Autocorsos: Sportwagen-Treffen (Ende Juni); Rolls-Royce- & Bentley-Treffen (Anf. Juli); Oldtimer-/Blumencorso (Ende Aug.), Infos: Tourismusbüro. Siehe auch Mein Tipp S. 122.

Verkehr
Bahnstation an der Strecke Klagenfurt–Villach.

Am Südufer ▶ J/K 6

Das durch Steilhänge, Sümpfe und die geringere Anzahl an Sonnenstunden anfänglich in seiner Entwicklung als Urlaubsregion benachteiligte Südufer präsentiert sich bis heute merklich beschaulicher. Seine touristische Infrastruktur ist gleichwohl tadellos und sehr dicht. Beginnen wir ganz im Osten:

Gustav-Mahler-Komponierhäuschen
www.gustav-mahler.at, Tel. 0463 537 56 32, Mai–Okt. tgl. 10–16 Uhr, Eintritt 1 €
Vom Parkplatz des viel frequentierten Strandbads Maiernigg führt ein idyllischer Waldweg gut zehn Minuten hinauf zum Gustav-Mahler-Komponierhäuschen. Der berühmte Komponist und Direktor der Wiener Hofoper hatte es sich 1900 in Ergänzung zu seinem eleganten Feriendomizil unten am See, der Villa Siegel, mitten im Wald errichten lassen. Für sieben Jahre, bis zum Tod seiner Tochter Maria, nach dem er das Anwesen nie wieder betrat und umgehend verkaufte, war das schlichte Refugium der einzige Ort, an dem er komponierte. Von der unberührten Natur inspiriert, schrieb er in diesem seinem »Study« die Symphonien vier bis acht, die Rückert- und zuletzt die Kindertotenlieder. Heute ist das putzige Häuschen ein Museum über Mahlers Leben und Werk. Ausgestellt sind unter anderem originale Briefe, Postkarten, Partituren sowie Photos. Besucher haben die Möglichkeit, sämtliche Werke des Komponisten auf CD zu hören und in einer um-

Klagenfurt und Wörthersee

Mein Tipp

Eldorado für Zwei- und Vier-Rad-Fans
Kärnten ist dank seiner landschaftlichen Vielfalt und der zahlreichen spektakulären Panoramastraßen schon an sich ein Land der Auto- und Motorradfahrer. Doch in den letzten Jahren haben sich die Kärntner als Meisterregisseure vergnüglicher Events gehörig ins Zeug gelegt, um auch Gäste, die zu ihrem fahrbaren Untersatz ein besonders inniges Verhältnis pflegen, vermehrt in ihre schöne Heimat zu locken. Ende Mai zum Beispiel heißt es in den Gemeinden rund um den Faaker See und für Mercedes-Fahrer in Berg im Drautal, kollektiv die Dächer zugereister Cabrios falten, um sich den dann in der Regel schon sehr mediterranen Wind um die Ohren blasen zu lassen. Um dieselbe Zeit ertönt in und um **Reifnitz am Südufer des Wörthersees** alljährlich die – und bei manchen Nicht-Golf-GTI-Fans eher berüchtigte – Anweisung »Gib Gummi!«.

Das sonore Brummen großhubraumiger Zweiradmotoren pflegt jeweils Anfang September die Straßen im Großraum Faaker See zu dominieren. Anlass: das stets von Zehntausenden besuchte **Harley-Treffen.** Ungleich artiger und mondäner geht es jeweils Ende August beim traditionsreichen **Auto-Blumencorso** in Velden zu.

Und wer sich zwar für Motortechnik interessiert, aber den Urlaub in Kärnten ohne eigenes Steckenpferd, sprich: Gefährt, verbringen will oder muss, auf den warten zwei einschlägige Museen der Sonderklasse: In Gmünd im Liesertal das an der Entstehungsstätte des ersten Automobils dieses legendären Namens gegründete **Porsche-Automuseum** (s. S. 235) und in Villach ein reich bestücktes, auf die 1950er-Jahre spezialisiertes **Fahrzeugmuseum** (www.oldtimermuseum.at, s. S. 200).

fangreichen Mahler-Bibliothek zu blättern. Mehrere Schautafeln runden das Informationsangebot ab. Auch Führungen werden angeboten.

Sekirn und Reifnitz

Die Süduferstraße führt zunächst nach **Sekirn,** das der deutsche ›Kaufhauskönig‹ Helmut Horten schon in den 1950er-Jahren zu seiner sommerlichen Wahlheimat erkoren hat. Im Hinterland des bäuerlich geprägten Badeortes, in dem die weltberühmten Wiener Sängerknaben ihre Ferien zu verbringen pflegen, liegen die Spintikteiche, ein ob seiner seltenen Vegetation von (Hobby-)Botanikern geschätztes Naturschutzgebiet.

Reifnitz, der deutlich größere und sportivere Nachbarort, gerät jeweils Ende Mai/Anfang Juni regelmäßig als Veranstaltungsort des Golf-GTI-Treffens in die Schlagzeilen, wenn abertausende Fans des Wolfsburger Prestigegefährts ihre aufgemotzten vierrädrigen Lieblinge in der Gegend spazieren führen (siehe auch Mein Tipp).

Kunstfreunde werden hoch über dem Ort fündig: Dort steht inmitten der Mauerreste einer karolingischen Burg ein reizendes, spätgotisches **Mar-**

Rund um den Wörthersee

garethen-Kirchlein. Etwas weiter südlich findet sich mitten im Wald ein riesiger Opferstein aus heidnischer Zeit. Sehenswert ist auch, näher am See zwischen alten Linden, das **Wallfahrtskirchlein St. Anna**. Unten am Wasser überragt das ›Schloss‹ Reifnitz, ein typisch historistischer Bau des späten 19. Jh., das Westende der Bucht.

Maria Wörth und Umgebung

Die kunst- und kulturhistorische Hauptattraktion des Südufers bildet der kleine Wallfahrtsort Maria Wörth. Sein alter Kern, ein paar Häuser nur, liegt auf einer felsigen Halbinsel, die bis 1770 eine Insel war, als durch den künstlichen Abfluss der Glanfurt der Wasserspiegel gesenkt wurde. Auf ihrem höchsten Punkt hatte ein bayerischer Bischof namens Waldo von Freising bereits um 890 eine Kirche erbauen und in deren Krypta die eigens aus Rom hierher überführten Reliquien der Märtyrerbrüder Primus und Felician beisetzen lassen. Rasch entwickelte sich der Ort zu einem Zentrum der Verehrung und der Slawenmission und gleichzeitig zu einem wirtschaftlichen Mittelpunkt der ausgedehnten Ländereien, die das Erzbistum Freising in Kärnten besaß. Seine Blüte endete Anfang des 16. Jh., als der St.-Georgs-Ritterorden in Millstatt den Ort von den Freisingern übernahm.

Seine Anmut und sein besonderes Fluidum hat er sich dem rundum boomenden Tourismus zum Trotz bewahrt. Von dem Friedhof mit seinen schmiedeeisernen Grabkreuzen führt eine schindelgedeckte Treppe hinauf zu der zweischiffigen ehemaligen Propstei- und heutigen Pfarrkirche. Speziell beachtenswert sind im Innern des überwiegend gotischen Baus die romanische Krypta sowie die um 1460 geschnitzte Madonna mit Kind. Die ein Stück westlich und etwas tiefer gelegene Winterkirche wurde bereits 1155 geweiht. Sie birgt zwei besondere Kostbarkeiten: im Chor ein kleines, mit 1420/30 datiertes Glasgemälde einer »Maria mit Kind« und einen bedeutsamen frühmittelalterlichen Freskenzyklus, bestehend aus Christus mit den zwölf Aposteln (im Chor) und diversen Heiligenfiguren (an der Nordwand).

Dellach, der nächste Uferort, darf sich eines der schönsten 18-Loch-Golfplätze des Landes rühmen. Die Nachbargemeinde **Schiefling**, eine klassische Sommerfrische, besitzt auf dem Kathreinkogel eine wichtige archäologische Stätte, an der u. a. Siedlungsreste aus der Bronzezeit, ein römisches Kastell und eine frühchristliche Saalkirche frei gelegt wurden (Haus der Archäologie, Mai–Okt. tgl. (außer bei Regen) 10–16 Uhr, Tel. 04274 22 75-22, Gehzeit ab Parkplatz Kreuzwirt: ca. 30 Min.).

Im Ortsteil **Auen** nahe dem See besaß der Zwölfton-Komponist Alban Berg einen Sommersitz, an dem u. a. die Oper »Lulu« und das Violinkonzert entstanden (z. Zt. keine Besichtigung möglich).

Übernachten

Golf & Gesundheit – **Mayr & More:** 9082 Maria Wörth-Dellach, Golfstr. 2, Tel. 04273 251 10, www.mayrandmore.at, DZ ab 1300 € für 7 Nächte. 4-Sterne-Haus mit luxuriösem Rund-um-Service und tollem Spa-Bereich, für Anti-Stress-, Burn-Out- und Diät-Kuren, aber auch nur entspannende Tage. Gleich nebenan: ein schöner Golfplatz.
Topschick – **aenea:** 9081 Sekirn/Reifnitz, Süduferstr. 86, Tel. 04273 262 20, www.aenea.at, Suite ab 350 €. Extravagantes Designerhotel, 15 Suiten, mit allen High-Tech-Raffinessen ausgestattet, tolles Restaurant mit Terrasse und

Lieblingsort

Spektakulär – Fernblick vom Pyramidenkogel ▶ K 6

Keine Frage, die Kärntner wussten sehr genau, weshalb sie in den 1960er-Jahren just hier, auf dem Pyramidenkogel, einen Aussichtsturm errichteten. Einen so seelenweitenden Blick, wie von dem 851 m hohen Waldrücken, kann man selbst in diesem so gipfelreichen Land kaum anderswo erleben. Von den drei per Lift erklimmbaren Besucherplattformen schweift der 360-Grad-Blick von den Karawanken bis zu den Hohen Tauern. Blickfang ist, unmittelbar zu Füßen, der Wörthersee, in dessen makelloses Blau am Südufer, unüberbietbar malerisch, die Halbinsel von Maria Wörth hineinragt.

Der bisherige, 54 m hohe Turm soll demnächst durch eine spektakuläre, fast doppelt so hohe Holzkonstruktion ersetzt werden. Diese wird u. a. ein Turmcafé und Europas höchste Rutsche enthalten (Eröffnung für 2012 geplant; Zufahrt von Keutschach, Infos unter www.pyramidenkogel.info).

Klagenfurt und Wörthersee

Loungerie zum Chillen, exquisiter Wohlfühl-Bereich mit beheiztem Freipool, eigener Badestrand.
Traumlage – **Wörth:** 9082 Maria Wörth, Seepromenade 12, Tel. 04273 22 76-0, www.hotelwoerth.com, DZ ab 110 €. Gediegenes Vier-Sterne-Haus vor grandioser Kulisse der Halbinsel Maria Wörth, mit direktem Seezugang und exzellentem Restaurant.
Gediegene Tradition – **Seehof:** 9082 Maria Wörth, Kirchenweg 1, Tel./Fax 04273 22 86, www.seehof-gesundheit.at, DZ ab 98 €. Historische Villa inmitten idyllischem Garten, zentral, ruhig, gemütlich-stilvolle Aufenthaltsräume, großer eigener Badestrand, geöffnet April–Okt.

Essen & Trinken

Speziell für Schleckermäuler – **Primushaus:** Maria Wörth, Lindenplatz 1, Tel. 04273 25 00, tgl. 10–19 Uhr, Gerichte ab 11 €. Nettes, zentral gelegenes Café-Restaurant mit guter einheimischer und italienischer Kost, tgl. frische Mehlspeisen, hervorragendes Eis.
Fisch & Fleisch – **Trattnig:** Schiefling, Goritschach 1, Tel. 04274 500 01, www.trattnig.at, Mitte Mai–Ende Sept. tgl. 11.30–14.30, 17.30–20.30 Uhr, Gerichte ab 10 €. Landgasthof als Ruheoase an einem Waldsee, 10 Min. zu Fuß von Dellach, mittags und abends große Karte mit Spezialitäten vom Holzkohlengrill, 4-gängiges Schlemmermenü 16 €, zwischendurch Schmankerln für Ausflügler; auch nette DZ (um 98 €).
Alteingesessen – **Sille:** Reifnitz, Am Corso 108, Tel. 04273 22 37, www.hotel-sille.com, Ende März–Ende Okt. tgl. 11–22 Uhr, Menü 12 €. Köstliche Konditorei direkt am See, angeschlossen: gleichnamiges, ausgezeichnetes Restaurant und Vier-Sterne-Strandhotel (DZ ab 96 €).

Infos

Infos
Maria Wörth Info: Maria Wörth, Seepromenade 5, Tel. 0810 97 70 83, www.woerthersee.com.
Schiefling Info: Pyramidenkogelstr. 150, Tel. 0810 97 70 86, www.woerthersee.com.

Verkehr
Postbus ab Klagenfurt bzw. Velden ca. im Stundentakt.

Keutschacher Seental ▶ K 6

Von Scheifling bis zu den südlichen Außenbezirken von Klagenfurt erstreckt sich, vom Wörthersee durch einen bewaldeten Höhenrücken getrennt, das Keutschacher Seental. Drei seiner vier unter Naturschutz stehenden Seen, nämlich der Hafner-, der Rauschelo- und der **Keutschacher See,** zählen zu den wärmsten Gewässern des Landes und sind dementsprechend beliebte Badereviere. In Letzterem, dem mit Abstand größten der drei, dessen Südufer übrigens das landesweit großflächigste FKK-Gelände umfasst, hat man Reste eines prähistorischen Pfahlbaudorfes gefunden. Sie beweisen, dass diese fruchtbare und landschaftlich reizvolle Talfurche bereits in der frühen Bronzezeit besiedelt war.

In **Keutschach,** dem Hauptort, zeugt das ›Alte‹ Schloss von der einstigen Macht der hiesigen Adelsfamilie. Das benachbarte ›Neue‹ Schloss, ein imposanter, viergeschossiger kubischer Bau, beherbergt Gemeindeamt und Tourismusbüro. Vom Ort führt ein 5 km langes, recht kurviges Sträßchen auf den 851 m hohen **Pyramidenkogel** (siehe Lieblingsort S. 124).

Keutschacher Seental

Viktring

Stiftskirche: tgl. 8–17 Uhr
Weiter östlich, fast schon im Einzugsbereich der Landeshauptstadt, steht das ehemalige **Zisterzienserkloster Viktring**. 1142 von Bernhard von Spanheim gegründet und 1786 von Joseph II. aufgehoben, leistete es für die Region kulturelle Pionierarbeit. Seine Kirche, deren Langhaus freilich im 19. Jh. wegen angeblicher Baufälligkeit zur Hälfte abgerissen wurde, gilt als einziger östlich des Rheins erhaltener romanischer Sakralbau im burgundischen Stil. Zu den besonderen Schätzen des streng-monumentalen Innenraums zählen die drei herrlichen, von dem 16 m hohen, frühbarocken Hochaltar in ihrer Wirkung leider ziemlich eingeschränkten Glasfenster aus der Zeit vor 1400 und die erst in jüngster Zeit wieder entdeckten gotischen Malereien an der Decke der Bernhardkapelle. Der gewaltige Klosterkomplex mit seinen zwei Arkadenhöfen, der überwiegend aus dem frühen 18. Jh. stammt und als großzügigste Barockanlage ganz Kärntens gilt, beherbergt ein Musikgymnasium.

Übernachten

Entspannte Eltern – **Familienparadies Reichenhauser:** 9074 Keutschach, Rauschelesee 3, Tel. 042 73 23 25, www.familienparadies-reichenhauser.at, DZ mit Vollpension ab 150 €, Familienzimmer ab 195 €. 3-Sterne-Kinderhotel mit Kinderbetreuung, vielen Haustieren, Kinderhallenbad,und 10 000 m² großer Erlebnisspielstätte ›Zauberwald‹.
Komfortable Mittelklasse – **Hotel Gabriel:** 9074 Keutschach, Am See 15, Tel. 04273 24 41-0, www.hotelgabriel.at, DZ ab 78 €. Sympathisches drei-Sterne-Haus mit eigenem Seestrand.

Essen & Trinken

Vor allem Fisch – **Höhenwirt:** Keutschach, Höhe 4, Tel. 04273 23 28, Ostern–Okt. tgl. 12–15, 17.30–21.30 Uhr, Hauptgerichte ab 12 €. Nobles Landgasthaus nahe Pyramidenkogel und Keutschacher See, mit ausgezeichneter Haubenküche, Schwerpunkt: frischer Seefisch Marke Eigenfang, stimmige Gästezimmer (DZ ab 90 €).
Herzhaft – **Osttiroler Botschaft:** Keutschach 6, Tel. 06 64 595 10 63, tgl. 6.30–ca. 22 Uhr, Hauptgerichte 7–12 €. In diesem gemütlichen Familienbetrieb wird gute Hausmannskost geboten.

Aktiv & Kreativ

Für Familien – **Zauberwald Rauschelesee:** im Familienparadies Reichenhauser (s. o.), Ostersonntag bis 26. Okt. tgl. (außer bei Regen) 10–18 sowie Mitte Dez. bis Ende Feb. Sa/So 10.30–16.30 Uhr, Eintritt 3,50 €. Kinderabenteuer par excellence auf 10 000 m² im Reich der Waldgeister, Hexen und Bergwerkszwerge.

Infos & Termine

Infos
4-Seental Keutschach Information: 9074 Keutschach 1, Tel. 042 73 245 00, www.keutschach.at.

Termine
Musikforum Viktring (drei Wochen im Juli): Stift-Viktringer-Str. 25, Tel. 0463 28 22 41, www.musikforum.at. Konzerte und Sommerkurse in Klassik und Jazz.

Verkehr
Postbus ab Klagenfurt bzw. Velden ca. im Stundentakt.

Das Beste auf einen Blick

Rosental, Jauntal und Lavanttal

Highlight !

St. Paul im Lavanttal: Das Benediktinerstift im äußersten Südosten gilt zu Recht als »Schatzhaus Kärntens«. Besucher erwartet eine grandiose Sammlung sakraler Kunst, dazu eine famose Bibliothek, eine romanische Kirche und, im Sommer, erlesene Musik. S. 153

Auf Entdeckungstour

Land Art im Rosental: Von Rosegg im Westen bis Ferlach im Osten erstreckt sich ein großräumiger Skulpturenpark, in dem international renommierte Künstler aus Steinen, Bäumen, Erde, Gras und Schwemmholz riesige Objekte schufen, die als Teil der Natur dem Prozess der Vergänglichkeit unterworfen sind. S. 132

Kultur & Sehenswertes

Jagdmuseum Ferlach: Österreichs südlichste Stadt ist unter Jägern und Waffensammlern gleichermaßen ein Begriff. Die dort gefertigten Gewehre zählen seit 450 Jahren mit zu den besten der Welt. Im Museum im Ferlacher Schloss können Freunde der Jagd ihre Kenntisse vertiefen. S. 134

Werner Berg Museum: Der deutsche Wahlkärntner schuf ab 1930 Ölbilder und Holzschnitte von sehr eigenständiger, überaus reizvoller Form- und Farbensprache. Zu sehen in dem seinem Werk gewidmeten Haus in Bleiburg. S. 144

Aktiv & Kreativ

Waldseilpark Tscheppaschlucht: Bäume, Seile, Rollen, Hängebrücken – vier Parcours mit 40 Elementen laden zum adrenalinfördernden Test von Geschick, Kondition und Überwindungskraft. S. 136

Genießen & Atmosphäre

Saiblingskaviar: Allein die Fischspezialitäten, die man im Restaurant Sicher kredenzt, rechtfertigen seinen hervorragenden Ruf. Ein Zusatzgrund, in das Dorf Tainach zu pilgern, ist eine kulinarische Rarität ersten Ranges – der hier produzierte Rogen einer speziellen Forellenart. S. 137

Klopeiner See: Willkommen in Südkärntens touristischer Kernzone! Der wärmste Badesee des Landes lockt mit Trinkwasser von bis zu 28 °C, perfekter Infrastruktur und geradezu mediterranem Flair. S. 140

Abends & Nachts

k.l.a.s.: Seit 15 Jahren ist die Ruine Heunburg bei Griffen Schauplatz für zeitgenössisches Sommertheater, begleitet von Lesungen, Konzerten und Kunstausstellungen. Spannend! S. 138

Unteres Drautal und äußerster Osten

Die von der Drau durchflossene Beckenlandschaft rund um Ferlach, Völkermarkt und Bleiburg gilt größtenteils noch als Geheimtipp für Genießer. Zwischen Flussauen und Karawankengipfeln finden Familien und Aktivsportler ein reichhaltiges Betätigungsfeld. Auch auf Freunde alter und zeitgenössischer Kunst warten mannigfaltige Entdeckungen. Und Baderatten genießen das klare, überdurchschnittlich warme Wasser des Klopeiner Sees.

Im äußersten Osten des Landes empfängt das Lavanttal als uraltes, fruchtbares, touristisch noch wenig entdecktes Bauernland seine Besucher. Sein Charme liegt in der liebreizenden Natur, seinen für Wanderungen idealen Wiesen und Almen. Dazwischengestreut warten geschichtsträchtige Kleinstädte wie Bad St. Leonhard, Wolfsberg oder St. Andrä. Über allem strahlt als eine Wiege der Kärntner Kultur das Stift St. Paul.

Infobox

Reisekarte: ▶ J–O 2–6

Informationen
Carnica-Region Rosental: 9170 Ferlach, Sponheimer Platz 1, Tel. 04227 51 19, Fax 04227 49 70, www.carnica-rosental.at, Mo–Do 8–16, Fr 8–12 Uhr.
Tourismusregion Klopeiner See – Südkärnten: 9122 St. Kanzian am Klopeiner See, Tel. 04239 22 22, Fax 04239 22 22 33, www.klopeinersee.at, April, Okt. Mo–Fr 9–17, Mai/Juni, Sept. tgl. 9–18, Juli/Aug. tgl. 9–19 Uhr.
Kulturdreieck Südkärnten: 9100 Völkermarkt, Hauptplatz 1, Tel. 04232 25 71 39 oder 0664 805 363 05 58, www.kulturdreieck-suedkaernten.at. Gemeinnütziger Verein, der die vielfältigen Aspekte der Kultur- und Landesgeschichte sowie die zeitgenössische Kunst der Region vermittelt; gute Website!
Regionalmanagement Lavanttal: 9400 Wolfsberg, Minoritenplatz 1, Tel. 043 52 28 78, Fax 04352 287 89, www.rmlav.at, Mo–Do 9–12, 13.30–17, Fr 9–16 Uhr.

Verkehrsmittel
Von Klagenfurt aus sind Völkermarkt, Bleiburg und sämtliche Hauptorte des Lavanttal per Bahn, alle übrigen Orte per Bus bzw. mit Umsteigen von der Bahn in den Bus erreichbar.

Durch das Rosental

Südlich des Wörthersees erstreckt sich, im Süden gesäumt von den schroffen Felswänden der Karawanken, im Norden von den sanfteren Höhen des Sattnitzzuges, das Rosental. Diese Niederung war seit alters Siedlungsgebiet überwiegend slowenischsprachiger Bauern und wurde im 20. Jh. von Menschenhand nachhaltig umgestaltet: Eine Kraftwerkskette staut hier die Drau zu großen Seen. Das Umland liegt vielerorts etliche Meter unter dem Wasserspiegel und wird, ähnlich den niederländischen Poldern, per Pumpen über Deiche entwässert. Dessen ungeachtet erweist sich die örtliche Natur als vollkommen intakt und das Rosental, das im Osten kurz vor

Durch das Rosental

dem Klopeiner See endet, insgesamt als eine Urlaubsregion par excellence für all diejenigen, die Erholung fernab großer Touristenströme suchen. Und auch für Freunde moderner Kunst. Denn mehrere Galerien zeigen hier regelmäßig hochkarätige aktuelle Arbeiten.

Das westliche Rosental

▶ J/K 6/7

Rosegg

Schloss und Labyrinth: Mai–Anfang Okt. Di–So 10–18 Uhr, Juli/Aug. tgl.; Tierpark: Ende März–Anfang Nov. tgl. 9–18 Uhr, Kombi-Preise gestaffelt 4–15 €

Ganz im Westen dieses Landstrichs, unweit von Velden, wo die Drau eine große Schleife bildet, liegt Rosegg. Das örtliche, frühklassizistische, von vier herrlichen Lindenalleen gesäumte **Schloss** birgt ein Figurenkabinett. Ihm angeschlossen sind ein 24 ha großer **Tierpark** und ein klassisches **Gartenlabyrinth** riesigen Ausmaßes. In den letzten Jahren hat sich der Ort zudem als Schauplatz für zeitgenössische Land-Art eine hervorragenden Ruf erarbeitet (siehe Auf Entdeckungstour S. 132).

Keltenwelt Fróg

Bergweg 22, Tel. 04274 525 54, www.keltenwelt.at, Ende April/Mai Di–Fr 11–17, Sa/So/Fei 10–18, Juni Di–So, Juli/Aug. tgl. 10–18, Sept./Okt. Di–Fr 10–15, Sa/So/Fei 10–18 Uhr, Eintritt 6 €; Juli/Aug. Führungen jew. Do um 11, abends jew. Di um 20 Uhr

Im Ortsteil Frög führt ein Lehrpfad durch ein Gräberfeld, immerhin das nach Hallstatt zweitwichtigste aus der Zeit von 850 bis 300 v. Chr. im gesamten Ostalpenraum. Ein Teil der örtlichen Funde ist im Urgeschichtszentrum ausgestellt.

Maria Elend

Die Gegend von Maria Elend, wo eine gotische Kirche (schöner Flügelaltar) seit dem Spätmittelalter Wallfahrer anzieht, ging kurz nach Kriegsende, im Sommer 1945, als Schauplatz grausamer Machtpolitik in die Zeitgeschichte ein: Die britische Befreiungsarmee hatte hier mehr als 10 000 Kosaken und andere frühere Kämpfer gegen die kommunistischen Partisanen an Jugoslawien beziehungsweise die Sowjets ausgeliefert und sie damit in den sicheren Tod geschickt.

Suetschach und Feistritz

Im benachbarten Suetschach veranschaulicht das **Krampusmuseum** anhand von Kostümen und Masken, mit welch pomphafter Diabolik sich der sagenhafte Begleiter des hl. Nikolaus Anfang Dezember in diesem Dorf stets zu gebärden pflegt (nur nach Voranmeldung, Tel. 0676 473 59 23).

In Feistritz, wo ein besonders schöner Wander- oder Mountainbike-Weg durch das Bärental und weiter auf die Klagenfurter Hütte (1664 m) führt, harren mit dem altehrwürdigen **Kraigherhaus** und dem **Renaissanceschloss Ebenau** im Ortsteil Weizelsdorf zwei interessante Kunstgalerien der Besucher (siehe Auf Entdeckungstour S. 132).

Übernachten

Traditionshaus in Grünlage – **Rosentaler Hof:** 9184 Mühlbach 28, Tel. 042 53 22 41, Fax 22 41-8, www.rosentalerhof.at, DZ mit HP ab 98 €. Gepflegtes Vier-Sterne-Landhotel, 6 km südlich von Velden nahe der Drau, elegantrustikale Ausstattung, Hallen- und Outdoor-Bad, 10 000 m^2 Liegepark, hauseigener Kneippweg, schöne Gartenterrasse, gute Küche.

Auf Entdeckungstour

Land Art – durch den »Kultur- und Landschaftsgarten« Rosental

Land Art – jene Kunstrichtung, bei der offener Raum mit von der Natur zur Verfügung gestellten Materialien gestaltet wird – hat in den späten 1990er-Jahren zwischen Ferlach und Rosegg Fuß gefasst. Internationale Künstler schufen seitdem mit spektakulären Objekten einen großräumigen Skulpturenpark.

Reisekarte: ▶ J/K 6/7

Planung: Bis zu einen Tag sollte man einrechnen. Rosegg ist per Bus ab Velden bzw. Ferlach erreichbar, die anderen Orte nur mit Auto.

Galerien für Gegenwartskunst entlang der Route: Galerie Sikoronja: Rosegg, Tel. 04274 44 22, www.galerie-sikoronja.at, Fr–So 15–18 Uhr; Kraigher-Haus: Feistritz, Tel. 04228 32 20, Fr–So 11–18 Uhr; Galerie J. Walker: Schloss Ebenau, Weizelsdorf, 04228 21 10, www.galerie-walker.at, Mai–Okt. Fr–So 14–18 Uhr.

Die Kunstform entstand in den 1960er-Jahren in den USA, als Künstler erstmals begannen, die freie, oft unwegsame Natur in ihre oft großformatigen Objekte mit einzubeziehen. Aus Steinen, Baumstämmen, Ästen, Erde, Gras etc. schufen sie sogenannte Land Art, deren Reiz unter anderem darin lag, dass sie – naturgemäß – der Vergänglichkeit, also einem Prozess steter Wandlung, unterworfen sind. Mit ihnen veränderten sie die Landschaft, betonten aber auch ihre Merkmale und brachten Betrachter so dazu, sich intensiver mit ihr zu befassen.

Kurz vor dem Milleniumswechsel lancierte man im Rosental, das als Grenzzone zwischen germanischer, slawischer und romanischer Kultur auf kreative Menschen seit jeher starke Anziehungskraft ausübt, das Projekt »Kultur- und Landschaftsgarten«. Der gut 20 km lange Zentralraum der Carnica-Region wurde zur Kulisse für eine Reihe spannender Land-Art-Projekte, die in ihrer Gesamtheit eine »wanderbare Kulturmeile« bilden.

Den Anfang machte 1999 der Amerikaner Patrick Dougherty, der im Park von Schloss Ebenau in Weizelsdorf aus elastischen Weidenruten drei Objekte »from the castle's kitchen« – zwei Karaffen und eine Teekanne mit Deckel – schuf. Die riesigen Gefäße wirkten wie aus dem Boden wachsende Nester, denen noch die Drehbewegung einer Töpferscheibe innezuwohnen schien. Leider wurden sie in der Zwischenzeit von Wind und Wetter dahingerafft.

Kristallisationspunkt Rosegg

Seit über zehn Jahren Zentrum der Land Art ist die Gemeinde Rosegg. Im Park des örtlichen Schlosses warten nicht nur ein 2400 m² großes Hecken- und ein noch fünfmal größeres Maisfeld-Labyrinth darauf, lustvoll begangen zu werden (vgl. S. 131). Hier stehen, im Sommer frei zugänglich, auch **»Carnica«**, ein von dem gebürtigen Nigerianer Mo Edoga aus Schwemmholz und Plastikschnüren gefertigtes ›Rekreatat‹ (siehe Abb. links), und **»Himmelsquellen«** von Elke Maier – ein zartes, mit einer Epidermis aus Zellfasern umhülltes, als »Licht-Körper« gestaltetes Geflecht aus Birkenzweigen (im Winter in Schloss Ferlach aufgestellt).

Außerdem hat man 2007 einen 3 km langen Spazierweg angelegt, den, beginnend an der Draubrücke bei St. Lamprecht, mittlerweile 17 originelle Gebilde und Installationen säumen. Wobei die höchste Dichte an Kunstwerken am Eingang und innerhalb der Keltenwelt Frög zu finden ist.

Wachsende Möbel und Baumtreppen

Weithin sichtbar ist das Projekt **»drau.art«**, das die Brüder Ed und Tomas Hoke gemeinsam mit Armin Guerino bei Selkach (Ludmannsdorf), am Nordufer des Feistritzer Stausees, verwirklicht haben. Ein strudelförmiges Hafenbecken, ein als »Zikkurat« titulierter Hügel in Form einer Schnecke und ein Damm in Gestalt einer Wellenkette bescheren der Bucht reizvolle begehbare Standorte.

Weitere Stationen sind: im Park von Schloss Ebenau Mo Edogas aus Treibholz geformte **»www.weltkugel«**, vor Schloss Ferlach die **»Wachsenden Möbel«** aus Weidenästen und diverse Installationen, u. a. **»Waldgeister«** plus eine **»Baumtreppe«** des US-Amerikaners Tim Curtis, sowie, last but not least, Johann Feilachers aus Eichenstämmen gebildetes **»Tor zum Rosental«**, das Besucher auf dem Weg von oder nach Klagenfurt vor dem Gasthof Singer in Unterschlossberg nahe der Hollenburg begrüßt und verabschiedet.

Rosental, Jauntal und Lavanttal

Infos

Infos
Carnica-Region Rosental: siehe Infobox S. 130.

Verkehr
Ab Klagenfurt per Bahn bis Velden, dann per Bus weiter.

Ferlach und Umgebung
▶ K/L 7

Carnica Bienen-Erlebnis-Museum: Strau bei Ferlach, Kirschentheuer 6, Tel. 04227 23 28, www.bienenmuseum.net, Mai–Sept. Sa/So 13–18, Juli/Aug. tgl. außer Mo 13–18 Uhr, bei Schlechtwetter tgl. ab 11 Uhr, Eintritt 4,50 €

Der Hauptort des Rosentals, an der Straße von Klagenfurt ins Slowenische gelegen und einst ein wichtiger Etappenpunkt an der Strecke Wien–Triest, ist seit dem 16. Jh. weithin berühmt für die Handwerkskunst der hier ansässigen Büchsenmacher (s. S. 54). Im örtlichen **Schloss** hat man vor wenigen Jahren ein **Museum** eröffnet, das sich auch mit dem Thema **Jagd** beschäftigt und u. a. eine Trophäensammlung der Milliardärsfamilie Horten umfasst.

Ein weiteres, sehr sehenswertes **Museum** haben die Ferlacher der sogenannten **Carnica-Biene** gewidmet, deren Königinnen man einst in der Gegend gezüchtet und in alle Welt exportiert hat, und die findige Tourismusmanager zum Marken-Logo der Region erkoren haben. Das ›lebendige‹ Museum umfasst neben Imkerwerkzeugen, Wachsmodellen und Honigschleudern auch bevölkerte Schaustöcke und einen Zeidlerwald, also einen Bienenzüchterwald. Das Städtchen selbst, übrigens das südlichste Österreichs, ist infolge seines gewerblich-industriellen Erbes von nur beschränktem Liebreiz.

Tscheppaschlucht und Bodental
Tscheppaschlucht: www.tscheppaschlucht.at, Ende April–Ende Okt., Eintritt 6,50 €

Umso Attraktiveres findet sich in der Umgebung von Ferlach: An seinem Südrand etwa führt ein wildromantischer, tadellos gesicherter Steig entlang tosender Wasser durch die **Tscheppaschlucht** bis zum 26 m hohen Tschaukofall (Gehzeit: ca. 2,5 Std.).

Von der Straße auf den Loiblpass, den schon die Römer als Übergang nutzten, zweigt etwa auf halbem Weg zur Grenze Richtung Westen eine Straße in den uralten Bergwerksort Windisch Bleiberg und weiter ins **Bodental** ab. Hier warten zwei weitere pittoreske Ausflugsziele: ein sagenumwobener Quelltümpel, das sogenannte Meerauge, und, vor dem Hintergrund der zerklüfteten Vertatscha-Wand, die sogenannte Märchenwiese.

Hollenburg und Maria Rain
Nördlich von Ferlach, jenseits der Drau, überragt die **Hollenburg** auf steilem Fels den Fluss. Die über 800 Jahre alte ›Wächterin des Rosentals‹ besitzt einen reizvollen Innenhof mit doppelgeschossigen Lauben aus der Renaissance, den man für gewöhnlich frei besichtigen kann. Von der Burg schweift der Blick über das Tal mit seinen Seen bis zur Felskulisse der Karawanken. Einen Zwischenstopp wert ist auch im benachbarten **Maria Rain** die Wallfahrtskirche mit ihren schlanken Zwiebeltürmen und schönen Altären. Wegen der Prachtlandschaft unbedingt empfehlenswert ist außerdem die Fahrt in das idyllische Hochtal von **Zell-Pfarre** und weiter, am Fuße der grauweißen Kalkwände der Koschuta, über den **Schaidasattel** ins Vellachtal.

Durch das Rosental

Übernachten

Preisgünstig – **Gasthof Ratz:** 9162 Ferlach, Kirschentheuer 6, Tel. 04227 23 28, Fax 04227 23 28 13, www.ratz.at, DZ ab 50 €. Einkehrgasthof in 230 Jahre alter Poststation unmittelbar neben dem Bienenmuseum, seit vier Generationen als Familienbetrieb, mit eigenem Badesee, Tennisplätzen, Sauna, Stockschießanlage.

Für größere Familien – **Raunighof:** 9173 St. Margareten im Rosental, Oberdörfl 9, Tel. 0664 266 85 48, www.members.aon.at/freibach, 4–12 Pers., für 4 Pers. 98 €, jede weitere 20 €, Kinder 16 €; alternativ: zwei Apartments im Bauernhaus Duar, 4 Pers. 79 €. 500 Jahre alter Bauernhof mit großer Stube, uriger Küche, Kachelöfen, aber zeitgemäßem Komfort, auf romantischer Waldwiese gelegen, Saunahäuschen am Wildbach.

Essen & Trinken

Bodenständig und gut – **Ogris alias Miklavz:** Ferlach, Ludmannsdorf 13, Tel. 04228 22 49, www.gasthaus-ogris.at, Di–So 8–24, Küche 11.30–14 und 18–21 Uhr, Menüs ab 11,50 €, Gerichte ab 8 €. Sympathisches Landgasthaus sowie Gostisce-Trattoria mit jahrhundertealter Tradition, ausgezeichnete Regionalküche. Spezialitäten: fangfrischer Fisch, diverse Nudelvariationen; gepflegter Gastgarten.

Hausmannskost mit Panorama – **Plöschenberg:** Köttmannsdorf, Plöschenberg 4, Tel. 04220 22 40, www.ploeschenberg.at, warme Küche: 11.30–20, im Sommer bis 22 Uhr, Juli/Aug. kein, sonst wechselnder Ruhetag, Menüs ab 15 €, Gerichte ab 8 €. Freundlicher Landgasthof auf 800 m Seehöhe mit herrlichem Tal- und Karawankenblick, Sonnenterrasse, Kinderspielplatz, regionale Schmankerln, Frischprodukte vom hauseigenen Bauernhof, z. B. Schlachtplatte, Karpfen, Spargel (auch nette Pensionszimmer, DZ ab 82 €).

Tradition pur – **Deutscher Peter:** Unterbergen, Loiblpass 4, Tel. 04227 62 20-0, www.deutscher-peter.at, Jan.–Okt. tgl. 7–21 Uhr, warme Küche durchgehend ab 11 Uhr, Gerichte ab 5,50 €. Legendärer Familiengasthof am Ausgang der Tscheppaschlucht mit über 500-jähriger Geschichte, hausgemachte Kärntner Spezialitäten und Mehlspeisen, Terrasse, Streicheltiere, eigenen Destillerie (Tannenbrand!), Geschenkshop mit selbst hergestellten, leckeren kulinarischen Produkten.

Gemütlich-rustikal – **Nepomuk:** St. Margareten, Trieblach 4, Tel. 04226 224 81, www.anno1504.com, Ostern–Anfang Jan. Di–Fr 17–ca. 23, Sa/So ab 12, Mitte Feb.–Ostern Fr–So 12–ca. 23 Uhr, Gerichte ab 8 €, Menüs ab ca. 20 €. Feine Alpe-Adria-Küche mit Bioprodukten aus der Region in stimmungsvollem Natursteingewölbe mit offenem Kamin oder im Gastgarten; zugehörig: zwei entzückende, bestens ausgestattete Ferien-Bauernhäuser für zwei bzw. sieben Pers., pro Nacht pauschal 60 € bzw. 110 €.

Einkaufen

Schatztruhe für Nostalgiker – **Der Heimat-Sammler:** Ferlach, Unterferlach 13, Tel. 04227 40 86, www.heimatsammler.com. Typisch kärntnerische Antiquitäten wie Bienenbretter, Schwarzhafner-Keramik, Lobisser-Bilder, Mineralien aus Hüttenberg u. v. m.

Süßes aus der Natur – **Carnica-Bienenmuseum:** Ferlach/Strau, Kirschentheuer 6. Bienen- und Honigprodukte, vom Met und Honiglikör bis Propolis und Wachskerzen.

Rosental, Jauntal und Lavanttal

Kunsthandwerk seit 1790 – **Josef Just:** Ferlach, Hauptplatz 18, Tel. 04227 22 73, www.jagdwaffen-just.at. Hochwertige Präzisionsjagdgewehre und entsprechendes Zubehör, Souvenirs.

Aktiv & Kreativ

Für Schwindelfreie – **Waldseilpark Tscheppaschlucht:** Ferlach, Unterloibl, Parkplatz Tscheppaschlucht, Tel. 0664 135 57 43, www.waldseilpark-tschep paschlucht.at, Mai–Mitte Juni und Mitte Sept.–Ende Okt. Do/Fr 14–18, Sa/So/Fei 10–18 (Okt. nur bis 17) Uhr, April nur Sa/So/Fei, Mitte Juni–Mitte Sept. tgl. 10–18 Uhr, Kinder ab 10 €, ermäßigte Familienkarten. Bäume, Seile, Rollen, Hängebrücken, Karabiner – vier unterschiedlich schwierige Parcours mit 40 verschiedenen Elementen.

Nostalgie pur – **Rosentaler Dampfbummelzug:** Tel. 0664 530 19 33 oder 04227 53 04, jedes Sommerwochenende zwischen Weizelsdorf und Ferlach (auch Kombi-Programm mit Oldtimerbus); angeschlossen ist das **Museum Historama,** Ferlach, Auengasse, Juli–Mitte Sept. Di–Fr 13–17, Sa/So 11–18 Uhr, Eintritt 5 €, Kombi-Tickets mit Bummelzug: mit 2200 m² zweitgrößtes Verkehrsmuseum Österreichs zu den Themen Tramway, Eisenbahn, Kutschen, Autos, Schiff- und Luftfahrt; beide: www.nostalgiebahn.at.

Kurzweil für Kinder – **Erlebnisplätze und Themenpfade:** z. B. Erlebniswald Drachenstein in St. Jakob, Tel. 04253 22 95-24, Naturlehrpfad Zwergohreule in Köttmannsdorf, Tel. 04220 22 03, Abenteuerpfad in die Welt des Waldes in Ludmannsdorf-Bilcovs, Tel. 04228 22 20, Mühlen- und Sägenweg in Zell-Pfarre, Tel. 04227 72 10.

Kinder, aufgepasst! – ›**Unterwegs**‹ nennt sich das Ferienprogramm, das in den Sommerferien fünf Wochen lang täglich Ausflüge für Kinder anbietet. Zwei ausgebildete Pädagoginnen begleiten auf spannenden Waldabenteuern, zu geheimnisvollen Schlössern und alten Mühlen.

Infos

Info
Carnica-Region Rosental: siehe Infobox, S. 130.

Verkehr
Ab Klagenfurt nach Ferlach direkt per Bus.

Völkermarkt und Umgebung

Völkermarkt ▶ M/N 5/6

Stadtmuseum: Faschinggasse 1, Tel. 04232 25 71-39, Mai–Okt. Di–Fr 10–13, 14–16, Sa 9–12 Uhr, So/Fei geschl.

Auf einer keilförmigen Terrasse am Nordufer der zu einem langen See gestauten Drau liegt Völkermarkt, der Hauptort des Unterlandes, das hier **Jauntal** heißt und etwa vom Klopeiner See bis in die Nähe der Lavantmündung reicht. Um das Jahr 1090 von einem Volko gegründet (daher der Name), bildete Völkermarkt über Jahrhunderte einen Brückenkopf für die aus dem Hüttenberger Bergbaurevier kommende Straße. Den daraus resultierenden Zolleinnahmen und diversen Privilegien, allen voran dem Stapelrecht für Eisen und Wein sowie einer bedeutenden Münzstätte, verdankte die Stadt seit alters ihren beträchtlichen Wohlstand. Dieser spiegelt sich, abgesehen von den eher bescheidenen

Völkermarkt und Umgebung

Resten der einst mächtigen Befestigungsanlagen, vor allem in den stattlichen Bürgerhäusern wider, die den Hauptplatz und die angrenzenden Gassen säumen. Von ökonomischer und damit künstlerischer Potenz zeugen auch das Alte und das Neue Rathaus sowie die beiden reich ausgestatteten Pfarrkirchen St. Ruprecht (neugotisch über romanischem Kern) und St. Magdalena (teils gotisch, teils barock).

Nach dem Ersten Weltkrieg wurde die Bezirkshauptstadt zu einem Brennpunkt des Abwehrkampfes. Fünf Monate lang war sie sogar von jugoslawischen Truppen besetzt. Die damaligen dramatischen Geschehnisse, die in die denkwürdige Volksabstimmung vom 10. Oktober 1920 mündeten (s. S.46), finden sich im örtlichen **Stadtmuseum** detailreich dokumentiert.

Essen & Trinken

Fischspezialitäten – **Sicher:** Tainach, Mühlenweg 2, Tel. 04239 26 38, www.sicherrestaurant.at, Mitte April–Dez. Mi–Sa 11.30–14, 18–21.30 Uhr (Fei und Juni–Aug. auch Di geöffnet), 5-Gang-Menü ca. 60 €. Weithin gerühmter Gourmettreff, erlesene Forellen, Saiblinge, Flusskrebse etc. aus eigenen Gewässern, dazu Produkte aus eigener Landwirtschaft. Rarität, auch zum Mitnehmen: Kärntner Saiblingskaviar.

Bodenständig – **Karawankenblick:** Ruhstatt 17, Tel. 042 32 21 86, tgl. 11–24 Uhr, Okt.–Mai Mo geschl., Tagessteller ab 8,50 €. Regionale Schmankerlküche mit diversen Fleisch- und Fischgerichten in rustikalem Ambiente, von der Terrasse Traumblick über den Stausee ins Jauntal.

Tipico Italiano – **Don Carlo:** Herzog-Bernhard-Platz 8, Tel. 042 32 42 35, tgl. 11–23.30 Uhr. Pizzeria/Restaurant am Stadtrand mit behaglicher Atmosphäre und sehr qualitätvoller Küche, Auswahl von 80 Pizzen ab 8 €, gute Fischgerichte.

Einkaufen

Leckere Mitbringsel – **So schmeckt Kärnten:** Watzelsdorf 4, Tel. 04232 894 66. Exklusive Lebensmittel aus der Region, Marmeladen und Schokoladen, Honig u. v. m. gleich als Geschenk verpackt.

Hochwertige Kunst – **Galerie Magnet:** Hauptplatz 6, Tel. 04232 24 44 11, www.galeriemagnet.at, Mo–Fr 9–13, 14–18, Sa 9.30–12.30 Uhr. Kärntner Klassiker und Gegenwartskünstler in architektonisch reizvollem Rahmen, Buchhandlung angeschlossen.

Abends & Nachts

Für Jung & Alt – **Music Boxx:** Griffnerstr. 7, Do–Mo 18–ca. 2 Uhr. Nette Adresse zum Chillen und Tanzen.

Infos & Termine

Infos
Tourismusregion Klopeiner See – Südkärnten: siehe Infobox S. 130.

Verkehr
Von Klagenfurt nach Völkermarkt per Bahn oder Bus, in die kleineren Orte nur per Bus.

Diex und Haimburg
▶ M/N 5

Von Völkermarkt schlängelt sich eine Serpentinenstraße die südlichen Ausläufer der Saualpe hinauf nach **Diex**.

Rosental, Jauntal und Lavanttal

Einst eine der mächtigsten Festungen Kärntens: der Schlossberg in Griffen

Das schmucke, auf 1160 m Höhe gelegene Bergdörfchen rühmt sich, mit über 2000 Sonnenstunden der sonnigste Ort im Land zu sein – und ein Eldorado für nebelfreies und familienfreundliches Wandern und Mountainbiken. Die blumenreichen Almwiesen, sattgrünen Wälder und das Panorama Richtung Karawanken bilden in der Tat eine prächtige Kulisse.

Blickfang und große Sehenswürdigkeit des Ortes ist seine doppeltürmige **Kirche**. Sie bildet mit ihren meterdicken Mauern und Türmen ein Paradebeispiel einer mittelalterlichen Wehrkirche. Ihr romanischer Kern wurde bis ins 18. Jh. wiederholt erweitert und verändert. Im krassen Kontrast zum wuchtigen Äußeren steht die Innengestaltung im Rokokostil. Zwei weitere schöne Beispiele für sakrale Wehrarchitektur finden sich ein wenig östlich, in Grafenbach und Greutschach.

Zurück im Tal sollte man in **Haimburg** einen Zwischenstopp einlegen: In der hiesigen Kirche, einem Juwel aus der Gotik, findet sich in vorösterlicher Zeit eines der schönsten Fastentücher des Landes aufgehängt. Und im Sommer bietet auf der **Ruine Heun-**

Völkermarkt und Umgebung

Einkaufen

Atelier-Galerie – **Wiegele:** Haimburg 1, Tel. 0650 546 32 26, www.galerie-magnet.com, geöffnet nach tel. Vereinbarung. Schwerpunkt ist zeitgenössische Kärntner Kunst in diesem 450 Jahre alten, schön renovierten Pfleghaus.
Direktverkauf – **Hafner:** Mittertrixen, Waisenberg 6 (westl. von Haimburg), Tel. 04231 20 43, www.vulgo-hafner.at, Fr 14–19, Sa 9–15 Uhr und nach Vereinbarung. Joghurt, Käse, Fleisch und andere herzhaft gute Frischprodukte vom Schaf aus eigener Produktion ab Hof.

Abends & Nachts

Zeitgenössisches – **k.l.a.s.:** Sommertheater auf der Heunburg, Tel. 042 32446 07 50, www.klas.at, Mitte Juli–Mitte Aug.

Griffen ▶ N 5

Stift Griffen mit Peter-Handke-Ausstellung: www.griffen.at, Di–So 9–19 Uhr, freiwillige Spende erbeten
Von Haimburg ist es bloß noch ein Katzensprung nach Griffen. Der Markt, eine im Wesentlichen aus zwei Häuserzeilen bestehende Straßensiedlung, bietet, obwohl bereits im frühen 9. Jh. urkundlich erwähnt, nichts Besonderes. Mit umso Imposanterem wartet der benachbarte **Schlossberg** auf: Wer über die funkelnagelneue, 250-stufige Treppe auf seinen 180 m hohen Gipfel steigt, kann dort die – frei zugänglichen – Ruinen einer der einst mächtigsten Festungen des Landes inspizieren. Und gegenüber der Pfarrkirche, unten im Tal, liegt der Eingang in die **Griffener Tropfsteinhöhle.** Sie ist nicht nur für ihre bunten Sinterablagerun-

burg das Kärntner Burgtheater (k.l.a.s.) zeitgenössische Bühnenkunst vom Feinsten.

Übernachten

Sehr (familien-)freundlich – **Gutshof Gotschmar:** 9103 Diex 17, Tel. 04231 81 13, Fax 04231 81 13 20, www.gutshof-gotschmar.at, DZ ab 65 €. Gehobenes Mittelklasse-Haus mit überdachtem Schwimmbad, eigenem Tennisplatz und reichhaltigem Aktivprogramm für Kinder.

Rosental, Jaunfeld und Lavanttal

gen bekannt, sondern auch für Knochen von Wollnashörnern und Höhlenlöwen, auf die man hier im Zweiten Weltkrieg beim Bau eines Luftschutzraumes stieß. Sie liefern den Beweis für die älteste menschliche Besiedlung (ca. 30 000 bis 25 000 v. Chr.) in Kärnten (s. Mein Tipp S. 141).

Literaturfreunde pilgern außerdem in das 2 km westlich gelegene, ehemalige **Prämonstratenserstift.** Denn dort hat man Peter Handke zu Ehren, dem großen Sohn des Ortes (s. S. 86), ein kleines, aber feines Museum eingerichtet.

Essen & Trinken

Schuppige Schmankerl – **Schneider:** Haimburger Str. 19, Tel. 04233 23 43, www.ghschneider.at, Mi–Mo 11.30–14.30, 17.30–21 Uhr, Tagesmenüs ab 7,50 €. Schmuckes Gasthaus an der Straße Richtung Völkermarkt, empfehlenswert: Forellen-Cordon Bleu, Fischplatte, Pfannengerichte; Fisch-Lehrpfad mit Kinderquiz.

Einkaufen

Nach antikem Vorbild – **Terra Nigra:** unmittelbar neben dem Eingang zur Höhle. Hier kann man das unverwüstliche schwarze »Bucchero«-Steingut der Etrusker aus der Manufaktur der Familie Kukowetz erwerben.
Bauernmarkt – **Hirschenau:** St. Jakob, Fr 15–18 Uhr.

Aktiv & Kreativ

Naturerlebnis – **Fischen im Stausee und Vögelbeobachten im Schutzgebiet Neudenstein:** Info-Tel. 04232 25 71.

Rund um den Klopeiner See ▶ M/N 6/7

Er gilt dank seiner windgeschützten Lage und geringen Durchflutung als wärmster Badesee Österreichs. Sein Wasser erreicht bis zu 28 °C und hat Trinkqualität, seine Ränder sind flach, also von Natur aus prädestiniert für Familien mit Kindern. Kein Wunder also, dass der Klopeiner See die touristische Kernzone Südkärntens bildet.

Die Anrainergemeinde **St. Kanzian** zählt über 900 000 Übernachtungen pro Jahr. Dementsprechend dicht besiedelt und mit Badestegen bestanden präsentiert sich der Großteil des Seeufers, dementsprechend dicht ist auch das Hotel-, Sport- und Freizeitangebot. Die rund um den See verlaufende Promenade ist über weite Strecken von Strandbädern, Cafés und Eissalons gesäumt und verströmt geradezu mediterranes Flair.

Ungleich stiller und naturbelassener geht es an den Gestaden des nahen, knapp halb so großen **Turner Sees** sowie im angrenzenden Naturschutzgebiet **Sablatnigmoor** zu. Beide lassen die Herzen von Vogelkundlern höher schlagen. Die Anmut der Gegend hat offensichtlich schon die Kärntner Urahnen zum Bleiben bewogen. Auf dem **Gracarca-Hügel,** zwischen dem 18-Loch-Golfplatz und dem See, haben Archäologen Siedlungsreste von der Jungsteinzeit bis in die frühe Römerzeit entdeckt. Das Grabungsgelände ist jederzeit frei zugänglich (Infos: www.keltenmuseum.klopein.at).

Eine reizvolle Verbindung sind alte und moderne Kunst ein paar Kilometer westlich, in **Stein im Jauntal,** eingegangen: Dort führt ein von einheimischen Gegenwartskünstlern ausgestalteter Kreuzweg hinauf zur romanischen Pfarrkirche. Die Innenwände des zugehörigen Karners hat die Kärntner ›Pop-Artistin‹ Kiki Kogelnik 1996 mit avantgardistischen Motiven zum Totentanz versehen (s. Mein Lieblingsort S. 142). Ein Stück südlich, nahe dem Dorf Gallizien am Fuß des Hochobir (2139 m), stürzt der **Wildensteiner Bach** über den gleichnamigen Wasserfall 54 m in die Tiefe – ein zu Recht viel besuchtes Naturdenkmal, das man vom Parkplatz aus zu Fuß in rund 20 Minuten erreicht.

Bad Eisenkappel ▶ M 7

Folgt man dem sich verengenden Tal der Vellach flussaufwärts, gelangt man bald nach Bad Eisenkappel. Der Ort, einst ein wichtiger Umschlagplatz an dem Handelsweg über den Seebergsattel Richtung Süden, hat sich dank seiner kohlensäurehaltigen Mineralquellen einen Namen als Kurort gemacht. Kunstfreunde sollten am nördlichen Ortsrand zu der gotischen **Wallfahrtskirche Maria Dorn** emporsteigen. Wanderern seien die beiden Naturschutzgebiete **Trögener Klamm** beziehungsweise **Vellacher Kotschna** ans Herz gelegt. Für eine Ausflugsfahrt empfiehlt sich die Panoramastraße über den Paulitschsattel ins slowenische Logartal.

Stift Eberndorf ▶ N 6

Östlich des Klopeiner Sees beherrscht **Stift Eberndorf** den gleichnamigen Ort. Die im Kern an die 900 Jahre alte Anlage, erhielt ihre heutige barocke, auffallend wehrhafte Vierkantform Mitte des 17. Jh. Jahrhundertelang von den Augustiner-Chorherrn betrieben, wird sie heute von der Gemeinde zu Schul- und Verwaltungszwecken genutzt. Ihr kunsthistorisches Schmuckstück ist die Kirche Maria Himmelfahrt mit einem von herrlichen Schlingrippen überwölbten Langhaus (um 1500) und einer weiträumigen Krypta (um 1380).

Mein Tipp

Höhlenerkundungen – nicht nur für Regentage
Zwei wunderschöne Tropfsteinhöhlen laden zum Gang in die Unterwelt: Die Höhle im **Schlossberg von Griffen** (▶ N 5) fasziniert vor allem durch die Farbenpracht ihrer Stalagtiten und Stalagmiten (Tel. 04233 20 29, www.tropfsteinhoehle.at, ca. 30-minütige Führungen Mai–Sept. 9–12, 13–17, Juli/Aug. durchgehend, Okt. 10–11, 13–16 Uhr, Eintritt 8 €). Die **Höhle im Obir** (▶ M 7) gilt mit ihren drei Grotten gar als größte und prächtigste Tropfsteinhöhle Österreichs und ist als multimedialer Erlebnispark, Schaubergwerk inklusive, ausgestaltet (Tel. 04238 82 39, www.hoehlen.at, April–Mitte Okt. tgl., Besichtigung nur mit Führung, Zubringerbus ab Bad Eisenkappel/Hauptplatz, Abfahrt Juli/Aug. tgl. 9.30–15.30, Juni, Sept. tgl. 10, 12, 14, April, Okt. Mo–Fr 13, Sa/So/Fei 11 und 14 Uhr, Gesamtdauer ca. 3 Std., Reservierung empfohlen, Eintritt 20 €, ermäßigte Kombi-Tickets).

Übernachten

Wellness–Resort – **America-Holzer:** 9122 St. Kanzian, Tel. 04239 22 12, Fax 04239 21 58, www.amerika-holzer.at, DZ mit HP ab 164 €. Exquisites Vier-

Lieblingsort

Ein witziger Tod?
Nein, so salopp grüßend, mit einem kecken »Hi« auf der Stirn, jagst du, Sensenmann, uns keine Furcht ein! Im Gegenteil: Der Totentanz, mit dem die Kärntner Pop-Art-Künstlerin Kiki Kogelnik (1935–97) das romanische Beinhaus neben dem Bergkirchlein von **Stein im Jauntal** (s. S. 140, ▶ M 6) innen versehen hat, verströmt eine geradezu infektiöse Fröhlichkeit. Der Rundkarner ist zwar häufig versperrt, sein comichaftes Interieur von außen aber gut einsehbar.

Rund um den Klopeiner See

Sterne-Haus mit 200 m langem Privatstrand und beheiztem Strandpool sowie Wellness- und Beauty-Center, Gourmet-Restaurant.
Für Sportive – **Mori:** 9122 Seelach/Klopeiner See, Kleinseeweg 20, Tel. 04239 28 00-0, Fax 04239 28 00 61, www.hotel-mori.at, DZ mit HP ab 112 €. Bestens ausgestattetes Tennis-Golf-Wellness-Hotel mit mehreren Dependancen im Ort, 18 Tennis-Frei- und Hallenplätze, großer Thermenlandschaft und Zugang zum hauseigenen, völlig unverbauten Badesee.
Familiengasthof – **Schmautz:** 9133 Miklauzhof bei Bad Eisenkappel, Jerischach 4, Tel. 04237 22 21, Fax 04237 22 21 21, www.familiengh-schmautz.at, DZ mit HP ab 86 €. Sympathischer, modern ausgestatteter Betrieb, der auch je vier Familienapartments und Ferienwohnungen umfasst, äußerst reichhaltiges Aktivprogramm für Kinder.

Essen & Trinken

Satt zu fairen Preisen – **Mochoritsch:** Rückersdorf 5, südl. des Turner Sees, Tel. 04237 24 13, www.mochoritsch.at, Mai–Sept. tgl. 8–23, Küche 11.30–14.30, 18–22 Uhr, Gerichte ab 7,50 €, Tagesmenüs ab 8,50 €. Gasthaus mit Qualitätsprodukten aus der eigenen Landwirtschaft, Filialbetrieb an der Autobahnstation Griffner Rast.
Sehr preiswert – **Gasthof am See:** Turner See, Obersammeldorf, Tel. 04239 23 45, www.amsee-picey.at, Mai–Okt. tgl. 11.30–22 Uhr, Gerichte ab 6 €, Menüs ab 8,50 €. Fisch- und Grillspezialitäten sowie Schmankerl aus eigener Landwirtschaft, Kärntner Brettljause, schöner Terrassenblick auf den See; auch Hotel mit tadellosen Zimmern (DZ mit HP 54 €).
Herzhaft – **Ferienzentrum Camping Süd:** Unterburg, Tel. 04239 23 22, www.feriensued.com, Mai–Sept. tgl. 11.30–14, 17.30–21 Uhr, Gerichte ab 6,50 €. Ein Gasthof am Campingplatz, weithin gerühmt für den fangfrischen Fisch aus dem See bzw. hauseigenen Fischereigewässern.
Günstig schlemmen – **Menüwirt:** St. Kanzian, Kleindorf, Tel. 04239 22 48, www.menuewirt.at, April–Okt. tgl. 11–20.30 Uhr, 25 verschiedene Niedrigpreis-Menüs, ab 7 €. Gute Qualität, Spezialität: Hendl (Huhn), stets frische Kuchen, hausgebrautes Bier.

Aktiv & Kreativ

Urlaub am See – **Wassersport:** An den sieben Seen der Region Klopeinersee gibt es insgesamt 19 Strandbäder, zwei Tauch- und drei Surfschulen, Infos: www.klopeinersee.at.
Für Hobby-Ornithologen – **Vogelpark am Turner See:** St. Primus, Tel. 042 39 27 07, April–Sept. 9–18, Okt. 10–16 Uhr. Mehr als 1000 Vögel plus Zuchtstation.
Naturerleben – **Sablatnigmoor:** Führungen Juni–Sept., Terminauskünfte: Tel. 04236 22 21; außerdem: Bienenlehrpfad und Kräutergarten in Stift Eberndorf.
Downhill race – **Sommerrodelbahn:** in Eberndorf, Bahnlänge: 1200 m, Juni–Anfang Sept., nur bei trockenem Wetter, Tel. 04236 27 36.

Infos & Termine

Infos
Tourismusregion Klopeiner See – Südkärnten: siehe Infobox S. 130.

Termine
Komödienspezialitäten – Südkärntner Sommerspiele: in Stift Eberndorf, Tel. 04236 30 04, www.sks-eberndorf.at, Juli–Mitte Aug.; Galerie im Stift, geöff-

Rosental, Jauntal und Lavanttal

net an den Aufführungstagen 18.30–20.30 Uhr oder nach Voranmeldung, Tel. 04236 32 24 24.

Verkehr
Ab Völkermarkt per Bus.

Hemmaberg und Globasnitz ►N 6

Pilgermuseum: Globasnitz 13, Tel. 04230 200 46, www.globasnitz.at, Mai–Okt. Di–Fr 10–12, 14–17, Sa/So 9–12, 13–17 Uhr, Eintritt 4 €
Wie tief die spirituellen Traditionen in Südostkärnten in der Vergangenheit wurzeln, offenbart der Hemmaberg bei Globasnitz: Auf ihm errichteten schon die Kelten einen Weihetempel. Von Iouenat, ihrer Gottheit, stammt Iuenna, der Name jener Straßenstation ab, die wenig später unten im Tal die Römer schufen (und der etymologisch noch im ›Jauntal‹ steckt). Deren Bewohner verlegten ihre Siedlung in den gefahrvollen Zeiten der Völkerwanderung erneut auf den Hemmaberg und nutzten ihn ebenfalls als Kultstätte.

Aus dieser Zeit, dem 5./6. Jh., haben sich auf dem Gipfelplateau des steilen, über 800 m hohen Kalkfelsens die Reste eines frühchristlichen Wallfahrtsortes samt ausgedehntem Gräberfeld erhalten. Die – ganzjährig frei zugänglichen – Grundmauern der insgesamt fünf Sakralbauten gelten als archäologische Sensation; insbesondere jene zwei Doppelkirchenanlagen, die allem Anschein nach parallel von arianischen wie katholischen Christen genutzt wurden und somit seltene Symbole für eine konfessionelle Koexistenz darstellen.

Um 1500 wurde übrigens auf dem energetisch offenbar besonders wirksamen Berg eine spätgotische Wallfahrtskirche erbaut.

Etwas unterhalb, in der sogenannten **Rosaliengrotte,** sprudelt Wasser aus dem Fels, dem man seit alters heilende Wirkung nachsagt. Die seit 1978 auf dem Hemmaberg gefundenen antiken Schätze, allen voran kostbare Mosaikböden und Grabbeigaben, sind im alten Schulhaus von Globasnitz, dem **Archäologischen Pilgermuseum,** dauerhaft ausgestellt.

Ein bewundernswertes Kuriosum steht mitten im Ort Globasnitz: **Schloss Elberstein,** ein stattliches, regelrechtes Märchenschloss, das der gelernte Tischler und Künstler Johann Elbe, von den Grundmauern bis zu den Dekordetails, in eigener, bislang 28-jähriger Arbeit errichtet hat (Besichtigung nach Voranmeldung möglich, Tel. 04230 667).

Bleiburg ►N/O 6

Werner Berg Museum: 10.-Oktober-Platz 4, www.berggalerie.at, Ende April–Anfang Nov. tgl. 10–18 Uhr, Eintritt 7,80 €
Bleiburg, der kleine Hauptort des östlichen Jauntals, dessen Name vermutlich von den Bleivorkommen im Petzen-Gebiet herrührt, ist dank zweierlei Attraktionen weithin bekannt: dem Bleiburger Wiesenmarkt, einem stets Ende August/Anfang September veranstalteten Mega-Fest, das auf eine über 600(!)-jährige Tradition zurückblickt und mittlerweile alljährlich über 100 000 Menschen anlockt, und dem **Werner Berg Museum.** Sein Namenspatron (1904–81) hatte sich 1930, aus Nordwestdeutschland stammend, hier im Kärntner Unterland niedergelassen, um fortan 50 Jahre lang als Maler und Bauer der schlichten Schönheit und Eigenwilligkeit der hiesigen Menschen und Natur auf den Grund zu gehen. Die wunderbare, vom deutschen Ex-

Bleiburg

pressionismus mitgeprägte Form- und Farbensprache der Ölbilder und Holzschnitte Werner Bergs kann man in hervorragend ausgebauten Räumlichkeiten bewundern (siehe Lieblingsort S. 146).

Ebenfalls auf dem malerischen Hauptplatz, zu Füßen des von einem imposanten Renaissancebau bekrönten Schlossbergs, steht der 1994/95 entstandene **Freyungsbrunnen** von Kiki Kogelnik.

Der mächtige Gebirgsstock, der im Süden, direkt an der Grenze zu Slowenien, das flache Land überragt, heißt **Petzen** und ist 2114 m hoch. Er ist ein viel frequentiertes Wander- und Skirevier und dank einer Kabinenseilbahn bequem zu erklimmen. Wer ihn mit eigener Muskelkraft in der Vertikalen bezwingen will, kann am Kletterturm auf dem Sportplatz im nahen St. Michael seine Muskel stählen.

Übernachten

Traditionsadresse – **Breznik:** 9150 Bleiburg, Hauptplatz 9, Tel. 042 35 20 26-0, Fax 042 35 20 26-20, www.brauhaus.breznik.at, DZ ab 60 €. Gemütliches, sehr persönlich geführtes Qualitätshotel im Stadtkern, teilweise mit Themenzimmern, eigener Badestrand am Turner See; im Erdgeschoss zum Essen: das ›Alte Brauhaus‹, tgl. 11.30–14, 17–22 Uhr, gute Hausmannskost und große Auswahl an Pizzen (ab 6,80 €), eigene Hausbrauerei.

Essen & Trinken

150 Jahre Wirtshauskultur – **Hafner:** Neuhaus, Oberdorf 14, Tel. 04356 20 44, www.hadnwirt.info, Mi–So 10–24, Küche 11–14, 17–21 Uhr. Gemütlicher Landgasthof mit sehr guter Regional-

Mein Tipp

Museum Liaunig
Ein Muss für Kunst- und Architekturkenner: Nahe dem Dorf Neuhaus, ca. 10 km nordöstlich von Bleiburg und abseits aller Touristenströme, hat sich der Industrielle und Kunstsammler Herbert W. Liaunig 2008 ein kühn konzipiertes Privatmuseum errichten lassen. In dem weitgehend unterirdischen Bau sind auf 2000 m² Ausstellungsfläche Bilder, Grafiken, Plastiken und Objekte, eine der größten Sammlungen österreichischer Kunst nach 1950, zu sehen. Ergänzt wird sie durch markante Werke ausländischer Künstler sowie, in einem schwarzen Kubus, durch die Dauerschau »Gold der Akan« – 600 Schmuck- und Kultobjekte afrikanischer Königsstämme (Neuhaus 41, Tel. 04356 211 15, www. museumliaunig.at, Mai–Okt., zu besichtigen im Rahmen von 90-minütigen Führungen, Termine nach Vereinbarung, Mi–So jeder Zeit möglich, Kinder erst ab 12 Jahren, Eintritt 12 €).

küche, vielerlei Nudelgerichte (ab 7,50 €), ein Pionier der Had'nschmankerln (siehe Mein Tipp S. 148).
Für Süßzähne – **Stöckl:** Bleiburg, 10.-Okt.-Platz 18, Tel. 04235 21 20, Di, Do/Fr, So 8–12, 14–18 Uhr, Mi, Sa nur vormittags. Behagliche, weithin bekannte Café-Konditorei.

Einkaufen

Altes Handwerk – **Stöckl:** s. o. Lebkuchen und Wachskerzen aus eigener Produktion, angeschlossen ist ein

Lieblingsort

Wehmütig bis schrullig – Werner Berg Museum ▶ N/O 6

Der Einfluss der »Brücke«-Künstler, insbesondere von Nolde, aber auch von Munch, ist unübersehbar. Doch hat der in Wuppertal geborene Wahlkärntner Werner Berg (1904–81) in den 50 Jahren, die er zurückgezogen auf seinem Bergbauernhof nahe dem Dorf Gallizien lebte, eine ganz eigene, expressiv schlichte Bildsprache entwickelt. Bauern am Feld, Kirchgänger, Busreisende, stillende Mütter und wartende Alte, elegische Dörfer, Äcker, Alleen unter Schnee … Kein anderer hat, scheint mir, die Landschaft des Unterlandes und die wehmütige Seele seiner slowenisch-kärntnerischen Bewohner so lebensnah erfasst. Immer wieder besuche ich deshalb das Berg gewidmete Museum in Bleiburg. Die meisten seiner Holzschnitte und mattfarbigen Ölbilder, die dort dauerhaft hängen, stimmen wunderschön melancholisch. Nicht wenige aber, vor allem die Porträts, lassen in ihrer vermeintlich naiven Schrulligkeit durchaus auch schmunzeln (Details siehe S. 144).

Rosental, Jauntal und Lavanttal

Wachsziehermuseum (geöffnet nach tel. Vereinbarung, Eintritt variabel).
Kunsthandel – **Michael Kraut:** Bleiburg, Postgasse 10, Tel. 04235 20 28, www.kunsthandel-kraut.at. Qualitätsvolle Gemälde des 19. Jh., der Klassischen Moderne und zeitgenössische Künstler aus Kärnten.

Aktiv & Kreativ

Adrenalinschub – **Bungy-Jumping:** von der Jauntalbrücke bei Ruden, April–Okt., Zeiten auf Anfrage, Tel. 04234 222, www.bungy.at, Sprünge kosten ab 59 €.
Wandern & Wintersport – **Petzen:** per Kabinenbahn auf 1700 m, in Betrieb Juni–Sept. sowie im Winter, Tel. 04235 22 46, www.petzen.net.

Spezialität Had'n
Ganz im Osten des Unterlandes, in und um **Neuhaus**, haben sich 1997 etliche Bauern und Wirte zwecks Wiederentdeckung eines traditionsreichen, von den Feldern lange Zeit verschwundenen Agrarprodukts zu einem Verein zusammengetan. Dank ihnen feiert der sogenannte Had'n (Buchweizen) neuerdings wieder kulinarische Urständ. Wer also Brot, Nudeln, Ravioli, Kekse, aber auch Torten und Schnaps aus dem gesunden Getreide probieren will: Sie werden in vielen Gasthöfen der Gegend – z. B. im Wirtshaus Hafner in Neuhaus (s. S. 145) – serviert sowie von Bauern ab Hof verkauft (weitere Infos unter Tel. 04356 20 44, 0664 627 28 65, www.hadn.info).

Abends & Nachts

Sympathisch – **St. Louis Bar:** Bleiburg, Hauptplatz 9, Do–Sa 20–4 Uhr. Gemütlicher Treff für Nachteulen im jazzigen Bohemien-Ambiente, Spezialität: das hausgebraute Steinbier.

Infos & Termine

Infos
Tourismusregion Klopeiner See – Südkärnten: siehe Infobox S. 130.

Termine
Bleiburger Wiesenmarkt (letztes Augustwochenende): Tel. 04235 21 10-13, www.bleiburgerwiesenmarkt.at, s. S. 144.
Festival Suha (ein Wochenende Mitte Juni): Schloss Neuhaus, in Kombination mit Dravograd in Slowenien, Infotel. 0664 381 10 49, www.festival-suha.at. Internationales Oktett-Festival mit Spitzenensembles aus Österreich und den Nachbarstaaten auf der Freiluftbühne.

Verkehr
Ab Klagenfurt bzw. Wolfsberg per Bahn.

Durch das Lavanttal

Die zwischen den Bergrücken der Sau- und der Koralpe hingebreitete, von der Lavant durchflossene Tallandschaft steht im Ruf eines riesigen Obstgartens und wird von ihren Bewohnern gerne als ›Kärntens Paradies‹ bezeichnet. Historisch betrachtet, verdankt der liebliche Landstrich seinen Wohlstand allerdings nicht in erster Linie der Fruchtbarkeit über Tag, sondern der früheren Fülle an Bodenschätzen, die in etlichen Minen abgebaut wurden.

Durch das Lavanttal

Reichenfels und Bad St. Leonhard ▶ N 2/3

Reichenfels – der Name des nördlichsten, nahe der Grenze zur Steiermark gelegenen Ortes erinnert ganz unverblümt daran, dass einst in seiner Umgebung en masse Silber gewonnen wurde. Offensichtlicher noch ist in Bad St. Leonhard der Reichtum, der einst aus dem Inneren der Berge kam: Weil hier bis in die frühe Neuzeit der Gold- und Silberabbau blühte, konnte sich der Ort, der sein Attribut ›Bad‹ heilkräftigen Schwefelquellen verdankt, den wohl großartigsten gotischen Sakralbau des Landes leisten.

Die Pfarr- und Wallfahrtskirche **St. Leonhard,** die auf einem Hang außerhalb der Stadt steht und, wie bei Kirchen für den Schutzheiligen der Gefangenen üblich, mit einer Eisenkette umschlossen ist, beeindruckt mit ihren Strebepfeilern, Fialen und dem feinen Maßwerk schon von außen. Ihr großer, landesweit einzigartiger Schatz sind freilich die 139 gotischen Glasfenster. Knapp die Hälfte von ihnen, darunter Christus, Maria und die Apostel (im Chor) sowie die Szenen aus dem Leben Christi (im nördlichen Seitenschiff) und aus der Leonhardslegende (westliche Fenster), stammen aus der Zeit um 1340/50. Der Rest ist nur wenige Jahrzehnte jünger. Beeindruckend sind außerdem der mächtige Hochaltar, der Flügelaltar im rechten Nebenchor sowie die fast 400 Votivgaben aus Eisen.

Ebenfalls vom Geld und Einfluss der Stadt zeugt die westlich des hübschen, von Biedermeierhäusern gesäumten Hauptplatzes emporragende, teilweise noch viergeschossig erhaltene Burgruine Gomarn. Ein flüssiges Markenzeichen des Ortes ist das stark kohlesäurehaltige Mineralwasser aus dem ›Preblauer Sauerbrunn‹.

Bei **Twimberg,** wo die Autobahn A 2, vom Packsattel kommend in das Lavanttal einschwenkt und sich dieses kurz schluchtartig verengt, wachen eine Burgruine und, ein Stück östlich, im Waldensteingraben, das gleichnamige Schloss mit seinem mächtigen, romanischen Bergfried (Privatbesitz) über das Land. Am südlichen Ausgang des Talgrabens, kurz vor St. Gertraud, steht rechts der B 70, der Packer Straße, ein ungewöhnlicher, mit gotisierenden Bauelementen verzierter Turm. Es handelt sich um einen über 150 Jahre alten Hochofen – eines von mehreren frühindustriellen Relikten, die diese Strecke säumen. Ganz in der Nähe, im Ortsteil Frantschach, fällt der Blick auf eine riesige Zellstoff- und Papierfabrik, die für etliche hundert in der Region dringend benötigte Arbeitsplätze sorgt.

Übernachten

Gediegen – **Moselebauer:** 9462 Bad St. Leonhard, Klieining 30, Tel. 04350 23 33 -0, Fax 04350 23 33-48, www.moselebauer.at, DZ mit HP ab 192 €. Renommiertes Vier-Sterne-Haus am Fuß des Klippitztörl in Grün- und Ruhelage, eigene Tennishalle, Hallenbad, Kegelbahnen, 600 m²-Wellness-Landschaft, Almhütte.

Familiär – **Zur alten Mühle:** 9463 Reichenfels, Bamberger Str. 10, Tel. 04359 22 11, Fax 04359 221 12 00, www.hotel-zuraltenmuehle.at, DZ ab 60 €. Kinderfreundliches Hotel in schönem Wander- und Bikegebiet, große Sauna-Landschaft, riesiges Spielzimmer, diverse Kinderprogramme.

Essen & Trinken

Familientradition seit zehn Generationen – **Trippolts Zum Bären:** Bad St. Le-

Rosental, Jauntal und Lavanttal

onhard, Hauptplatz 7, Tel. 04350 22 57, Di–Sa 11–14, 18–23 Uhr, www.zumbaeren.at, Menüs mittags 12 €, abends bis zu 72 €. Landgasthof mit gediegener Tisch- und Weinkultur, haubengekrönte, zugleich kreative und bodenständige Küche, Spezialitätenverkauf in der angeschlossenen ›Weinbotschaft‹.

Tadellose Mittelklasse – **Rainsberghof:** Reichenfels, Am Rainsberg 115, Tel. 04359 27 77, tgl. 7–24, Küche 11–14.30, 18–20.30 Uhr, Nov. u. April geschl., Speisen ab 8,50 €. Bodenständige österreichische und Kärntner Spezialitätenkost auf über 1000 m Seehöhe; auch 30 Zimmer mit Balkon (Fernblick), DZ ab 56 €, auf Wunsch mit HP.

Infos

Infos
Tourismusverein Reichenfels, Liftstr. 1, Tel. 04359 22 21-13, www.reichenfelserleben.at.
FV-Amt Bad St. Leonhard: Hauptplatz 46, Tel. 4350 22 18-26, www.bad-st-leonhard-i-lav.at.

Verkehr
Ab Klagenfurt per Bahn.

Wolfsberg ▶ O 4

Die Bezirkshauptstadt Wolfsberg ist mit 378 km^2 flächenmäßig nach Wien die größte Gemeinde Österreichs. Seit der ersten Hälfte des 11. Jh. über 700 Jahre lang in bambergischem Besitz, diente es seit alters als eine wichtige Handelsstation entlang der Straße vom Pack- beziehungsweise Obdachersattel Richtung Süden. Wirtschaftliche Bedeutung erlangte es zu Beginn der Neuzeit auch als Ort der Verhüttung von Eisenerz aus dem Oberen Lavanttal. Zuvor schon hatte verblüffenderweise vor Ort auch der Weinbau des Längeren eine nicht unwesentliche Rolle gespielt.

Obere Stadt

Eine gute Vorstellung vom frühen Wohlstand vermittelt ein Spaziergang vom Ufer der Lavant durch die Obere Stadt. Das stattliche Rathaus an der steinernen Brücke, der Hohe Markt mit der Mariensäule und seiner Front aus Bürgerhäusern, hinter deren Biedermeierfassaden sich manch bemerkenswerter Renaissance-Arkadenhof verbirgt, der Getreidemarkt mit dem gotischen Reckturm und dem ehemaligen Landesgericht, die von historischen Gebäuden gesäumte Johann-Offner-Straße – sie alle verströmen bürgerliches Selbstbewusstsein. Die Sakralbauten, allen voran die in großen Teilen romanische Markuskirche mit ihrem Hochaltarbild des ›Kremser Schmidt‹ sowie, gleich nebenan, die spätgotische Annakapelle mit ihrem feinen Flügelaltar, tragen zum Gesamteindruck eines gut situierten Gemeinwesens maßgeblich bei.

Schloss

Beherrscht wird die Stadt – die übrigens so schwer befestigt war, dass weder Türken noch Ungarn sie zu besetzen vermochten – vom Schloss. Die bambergische Burg auf dem Berg, »auf dem einst die Wölfe hausten«, wurde 1178 erstmals urkundlich erwähnt. 1759 wurde sie mitsamt der Grafschaft Wolfsberg an die habsburgische Kaiserin Maria Theresia verkauft. Knapp 100 Jahre später ging sie in den Besitz der Grafen Henckel-Donnersmark über. Diese ließen die mittelalterliche, im 16. Jh. festungsartig ausgebaute Anlage mit ihren zwei Rundtürmen, von englischen Vorbildern inspiriert, im neugotischen Tudorstil umgestal-

… ten und um ihn herum einen prachtvollen, historischen Landschaftsgarten anlegen. Heute ist das Schloss mit seinen 1000 m^2 umfassenden Prunkräumen, die vor Kurzem aufwendig restauriert wurden, im Rahmen von Festen, Konzerten und Wechselausstellungen und diversen anderen Kulturveranstaltungen öffentlich zugänglich.

Weitere Sehenswürdigkeiten
Museum im Lavanthaus: St. Michaeler Str. 2, Tel. 04352 537-333, www.lavanthaus.at, Mitte März–Mitte April Di–Do 10–16, Fr bis 13, Mitte April–Ende Okt. Di–So 10–17 Uhr, Eintritt 5 €
Nicht zu besichtigen versäumen sollte man außerdem: das um 1860 südlich des Schlosses auf einem bewaldeten Hügel vom preußischen Hofarchitekten F. A. Stüler erbaute **Mausoleum** der Grafen Henckel-Donnersmark, das im Kern über 700 Jahre alte **Schloss Bayerhofen** mit seinem schönen Arkadenhof (rechts der Lavant, im Süden der Stadt) und das die Natur-, Kultur- und Sozialgeschichte der Region dokumentierende **Museum im Lavanthaus**.

Übernachten

Klein, aber fein – **Zum Landrichter:** 9400 Wolfsberg, Getreidemarkt 6, Tel. 04352 375 56, www.zumlandrichter.at, DZ ab 136 €. 13 individuell gestaltete Themenzimmer in historischem Gemäuer, charmante Führung, tolles Bücher- und Zeitungssortiment, im Haus: Kulturprogramm und Yogaschule.
Funktional & modern – **Hecher:** 9400 Wolfsberg, Wiener Str. 6, Tel. 04352 29 46, Fax 04352 29 46 45, www.hecher.at, DZ ab 85 €. Zentral, Vier-Sterne-Komfort, exzellente Café-Konditorei im Haus.

Durch das Lavanttal

Essen & Trinken

Gediegen-ländlich – **Alter Schacht:** St. Stefan, Hauptstr. 24, Tel. 043 52 31 21, www.alterschacht.at, Di–Sa 7–14.30, 17.30–24, Küche 12–14, 18–22 Uhr, So nur mittags, Gerichte ab 10 €. Ausgezeichnete Küche, Spezialitäten: Almochs aus der Region, hausgemachte Nudeln, frischer Fisch aus eigenem Gewässer, tolles Weinsortiment, geschmackvoll eingerichtet.
Verlässliche Mittelklasse – **Dölder:** Rossmarkt 2, Tel. 04352 26 98, www.doelder.com, tgl. 8–22 Uhr, Gerichte ab 8 €. Köstliche Hausmannskost sowie internationale Küche in funktionalem Ambiente, auch nette Zimmer (DZ 62 €).
Vor dem Kunstgenuss – **Cafe & Restaurant Schloss Wolfsberg:** Hoher Platz, Tel. 04352 303 46, Mo–Sa 8–22 Uhr. Feine Imbisse, Mehlspeisen, Eis, leckere Spezialität: Jaganudl.

Einkaufen

Pikant und süß – **Bartlbauer:** St. Thomas 4, Tel. 04352 515 46, www.bartlbauer.at. Kürbiskernöl, Naturessige, Liköre, Schnäpse, Sirup und Konfitüren – alles aus eigener Produktion.
Leckere Mitbringsel – **Lavanttaler Bauernmarkt:** Fr 13–18, Sa 7.30–11 Uhr. Von Kürbiskernöl bis Edelbrand alle kulinarischen Köstlichkeiten der Region.

Abends & Nachts

Discostadl – **Tollwerk:** Klagenfurter Str. 49a, Tel. 0650 539 50 63, Do–Sa und vor Fei ab 21 Uhr, www.bollwerk.at.
Weitere In-Treffs – **Rockbeisl, Dolce Vita etc.:** Am Hohen Platz sind nette Lokale für Nachteulen dicht an dicht gereiht.

Rosental, Jauntal und Lavanttal

Infos & Termine

Infos
Tourismusbüro Wolfsberg: Getreidemarkt 3, Tel. 04352 33 40, www.wolfsberg.at.
Regionalmanagement Lavanttal: siehe Infobox S. 130.

Termine
Schloss Wolfsberg: Tel. 04352 2365-22, www.schloss-wolfsberg.at, im Sommer und in der Vorweihnachtszeit Ausstellungen, Theater, Konzerte, Lesungen etc.

Verkehr
Ab Klagenfurt per Bahn oder Bus.

St. Andrä ▶ O 4/5

Einer von Kärntens ältesten Orten, dessen Kirche vermutlich schon unter Bischof Modestus im 8. Jh. begründet wurde, bildet die nächste Station: St. Andrä. Hier residierten von 1228 bis 1859, als ihr Bistum einenteils nach Gurk, anderenteils nach Marburg in Krain verlegt wurde, die Bischöfe von Lavant. Dementsprechend sind es vor allem zwei Gotteshäuser, die nähere Beachtung verdienen: die Pfarr- und einstige Domkirche St. Andreas, eine stattliche, dreischiffige Basilika aus gotischer Zeit, und, mehr noch, die gerne für Hochzeiten genutzte **Wallfahrtskirche Maria Loretto,** ein pompöser Barockbau mit weithin sichtbarer Doppelturmfassade.

Aktiv & Kreativ

Drauabwärts – **Floßfahrt:** Flößerei Kraftholz, Tel. 0664 436 40 36, www.kraftholz-floss.at, Mai–Okt., Abfahrt jeweils 10 und 15 Uhr, Dauer: ca. fünf Std., zwei Floße für 60 bzw. 100 Pers., Verköstigung und Livemusik an Bord.
Fit mach mit – **500 km markierte Wanderwege im gesamten Lavanttal:** u. a. Mostwanderwege in St. Georgen und im Granitztal.

Infos

Infos
Tourismusamt St. Andrä: Tel. 04358 27 10-26, www.st-andrae.at.

Verkehr
St. Andrä ist ab Klagenfurt per Bahn und Bus erreichbar.

St. Paul im Lavanttal ! ▶ O 5

Das kulturelle Herz schlägt seit mehr als 900 Jahren auf einem Felshügel oberhalb der Mündung des Granitzbaches in die Lavant. Dort verwandelte der Spanheimer Graf Engelbert I. im Jahre 1091 die im Jahrhundert zuvor auf keltisch-römischen Fundamenten errichtete Burg Lavant in ein Benediktinerkloster. Die ersten Mönche dieser neben Ossiach und Millstatt dritten großen Niederlassung des Ordens in Kärnten kamen aus dem berühmten Reformkloster Hirsau im Schwarzwald. Sie machten ihr Kloster, das anfangs Lauent (= Lavant) hieß und erst später den Namen des zu Füßen liegenden Marktes St. Paul annahm, rasch zum zi-

Der Benediktinerstift St. Paul gilt dank seiner Sammlungen als »Schatzhaus Kärntens«

Rosental, Jauntal und Lavanttal

vilisatorischen Mittelpunkt des Tales, an dem Lesen und Schreiben gelehrt sowie Geistes- und Naturwissenschaften, Latein und Griechisch gepflegt wurden und die Anrainer als Bauern und Handwerker Arbeit fanden.

Ihre heutige, dreiflügelige Form erhielt die Anlage – nach Brand und Türkenbelagerung – größtenteils im Laufe des 17. Jh. Treibende Kraft war damals der oft als ›zweiter Gründer‹ apostrophierte Abt Hieronymus Marchstaller. Er nahm für den Wiederaufbau den spanischen Escorial zum Vorbild. 1782 wurde St. Paul, wie so viele Klöster, von Joseph II. aufgehoben, doch bereits 1809 von Mönchen aus St. Blasien im Schwarzwald wieder besiedelt. Sie, die rund 90 Jahre später ein bis zum heutigen Tag renommiertes Stiftsgymnasium gründen sollten, brachten die Särge von 13 Angehörigen der Familie Rudolphs von Habsburg aus ihrem Stammkloster mit an die Lavant. Vor allem aber hatten sie jene Kostbarkeiten im Gepäck, die die Basis für eine der heute wertvollsten Sammlungen sakraler Kunst in ganz Europa bildeten und St. Paul den Beinamen ›Schatzhaus Kärntens‹ bescherte.

Stiftskirche

Die Stiftskirche wurde in ihrer heutigen Form als dreischiffige Pfeilerbasilika bereits im 13. Jh. fertiggestellt und zählt zu den bedeutendsten romanischen Gotteshäusern in Österreich. Ihre monumentale Doppelturmfassade mit dem Westportal – in dessen Bogenfeldrelief Christus Paulus und Graf Engelbert, den Stiftsgründer, segnet – sind wie die Raumordnung im Innern und die reich ornamentierten Chorabschlüsse rein romanisch. Das Südportal hingegen wurde erst Anfang des 16. Jh. aus alten Versatzstücken pseudoromanisch zusammengefügt. Die gotischen Rippengewölbe wurden, nachdem ein Brand die alte Holzdecke vernichtet hatte, sukzessive im 14. und 15. Jh. eingezogen.

Überhaupt haben mit den Jahrhunderten viele Bau- und Kunststile ihre Spuren hinterlassen: Das Stiftergrabmal im nördlichen Querhaus stammt aus dem späteren 13. Jh. Gut 200 Jahre jünger ist das Fresko – von Thomas von Villach – darüber. Ebenfalls im späten 15. Jh. steuerten Michael Pacher und seine Werkstatt die Figuren und Ornamente an den Schlusssteinen und Vierpässen des Gewölbes bei. Auch die Rabensteinerkapelle ist hochgotisch, die Auferstehungskapelle hingegen ba-

Das Stift St. Paul einmal anders erleben

Kunst, Natur und Kulinarium – unter diesem Motto bietet das Stift für jeden Geschmack das Richtige: für Kunstfreunde zum Beispiel im **Stiftsmuseum** die Kunstschätze sowie alljährlich interessante Themenausstellungen; außerdem eine Sammlung chinesischer und zeitgenössischer Kunst.

Im Rahmen des **St. Pauler Kultursommers** finden in Stiftskirche und Winterrefektorium von Ende Mai bis Mitte August hörenswerte Festmessen und Konzerte statt (www.kuso-stpaul. at). Und auf Feinschmecker warten das **Café-Restaurant Artrium** mit einer gut sortierten Vinothek (u. a. Ritterabende um 25 € p. P., tel. Reservierung eine Woche vorab). Auskünfte zu den vielseitigen Veranstaltungen erhält man im Stift (Tel. 04357 2019-22, www.stiftstpaul.at) oder im Verkehrsamt St. Paul (s. o.).

St. Peter im Lavanttal

rock. Die prächtige Kanzel sowie Chor- und Beichtgestühl schließlich stammen aus der Rokokozeit.

Stiftsmuseum
Mai–Okt. Di–So 9–17 Uhr, Eintritt 10,50 €
Skulpturen, liturgische Gewänder, Kelche, Monstranzen, vieles davon aus dem 12./13.Jh., des Weiteren Silber- und Goldschmiedearbeiten, darunter das sogenannte Adelheidkreuz, eine 30 000 Stücke umfassende Münz- und Medaillensammlung, Grafiken, Holzschnitte, Kupferstiche und eine Gemäldegalerie, deren Werkliste, von Dürer und Holbein über Leonardo da Vinci, Rubens, van Dyck, Veronese und Piazzetta bis Troger und den Kremser Schmidt reichend, sich nahezu wie ein Who's who der abendländischen Kunstgeschichte liest … Der Bestand an Kunstobjekten, den das Stiftsmuseum – untergebracht in mit herrlichen Holzkassetten-Decken ausgestatteten Repräsentationsräumen im Westtrakt – auf fast 3000 m² vereint, ist immens. Zudem sehenswert: die Multimedia-Schau »Die Schöpfung und das Leben des hl. Benedikt« im Kristalldom.

Bibliothek
Nicht minder großartig bestückt ist die Stiftsbibliothek: Unter Decken, die man im 17. Jh. mit Tierkreiszeichen, Jahreszeiten und Himmelswinden bemalt hat, sind rund 50 000 Bücher, an die 700 Früh- und Wiegendrucke sowie rund 2000 Handschriften und ebenso viele Urkunden aufbewahrt. Zu den größten Kostbarkeiten zählen das älteste Buch Österreichs aus dem 5. Jh., der berühmte, prachtvoll illustrierte »Ramseypsalter« (13. Jh.), und eine Kapitularien- und Volksrechtssammlung aus dem 9. Jh. Eine Gutenberg-Bibel wurde freilich schon in der Zwischenkriegszeit an die Kongressbibliothek in Washington verkauft. Auf sie schwören seither die neu gewählten US-Präsidenten ihren Eid.

Essen & Trinken

Ausflugsgasthof – **Harrach:** Lavamünd-Magdalensberg 22, Tel. 04356 26 62, www.gasthof-harrach.at, Do–Di 9–22, Küche wochentags 11.30–14, 17–21 Uhr, Sa/So/Fei durchgehend, Hauptgerichte ab 8 €. Netter Familienbetrieb, 1000 m über dem Tal, Terrasse mit Traumaussicht, gute Kärntner Schmankalan à la Nudelgerichte und Brettljause; auch nette Zimmer (DZ 56 €).

Einkaufen

Fruchtiges zum Mitnehmen – **Mostbarkeiten:** St. Paul, Hundsdorf 2, Galerie am Zogglhof, Tel. 04357 31 41. Most, Apfelweine und edle Brände zum Verkosten und Kaufen; angeschlossen: **Obstbaumuseum.** Besuch in beiden nach telef. Voranmeldung.
Hochprozentiges ab Hof – **Schnapsbrennerei Spendel:** St. Paul, Legerbuch 30, Tel. 04357 39 32, tgl. 10–17 Uhr. Selbstdestilliertes und -fabriziertes, Spezialitäten sind u. a. Apfelfrizzante und Mostsalami.

Infos & Termine

Infos
Verkehrsamt St. Paul: 9470 St. Paul, Tel. 04357 20 17-22, Fax 04357 20 17 23.

Termine
St. Pauler Kultursommer: Siehe Mein Tipp S. 154.

Verkehr
Ab Klagenfurt per Bahn.

Das Beste auf einen Blick

Zollfeld und Umgebung

Highlights !

Burg Hochosterwitz: Zwinger, Zugbrücke, Ziehbrunnen, Rüstungen und drumherum mächtige Mauerringe mit 14 Toren: Kein Wunder, dass dieses Paradeexemplar einer mittelalterlichen Festung Walt Disney zum Vorbild für seine filmischen Bilderbuchburgen erkor. S. 166

Maria Saal: An Kärntens nicht nur größter, sondern auch ältester urkundlich erwähnter Kirche lässt sich die Kulturgeschichte des Landes wie an einem steinernen Buch ablesen. Und dann noch diese Lage hoch über dem Zollfeld! Erhebend. S. 167

Auf Entdeckungstour

Zu Kärntens historischen Wurzeln: Im Zollfeld, nördlich von Klagenfurt, stand im Frühmittelalter die Wiege der Kärntner Geschichte. Und mancherorts finden sich bei der historischen Spurensuche sogar Reste aus römischer Zeit. S. 160

Archäologischer Park Magdalensberg: Ein 3 ha großes Freilichtmuseum präsentiert das antike Erbe der »ersten Hauptstadt Österreichs«, darunter Reste von Tempeln, Thermen, Werkstätten, Wohnhäusern sowie viele Fundstücke. S. 172

Kultur & Sehenswertes

Stadtmuseum St. Veit: Eine riesige Modell- und eine Garteneisenbahn, dazu Postkutschen, Draisinen, historische Zweiräder u. v. m. – eine Fundgrube für Kinder und verspielte Eltern. S. 163

Kärntner Freilichtmuseum: 40 bäuerliche Gebäude aus dem ganzen Land, vom Bildstock bis zum Bauernhof, laden in Maria Saal zur beschaulichen Zeitreise. S. 170

Aktiv & Kreativ

Längsee: Ferien wie anno dazumal – an einem unverbauten Badeidyll mit sauberem Wasser, Holzstegen, Ruderbooten und einem 1000-jährigen Stift nebenan, das ein vielseitiges Kreativprogramm bereit hält. S. 165

Genießen & Atmosphäre

Ernst-Fuchs-Palast: Das vom Namenspatron persönlich im Stil des Phantastischen Realismus gestylte Kunsthotel in St. Veit mit seiner bunten Glasfassade bietet eine komfortable wie originelle Bleibe. S. 163

Gipfelhaus Magdalensberg: 360-Grad-Panoramablick, vorzügliche Hausmannskost, und dann noch diese Dependance im hölzernen Getreidespeicher. Hier gehört eingekehrt! S. 170

Abends & Nachts

Trigonale: Das noch junge Festival verwöhnt seine Gäste mit musikalischen Entdeckungen aus Barock und Renaissance, indem es an verschiedenen Spielorten internationale Koryphäen der Alten-Musik-Szene zum Aufspielen animiert. S. 171

Kärntens historisches Herz

Infobox

Reisekarte: K/L 4/5

Informationen
Tourismusinfo St. Veit: 9300 St. Veit an der Glan, Hauptplatz 23, Tel. 04212 288 80-6911, www.stveit.carinthia.at, Okt.–April Mo–Fr 9–17, Mai, Sept. Mo–Fr 9–17, Sa 10–16, Juni–Aug. tgl. 9–18 Uhr; Auskünfte und Prospektmaterial über die Stadt, aber auch die Region Mittelkärnten, die das Zollfeld, Burg Hochosterwitz sowie den Norden über Althofen bis Friesach und Gurk umfasst.

Anreise
Nach St. Veit gelangt man von Klagenfurt aus in 15–20 Minuten (Auto bzw. Bahn). Das Zollfeld und die kleineren Orte der Umgebung erreicht man von beiden Städten bzw. von Maria Saal aus mit dem Postbus oder den Bussen der ÖBB. Auskünfte: Tel. 05 17 17 oder www.oebb.at.

Unterwegs mit dem Kärnten Kulturbus
Von Anfang Juli bis Mitte Sept. fährt So–Fr 4 x tgl. (Juni sowie 2. Sept.-Hälfte Di u. Do) im Zwei-Stunden-Rhythmus der privat betriebene Kärnten Kulturbus von Klagenfurt aus eine große Besichtigungsrunde durch das Zollfeld. Dabei berührt er alle touristischen Sehenswürdigkeiten wie Maria Saal, Herzogstuhl, Magdalensberg, Burg Hochosterwitz, St. Georgen und St. Veit. An allen Stationen kann man beliebig aus- und später wieder zusteigen. Details: www.paradiesreisen.at bzw. S. 22.

Auf der kleinen Ebene nördlich von Klagenfurt schlägt seit alters das historische Herz des Landes. Zwischen St. Veit an der Glan und Maria Saal, dem Magdalens- und dem Ulrichsberg, stolpert man allerorten über römische Steine, stößt auf frühmittelalterliche Kirchenjuwele und wandelt auf den Spuren der Kärntner Herzöge (siehe Auf Entdeckungstour S. 160 und S. 172). Und ganz in der Nähe wacht die Bilderbuch-Burg Hochosterwitz fotogen über den anmutigen Landstrich.

St. Veit an der Glan

▶ L 5

Rund 15 km nördlich von Klagenfurt, dort, wo sich das Flüsschen Glan in jähem Schwenk Richtung Süden wendet und sich bis zum Bau der Südautobahn der Hauptverkehrsweg von Wien nach Klagenfurt und ins Slowenische beziehungsweise nach Villach und weiter nach Italien gabelte, wurde schon im 12. Jh. Landesgeschichte geschrieben. Damals wurde der Ort St. Veit, nachdem er aus dem Besitz des Bistums Bamberg an die Spanheimer Familie gekommen war, zum Sitz des Kärntner Herzogshofes. Um 1220 mit dem Stadtrecht ausgestattet, sollte er bis 1518 Landeshauptstadt bleiben.

Seine Glanzzeit erlebte St. Veit unter Bernhard von Spanheim (1202–56). Er baute die sogenannte Herzogsburg und hielt, darin seinem Schwiegervater, dem Böhmenkönig Ottokar Przemysl, nacheifernd, prunkvoll Hof. Bernhard schuf auch jene bedeutsame Prägestatt, in der seinerzeit die heute älteste erhaltene Münze mit deutscher Inschrift geschlagen wurde. Wichtigste

St. Vein an der Glan

Im Sommer verströmt der St. Veiter Hauptplatz rund um das Rathaus Italianità

Einnahmequelle der Stadt war bis ins 19. Jh. der Handel, insbesondere jener mit dem Eisen aus der Norischen Region um Hüttenberg. Welchen Reichtum ihr dieser im Mittelalter beschert hat, bezeugt die 10 m hohe Stadtmauer, die die rechteckige Altstadt – von einem ehemaligen Wassergraben gesäumt, jedoch im 19. Jh. leider ihrer Stadttore und der meisten Bastionen beraubt – bis heute fast zur Gänze umschließt.

Allerdings wirkt St. Veit auch für die Zukunft wirtschaftlich bestens gewappnet: 2004 wurde am Stadtrand Europas größtes Biogaskraftwerk eröffnet, das künftig den im Zollfeld angepflanzten Mais umweltschonend in Energie verwandeln wird. Und bereits in den 1990er-Jahren ist im örtlichen Industrie- und Gewerbepark ein ›Solar-Cluster‹ entstanden, dem etliche österreichweit führende Firmen aus dem Bereich der Sonnenenergie-Nutzung angehören.

Stadtrundgang

Rund um den Hauptplatz

Herzstück und zugleich Hauptattraktion des 14 000 Einwohner zählenden Städtchens, das sich allsommerlich mit über 70 000 Blumen, Kakteen und Zierbäumchen dekoriert und dafür den Titel der ›schönsten Blumenstadt Kärntens‹ tragen darf, bildet der Hauptplatz. Das lang gestreckte, schmale Geviert, das im nordöstlich angrenzenden Unteren Platz eine malerische Fortsetzung findet, gilt mit seinem geschlossenen Ensemble herausgeputzter Bürgerhäuser als Musterbeispiel einer homogenen, mittelalterlichen Platzanlage. Sein Schmuckstück ist dank der prachtvollen, spätbarocken Stuckfassade das **Rathaus (Nr. 1)**. Über dem Portal des im Kern gotischen Gebäudes beachtenswert: die metallene Wappentafel von 1468, ein Geschenk der damaligen Partnerstadt Nürnberg, sowie die Justitia-Figur als Hinweis,

Auf Entdeckungstour

Spurensuche im Zollfeld – zu Kärntens historischen Wurzeln

Das Zollfeld, die Ebene nördlich von Klagenfurt, ist eine Kernzone der Kärntner Geschichte. Virunum war einst eine Provinzmetropole mit 30 000 Einwohnern. In Karnburg steht die Kapelle einer karolingischen Pfalz. Und auf dem Herzogstuhl ließen sich die frühen Landesherren huldigen. Eine Spurensuche, die vieles über die Frühzeit und auch manches über das Heute offenbart.

Reisekarte: ▶ K/L 5

Dauer: 3 Std. bis halber Tag

Planung: Schlüssel für die meist versperrten Kirchen in Karnburg und St. Peter am Bichl im jeweiligen Pfarrhof erbitten, Führungen nach Anm. (Tel. 04223 24 44 bzw. 04215 22 02); die Arena von Virunum steht Mai–Okt. Mo–Do 8–15 Uhr für geführte Besichtigungen offen, Fr–So nur nach Voranmeldung (Tel. 04242 22 55).

Start: Karnburg ist per Bus von Klagenfurt aus direkt oder mit Umsteigen in St. Veit erreichbar.

Einzigartig: die Kirche von Karnburg

St. Veit an der Glan, Maria Saal, der Magdalensberg ... Im Norden und Osten des Zollfeldes finden historisch interessierte Urlauber mehrere sehr sehenswerte Orte, die für die Landesgeschichte von zentraler Bedeutung sind. Mindestens ebenso tiefe Einblicke in die frühe zivilisatorische und politische Entwicklung auf Kärntner Boden lassen sich am Westsaum der fruchtbaren Ebene gewinnen. Dort leuchtet als heller Fleck aus Waldesgrün der Weiler **Karnburg.** Dessen schlichtes Kirchlein mutet zunächst als einer von vielen mittelalterlichen Sakralbauten der Region an. Doch bei Restaurierungsarbeiten vor dem Zweiten Weltkrieg kam zutage, dass es sich hier um die Kapelle einer karolingischen Pfalz, der einzigen in Österreich, handelt.

Geweiht wurde das Gotteshaus im 8. Jh. Arnulf von Kärnten, der erst Herzog, dann ostfränkischer König und 896 schließlich römischer Kaiser wurde und hier im Jahr 888 das Weihnachtsfest feierte. Der archaische Charakter des Baus wird angesichts der vielen eingearbeiteten Römersteine offenkundig. Geradezu kurios: das Sammelsurium an Sarkophagdeckeln, Reliefsteinen und anderen Spolien an der Balustrade des Turmaufgangs. Ob man durch ihre Verwendung heidnische Geister bannen oder doch bloß Baumaterial sparen wollte?

Für Segen sorgte jedenfalls innen, an der Nordwand über der zugemauerten Tür, die Gotteshand, ein karolingisches Steinrelief von überragender Bedeutung. Die Chorschranken bestanden aus Flechtwerksteinen, von denen Teile zwei Dörfer weiter, an der Fassade des romanischen Kirchleins von **St. Peter am Bichl,** Verwendung fanden.

Zeugnisse der Macht: Fürstenstein und Herzogstuhl

Nahe der Karnburger Kirche stand, noch innerhalb der Wehranlage, jahrhundertelang der sogenannte **Fürstenstein** – eine in die Erde gerammte römische Säulenbasis, die heute im Landesmuseum aufbewahrt wird und bei der Einsetzung der Kärntner Herzöge eine zentrale Rolle spielte. Im Rahmen dieses Zeremoniells, das vom 9. bis ins 15. Jh. ausgeübt wurde, empfing ein Bauer im Herzogsgewand, auf dem Stein sitzend, den in Bauernkleidern erschienenen künftigen Herrscher. Er ließ sich von diesem eine gerechte und fromme Amtsführung zusichern und tauschte schließlich nach allerlei symbolischen Handlungen mit ihm den Platz. Im Anschluss holte sich der solcherart inthronisierte Landesherr in Maria Saal den Segen des Bischofs. Dann begab er sich, nunmehr in standesgemäßen Gewändern, zu einem Festmahl und nahm schließlich unten im Tal auf dem legendären **Herzogstuhl** Platz. Auf diesem urtümlichen, aus römischen Platten zusammengesetzten Doppelthron – der übrigens bis heute unverändert direkt an der Bundesstraße, von einem Eisengitter umfriedet und im Winter durch einen Glasverbau geschützt, als ein einzigartiges rechtshistorisches Denkmal im Felde steht – leistete der Herzog den Ständen den Eid, empfing ihre Huldigungen, vergab Lehen und hielt zum ersten Mal Gericht.

Ulrichsberg, ein frühchristlicher Kultort

Zentrale Bedeutung als Kultort hat seit urdenklichen Zeiten auch der **Ulrichsberg,** der sich, dicht bewaldet, unmittelbar hinter Karnburg erhebt. Der ›Mons Carantanus‹, wie er bis ins Spätmittelalter hieß, gilt als einer der vier heiligen Berge Kärntens und bildet dementsprechend eine Etappe auf dem berühmten Vierbergelauf (s. S. 34). Auf seinem 1022 m hohen Gipfel, den man von Pörtschach aus anfangs per Auto und dann auf ca. einstündigem Fußmarsch erreicht, haben Archäologen die Reste eines spätantiken Heiligtums, einer frühchristlichen Kirche sowie diverser Siedlungsbauten frei gelegt. Die Ruine der gotischen Ulrichskirche wurde als Kriegergedächtnisstätte adaptiert. Das Treffen, das dort alljährlich zum Gedenken ›an die Gefallenen der beiden Weltkriege und des Kärntner Abwehrkampfes sowie an die Opfer der Volksdeutschen‹ unter Teilnahme zahlreicher Veteranenverbände stattfindet, war bis in die jüngste Vergangenheit wegen so mancher, das Soldatentum heroisierender Untertöne politisch ziemlich umstritten.

Römerstadt Virunum

Apropos Historie: Wenn man unten an der Bundesstraße, exakt vis-à-vis von Tanzenberg, im alteingesessenen Familiengasthof Fleissner einkehrt (s. S. 170), findet man dort neben dem Eingang ein römisches Medaillon und ein Relief und drinnen, neben der Theke an der Wand, den großformatigen Stich einer rekonstruierten Römerstadt. Ein Beitext erklärt: »Hier an dieser Stelle des Zollfeldes stand einst die Stadt Virunum. Sie wurde um Jahr 45 n. Chr. unter dem römischen Kaiser Claudius als Hauptstadt der Provinz Noricum erbaut. In der einst reichen Stadt befanden sich Tempel, Bäder, ein großer Marktplatz mit öffentlichen Bauten sowie ein Bühnentheater. In den Wirren der Völkerwanderung des 5./6. Jh. wurde Virunum zerstört.«

Kann man die Vergänglichkeit alles Irdischen drastischer vor Augen geführt bekommen? Dort, wo heute dichter Wald wächst, Mais- und Sonnenblumenfelder wogen und Bauern bis heute beim Pflügen regelmäßig auf steinerne Überbleibsel stoßen, pulsierte einst auf einer Fläche von circa zwei Quadratkilometern das Leben einer reichen Provinzmetropole mit 30 000 Einwohnern. Geblieben ist von all der Urbanität herzlich wenig. Nach der Völkerwanderung haben die Anrainer die Stadtruine jahrhundertelang als Steinbruch für ihre Neubauten benutzt. Und die Natur tat ein Übriges.

Zwar hat man vor geraumer Zeit schon im Zuge sporadischer Grabungen das Zentrum lokalisiert, viele Details ermittelt und auch einige archäologische Schätze gehoben. Vor ein paar Jahren konnte man aus der Luft die Strukturen eines **Militärlagers** identifizieren, wurde temporär eine **Insula** mit den Grundmauern von Wohngebäuden freigelegt. Vor allem aber hat man die Mauern eines über 100 m langen, fast 50 m breiten **Amphitheaters** samt unterirdischem Gladiatorengang gesichert, hat ein Nemesis-Heiligtum modellhaft rekonstruiert und als Schautempel eingerichtet – Attraktionen, die man im Rahmen von Führungen auch besichtigen kann.

Doch eine großflächige systematische Erforschung Virunums lässt weiterhin auf sich warten. Und allzu viel gibt es für interessierte Laien sonst nicht zu sehen. Oder doch: Im späten 17. Jh. ließ ein Privatarchäologe namens Johann D. Prunner dem Schutzpatron aller Suchenden, dem hl. Antonius, eine Kapelle bauen und darin gut zwei Dutzend Römersteine vermauern. Dieses sogenannte **Prunnerkreuz** steht seither – zwei Gehminuten hinter dem Gasthof Fleissner (und dank Wegweisern leicht zu finden) – als eine Art architektonisches Memento mori im freien Feld.

St. Vein an der Glan

dass hier einst Kärntens oberstes Gericht tagte. Der eindrucksvolle Renaissance-Innenhof mit seinen dreigeschossigen, sgraffitoverzierten Arkaden wurde vor ein paar Jahren erst mit einem Glasdach überspannt und damit zu einem ganzjährig nutzbaren Veranstaltungsraum.

Vorbei an der Pestsäule und dem Schlüsselbrunnen, dessen ›bronzener Bergmann‹ auf einer Steinschale aus römischer Zeit steht, führt der Weg zur **Stadtpfarrkirche zum hl. Veit.** Die dreischiffige Pfeilerbasilika ist in ihren Grundzügen romanisch, in ihrer Erscheinung spätgotisch, in wesentlichen Teilen jedoch das Ergebnis einer Wiederherstellung nach dem Stadtbrand von 1829. Sie besitzt mehrere prachtvolle Barockaltäre – allesamt Werke Johann Pachers, der Mitte des 18. Jh. in St. Veit eine überregional tätige und berühmte Schnitzwerkstatt betrieb. Beachtung verdient der benachbarte **Karner,** ein romanischer, zur Kriegergedächtnisstätte umfunktionierter Rundbau, in dem ein wunderschönes Kruzifix (um 1500) hängt.

Bürgerspital und Stadtmuseum

Museum St. Veit: Hauptplatz 29, Tel. 04212 55 55 64, www.museum-stveit.at, April–Okt. tgl. 9–12, 14–18 Uhr, Juli/Aug. durchgehend, Eintritt 5 €

Gleich um die Ecke lädt die Klagenfurter Straße als komplett glasüberdachte Passage zum Shoppingbummel. Ein baugeschichtliches Kuriosum hat sich südöstlich der Stadtmauer erhalten: das **Bürgerspital,** eine burgartig bewehrte Gebäudegruppe aus dem Spätmittelalter samt Kirche und Innenhof mit Laubengängen, die allein durch ihre exzentrische Lage außerhalb der Altstadt eine urbanistische Rarität ersten Ranges darstellt. Es beherbergt seit seiner Generalrenovierung 2004 ein Kulturzentrum samt Musikschule, vor allem aber die ansehnliche Sammlung des zuvor im ehemaligen Zeughaus untergebrachten **Stadtmuseums.**

Direkt gegenüber erhebt sich die ebenfalls besuchenswerte **Kirche des ehemaligen Klarissinnenklosters.** Auch sie birgt einen Prachtaltar von Johann Pacher. Ein Abstecher lohnt in das zum Stadtmuseum gehörende, liebevoll gestaltete **Verkehrsmuseum.** Es umfasst u. a. eine 35 m² große Modelleisenbahnanlage und eine Garteneisenbahn.

Übernachten

Topschick – **Blumenhotel:** 9300 St. Veit/Glan, Bürgergasse 7, Tel. 04212 334 22, Fax 04212 33 42 21 81, www.blumen-hotel.at, DZ ab 116 €. Lichtdurchflutetes Vier-Sterne Designhaus, zeitgemäße Transparenz und elegante Schlichtheit, schöner Spa- & Wellnessbereich, gutes Restaurant.

Originell – **Ernst-Fuchs-Palast:** 9300 St. Veit/Glan, Prof.-Ernst-Fuchs-Platz 1, Tel. 04212 46 60, Fax 04212 466 06 60, www.hotel-fuchspalast.at, DZ 90 €. Exzentrisches, sehenswertes Kunsthotel im Stil des Phantastischen Realismus, mit 500 m² großer, knallbunter Tiffany-Außenfassade, viel Kunst und Bleiverglasung im Inneren, 4-Sterne-Komfort mit nettem Wellnessbereich, Kunstcafé mit Veranstaltungsprogramm.

Ansprechend – **Glantaler Hof:** 9556 Lebmach/Liebenfels, Tel. 04215 24 40, Fax 04215 24 40 15, www.glantalerhof.at, DZ ab 76 €. Behagliches Mittelklassehaus, renovierte Zimmer schnörkellos modern in warmen Farben, gute Küche, schöne Terrasse, 2 km südwestlich von St. Veit.

Entspannend – **Bad & Pension Kraigersee:** 9311 Kraig, Seebichl 4, Tel. 04212 35 65, Fax 04212 356 54, www.kraiger

Zollfeld und Umgebung

see.at, DZ ab 64 €. Nettes Ruhequartier, direkt am großen, hauseigenen Badesee, freie Strandbenutzung, Halbpension; Bademöglichkeit auch für Nicht-Hausgäste(3,50 €).
Gutbürgerlich – **Weißes Lamm:** 9300 St. Veit/Glan, Unterer Platz 4–5, Tel. 04212 23 62, www.weisseslamm.at, DZ ab 60 €. Vier-Sterne-Komforthaus mit 600-jährigem Gebäudekern und romantischem Arkadenhof, zentrale Lage, empfehlenswertes Spezialitätenrestaurant.

Essen & Trinken

Kreativ & mediterran – **La Torre:** Grabenstr. 39, Tel. 04212 392 50, www.latorre.at, Di–Sa (außer Fei) 11.30–14, 18–24, Küche bis 21.30 Uhr, Gerichte ca. 25 €, Degustationsmenü ab 50 €. Weithin gerühmter Spitzen-›Italiener‹ im romantischen Ambiente des uralten Wehrturm, spezialisiert auf Adriafisch wie Branzino, Steinbutt, Seezunge, Schalentiere … hervorragend!
Unprätentiös – **Hirter Bierstüberl:** Postgasse 11, Tel. 04212 25 51, tgl. 9–24, Fr/Sa bis 2 Uhr. Gemütlicher Gasthof, schattiger Garten an der Stadtmauer, bodenständig-gute Küche, exzellentes Bier.
Leckere Kuchen & Torten – **Holzmann:** Hauptplatz 4, Tel. 04212 37 07 03, Mo–Sa 7.30–19, So 9.30–19, im Winter bis 18 Uhr. Traditionsreiche Café-Konditorei, ideal zur Stärkung nach dem Stadtrundgang, Spezialität: süß-saure Haustorte mit Marzipan.

Einkaufen

Pasta auf Kärntnerisch – **Ellersdorfer:** Unterer Platz 20, Tel. 04212 222 10, www.ellersdorfer.at. Viel gepriesene selbst gemachte echte Kärntner Nudeln, ca. 15 Sorten, von der klassischen Käs- bis zu Kürbis-, Mohn- und Broccolinudeln, vorfabriziert, zum Mitnehmen für daheim.
Süßes mit Tradition – **Schöffmann:** Herzog-Bernhard-Platz, Tel. 04212 21 42 17. Reindling als süßes Souvenir, frisch aus der Bäckerei.
Markenmode für Sie – **Rikki Reiner:** Hauptplatz 20, Tel. 04212 22 77, www.rikkireiner.at. Qualitätvolle, internationale Damen-Designermode, von Burberry bis Ralph Lauren.
Buchhandlung – **Besold:** Hauptplatz 14, Tel. 04212 22 55, www.besold.at. Gut sortierter Platzhirsch in der Region.

Abends & Nachts

Pub-Atmosphäre – **Bieradies:** Hauptplatz 24, Tel. 04212 23 12, Mo–Do, Fei 10–1, Fr/Sa 10–2, So 16–24 Uhr. Netter Intreff für Freunde edler Gerstensäfte.

Infos & Termine

Infos
Tourismusinfo St. Veit: siehe Infobox S. 158.

Termine
Trigonale (2. Sept.-Woche): Siehe Mein Tipp S. 171.
St. Veiter Wiesenmarkt (Ende Sept./Anfang Okt.): Seit 1362 findet alljährlich am Stadtrand von St. Veit der berühmte Wiesenmarkt statt. Bierzelte, ein großer Krämermarkt und allerlei Brauchtum mit historischen Gewändern locken während der zehn Tage rund eine halbe Million Besucher an. Infos: Tel. 04212 288 80-6911.

Verkehr
Per Bahn ab Klagenfurt oder Villach.

St. Veit an der Glan

Im Umland von St. Veit
▶ L 4/5

Frauenstein und Taggenbrunn
Taggenbrunn: Tel. 04212 284 05, www.taggenbrunn.at, Mai–Sept. 10–21, Okt., April 11–20 Uhr, frei zugänglich
Mehr als dreißig Burgen und Schlösser haben sich die Ministerialen der Landesherren einst in der Umgebung von St. Veit, vor allem auf der sogenannten **Sonnenterrasse** an den Abhängen der Wimitzer Berge, bauen lassen. Die meisten wie etwa Liebenfels, Freiberg oder die drei Kraiger Schlösser sind längst zu Ruinen verkommen und dienen bloß noch als romantische Wanderziele. Vereinzelt aber wurden Besitztümer von privater Hand instandgehalten oder wieder instandgesetzt. Eindrucksvollstes Beispiel hierfür ist das **Schloss Frauenstein**, das, halb noch wehrhafte Wasserburg, halb schon repräsentativer Schlossbau, unbestritten zu den schönsten Adelssitzen in ganz Kärnten zählt (Innenbesichtigung leider nicht möglich). Die auf einem Hügel östlich der Stadt gelegene **Burgruine Taggenbrunn** wurde revitalisiert und in einen netten, vor allem für Familien besuchenswerten Mittelalter-Erlebnispark verwandelt.

St. Georgen und Längsee
Stift St. Georgen: St. Georgen/Längsee, Schlossallee 6, Tel. 04213 20 46, www.stift-stgeorgen.at
Mit einem Superlativ wartet auch das ehemalige Benediktinerinnenstift **St. Georgen** auf: Der wuchtige Vierkant-Komplex, der weithin sichtbar über dem Südufer des **Längsees**, einem weitgehend unverbauten Badeidyll, thront, geht auf eine Gründung aus der Zeit um 1010 zurück und gilt als ältestes Kloster im Lande. Von Joseph II. wurden die Nonnen Ende des 18. Jh. ihrer Ämter enthoben. Die schon davor immer wieder um- und ausgebaute Anlage dient heute als Erwachsenenbildungsstätte und Vier-Sterne-Hotel.

St. Donat
Ein kostbarer Sakralbau findet sich auch in St. Donat, am Südrand von St. Veit: eine Pfarrkirche, in deren Außenmauern besonders viele Reliefsteine und Skulpturfragmente aus Römerzeiten eingemauert sind. Von speziellem Interesse sind hier, an der Südseite, die weibliche Statue (eine Göttin Isis-Noreia?), der Jünglingstorso und das sogenannte Froschmaul, eine angeblich 6000 Jahre alte, also vorkeltische Kopfskulptur. Unterhalb des Ortes, an der Hauptstraße, steht, recht verborgen hinter Bäumen, der **Stadlhof**, ein reizvolles, aber nicht zugängliches Barockschlösschen.

Einen stilistisch kühnen Kontrapunkt setzt ein Stück stadteinwärts linker Hand das **Werk III von Funder,** dem in der Region führenden Holzverarbeitungsbetrieb: Die buchstäblich schräge Glas-Stahl-Konstruktion ist eine Schöpfung des renommierten Avantgarde-Architekturbüros Coop Himmelblau – ein gelungenes Beispiel für dekonstruktivistische Industriearchitektur.

Essen & Trinken

Exzellent essen – **Liegl:** St. Peter bei Taggenbrunn 2, nahe St. Georgen, Tel. 04213 21 24-0, www.gasthof-liegl.at, Mi–Mo 9–14, 17.30–23.30, Küche 10–20 Uhr, Okt.–April auch Mi geschl., Gerichte ab 12 €. Exquisiter Landgasthof, verfeinerte Kärntner Küche mit frischen saisonalen Produkten vom eigenen Hof, gepflegtes Ambiente, beachtliches Weinsortiment (auch schöne Zimmer, DZ ab 85 €).

Zollfeld und Umgebung

Hochosterwitz soll für viele Trickfilm-Burgen Walt Disneys das Vorbild gewesen sein

Aktiv & Kreativ

Badeidyll – **Strandbad St. Georgen:** Längseestr. 48, Tel. 04213 22 37, www.stgeorgen-laengsee.at, Mai–Sept. 8–18 Uhr. Liegewiese, Tret- und Ruderbootverleih, Spielplatz.

Burg Hochosterwitz! ▶ L 5

Tel. 04213 20 20, www.burg-hoch osterwitz.at, Mai–Sept. tgl. 8–18, März/April, Okt. 9–17 Uhr, Eintritt mit Aufzug 12,50 €, ohne 7,50 €

Sie gilt mit gutem Grund als eines der Wahrzeichen von Kärnten und als wohl imposanteste Feste Österreichs: jene Burg, die sich, viel besucht und wahrscheinlich noch viel öfter fotografiert, ein paar Kilometer östlich von St. Veit auf einem 150 m hohen frei stehenden Kalkfelsen in den Himmel reckt. Hochosterwitz wirkt in der Tat auf jeden Betrachter wie der Archetypus eines uneinnehmbaren, mittelalterlichen Festungsbaus. Kein Wunder, dass sich auch Walt Disney mit seinem untrüglichen Gespür für das Kitschig-Romantische in diese Traumburg vernarrt haben soll.

›Astarnuiza‹, wie sie ursprünglich hieß, wurde um 860 erstmals erwähnt. Bis etwa Mitte des 12. Jh. gehörte sie dem Bistum Salzburg. Danach wechselten ihre Besitzer häufig, bis sie im Jahre 1541 in die Hände der Khevenhüller, jener damals hoch bedeutsamen Adelsfamilie, kam, in deren Besitz sie bis heute ist. Zu ihrer gegenwärtigen Form wurde sie unter Georg Khevenhüller, seines Zeichens im zarten Alter von 22 Jahren Landeshauptmann, ausgebaut (1571–1586), und zwar als Hauptfestung gegen Habsburgs Erzfeind, die Türken – »zum Nutzen des Staates, auf eigene Kosten«, wie der Bauherr selbstbewusst verlauten ließ. 14 Tore, jedes für sich ein kleines Kastell mit eigenen Verteidigungsinstallationen, warteten auf den potenziellen Eroberer, den es freilich nie geben sollte.

Dieselben **14 Tore** gilt es heute zu durchschreiten, will man über die steile, mehrfach gewundene Straße die Burg friedlich bezwingen. Fähnrichs-, Wächter-, Nau-, Engelstor etc. – jedes Tor hat seinen eigenen Namen, seine eigene Form, Aufgabe und sogar künstlerische Ausstattung. Das letzte, das sogenannte Kulmertor, ist gar mit Zugbrücke, Fallbaum und Gatter versehen. Von Tor Nr. 13 führt ein Weg zur gotischen **Burgkirche,** in der die ehemaligen Burgherren ruhen.

Vom Tor Nr. 14 gelangt man zunächst in den Zwinger und schließlich über eine steile Treppe hinauf zu der abermals massiv bewehrten **Hochburg.** Oben angekommen, gibt es allerhand zu besichtigen: den Arkadenhof mitsamt altem Ziehbrunnen, die – allerdings häufig geschlossene – Nikolauskapelle und das Burgmuseum mit seinen zahlreichen Rüstungen, Waffen, diversen Objekten aus der Bau- und Familiengeschichte sowie Kunstgegenständen wie etwa einem Bronzerelief der Hl. Familie, einem Bronzealtar, dem knienden Georg Khevenhüller aus Holz oder der Renaissancestatue einer unbekleideten Frau.

Maria Saal! ▶ L 5

Im südöstlichen Zollfeld, schon recht nahe an Klagenfurt, grüßt von einer Hochterrasse weithin sichtbar die Doppelturmfassade der Wallfahrtskirche von Maria Saal ins Land. Bei dem mächtigen Bau handelt es sich nicht nur um Kärntens größtes, sondern auch um sein ältestes urkundlich erwähntes Gotteshaus. Seine Geschichte beginnt bereits im Jahr 767. Damals hatte Bischof Virgil von Salzburg einen Missionar namens Modestus ausgeschickt, um ›Karantanien‹ nach den Wirren der Awaren- und Slaweneinfälle ein zweites Mal zu christianisieren. Und der fromme Mann wählte – vielleicht, weil hier zuvor ein heidnisches Heiligtum gestanden hatte? – die religionspsychologisch und auch strategisch günstige Anhöhe zum Bischofssitz. Es entstanden erst ein karolingisches und in der Folge ein romanisches Gotteshaus.

Dom
Tel. 04223 22 54, tgl. 8–20 Uhr
Der imposante Bau, wie wir ihn heute sehen, mit seinen drei Schiffen und drei Chören, den beiden grauen Bruchsteintürmen und dem mit ›Steinplattln‹, also gewöhnlichen gespaltenen Steinen gedeckten Dach ist das Ergebnis spätgotischer Baukunst. Auch die sie umgebenden Wohn- und Wehranlagen entstanden mehrheitlich erst angesichts der Bedrohung durch das ungarische Heer im späten 15. Jh. Und doch lässt sich Kärntens Kulturgeschichte an dieser Kirchenburg wie an einem steinernen Buch in viel umfassenderem Sinn ablesen.

Man nehme nur etwa das Grab des Modestus in der sogenannten Sachsenkapelle: Die Reliquie ruht in einem römischen Kindersarkophag. Darüber steht auf einem karolingischen Tischaltar eine gotische Statue des Heiligen mit dem Kirchenmodell. Schräg vis-à-vis, über dem Sakristeiportal, zeigt ein 1928 von Herbert Boeckl geschaffenes Wandbild Christus, der Petrus vor dem Ertrinken rettet (wobei der Apostel eindeutig die Züge Lenins trägt). Während auf den Fresken im Querhaus darüber von den Evangelisten und Kirchenvätern bis zu den Heiligen Drei Königen fromme Gestalten aus der Blüte der Gotik die Wände bevölkern.

Auch sonst findet sich unter dem Netzrippengewölbe des mystisch düs-

Lieblingsort

Erhebende Transzendenz in der Kirche von Schloss Tanzenberg ▶ L 5

Freunde zeitgenössischer Sakralkunst stoßen in Kärnten immer wieder auf seine Werke: Ob der 24-teilige Wandzyklus in der Magdalenenkirche in Wasserhofen oder das Bronzerelief über dem Altar in Krumpendorf, ob die Wandbilder von St. Jakob im Rosental oder die Glasfenster in den Kirchen von Bad Eisenkappel und St. Stefan bei Finkenstein: **Valentin Oman** (* 1935 bei Villach) hat vielerorts künstlerische Spuren hinterlassen. Eine mich besonders ergreifende Arbeit findet sich in der Kirche von Tanzenberg. In deren Altarraum und den beiden Seitenapsiden schuf er 1986/87 in einer speziellen Seccotechnik farbige Figurreihen, deren Schemenhaftigkeit eindrücklich an unser aller Vergänglichkeit gemahnt. Und im Chor erhebt sich Omans Altartriptychon, eine aus Menschen gebildete Erlösergestalt auf Goldgrund. Grandios! (Zufahrt von Karnburg).

Zollfeld und Umgebung

teren Langhauses und des ungleich helleren Hauptchores ein wundersames Gemisch an Stilen zur faszinierenden Synthese vereint: eine römische Brunnenschale als Taufstein, ein Venusaltar als Opferstock und ein Säulenkapitell als Sockel des Weihwasserbeckens; herrliche gotische Flügelaltäre (u. a. im Nordchor der berühmte Arndorfer Altar aus der Villacher Werkstatt), die Kanzel hingegen in üppigem Barock, ebenso der monumentale Hochaltar mit dem Gnadenbild jener gotischen Madonna, die das ganze Mittelalter hindurch von weit her Pilgerscharen anlockte, in seiner Mitte.

Um nichts weniger anregend erweist sich das Äußere der Kirche. In der Vorhalle des Südportals begegnet man der Romulus und Remus säugenden Wölfin, rechts davon, an der Südseite, ist eine Steinkugel der 1480 vergebens die Kirchenburg belagernden Ungarn eingemauert. Ebenso aus der Vielzahl an Römer- und Grabstelnen hervorhebenswert: die Marienkrönung aus rotem Marmor, ein Werk des Regensburgers Hans Valkenauer, das Relief mit der Schleifung Hektors durch Achill vor Troja sowie der berühmte Pferdewagen. Letzterer dürfte übrigens nicht, wie lange Zeit vermutet, eine Postkutsche oder einen Totenwagen darstellen, sondern, glaubt man neuesten Erkenntnissen, eine hohe Dame aus der nahen Römerstadt Virunum auf dem Weg zu einem Empfang zeigen.

Zwei kostbare Kleindenkmäler stehen daneben: eine gotische, wunderbar filigran gearbeitete Lichtsäule, deren Ewiges Licht einst helfen sollte, die am hiesigen Friedhof Bestatteten vor Dämonen zu schützen, und der Karner, jener im Kern romanische Rundbau, dem man um 1500 in Nachahmung des Heiligen Grabes in Jerusalem einen doppelgeschossigen Arkadengang samt Fresken angebaut hat.

Kärntner Freilichtmuseum
Mai–Mitte Okt. tgl. 10–18 Uhr, Tel. 04223 2812, www.freilichtmuseum-mariasaal.at, Eintritt 6 €
Ein wenig unterhalb des Ortes, an der Straße nach Arndorf, steht noch das **Pestkreuz**, eine turmartige Kapelle mit schönen Fresken, an der sich einst die Pilger, bevor sie zur Kirchenburg hinaufzogen, zu versammeln pflegten. In Sichtweite befindet sich der Eingang zum **Kärntner Freilichtmuseum.** Aus allen Landesteilen hat man hier Bauernhöfe zusammengetragen und fein säuberlich wieder aufgebaut – über vierzig auf vier Hektar verteilte Objekte, von der Dörrhütte und Flodermühle über Bildstock und Badstube bis zu diversen Stadeln, Scheunen und gestandenen Bauernhäusern, die Einblicke in die Wohnformen, Lebensweisen und bäuerlichen Handwerke vergangener Jahrhunderte vermitteln.

Übernachten, Essen

Tolle Lage – **Sandwirt:** Hauptplatz 5, Tel. 04223 22 84, Mi–Mo 9–23 Uhr, DZ ab 70 €. Gemütliches Gasthaus mit ganztägig warmer, gute Kärntner Küche und Schmankalan mit saisonalen Frischprodukten, Gerichte ab 8 €, direkt gegenüber dem Dom am neu gestalteten Hauptplatz.

Geschichtsträchtig – **Fleissner:** Zollfeld (nahe dem Prunnerkreuz), Tel. 04223 22 18, www.gasthof-fleissner.at, Di–So 11.30–23, Juli/Aug. ab 8, Küche 11.30–14, 18–21.30 Uhr, Gerichte und Pizzen ab 7 €. Gestandener Gasthof auf historischem Boden, gutbürgerliche Schmankerl, auch nette Zimmer (DZ ab drei Nächte 50 €).

Fast wie im Himmel – **Gipfelhaus Magdalensberg:** Pischelsdorf, Magdalensberg 16, Tel. 04224 22 49, www.magdalensberg.com, DZ ab 80 €, Spezialtipp (z. B. für Frischverliebte): Übernachten und Candlelight Dinner im 4 x 4 m großen, zweistöckigen Troadkasten (Getreidespeicher); Küche tgl. 9–20 Uhr. Ideal nach der Besichtigung der archäologischen Grabungen, köstliche warme Schmankalan mit saisonalen Schwerpunkten, Produkte aus eigener Landwirtschaft, nach Voranmeldung Römermahl nach antiken Rezepten, fantastischer Panoramablick.

Infos & Termine

Infos
Marktgemeinde Maria Saal: Tel. 04223 22 14, www.mariasaal.at.

Termine
Trigonale (2. Sept.-Woche): Siehe Mein Tipp rechts.

Verkehr
Ab Klagenfurt per Bahn, vom Bahnhof Maria Saal per Bus oder 10 Min. zu Fuß hinauf in den Ort.

Schloss Tanzenberg
▶ L 5

Während des Schuljahres Zutritt über den Arkadenhof
Fährt man von Karnburg auf der Landesstraße nordwärts, gelangt man zum Hörzendorfersee, einem sehr idyllischen Badegewässer. Kurz davor führt rechter Hand ein Sträßchen zum Schloss Tanzenberg. In dem imposanten, im Kern gotischen Renaissancekomplex betreibt der Orden der Olivetaner seit gut 100 Jahren ein Gymnasium samt Internat. Die zugehörige, im Laufe des 20. Jh. nach und nach erbaute neoromanische Basilika würde mit ihrer fremdartigen Loggiafassade, der Rundapsis und dem Mosaikschmuck wohl besser nach Sizilien passen. Ihr weiter Innenraum mit der schönen Holzkassettendecke und dem so modernen wie ergreifenden goldenen Flügelaltar des einheimischen Künstlers Valentin Oman lohnt den Abstecher unbedingt (siehe Lieblingsort S. 168). Zumal man vom Kirchenvorplatz aus erneut, wie in Maria Saal, einen herrlichen Panoramablick über Kärntens historisches Kerngebiet genießt.

Übernachten, Essen

Ideal für Badeurlauber – **Seefriede:** Hörzendorf, Tel. 04212 38 94, www.inzinger.at, im Sommer tgl. 10–24, im Winter Di–So 11–24, Küche 11.30–14, 17.30–21 Uhr, Apartments 55 €, Gerichte 7 €. Gemütlicher Gasthof und Pension direkt am idyllischen Badesee, gute Hausmannskost, fangfrische Fische.

Mein Tipp

Festival für Alte Musik
Trigonale – unter diesem Namen geben sich neuerdings alljährlich in der 2. Sept.-Woche Koryphäen der Alten-Musik-Szene aus aller Welt rund um das Zollfeld ein Stelldichein. Die Idee: an historischen Orten wie dem St. Veiter Rathaus, dem Dom von Maria Saal, Stift Georgen und Schloss Tanzenberg wenig bekannte Werke aus Barock und Renaissance der Vergessenheit zu entreißen. Nähere Informationen und Tickets: 9020 Klagenfurt, Feldmarschall-Conrad-Platz 8, Tel. 04223 290 79, www.trigonale.com.

Auf Entdeckungstour

Magdalensberg – Exkursion in die Antike

Der Archäologische Park Magdalensberg gilt als eine der größten römerzeitlichen Ausgrabungsstätten des Ostalpenraumes. Das über 3 ha weite Freilichtmuseum umfasst die Reste einer ausgedehnten Siedlung mit Wohnhäusern, Werkstätten, Thermen, einem Tempelbezirk und der kaiserlichen Goldbarrengießerei. Die kostbaren Objektfunde werden in 22 Museumsektoren ausgestellt.

Reisekarte: ▶ L 5

Dauer: ca. 2 Stunden

Infos: Magdalensberg bei Pischelsdorf, Tel. 04224 22 55, www.landesmuseum-ktn.at, Mai–10. Okt. Di–So 9–18 Uhr, Eintritt 5 €.

Anreise: Per Buslinie 5398, von Klagenfurt, im Sommer zudem im »Kärnten Kulturbus« (s. S. 158); Autofahrer folgen der Beschilderung.

Die Wiederentdeckung der Stadt verdankt sich einem Zufallsfund: 1502 stieß ein Bauer beim Pflügen seines Feldes auf dem heutigen Magdalensberg auf ein »grosses, gantz Kupffernes, gantz nackend Manns Bild«, eine lebensgroße Bronzeplastik aus der Antike. Das Original jenes berühmten »Jüngling vom Magdalensberg« ist längst verschollen, im Kunsthistorischen Museum in Wien steht bloß eine Kopie aus dem 16. Jh.

Das Fundgelände freilich auf jenem gut 1000 m hohen Waldrücken, der unweit von St. Veit östlicherseits das Zollfeld begrenzt, wird seit 1948 systematisch erforscht. Zu Tage förderten die Archäologen dort die Reste einer Siedlung, die, ein Glücksfall, weder durch Feuer noch Kriege zerstört wurde. Deren Blüte als Drehscheibe des Italienhandels für inneralpine Bergbauprodukte, vor allem das norische Eisen, hatte in der 1. Hälfte des 1. Jh. v. Chr. eingesetzt. Nach der Okkupation Noricums durch die Römer war die Stadt auf dem Magdalensberg zum politischen Mittelpunkt des besetzten Ostalpengebietes mit rund 3000 Einwohnern aufgestiegen. Doch nur zwei Generationen später, gegen 50 n. Chr., gab man sie wieder auf. Zur Nachfolgerin und Hauptstadt der Römerprovinz Noricum wurde das unten im Tal neu gründete Municipium Claudium Virunum (s. S. 162) erkoren.

Das Freilichtmuseum im Überblick

Die Ergebnisse der Grabungen oben auf der Bergkuppe sind als Freilichtmuseum für jedermann einsehbar. Der Eingang in diesen Archäologischen Park führt direkt auf das Forum, den einst zentralen Marktplatz. Um diesen gruppiert finden sich im Osten die Reste von Händler- und Werkstättenvierteln, wo u. a. Eisen und diverse Buntmetalle verarbeitet wurden. Daran schließt sich ein Wohnbezirk an.

Im Norden wurden ein Tempel, das Praetorium sowie das Repräsentationshaus aufgedeckt. Westlich liegt der Bereich der Badeanlage und Küchen, südöstlich davon ein sich über drei Terrassen erstreckender, an die 4000 m^2 großer Komplex aus doppelgeschossigen Gebäuden. In ihnen befanden sich, ein einzigartiges Relikt, die kaiserlichen Schmelzöfen, in denen das Golderz aus den Gasteiner Tauern geschmolzen wurde – samt zweier Barrengussformen und rund 50, bis zu 50 kg schwere Bergkristalle.

Antike Tabernen als faszinierende Ausstellungsareale

Das Forum war seinerzeit an drei Seiten von Tabernen umschlossen – schmalen Häusern, die aus Unterkunfts- und Arbeits-, zur Freifläche hin aber aus Verkaufsbereichen mit vorgelagerten Kellern und Warendepots bestanden. An der Nordost- und Ostseite des Forums haben die Archäologen solche Tabernen konserviert und als Ausstellungsareale gestaltet. Dokumentiert finden sich in diesen insgesamt 22 musealen Abteilungen diverse faszinierende Aspekte, von der Eisen- und Stahlerzeugung bis zum Import von Glas, Terra Sigillata und anderem Keramikgeschirr, von Bronze- und Messingschmuck, Waffen, Agrargeräten und Marmorfabrikaten der ansässigen Steinmetze bis zu originalen Bodenmosaiken und Wandmalereien. Letztere und ein Gutteil der Funde sowie ein Abguss der Kopie der Kopie des berühmten »Jüngling« sind in erwähntem Repräsentationshaus ausgestellt, jenem an Fläche größten Teilmuseum, das wohl auch am authentischsten antikes Raumgefühl zu vermitteln vermag.

Das Beste auf einen Blick

Metnitztal, Gurktal und Görtschitztal

Highlight !

Gurk: Der Wallfahrtsort ist eine absolute Pflichtstation für jeden Kunstfreund, sein 800 Jahre alter, doppeltürmiger Dom ein Höhepunkt romanischer Architektur und ein hochkarätiger Kunstschrein obendrein. Zudem fand in seiner grandiosen Krypta Kärntens Landesmutter, die hl. Hemma, ihre letzte Ruhestatt. S. 183

Auf Entdeckungstour

Burgenstadt Friesach: Kärntens älteste Stadt, ein zur Gänze von Zinnenmauern und Wassergräben eingefasstes, urbanes Juwel, hat sich ganz der Pflege ihres mittelalterlichen Erbes verschrieben. Sie bietet Besuchern eine erlebnisreiche Zeitreise für alle Sinne. S. 178

Tibet in Kärnten: Im Heinrich-Harrer-Museum wandelt man auf den Spuren des gebürtigen Hüttenbergers virtuell in die Heimat seines Freundes, des Dalai Lama, und in manch andere entlegene Ecken der Welt. S. 192

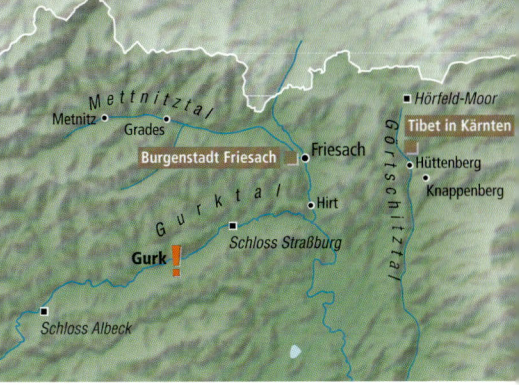

Kultur & Sehenswertes

St.-Wolfgang-Kirche: Die Wallfahrtskirche oberhalb von Grades im Metnitztal birgt einen gotischen Flügelaltar ersten Ranges und bezaubert auch durch ihre idyllische Lage. S. 181

Metnitzer Totentanz: Der zum Teil noch an der Außenwand des gotischen Karners, zum Teil in einem Museum zu bewundernde Freskenzyklus ist eine kunstgeschichtliche Kostbarkeit. S. 182

Heft: Einst eine der europaweit größten Anlagen ihrer Art, ist dieses Eisenverhüttungswerk nordöstlich von Hüttenberg heute ein faszinierendes, durch moderne Architektur angereichertes Freilichtmuseum. S. 189

Aktiv & Kreativ

Wandern im Hörfeld-Moor: Das 140 ha große Feuchtgebiet zwischen Hüttenberg und Mühlen verspricht mit seiner reichhaltigen Fauna und Flora ein nachhaltiges Naturerlebnis. S. 190

Genießen & Atmosphäre

Hirter Braukeller: In dem kleinen Ort südlich von Friesach wird seit über 700 Jahren Bier fabriziert. Kein Wunder, dass Freunde außergewöhnlichen Gerstensafts zum Verkosten und Kaufen scharenweise in die örtliche Privatbrauerei pilgern. S. 176

Schloss Straßburg: Die ehemalige Residenz der Gurker Bischöfe lädt mit ihrem stimmungsvollen Arkadenhof zu vielerlei kulturellen Veranstaltungen und zur Einkehr in der Schlossschenke. S. 186

Abends & Nachts

Schloss Albeck: Kunstausstellungen, Konzerte, Theater … Das liebevoll restaurierte Barockschloss hat sich zu einem veritablen Magneten für Kulturinteressierte entwickelt. S. 185

Der Nordosten

Die etwas abseits der großen Urlauberströme gelegene Region im Nordosten, die sich touristisch auch unter den Bezeichnungen Mittelkärnten beziehungsweise Norische Region oder Hemmaland vermarktet, ist dank ihres Waldreichtums ein wunderbares Wander- und Erholungsgebiet. Mit der Burgenstadt Friesach, dem Gurker Dom und dem alten Bergbauzentrum Hüttenberg bietet sie Fünf-Sterne-Attraktionen. Nicht zu vergessen die zahlreichen kunsthistorischen Kleinode.

Hirt und Friesach ►L 3

Ein guter Startplatz, um den Norden von Kärntens geschichtsträchtigem Zentralraum zu erkunden, ist der kleine Ort **Hirt**. Denn immerhin braut man man hier seit mehr als 725 Jahren ein köstliches Bier, das man, zusammen mit vorzüglicher Hausmannskost, in einer gemütlichen Gaststätte verkosten kann. Außerdem können sich speziell er Interessierte im Rahmen von Führungen die traditionsreichen Produktionsstätten zeigen lassen.

Den eigentlichen Ausgangs- und gleich auch ersten Höhepunkt der Rundfahrt bildet freilich **Friesach**. Das urbane Zentrum und historische Herz dieser Grenzgegend zur Steiermark liegt nur wenige Autominuten nördlich von Hirt an jener seit der Römerzeit viel frequentierten Nord-Süd-Route, die heute B 317 heißt. Schon von Weitem grüßt von Hügelkuppen über dem Talboden ein imposantes Ensemble aus Burgruinen, Wehrmauern und Kirchen. Sie sind untrügliche Zeichen für die überregionale Bedeutung des Ortes, seinen einst großen und dementsprechend umkämpften Reichtum – und für seinen touristischen Charme (Stadtrundgang siehe Auf Entdeckungstour S. 178).

Infobox

Reisekarte: J–M 3/4

Informationen
Tourismusinformation Friesach: 9360 Friesach, Fürstenhofplatz 1, Tel. 042 68 22 13-40/43, www.friesach.at, Mai–Sept. tgl. 10–16, Okt.–April Mo–Fr 8–12 Uhr. Auskünfte und Prospektmaterial über die Stadt und das Metnitztal.
Kärnten Mitte Tourismus: 9300 St. Veit an der Glan, Hauptplatz 23, Tel. 042 12 288 80-6912, www.kaerntenmitte.at.
www.hemmaland.com: Umfangreiche Informationen über die gesamte Region Mittelkärnten, die neben dem Raum Friesach auch das Metnitz- und das mittlere Gurktal umfasst.

Anreise und Weiterkommen
Althofen und Friesach sind von Klagenfurt bzw. der Steiermark aus direkt an das Bahnnetz angeschlossen. In die Seitentäler der Metnitz, Gurk und Görtschitz gelangt man mit den – allerdings vor allem an Wochenenden teilweise nur selten verkehrenden – Bahn- und Postbussen.

Übernachten

Gehobener Landhausstil – **Metnitztaler Hof:** 9360 Friesach, Hauptplatz 11, Tel. 04268 251 00, Fax 04268 251 00-54,

Hirt und Friesach

www.metnitztalerhof.at, DZ ab 94 €. Gediegenes Vier-Sterne-Hotel in zentraler Lage zu Füßen der Burg, im Kern mehrhundertjährige Geschichte, moderner Komfort, behagliche Kamin-Lobby, historischer Weinkeller aus dem 13. Jh., Wellness-Saunalandschaft, Restaurant mit bekannt guter Kärntner Küche.

Für gesundheitsbewusste Familien – **Pilgramhof:** 9360 Friesach, Pichling 41 (4 km nördl. der Stadt), Tel./Fax 04268 22 35, DZ ab 58 €. Komfortabler Biobauernhof am Waldrand, eigener Bade- und Angelteich mit großer Liegewiese, Streichelzoo und Spielplatz.

Essen & Trinken

Speis & Trank anno 1224 – **Schenke zum Krebsen:** Friesach, Neumarkter Str. 19, Tel. 04268 23 36, tgl. 10–2 Uhr, warme Küche 11.30–23 Uhr, Gerichte ab 9 €. Nette Gastwirtschaft in urigem Ambiente, Hausmannskost, auf Vorbestellung auch Festmahle nach mittelalterlichen Rezepten, Kaminstüberl, Garten, Kinderspielplatz.

Bio-Küche – **Speckladle Höferer:** Friesach, Wiener Str. 12, Tel. 04268 23 92, www.speckladle.at, Mi–Mo 9–23, Küche 10–21 Uhr, Gerichte ab 9 €. Rustikales Wirtshaus mit Bio-Zertifizierung am Stadtgraben, gesunde, bodenständige Kost, Forellen und Saiblinge, Wild, Lamm u. v. m. aus der Region, im Sommer Garten mit wunderschönem Altstadtblick.

Authentisches Mittelalter – **Burgschenke am Petersberg:** Friesach, Petersbergweg 18, Tel. 0664 341 96 32, www.burgschenke.at, Di–So 11–24 Uhr, Salate, Kasnudln, Steaks à la carte ab 8,50 €. Herzhafte Kost Marke Graupensuppe, Bettelbrot und Raubritterplatte, Ritteressen und -turniere in mittelalterlichem Gemäuer mit Showprogramm – für Mägde und Knappen p. P. ab 27 €, für Edelleute ab 32 €.

Lokallegende – **Hirter Braukeller:** Micheldorf, Hirt 2, Tel. 04268 20 50-45, www.hirterbier.at, tgl. 9–24 Uhr, warme Küche 10–22 Uhr, Gerichte ab 8 €. Der alten Privatbrauerei angeschlossene Gaststätte mit Kärntner Schmankerlküche und natürlich dem gesamten Sortiment örtlicher Biere, vom Märzen und Morchl bis zum Weizen und Zwickl, gemütlicher Garten.

Einkehr & Mitbringsel – **Craigher:** Friesach, Hauptplatz 3, Tel. 04268 22 95, Mo–Sa 7–20, So bis 18 Uhr. Alteingesessene, gutbürgerliche Café-Confiserie, hausgemachte Mehlspeisen und Konfekt, z. B. »Friesacher Pfennig« und »Würfel«, auch als süße Souvenirs.

Einkaufen

Kärntnerisch kleiden – **Boos & Co.:** Friesach, Stadtgrabengasse 5, im ehemaligen Dominikanerkloster, Tel. 04268 251 40. Fabrikverkauf von Trachten- und Landhausmode aus edlen Naturmaterialien.

Stil & Tradition – **Gutra:** Friesach, Gaisbergerstr. 3, Tel. 04268 44 45. Die zweite Adresse in der Stadt für qualitätvolle Trachtenmode, ebenfalls ab Fabrik.

Duftende Handwerkskunst – **Wachsstube:** Friesach, Fürstenhof, im Garten der Poesie, Tel. 0676 474 34 11, Ende April–Okt. tgl. 9–18 Uhr. Regelmäßige Vorführungen zum Thema Wachsstockwickeln, dazu Dauerschau »Vom Bienenwachs zur Kerze« und einschlägige Mitbringsel zu kaufen.

Mittelalterliche Kleidung – **Nähstube:** Friesach, Bahnhofstraße, Tel. 04268 22 13–18, April–Okt. tgl. 9–18 Uhr. Regelmäßig Schaunähen und Verkauf von Kapuzen, Mänteln, Langhemden etc. aus Leinen und anderen Naturfasern.

Auf Entdeckungstour

Friesach – Schauplatz Mittelalter

Die Besichtigung von Kärntens ältester Stadt gleicht einer Reise ins 13. Jh., in jene Blütezeit, da man hinter den Mauern dieser Handelsstation den weithin begehrten Friesacher Pfennig schlug. Faszinierend sind nicht nur die reiche Geschichte und architektonische Kulisse, sondern auch das Engagement, mit dem die heutigen Bewohner Geist und kulturelles Erbe wiederbeleben.

Reisekarte: ▶ L 3

Dauer: Mindestens einen halben Tag sollte man sich Zeit nehmen.

Infos: Tourismusbüro am Fürstenhofplatz (siehe Infobox S. 176, hier u. a. Anmeldung zu Führungen, Ritteressen etc.); Stadtmuseum: Mai–Sept. Di–So 11–17 Uhr, Eintritt 3 €; Burgbauplatz: März–Okt. während der Arbeitszeiten, Mo–Do 8–17, Fr 8–14 Uhr, zugänglich.

Die Zeitreise beginnt schon beim ersten Anblick aus der Distanz, von der Hauptstraße oder Bahnstation. Da sieht man am Fuße eines bewaldeten Bergrückens eine Kleinstadt, so malerisch, fast wie aus dem Modellbaukasten zusammengesetzt, vor sich liegen. Mehrere mächtige Kirchen, Klöster, ein Hauptplatz, gesäumt von langen Reihen stolzer Bürgerhäuser mit steilgiebeligen Gaubendächern und einem Renaissance-Brunnen in der Mitte, über all dem wachend Burgruinen, und drumherum, lückenlos erhalten, eine wuchtige Stadtmauer samt Wasser führendem Graben.

Kein Zweifel, dieses bereits 1215 als »civitas« bezeichnete Friesach ist nicht nur Kärntens älteste Stadt, sondern auch eine besonders sehenswerte. Wo sonst findet sich noch eine so geschlossene mittelalterliche Baustruktur? Wo sonst hat sich eine ähnlich intakte Stadtbefestigung erhalten? 820 m ist ihre Zinnenmauer lang und 11 m hoch. Dabei muss man sich vergegenwärtigen: Zu seiner Blütezeit im 13. Jh. war Friesach noch wesentlich weiträumiger als der heute ummauerte Stadtkern. Als Handelszentrum und Mautstätte, in der man aus heimischem Silber den begehrten Friesacher Pfennig schlug, in der etliche Ordensgemeinschaften Klöster unterhielten und auch eine große jüdische Gemeinde lebte, übertraf es an Bedeutung Städte wie Wien und Graz.

Sakrale und profane Kostbarkeiten

Als Ausgangspunkt für den Rundgang empfiehlt sich der **Fürstenhof** 1. An der Stelle des mächtigen, spätmittelalterlichen Gebäudekomplexes stand wahrscheinlich jener Wirtschaftshof »ad Friesah«, den König Ludwig der Deutsche 860 dem Erzbischof von Salzburg schenkte. Heute sind hier Gemeindeamt und Touristeninformation zu Hause.

Die nahe, ursprünglich romanische **Stadtpfarrkirche** 2 mag durch ihre Wuchtigkeit, insbesondere das breite Mittelschiff, beeindrucken. Auch ihre Ausstattung weist einige Kostbarkeiten wie die Glasfenster im Chor (teilweise 13. Jh.) oder diverse Grabplatten (14./15. Jh.) auf. Doch Stilpuristen rümpfen angesichts der massiven Umbauten in späteren Jahrhunderten nicht ganz zu Unrecht die Nase. Der benachbarte **Hauptplatz** präsentiert sich wohltuend verkehrsbefreit und gesäumt von reizvollen Bürgerhäusern. Speziell bemerkenswert: das **Alte Rathaus** (Nr. 1) 3, die **Apotheke** 4 mit schöner freskierter Fassade (Nr. 7) und der italienisch anmutende, achteckige **Stadtbrunnen** aus dem 16. Jh. mit seinen mythologischen Motiven als Marmorreliefs. Wenige Schritte entfernt, zu Füßen der Ruine Rotturm im sogenannten Sack, steht die **Heiligblutkirche** 5, in deren schlichtem Inneren ein prächtiger Barockaltar mit einem gotischen Reliquiar kontrastiert. Ein Abstecher führt von hier durch die Lange Gasse in kurzem, steilem Anstieg auf den Virgilienberg, den eine romantische **Propsteiruine** 6 (13. Jh.) bekrönt.

Als regelrechtes Schatzhaus sakraler Kunst erweist sich die südöstlich der Altstadt gelegene, im Kern romanische **Kirche des Deutschen Ordens** 7. Dessen Schwestern, die übrigens heute noch im angrenzenden, modernst ausgestatteten Krankenhaus Dienst tun, hat vor gut 100 Jahren ein Kunstsammler eine Kollektion gotischer Meisterwerke – Schnitzaltäre, Tafelbilder, Heiligenstatuen – vermacht. Eine Sensation bedeutete 1946 die Wiederentdeckung der Fresken aus dem 12. Jh. im Chor.

Kirchen, Burgen, Stadtmuseum

Den Stadtgraben entlang, vorbei an dem metallenen »Rad der Fortuna«, führt der Weg zu einem weiteren, außerhalb der Stadtmauer gelegenen Gotteshaus, dessen Ausstattung Kunstfreunde begeistert: Die frühgotische **Dominikanerkirche** 8 ist mit ihrer Länge von 74 m Kärntens größte Kirche und gehorcht in ihrer noblen Strenge voll und ganz dem einstigen Bauprinzip der Bettelorden. Neben allerlei neogotischen Mittelmäßigkeiten birgt sie u. a. den Johannes-Altar (nach 1500), ein kostbares Epitaph aus rotem Marmor (1516), ein monumentales Ast-Kruzifix sowie die ob ihres speziellen Liebreizes viel gerühmte »Friesacher Madonna« (beide 14. Jh.).

Zum Abschluss steigt man auf den **Petersberg** 9 zur gleichnamigen Burgruine, dem ehemaligen Domizil der Salzburger Erzbischöfe. Deren über 28 m hoher Bergfried wurde auf Geheiß von Konrad I. im 12. Jh. erbaut und gilt als einer der mächtigsten im deutschen Sprachraum. Heute beherbergt er, auf fünf Geschosse verteilt, ein sehenswertes **Stadtmuseum**. Dieses präsentiert wertvolle Fresken, Plastiken und einen berühmten Flügelaltar. Vor allem aber dokumentiert es die Geschichte Friesachs – von den Anfängen zur Zeit der Hemma von Gurk, die ja eine Gräfin von Friesach-Zeltschach war, über jene Jahre als Doppelmarkt, als sich die heftig rivalisierenden Bistümer Gurk und Salzburg die Vorherrschaft teilten, und hier jenes legendäre Ritterturnier stattfand (1224), das der Minnesänger Ulrich von Liechtenstein romanhaft beschrieb, bis zum Niedergang im 14./15. Jh. und noch weiter bis in die jüngste Vergangenheit.

Mittelalter zum Miterleben

Mediävales bietet Friesach seinen Besuchern freilich nicht nur in Form von Baudenkmälern und Kunstschätzen. Auch das touristische Rahmenprogramm ist ganz auf das kulturelle Erbe jener Zeit abgestimmt: Ritteressen in der Burgschenke, Nachtwächterführungen, Tanzkurse mit Musik von Drehleiern, Lauten und Schellen, im Sommer Burghofspiele, das Spectaculum-Straßenfest und Schauwerkstätten alten Handwerks … Etwas außerhalb, auf einer Waldlichtung südöstlich der Stadt, hat eine Gruppe begeisterter Bürger im Jahr 2009 sogar begonnen, unter fachkundiger Führung eine **mittelalterliche Burg** 10 komplett neu zu bauen. Und zwar, um die authentischen Handwerkstechniken von anno dazumal wiederzubeleben, nach historischen Methoden, ganz ohne moderne Baustoffe und Maschinen. Zeithorizont für die Fertigstellung des ambitionierten Projekts: geschätzte 30 Jahre.

Abends & Nachts

Gemütlich – **Berni's Bar:** Friesach, Hauptplatz 17, Tel. 04268 27 67, Di–Do 19–1, Fr/Sa 19–4 Uhr. Winzige Bar mit gutem Wein- und Spirituosensortiment, im Sommer sitzt man draußen.

Infos & Termine

Infos
Tourismusinformation Friesach: siehe Infobox S. 176.

Termine
Friesacher Burghofspiele (Ende Juni–Mitte Aug.): Klassische Weltliteratur von Shakespeare bis Nestroy auf der Freilichtbühne im Oberhof der Burgruine Petersberg (www.burghofspiele-friesach.at).
Spectaculum & Mittelaltertage (letzte Juli-Woche): Kärntens größtes Mittelalterfest, Auskünfte für beide Veranstaltungen s. Tourismus-Info, S. 176.

Verkehr
Regelmäßig Bahn-Direktverbindungen ab Klagenfurt, Fahrzeit: ca. 50 Minuten.

Durch das Metnitztal

Grades ▶ K 3

Folgt man der Metnitz, an der Friesach liegt, flussaufwärts Richtung Westen, erreicht man nach 14 km Grades. Die kleine Gemeinde besitzt ein mächtiges Schloss und eine hübsche Pfarrkirche. Ihre alles überstrahlende Attraktion ist freilich die etwas außerhalb auf einer Anhöhe am Waldrand gelegene, dem

Mein Tipp

Gesundheitsresort Agathenhof
5 km südlich von Friesach, außerhalb von Micheldorf, wurde um 1900 eine mit fortschrittlichsten, naturverbundenen Methoden betriebene Kuranstalt begründet. Gut 100 Jahre später kann man auf dem 170 ha großen Areal immer noch auf zeitgemäße Weise Heilung suchen und Vitalität tanken. Fachpersonal aus Allgemein- und Komplementärmedizin, Homöopathie, Psychologie und Physiotherapie schaffen in gediegenem Rahmen die Grundlagen für umfassendes Wohlempfinden; u. a. im Angebot: Esoterikseminare, Schönheits- und Heilfastenkuren. Dazu gibt es eine 750 m^2 große Wellnesslandschaft, die tgl. 8–21 Uhr auch für externe Gäste benutzbar ist (Tel. 04268 501 70-0, Fax 04268 50 17 01 00, www.agathenhof. at, Tageskarte 9 €).

hl. Wolfgang geweihte **Wallfahrtskirche.** Der Bau, der nach wie vor durch eine mächtige, mit Schießscharten versehene Mauer und zwei schwer befestigte Tore geschützt ist (Schlüssel in der Mesnerei nahe dem Eingang oder im Pfarramt unten im Ort, Marktplatz 10, Ausweis zu hinterlegen), verkörpert die schlichte Schönheit der Spätgotik in Reinkultur. Demgemäß gilt der Bau als eine der schönsten (Wehr-)Kirchen ganz Österreichs aus der zweiten Hälfte des 15. Jh. Blickfang in dem hohen, lichtdurchfluteten, von filigranen Netzrippen überwölbten Innern ist der Flügelaltar – ein Werk, das in seiner vollkommenen Harmonie aus Architektur, Malerei und Plastik selbst in dem an gotischen Altären so reichen

Metnitztal, Gurktal und Görtschitztal

Land Kärnten seinesgleichen sucht. Die Erlesenheit der Arbeit und die Stille des Ortes legen nahe, die zahllosen Details, etwa die Figuren im Schrein (die Heiligen Wolfgang, Laurentius und Stephan), die Motive auf den Flügeln (Verkündigung, Geburt Christi, Tod und Krönung Mariens) oder, auf deren Rückseiten, die Szenen aus der Wolfgangs-Legende und diversen Martyrien, eingehend zu betrachten.

Essen & Trinken

Einkehr für Oldtimerfans – **Seppenbauer:** St. Salvator (am Taleingang, 4 km von Friesach), Marktplatz 6, Tel. 04268 201 00, www.seppenbauer.eu. Bodenständige Kärntner Schmankerln aus regionalen Produkten, Spezialitäten: Nudel-, Grill-, Schnitzel- und Fischplatte 10–16,50 € sowie diverse Palatschinken; seit Kurzem angeschlossen: **Porsche-Museum,** April–Okt. tgl. 10–20, Winterhalbjahr 10–18 Uhr, Eintritt 3,50 € inkl. Getränk im Gasthof, alle drei Monate wechselnde Modelle.

Netter Standard – **Bäckwirt:** Grades, St.-Wolfgang-Str. 1, Tel. 04267 340, www.sternhof-knafl.at, tgl. außer Mi 9–1 Uhr, Küche 11–14, 17–20.30 Uhr, Gerichte ab 7,80 €. Gemütlicher Traditionsgasthof mit schönem Gastgarten, typische Kärntner Küche, Spezialitäten aus eigener Landwirtschaft.

Metnitz ▶ K 3

Museum: Marktplatz 7, Tel. 04267 444, www.metnitz.at/totentanz, Mai–Okt. Di–So 10–12, 14–17 Uhr
Nächste Station ist, am Ende einer schluchtartigen Talverengung, Metnitz. Der Ort, dessen Name, wie so viele in der Region, auf slawischen Ursprung hinweist (motnica = trübes Wasser), besitzt eine prächtige Pfarrkirche mit bemerkenswerten Fresken und einer pompösen Barockeinrichtung. Seinen kunstgeschichtlichen Ruhm verdankt er freilich dem nebenstehenden, gotischen Beinhaus. Dieser kleine, achteckige, mit Lärchenschindeln gedeckte Bau wurde um 1500 außen mit einem **Totentanzfresko** verziert. Im Laufe der Jahrhunderte hatten Wind und Wetter den Bildern so zugesetzt, dass man sie 1968/70 ins Kircheninnere übertrug. Von den einst 28 Motiven haben sich nur vier Figurenpaare – der Tod mit Koch, Bauer, Mutter und Kind – im Original erhalten. Sie sind die einzigen dieses Genres in Österreich und seit einigen Jahren, gemeinsam mit Aquarellkopien des Bilderzyklus aus dem späten 19. Jh., in einem kleinen **Museum** ausgestellt.

Flattnitz und Weitensfeld ▶ J/K 3/4

Statt dieselbe Strecke zurück nach Friesach zu nehmen, empfiehlt sich die Weiterfahrt nach Westen. Durch eine unberührte, waldreiche Mittelgebirgslandschaft geht es, vorbei an vereinzelten Weilern und Höfen, auf die **Flattnitzer Höhe,** eine Almregion, die sich in jüngerer Zeit zu einem populären Wintersport- und Wandergebiet gemausert hat. Ein Abstecher lohnt noch ins Dorf **Flattnitz** mit seiner malerischen, architektonisch sehr originellen Wehrkirche. Dann folgt man dem Glödnitzbach entlang ins **Gurktal.** Hier verdient **Weitensfeld** einen ersten längeren Stopp. Denn auch diese kleine Gemeinde, die man für ihre Karl-May-Festspiele und das Kranzlreiten, einen speziellen, nur hier gepflegten Pfingstbrauch, im ganzen Land kennt, besitzt eine interessante Wehrkirche. Die alles überstrahlende Sehenswürdigkeit der Region jedoch, ein Kunstdenkmal von europäischem Rang, wartet 9 km talauswärts – in Gurk.

Infos & Termine

Termine
Kranzlreiten (Pfingstmontag): Weitensfeld, im Rahmen des Jahrmarkts, Details s. S. 32.
Karl-May-Festspiele (Ende Juli–Ende Aug.): Weitensfeld, Ganglitz, Tel. 0699 10 90 10 23, www.karlmayfestspiele.at. Großes Spektakel auf der Freiluftbühne.

Verkehr
Zu den Orten des Metnitztals gelangt man per Bus vom Bahnhof Friesach.

Gurk! ▶ K 4

Der abseits aller Fernverkehrsrouten gelegene Markt ist untrennbar mit dem Namen der Kärntner Landesmutter, der hl. Hemma, verbunden. Die Gräfin (980–1045) hatte, nachdem ihre zwei offenbar gottlosen Söhne von aufgebrachten Leibeigenen erschlagen worden waren und auch ihr Gatte verstorben war, ihr riesiges Vermögen zum Bau etlicher Kirchen und Klöster verwendet. An der Gurk stiftete sie ein Benediktinerinnenkloster, das freilich schon 1072 von dem Salzburger Erzbischof Gebhard aufgehoben und zum Sitz eines von Salzburg abhängigen Bistums gemacht wurde.

Zwei Generationen später beschloss Bischof Roman I., ein allem Anschein nach sehr durchsetzungskräftiger Herr, der sich mit Unterstützung seines Freundes Kaiser Friedrich I. Barbarossa von Salzburg emanzipieren wollte, die Errichtung eines neuen, monumentalen Domes. Zwei Absichten standen dabei im Vordergrund: zum einen den Rivalen an der Salzach auch architektonisch Paroli zu bieten und zum anderen den sterblichen Überresten der Stifterin eine repräsentativere letzte Ruhestatt zu schaffen. Denn inzwischen hatte sich das Grab der frommen Hemma, die übrigens 1287 selig und 1938 heilig gesprochen wurde, zu einem viel besuchten Wallfahrtsort entwickelt, an dem Gläubige wundersame Heilungen erhofften und anscheinend auch erfuhren.

Mit dem Bau der dreischiffigen Basilika und ihrem 60 m hohen Turmpaar wurde um 1140 begonnen. Um 1220 war sie vollendet. Und seit damals ist sie dank der abgeschiedenen Lage in dem dünn besiedelten Tal außen von gotischen oder gar barocken Ergänzungen (mit Ausnahme der Zwiebelhelme) weitgehend verschont geblieben. Deshalb darf sie als einer der bedeutendsten romanischen Sakralbauten Österreichs gelten.

Dom
Tel. 04266 82 36-12, www.dom-zu-gurk.at, Aschermittwoch–1. Nov. 9–17, sonst 10–16 Uhr, Eintritt frei, Führungen: tgl. 10.30 (So/Fei 11), 13.30, 15 Uhr, Eintritt 4,60 €, im Winter 5,20 €

Heute betritt man den Gurker Dom durch ein modernes Metalltor (T. Hoke, 1988). Die Vorhalle dahinter besitzt Glasfenster und einen wunderschönen Freskenzyklus mit 32 Bildern aus dem Alten und Neuen Testament (beide um 1340). Ihr Schmuckstück freilich ist das siebenfach abgestufte Portal mit seinen reichen Steinornamenten und den hölzernen Schnitzreliefs (kurz vor bzw. nach 1200). In dem gewaltigen, 1591 mit einem Netzrippengewölbe versehenen Innenraum bildet der 16 m hohe, golden schimmernde Hochaltar

Metnitztal, Gurktal und Görtschitztal

Einst viel besuchter Wallfahrtsort: der Gurker Dom

den Blickfang. Er umfasst als ein Meisterwerk frühbarocker Theatralik 72 Figuren und 82 Engelsköpfe (um 1630, von M. Hönel), die sich um die zentrale Marienstatue gruppieren. Ihm vorgelagert ist eine aus 18 t Blei gegossene Pietà (1740, von G. R. Donner). Nur in den Wochen vor Ostern zur Schau gestellt wird hier das berühmte Gurker Fastentuch. Es wurde 1458 von Konrad von Friesach mit 99 alt- und neutestamentlichen Szenen bemalt und gilt nicht nur als ältestes und schönstes, sondern mit seinen 81 m² auch als größtes Fastentuch Kärntens.

Im linken Seitenschiff besonders bemerkenswert sind die schönen romanischen Fresken und das viel gerühmte Samson-Tympanon (um 1200). Apropos Fresken: Einen Höhepunkt jeder Führung bildet der Raum über der Eingangsvorhalle, die Bischofskapelle. Dort verschmilzt ein alle Wände bedeckender Bilderzyklus im sogenannten

Gurk

sich Hemma, deren Gebeine hier in einem von Säulen mit fremdartigen Köpfen getragenen, in der Barockzeit überbauten Steinsarkophag liegen, für ihre letzte Ruhestatt wohl nicht wünschen können.

Übernachten

Ruhe und innere Einkehr – **Gästehaus St. Hemma:** 9342 Gurk, Domplatz 11, Tel. 04266 82 36-14, Fax 04266 82 36 16, www.dom-zu-gurk.at, DZ ab 54 €. Tadellose, aber klösterlich-schlichte Komfortzimmer im Kloster, auch in Kombination mit ›Tagen der Stille‹ oder ›Kloster auf Zeit‹.

Essen & Trinken

Gehobener Familienbetrieb – **Seebacher:** Gnesau, Gurk 23, Tel. 04278 257, www.seebacher.at, Do–Di 11.30–24 Uhr, Vier-Gang-Genießermenü 29 €, Gerichte ab 9,50 €. Verfeinerte Regionalküche mit saisonalen Produkten in gemütlich-urigen Gaststuben.

Aktiv & Kreativ

Kreativzentrum – **Schloss Albeck:** Sirnitz (ca. 20 km westlich von Gurk), Tel. 04279 303, www.schloss-albeck.at, Café-Restaurant sowie Seminar- und Kulturzentrum, ganzjährig außer Jan./Feb. Mi–So/Fei 10–21 Uhr, vielfältiges Konzertprogramm, Dauerschau über Wesen und Wirken von Engeln, Wechselausstellungen zeitgenössischer Künstler, Theater etc.

Familienprogramm – **Zwergenpark Gurk:** Tel. 04266 8077, www.zwergenpark.com, Mitte Mai–Sept. tgl. 11–16, Juli/Aug. 10–18 Uhr, Eintritt 4,80 €, Familienermäßigungen.

Zackenstil mit der ihn umgebenden Architektur und Bauplastik zu einem spätromanischen Gesamtkunstwerk allererster Ranges.

Das Herzstück des Doms bildet allerdings sein ältester Teil, die Krypta. Sie wird als großartigste im gesamten deutschen Sprachraum gerühmt. Der Superlativ wird nur allzu verständlich, wenn man in dem mystisch-dämmrigen Wald aus 100 Marmorsäulen still verharrt. Eine würdigere Aura hätte

Metnitztal, Gurktal und Görtschitztal

Abends & Nachts

Sommerlicher Bühnenspaß – **Albecker Schlosstheater:** Ende Juli–Ende Aug. Do–Sa, Trouvaillen aus der Komödienliteratur, Details s. o.

Infos

Verkehr
Ab Klagenfurt per Bahn nach Althofen, ab da per Bus nach Gurk.

Von Straßburg nach Althofen

Straßburg ▶ L 4

Schloss: Tel. 04266 22 36, www. strassburg.at, Mai–Sept. tgl. 10 18 Uhr, Eintritt 3 bzw. 3,50 €
4 km östlich thront auf einem 1000 m hohen Hügel über dem Städtchen Straßburg ein mächtiges **Burgschloss.** Es wurde, wie der Gurker Dom, ursprünglich im 12. Jh. von Bischof Roman I. erbaut und sollte wie jener die Unabhängigkeitsbestrebungen gegenüber Salzburg unterstreichen. Die wehrhafte, immer wieder erweiterte Anlage stammt in ihrer heutigen Form hauptsächlich aus dem 16. bis 18. Jh. Sie diente den Bischöfen von Gurk über 500 Jahre lang als Residenz und wurde, nachdem ein Erdbeben sie 1767 unbewohnbar gemacht hatte und als nach dem Zweiten Weltkrieg der endgültige Verfall unaufhaltbar schien, aufwendig generalsaniert. Heute birgt sie ein Volkskundemuseum, eine Pfeifensammlung, eine Dauerschau über historische Textilien, Accessoires und Stickmuster und immer wieder auch sehenswerte Wechselausstellungen. In dem schönen Arkadenhof ist eine Schlossschenke untergebracht.

Ein Abstecher vielleicht in das westlich angrenzende Dörfchen **Lieding,** wo, auf markantem Hügel erbaut, die spätgotische Margarethenkirche im Verbund mit Lichtsäule, rechteckigem (!) Karner und Pfarrhof ein hübsches und kunsthistorisch beachtenswertes Ensemble bietet?

Althofen und Treibach
▶ L/M 4

Dann geht es – vorbei an dem prachtvollst renovierten Schloss von **Pöckstein-Zwischenwässern,** einem Barockjuwel des Salzburger Architekten Johann Georg Hagenauer, in dem Ende des 18. Jh. interimistisch die Gurker Bischöfe residierten und dessen künftige Nutzung nach dem Verkauf durch die Diözese an private Eigner noch ungewiss ist – nach **Althofen,** den Hauptort des sogenannten Krappfelds (14 km von Straßburg). Einem toskanischen oder umbrischen Bergstädtchen gleich, grüßt seine Silhouette von einem Höhenkamm, der schon in urgeschichtlicher Zeit besiedelt war. Dieser Obere Markt mit seinen teilweise noch existierenden Befestigungsanlagen war im Mittelalter ein wichtiger Umschlagplatz für das Hüttenberger Eisen und stand im Besitz der Salzburger Bischöfe.

Zwischen seiner gotischen, merkwürdigerweise dem hl. Thomas von Canterbury geweihten Pfarrkirche und dem Bergfried hat sich ein geschlossenes, bis auf die Fassaden weitgehend mittelalterliches Ensemble erhalten. In einem der Häuser lockt das **Auer-von-Welsbach-Museum** an Naturwissenschaft und Technik interessierte Besucher (s. Mein Tipp S. 188). Ein bedeutsames Kunstdenkmal im Unteren Markt ist die im Kern romanische Cäcilien-Kirche.

Das moderne, geschäftige Stadtzentrum unten im Tal ist mittlerweile mit der Nachbargemeinde **Treibach** zusammengewachsen. Diese besaß um 1700 das fortschrittlichste Hüttenwerk des Landes und ist auch gegenwärtig von Industrie geprägt. Leitbetrieb ist die 1897 von Carl Freiherr Auer von Welsbach begründete, im Bereich Chemie und Metallurgie bis heute global erfolgreich tätige Treibacher Industrie AG. Ein Stück außerhalb hat man, unübersehbar auf waldigen Hang, ein riesiges und sehr renommiertes Kur- und Rehabilitationszentrum gestellt.

Übernachten

Platzhirsch im Ortskern – **Prechtlhof:** 9330 Althofen, Schobitzstr. 1, Tel. 04262 26 14, Fax 04262 261 74, www.prechtlhof.com, DZ ab 112 €. Vier-Sterne-Komfort im romantischen Landhausstil in der alten ›Oberen Stadt‹, Sauna, Dampfbad, vorzügliche Küche.

Großbürgerlich – **Herrenhaus Krainer:** 9341 Straßburg, Hauptplatz 3, Tel. 04266 22 51, Fax 04266 225 11 31, www.dasherrenhaus.at, nur Ende April–Okt., DZ ab 70 €. Alter, stattlicher Familienbetrieb mit zeitgemäßem Komfort, doch im besten Sinne altmodischen, behaglichen Ambiente, Garten, Liegewiese, Swimmingpool, Kur- und Gesundheitsangebot, zentrale Ruhelage, zugehörig: ausgezeichnetes Restaurant (Küche: Di–So mittags und abends).

Essen & Trinken

Anspruchsvoll – **Bachler:** Althofen, Silberegger Str. 1, Tel. 04262 38 35, www.bachler.co.at, Mo–Sa 10–24, So bis 16 Uhr, Küche 11.30–14, 18–22 Uhr, Fleischgerichte ab 17 €, Menü 29–49 €.

Pittoresk auf einem Höhenkamm gelegen: der Althofener Ortsteil Oberer Markt

Metnitztal, Gurktal und Görtschitztal

Mein Tipp

Museum für ein Genie
Der Chemiker und begnadete Forscher Carl Freiherr Auer von Welsbach (1858–1929) erfand u. a. den Glühstrumpf, die Metallfadenlampe und das Cer-Eisen für das Feuerzeug. Auch entdeckte er vier chemische Elemente. An das Leben und bahnbrechende Werk des genialen Mannes erinnert ein hochinteressantes, reich mit originalen Geräten und Apparaturen bestücktes Museum in Althofen (Mai–Okt. Di–So 10–17 Uhr, Führungen gegen Voranmeldung, Tel. 042 62 43 35, www.althofen.at/welsbach.htm).

Erstklassige kreative Küche mit regionalen Frischprodukten, hauseigene Vinothek und Spezialitätenladen mit eigens produzierten Marmeladen, Ölen, Essig u. v. m., regelmäßig Konzerte und Vernissagen.
Feudales Ambiente – **Schloss-Restaurant Straßburg:** Tel. 04266 271 73 oder 0650 549 35 61, Mai–Sept. Di–So 10–21, Mai–April Do–So 10–21, warme Küche 11–17 Uhr, Hauptgerichte 8–15 €. Gute bodenständige Kost, im Sommer Tische im Schlosshof, Rittermahle.

Einkaufen

Luftgeselchtes – **Seiser:** Straßburg, Hauptstr. 13, Tel. 04266 22 25, www.fleischerei-seiser.at. Osso Collo, Bauch-, Karree- und Schinkenspeck, allesamt wunderbar würzig aus eigener Fleischerei, zum Mitnehmen oder gleich Verkosten im zugehörigen Gasthof oder den Mitgliedsbetrieben der Vereinigung Gurktaler Speckerzeuger, siehe auch www.luftgeselchter.at.

Aktiv & Kreativ

Nostalgietrip – **Gurkthalbahn:** Auf schmaler Spur von Treibach-Althofen bis Pöckstein-Zwischenwässern, Ende Juni–Anfang Sept. jeweils So/Fei, nähere Infos: Tel. 0664 170 71 36, www.gurkthalbahn.at.

Abends & Nachts

Buntes Kulturprogramm – **Schloss Straßburg:** 04266 23 75, www.strassburg.at/schloss: Besuchenswerte Wechselausstellungen zeitgenössischer Künstler, Konzerte, Lesungen etc.

Infos

Verkehr
Nach Straßburg: ab Klagenfurt per Bahn nach Althofen, ab da per Bus; ins Obere Gurktal, nach Sirnitz, Gnesau etc. per Bus über Feldkirchen, dort umsteigen.

Entlang der Görtschitz

Von Althofen über Guttaring, von St. Veit an der Glan, ebenfalls ostwärts, über Brückl oder vom Lavanttal über das Klippitztörl gelangt man an die Görtschitz. Deren waldreiches, dünn besiedeltes, von Saualpe, Seetaler Alpen und Waldkogelzug umrahmtes Tal ist ein herrliches Wander- und Erholungsgebiet. Kaum zu glauben, dass hier viele Jahrhunderte lang das wirtschaftliche Herz des Landes schlug. Das

Entlang der Görtschitz

Eisenerz der Norischen Region war schon zur Römerzeit ein weithin begehrtes Gut. Das ganze Mittelalter hindurch bescherte es dem Gebiet Reichtum und Ruhm. Auch Silber und andere Metalle wurden damals en masse hier geschürft. Freilich wurde der letzte Hochofen der Gegend 1908 ausgeblasen, die letzte Mine 1978 geschlossen.

Hüttenberg ▶ M 3

Schaubergwerk und Museum
Tel. 04263 427, www.huettenberg.at, April–Okt. tgl. 10–17, Juli/Aug. bis 18 Uhr, Eintritt 8 €
Seit Schließung der letzten Minen hat man vor allem die Gegend um Hüttenberg, das seit alters das Zentrum des Bergbaus bildete, in einen Museums- und Naturpark verwandelt. In dessen Mittelpunkt steht das Schaubergwerk im Ortsteil Knappenberg – ein 900 m langer Stollen aus dem 16. Jh., der die einstige Arbeitswelt ›unter Tag‹ wieder auferstehen lässt. Die örtliche Geschichte des Bergbaus, die Abbautechniken und Gerätschaften der Knappen, aber auch deren Brauchtum und Mythen vermittelt das neben dem Stolleneingang, im Grubenhaus, eingerichtete **Museum,** das auch eine beeindruckende Mineralienschau birgt. Mineralien kann man unter kundiger Führung auch in der freien Landschaft selbst suchen und anschließend im ›Geozentrum‹ genau bestimmen und zu Schmuck verarbeiten.

Freilichtmuseum Heft
Tel. 04263 81 08, www.huettenberg. at, ganzjährig frei zugänglich
Die 2 km nordöstlich von Hüttenberg gelegene, sogenannte Heft zählt zu den europaweit größten Eisenwerkanlagen aus dem 19. Jh. Längst stillgelegt, bildet sie heute, erreichbar auf einem wunderschönen Wanderweg entlang der ehemaligen Erzbahntrasse und 1995 anlässlich der Landesausstellung ergänzt durch eine futuristische Glas-Stahl-Konstruktion des Architekten Günther Domenig (s. auch S. 62), ein faszinierendes Freilichtmuseum. Zu sehen sind u. a. die beiden imposanten Holzkohlehochöfen »Johann-Ernst« und »Pulcheria« im klassizistischen Stil sowie weitere Verarbeitungsanlagen. Der postmoderne Domenig-Bau mit seinem spektakulären, weit auskragenden ›schwebenden Stollen‹ bietet immer wieder den Rahmen für Konzerte, Ausstellungen, Seminare, Filmabende, Diavorträge etc.

Jeschofnig-Museum
Knappenberg, Tel. 04263 427 oder 0664 323 96 94, www.jeschofnig.at, Fr/Sa 15–18 Uhr bzw. nach tel. Voranmeldung, Eintritt frei
Mit zeitgenössischen Kreationen gänzlich anderer, aber ebenfalls höchst origineller Art wartet Harry Jeschofnig in seinem 10 000m² großen **Skulpturenpark** auf: mit naturalistischen und auch abstrakten Plastiken aus Auto- und anderen Blechen wie etwa Schmetterlingen aus verschweißten VW-Käfer-Kotflügeln oder Städtebildern aus Autotüren. Sehenswert!

Weitere Sehenswürdigkeiten
Puppenmuseum Helga Riedel: Reiftanzplatz 18, Tel. 04263 631, Mai–Mitte Okt. tgl. 13–17 Uhr, Eintritt 2,50 €
Ein Muss für jeden Freund Alter Kunst ist hingegen der Abstecher hinauf zur **Wallfahrtskirche von Maria Waitschach,** einem in seiner Architektur höchst ungewöhnlichen, angesichts der Abgeschiedenheit erstaunlich großen und reich ausgestatteten, spätgotischen Gotteshaus.

Metnitztal, Gurktal und Görtschitztal

Im Schaubergwerk Hüttenberg erfährt man Spannendes über die ›Arbeit unter Tage‹

Für Naturliebhaber ein großartiges Erlebnis ist eine Wanderung entlang des ökologisch kostbaren und deshalb unter speziellen Schutz gestellten 140 ha großen **Hörfeld-Moores**. Auf Kinder wartet, zurück in Hüttenberg, eine nette **Puppenschau**, die mittels hunderter liebevoll in naturalistischen Szenen arrangierten Figürchen Alltag und Freizeit der Menschen in der Region darstellt. Unbedingt einen Besuch wert ist das **Heinrich-Harrer-Museum** (siehe Auf Entdeckungstour S. 192).

Übernachten, Essen

Schlicht, aber tadellos – **Zur Post:** 9375 Hüttenberg, Reiftanzplatz 14, Tel./Fax 04263 212, DZ ab 50 €. Einziger Nächtigungsbetrieb im Ort, bescheiden, aber sauber und nett geführt, mit Café-Restaurant (Küche durchgehend 11–21 Uhr) und Wintergarten, vier Zimmer.

Aktiv & Kreativ

(Kunst-)Handwerkskurse – **Geozentrum Hüttenberg:** Knappenberg, Tel. 0664 574 63 07, www.geozentrum.at. Forschungszentrum, Seminar- und Gästehaus mit diversen Fach- und Sommerkursen wie z. B. Mineralien suchen und schleifen, Schmuckgestaltung u. v. m. im Angebot.
Horizonterweiterung – **Tibetzentrum:** siehe Auf Entdeckungstour S. 192.
Naturerlebnis – **Hörfeld-Moor:** Führungen durch das Schutzgebiet mit verschiedenen Schwerpunkten, Infos unter: Tel. 03586 302 03 oder auch 0650 263 22 64.

Infos & Termine

Infos
Gemeinde Hüttenberg: 9375 Hüttenberg, Reiftanzplatz 1, Tel. 042 63 247, www.huettenberg.at.

Entlang der Görtschitz

Termine
Reiftanz: alle drei Jahre (2013, 2016) am So nach Pfingsten in Hüttenberg, Info-Tel. 042 63 81 08.

Verkehr
Ab Klagenfurt per Bahn bis Althofen, von dort im Postbus (ca. 30 Min.) nach Hüttenberg bzw. Klein St. Paul.

Klein St. Paul und Umgebung ▶ M 4

Talmuseum: Tel. 04264 23 41 oder 0699 102 710 51, www.qnstort.at, Juli–Okt. So 10–14 Uhr, Eintritt 4 €, Kinder bis 14 Jahre frei

Einige Empfehlungen noch für die Rückfahrt durch das Görtschitz-Tal: In **Klein St. Paul** experimentiert der Konzeptkünstler Werner Hofmeister seit mehr als 25 Jahren damit, sein Heimatdorf im Sinne eines Gesamtkunstwerks zu einem QNSTORT umzugestalten. Das Ergebnis: ein Netz von über den Ort und die gesamte norische Region verstreuten Ausstellungen und Installationen. Im Zentrum: die Sammlung »Die Quellenkultur« im Talmuseum.

Und kurz hinter **Eberstein** mit seinem imposanten, neoromantischen Burgschloss führt ein Sträßchen die Ausläufer der Saualpe hinauf nach **Hochfeistritz**. Die dortige Wallfahrtskirche ist ein kunsthistorisches Juwel aus dem späten 15. Jh. mit wunderschönen Sternrippengewölbe, Maßwerk und einem prächtigen barocken Hochaltar. Zugleich stellt sie mit ihrer wuchtigen Umfassungsmauer, den Türmen und Schießscharten ein Parade-Exemplar einer Wehrkirche dar – jener Gotteshäuser, die im 15. Jh. angesichts der Bedrohung durch marodierende Türken vielerorts in Kärnten zu regelrechten Festungen ausgebaut wurden.

Übernachten

Oase des Stils – **Brunnwirt-Kassl:** 9334 Guttaring, Unterer Markt 2, Tel. 04262 81 25, Fax 04262 81 25 21, www.kasslbrunnwirt.at, DZ ab 80 €. Gediegen-bürgerliches Ambiente, familiäre Führung, weitläufiger Park, Swimmingpool, exzellentes Restaurant (Mi Ruhetag) mit Produkten aus eigener Metzgerei.

Essen & Trinken

Weithin bekannt – **Zum Dorfschmied:** Klein St. Paul, Marktstr. 16, Tel. 04264 22 80, www.zumdorfschmied.at, Di–Sa 11.30–14, 18–21 Uhr, So/Fei nur mittags, Gerichte ab 10 €. Kärntnerisch-friulanische Küche auf hohem Niveau, gediegener Rahmen, Gemüse und Fleisch vom familieneigenen Hof, Edelbrände aus eigener Destillerie (auch 20 DZ ab 75 €).

Renommierbetrieb – **Neugebauer:** Lölling, Graben 6, Tel. 04263 407, www.landgasthaus-neugebauer.at, Di–So, Juni–Sept. tgl. 11–21 Uhr, Gerichte ab 10 €. Ehemalige ›Brat- und Backhuhn-Station‹, heute gutbürgerlicher Landgasthof mit haubengekrönter Gourmet-Küche, Geflügelspezialitäten, vorzügliches Weinsortiment, nette Zimmer (DZ ab 70 €); im Keller angeschlossen: ein Schmiede- und Schlossereimuseum.

Einkaufen

Gourmet-Geschenk – **Norische Nudelwerkstatt:** Guttaring, Christophorusweg 2, Tel. 04262 500 52, www.nudl.at. Über 30 verschiedene Kärnter Nudeln und Knödel, mit fleischiger oder vegetarischer, würzig-pikanter oder süßer Fülle.

Auf Entdeckungstour

Tibet und retour – ein Besuch im Heinrich-Harrer-Museum

Im Hüttenberger Heinrich-Harrer-Museum reist man auf den Spuren des Abenteurers virtuell in die Heimat des Dalai Lama und in manch andere entlegenen Ecken der Welt. Im Verbund mit dem benachbarten Tibetzentrum ist es ein kostbarer Ort des interkulturellen Austauschs, an dem man sein Wissen erweitern und den Geist vertiefen kann.

Reisekarte: ▶ M 3

Dauer: Museumsbesuch mind. 2 Std.

Infos: Museum, Tel. 04263 81 01, www.harrermuseum.at, Mai–Okt. tgl. 10–17 Uhr, Eintritt 8 €, Kombikarte mit Schaubergwerk und Puppenmuseum 13,50 €, Führungen ganzjährig möglich, Voranmeldung erbeten.

Internationales Institut für Höhere Tibetische Studien: Tel. 04263 200 84, www.tibetcenter.at.

Im ersten Moment traut man seinen Augen nicht: Da kommt man, dem Tal der Görtschitz folgend, hinauf nach Hüttenberg und sieht von weitem schon an einer Felswand eine gigantische Buddha-Figur prangen. Ein Bildnis des »Erleuchteten« mitten im kärntnerischen Wald? Des Rätsels Lösung liegt in der Biografie des großen Sohnes des Dorfes: 1912 wurde nämlich im Ortsteil Obergossen ein gewisser Heinrich Harrer geboren, dessen Namen die Welt heute untrennbar mit Tibet verbindet.

Ein Weltreisender wird Vertrauter des Dalai Lama

Schon in jungen Jahren erweist sich Harrer als Sportkanone, feiert beim Ski fahren, Klettern und Golf internationale Erfolge. 1938 durchsteigt er die bis dahin unbezwungene Eiger-Nordwand. Die Pioniertat bringt ihm die Teilnahme an der deutschen Expedition zum Nanga Parbat ein. Als das Team 1939 in Karatschi ankommt, ist in Europa der Krieg ausgebrochen. Die Teilnehmer werden interniert. 1944 gelingt Harrer und Peter Aufschnaiter die Flucht nach Tibet. Der Rest ist Geschichte. Die beiden Österreicher verbringen sieben Jahre in Tibet, wo vor allem Harrer zu einem Vertrauten des jungen Dalai Lama wird. Und zu einem Chronisten Tibets vor der chinesischen Invasion, die ihn 1951 zum Verlassen des Landes zwingt. Sein Erinnerungsbuch »Sieben Jahre in Tibet« wird zu einem Bestseller und dessen Autor zum Reisenden aus Profession. Er unternimmt zahlreiche Expeditionen in die peripherstens Winkel der Welt.

1983 beschließt Harrer, seine umfangreichen Sammlungen in Hüttenberg der Öffentlichkeit zugänglich zu machen, 1992 eröffnet das Museum. Diesem wird unter freiem Himmel ein **Lingkor** beigefügt, ein tibetischer Pilgerpfad samt Gebetsmühlen und -fahnen, Felsmalereien und jenem riesigen religiösen Rollbild, das jedem Neuankömmling sogleich ins Auge fällt.

Eine spannende Schatztruhe

Für Menschen, die das kulturelle Kunterbunt auf unserem Planeten fasziniert, ist Harrers Sammlung eine Schatztruhe ersten Ranges. Über 4000 Exponate aus Afrika, Indien, Amazonien und den Anden, von Borneo, Grönland, Neuguinea und den Andamanen sind, ergänzt durch Multimediashows, im Stiegenhaus und ersten Obergeschoss ausgestellt. Im Keller stößt man auf spannende Sonderschauen aus anderen Museen. Ausführlich dokumentiert finden sich auch Kindheit und Jugend des Protagonisten und seine Karriere als Alpinist.

Der Schwerpunkt des Museums aber gilt den Ländern am Dach der Welt, im speziellen der Heimat des Dalai Lama. Von dort stammen die kostbaren Textilien, Thangkas, Schmuckstücke, Schnitzaltäre, Waffen, die seltenen Amulette und Geisterfallen, Petschaften und Butterskulpturen. Höhepunkte bilden das große, aus verschiedenfarbigem Sand gestreute Mandala, der nachgebaute Thronsaal sowie der prächtige Zeremoniensaal, den Seine Heiligkeit bei Ihrem Besuch 1992 persönlich geweiht hat.

Wer übrigens Feuer fängt für den spirituellen Geist, der das Hochland des Himalaya bis heute erfüllt, kann im benachbarten **Tibetzentrum** Wissen finden und vertiefen. Das von langjährigen Weggefährten des Dalai Lama geleitete Institut bietet Vorträge und Seminare zu Themen der rechten Lebensführung sowie mehrjährige Diplom-Lehrgänge über tibetische Medizin und zu buddhistischer Religion und Philosophie.

Das Beste auf einen Blick

Villach, Ossiacher See und Umgebung

Highlight !

Stift Ossiach: Der über 1000 Jahre alte Komplex am Ostufer des gleichnamigen Sees ist eine der kulturellen Keimzellen des Landes. Wegen seiner Aura, der äußerst malerischen Lage und auch der ausgezeichneten Gasthäuser vor Ort ist er ganzjährig ein beliebtes Ausflugsziel. S. 209

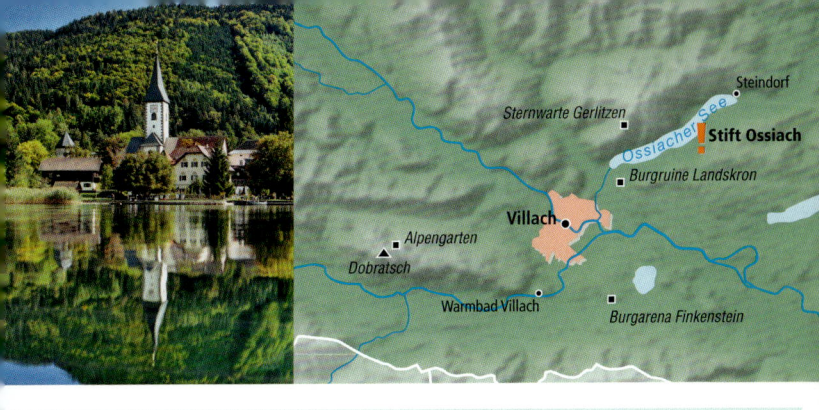

Kultur & Sehenswertes

Turmbesteigung: Die Villacher Altstadt aus der Vogelperspektive – ein luftiges Vergnügen, das genießt, wer den Turm der Pfarrkirche erklimmt. S. 200

Steinhaus: Als wäre im Ferienidyll ein Ufo gelandet, so ragt Günther Domenigs Architekturkonstrukt in Steindorf zwischen Uferhäuschen und Campingzelten himmelwärts. S. 212

Aktiv & Kreativ

Alpengarten am Dobratsch: Botanische Entdeckungen sowie ein Traumblick warten am Ende der Panoramastraße auf den Villacher Hausberg. S. 204

Sternwarte Gerlitzen: Auf dem mächtigen Bergrücken westlich des Ossiacher See lernen Hobbyastronomen beim Blick durchs Teleskop unter kundiger Führung das Staunen. S. 213

Genießen & Atmosphäre

Warmbad Villach: Sich im wohlig temperierten Thermalwasser räkeln und hernach von Wellness-Profis verwöhnen lassen … S. 204

Adlerflugschau: Die edlen Vögel zu beobachten, wie sie sich vor der imposanten Kulisse der Burgruine Landskron gen Himmel hochschrauben, ist ein erhebendes Erlebnis. S. 212

Abends & Nachts

Burgarena Finkenstein: Ob Kabarett oder Kammermusik, rockige Rhythmen oder Opernarien – ein Abend unter freiem Himmel im historischen Halbrund gräbt sich unauslöschlich ins Gedächtnis. S. 208

Carinthischer Sommer: Musikkenner pilgern seit Jahrzehnten nach Villach und Ossiach, um den Konzerten dieses renommiertesten Kärntner Sommerfestivals zu lauschen. S. 204 und 212

Die ›heimliche Hauptstadt‹ und ihr (bade-)paradiesisches Umland

Villach, die von der Drau durchflossene, zweitgrößte Stadt des Landes, liegt im Herzen einer mit zahlreichen Badeseen, Aussichtsbergen und Thermalquellen gesegneten Urlaubsregion. Die Nähe zu Italien und der sprichwörtliche Frohsinn ihrer Bevölkerung bescheren ihr ein fast schon mediterranes Klima und Flair. Die lebendige Altstadt lädt mit malerischen Gässchen und Plätzen zum Bummeln.

Eine eher beschauliche Atmosphäre herrscht an den Ufern des Faaker Sees und des Ossiacher Sees. Am Fuße des Ski- und Aussichtsberges Gerlitzen gelegen, ist Letzterer deutlich familiärer als der ›mundane‹ Wörthersee. Das Aktivsportangebot freilich ist hier wie auch am Faaker See von ähnlich großer Vielfalt.

Villach ▶ H 6

Villach stellt dank seiner verkehrsgünstigen Lage am Drauübergang seit alters einen Knotenpunkt für die Fernwege zwischen Ober- und Unterkärnten, Süddeutschland, dem Wiener und dem adriatischen Raum dar. Von seinen rund 58 000 Bewohnern gerne als Kärntens ›heimliche Hauptstadt‹ bezeichnet und alljährlich im Fasching zur ›Narrenhochburg‹ erhoben, bildet es einen überaus dynamischen Wirtschaftsstandort. Sein Kern präsentiert sich trotz der im Zweiten Weltkrieg erlittenen Bombenschäden als charmante Flanier- und Shoppingzone. Und als urbaner Ankerplatz, von dem aus sich die landschaftlich vielfältige Umgebung bequem erkunden lässt.

Geschichte

Auf der hochwasserfreien Terrasse westlich der Mündung der Gail in die Drau siedelten schon in vorchristlicher Zeit die Kelten. Die Römer schufen an der handelsstrategisch bedeutsamen Stelle eine Straßenstation namens Santicum und vermutlich auch schon einen ersten festen Flussübergang. Pons, das lateinische Wort für Brücke, taucht denn auch bei der frühesten urkundlichen Erwähnung des Ortes im Jahr 878 (pons Uillah) auf.

Infobox

Reisekarte: G–J 4–6

Informationen
Villach – Warmbad – Faaker See – Ossiacher See Tourismus GmbH: 9523 Villach-Landskron, Töbringer Str. 1, Tel. 04242 420 00, Fax 04242 420 00 42, www.region-villach.at.

Entspannende Schiffstouren
Auf der Drau: Von Mitte April bis Mitte Okt. werden ca. zweistündige Panoramafahrten zwischen Villach und Wernberg angeboten (Info-Tel. 0699 15 07 70 77, www.schifffahrt.at/drau).
Auf dem Ossiacher See: Es besteht ein fahrplanmäßiger Linienverkehr mit neun Anlegestellen rund um den See, abends locken Romantikfahrten bei Kerzenlicht und Livemusik (Mai–Anfang Okt., Info-Tel. 0699 15 07 70 77, www.schifffahrt.at/ossiachersee).

Villach

Nachdem schon Karl der Große die Drau als Diözesangrenze zwischen dem Erzbistum Salzburg und dem Patriarchat Aquileia festgelegt hatte (811), belehnte Kaiser Otto II. 976 Kärntens Herzog Heinrich I. mit dem Königshof Fillac. Um 1007 gliederte Kaiser Heinrich II. den Ort samt zugehörigen Ländereien dem von ihm gegründeten Bistum Bamberg an. Dessen Bischöfe beherrschten fortan über ein Dreivierteljahrtausend lang das Gebiet, das sie schließlich 1759 an den habsburgischen Staat verkauften.

In der ersten Hälfte des 13. Jh. zur Stadt erhoben und mit einer Mauer bewehrt, widerfuhr Villach 1348 eine Naturkatastrophe beispiellosen Ausmaßes: ein Erdbeben, bei dem mehrere tausend Einwohner den Tod fanden und ein Großteil der Bausubstanz zerstört wurde. Dennoch und trotz weiterer Heimsuchungen durch diverse Kriege, Brände, Überschwemmungen, Epidemien und neuerliche Erdbeben erlebte die Stadt im späten 15. und 16. Jh. dank Handel und Bergbau (Blei, Silber und Gold) eine Blüte. Maler wie Friedrich und später Thomas von Villach, aber auch Meister der Schnitzkunst machten sie außerdem zu einem stilbildenden Kunstzentrum der Gotik.

Ab etwa 1600 erlitt Villach als ein Brennpunkt des Protestantismus im Zuge der Gegenformation einen dramatischen Aderlass an Kapital und Know-how und in der Folge einen dauerhaften wirtschaftlichen Niedergang. Erneut bergauf ging es – nach einem Intermezzo als Bestandteil der von Napoleon kreierten Illyrischen Provinzen (1809–13) – erst in der zweiten Hälfte des 19. Jh. durch die Funktion als zentraler Verkehrsknotenpunkt im Bahnnetz zwischen Wien, Laibach, Triest und Salzburg. Diese Rolle – und jene als Nachschubstation für die italienische Front – bescherte ihr im Zweiten Weltkrieg freilich das Schicksal der nach Wiener Neustadt am heftigsten bombardierten Stadt in Österreich.

Heute präsentiert sich die ›Alpe-Adria-Stadt‹ an der Drau, die aufgrund weitreichender Eingemeindungen in den 1970er-Jahren 130 km^2 umfasst, als florierende und außerordentlich finanzkräftige Einkaufs- und Industriestadt. Ihr Branchenschwerpunkt liegt – u. a. dank einem riesigen Werk des Chipherstellers Infineon sowie einer einschlägigen Fachhochschule – im zukunftsträchtigen Bereich der Mikroelektronik.

Rund um den Hauptplatz

Unbestritten als Mittelpunkt des am rechten Ufer einer Drauschleife gelegenen Stadtkerns fungiert seit je der Hauptplatz. Vor über 800 Jahren angelegt und seit etlichen Jahren ausschließlich Fußgängern vorbehalten, bildet er mit seinen zahlreichen Läden und (Freiluft-)Cafés heute mehr denn je den Brennpunkt des städtischen Lebens und alljährlich Ende Juli/Anfang August eine Woche lang die Kulisse für den weit über die Landesgrenzen berühmten Villacher Kirchtag (s. S. 31). Das lang gestreckte, vom Flussufer leicht ansteigende Geviert ist von stattlichen, im Kern vielfach noch mittelalterlichen Bürgerhäusern gesäumt. Links und rechts führen enge, teils überbaute, teils durch Schwibbögen gestützte Gässchen zu Innenhöfen und auf Plätze, die in ihrer Gesamtheit der Altstadt ein heimeliges Gepräge verleihen.

Markantestes Gebäude auf dem Hauptplatz ist an der Westseite (Nr. 26) das kurz nach 1500 errichtete, ehemals Khevenhüller'sche Stadtpalais, das

197

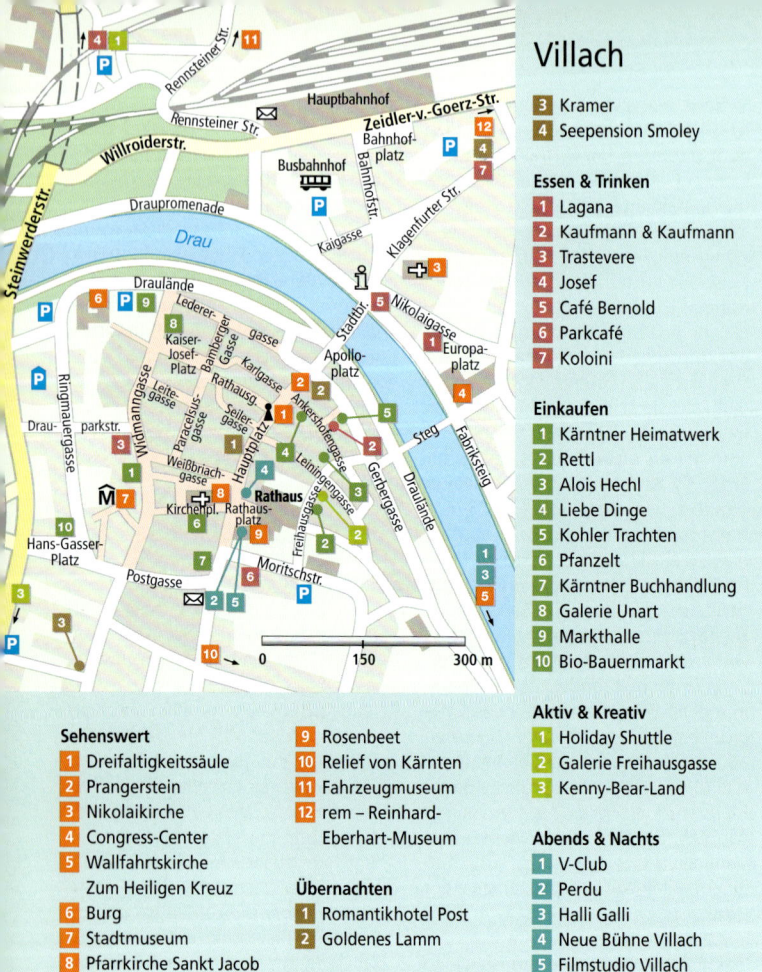

Villach

3 Kramer
4 Seepension Smoley

Essen & Trinken
1 Lagana
2 Kaufmann & Kaufmann
3 Trastevere
4 Josef
5 Café Bernold
6 Parkcafé
7 Koloini

Einkaufen
1 Kärntner Heimatwerk
2 Rettl
3 Alois Hechl
4 Liebe Dinge
5 Kohler Trachten
6 Pfanzelt
7 Kärntner Buchhandlung
8 Galerie Unart
9 Markthalle
10 Bio-Bauernmarkt

Aktiv & Kreativ
1 Holiday Shuttle
2 Galerie Freihausgasse
3 Kenny-Bear-Land

Abends & Nachts
1 V-Club
2 Perdu
3 Halli Galli
4 Neue Bühne Villach
5 Filmstudio Villach

Sehenswert
1 Dreifaltigkeitssäule
2 Prangerstein
3 Nikolaikirche
4 Congress-Center
5 Wallfahrtskirche Zum Heiligen Kreuz
6 Burg
7 Stadtmuseum
8 Pfarrkirche Sankt Jacob
9 Rosenbeet
10 Relief von Kärnten
11 Fahrzeugmuseum
12 rem – Reinhard-Eberhart-Museum

Übernachten
1 Romantikhotel Post
2 Goldenes Lamm

heutige **Romantikhotel Post** 1. Hinter der wunderschönen Renaissancefassade logierte 1552 sieben Wochen lang, auf der Flucht vor seinem protestantischem Widersacher Moritz von Sachsen, kein Geringerer als Kaiser Karl V.

Im schön renovierten Arkadenhof des Hauses Nr. 18 erinnern zwei Bildnismedaillons daran, dass von 1502 bis 1534 in Villach ein gewisser Wilhelm Bombast von Hohenheim als Stadtarzt amtiert und dessen Sohn Philippus Aureolus Theophrastus, besser bekannt als Paracelsus, hier seine prägenden Jugendjahre verlebt und auch erste wegweisende Werke verfasst hat.

In der Mitte des Platzes ragt eine **Dreifaltigkeitssäule** 1 (1606) empor, die man im Nachhinein zum Gedenken an eine Pestepidemie mit Statuen der Heiligen Maria, Florian und Rochus

Villach

versehen hat; an seinem unteren Ende steht die Kopie eines **Prangersteins** 2, einem höchst seltenen Rechtsdenkmal, das mittels Bildreliefs auf ebenso anschauliche wie drastische Weise vor den anno dazumal gängigen Strafen wie Handabschlagen, Ohrabschneiden oder Augenausstechen warnt.

Abstecher in die Neustadt

Wandert man von hier nach rechts durch die Gerbergasse, gelangt man nach 200 m links auf die Fußgängerbrücke über die Drau. Von ihrem Scheitel schweift der Blick über weite Teile der Stadt. Richtung Norden erstreckt sich die Neustadt mit der **Nikolaikirche** 3 und dem Hauptbahnhof; im Vordergrund: der knallrote Kubus des **Congress-Centers** 4, in dem u. a. die großen Faschingssitzungen, aber auch die Orchesterkonzerte des Carinthischen Sommers stattfinden; dahinter: der Komplex der Villacher Brauerei, der größten des Landes; und davor, direkt am Fluss: die sogenannten Draubermen – seit der Uferregulierung Anfang der 1980er-Jahre ein viel frequentiertes Revier der Skater und Radler.

Flussabwärts, zur Rechten, verläuft die Draulände, wo einst die Gerber ihrem nasenstrapazierenden Gewerbe nachgingen. Und ein Stück weiter, nahe der Kriegsbrücke, prägt die vermutlich auf langobardischen Fundamenten stehende Pfarr- und **Wallfahrtskirche Zum Heiligen Kreuz** 5 mit ihrer Kuppel und den beiden rosafarbenen Zwiebeltürmen die Stadtsilhouette – eines von Kärntens ganz wenigen rein barocken Gotteshäusern, dessen Innenausstattung freilich schon eindeutig dem Rokoko zuzuordnen ist.

Westliche Altstadt

Stadtmuseum: Widmanngasse 38, Tel. 04242 205-3535, www.villach.at/museum, Mai–Okt. Mo–Sa außer Fei 10–16.30 Uhr, Eintritt 3 €

Zurück am unteren Ende des Hauptplatzes, führt der Weg nun links durch die **Lederergasse**. Die alte Zunftgasse gilt mit ihren vielen Bars und Beisln als Szenemeile. Am ersten Haus rechts (Nr. 12) zeigt eine Hochwassermarke, wie wild sich die Drau vor ihrer Zähmung immer wieder durch die Stadt zu wälzen pflegte. Im Westen, wo sich die Gasse zum Fluss hin weitet, befand sich einst der befestigte Urkern der Stadt und ein Tor, durch das noch im 19. Jh. die Stadtbewohner ihr Vieh zum Tränken trieben. In der hochmodernen, verglasten **Markthalle** 9 bietet jeden Mittwoch und Samstag vormittags die Bauernschaft aus dem Umland ihren frische Ware feil.

Ein paar Schritte weiter westlich erhebt sich die **Burg** 6, der einstige Sitz der bambergischen Vizedome. Der dreigeschossige, schlichte Bau wurde Anfang des 13. Jh. errichtet, gut 300 Jahre später zu seiner heutigen Form ausgebaut und in den letzten Jahren zu Wohnzwecken aufwendig adaptiert. Sehenswert ist die kleine Kapelle.

Auf dem Rückweg Richtung Stadtmitte passiert man in der Widmanngasse die **Musikschule,** ein schönes Patrizierhaus aus dem späten 16. Jh., und ein wenig weiter das **Stadtmuseum** 7 (Nr. 38). Dieses birgt eine archäologische Schausammlung mit jungstein-, bronze- und römerzeitlichen Siedlungsfunden, ferner hochkarätige Beispiele gotischer Tafelmalerei, das Original des zuvor erwähnten Prangersteins sowie viele weitere Objekte zur Kulturgeschichte und Heimatkunde des Villacher Raumes. An der Hinterseite des Grundstücks hat man neben

Villach, Ossiacher See und Umgebung

einem noch erhaltenen Stadtturm Reste der einstigen Wehrmauer wieder aufgebaut.

Pfarrkirche St. Jakob [8]

Turmbesteigung: Tel. 04242 205-3540, Juni–Sept. Mo–Sa 10–18, So 12–18, Mai und Okt. Mo–Sa 10–16 Uhr, Eintritt 2 €

Villachs buchstäblich herausragendstes Baudenkmal ist die dem hl. Jakob geweihte Hauptpfarrkirche. Sie wurde anstelle des 1348 beim Erdbeben zerstörten Vorgängerbaus als typisch spätgotische Hallenkirche errichtet und war 1526 Österreichs erstes protestantisches Gotteshaus. Ihr **Turm**, mit 94 m der höchste im Land, war bis ins 17. Jh. ein frei stehender Campanile (ein Hinweis auf die einstige Zugehörigkeit zu Aquileia) und ist begehbar. Im Inneren wartet sie unter reichem Rippengewölbe mit hochkarätigen Ausstattungsstücken auf: einem überlebensgroßen Christophorus-Bild zum Beispiel (an der Chorwand), der Grabkapelle der Familie Khevenhüller, etlichen fein gearbeiteten Epitaphen und Grabplatten oder einer ungewöhnlichen Renaissancekanzel, aus deren Schaft der Stammbaum Jesse wächst.

Weitere Sehenswürdigkeiten

Relief von Kärnten: Mai–Okt. Mo–Sa außer Fei 10–16.30 Uhr, Eintritt 2 €
Fahrzeugmuseum: F. Wedenigstr. 9, Tel. 042 42 255 30, www.oldtimer museum.at, tgl. 10–12, 14–16, Mitte Juni–Mitte Sept. tgl. 10–18 Uhr, Eintritt 6,50 €

Ein Abstecher zum Rathaus offenbart, vor dem schönen Renaissanceportal des Vorgängerbaus, eine originelle Installation des zeitgenössischen Kärntner Künstlers Cornelius Kolig – das allen Frischvermählten gewidmete, sogenannte **Rosenbeet** [9]. Im Schillerpark, wenige Gehminuten südlich, harrt Europas größte Geoplastik unter Dach, ein 182 m² großes **Relief von Kärnten** [10] im Maßstab 1:10 000, der Betrachter.

Am östlichen Stadtrand, im Ortsteil Zauchen nahe dem Autobahnknoten Villach, lädt das **Villacher Fahrzeugmuseum** [11] zur motorisierten Zeitreise – ein Ort der Erinnerungen mit über 160 Autos, Motorrädern und Rollern der Jahrgänge 1927–77.

Übernachten

Tradition am Nabel der Stadt – **Romantik-Hotel Post** [1]: 9500 Villach, Hauptplatz 26, Tel. 04242 261 01-0, Fax 04242 26 10 14 20, www.romantik-ho tel.com, DZ 80–195 €. Gediegen absteigen, wo schon seit 500 Jahren Kaiser und Könige logierten, ruhige, gartenseitige Zimmer, stilvolle Einrichtung, sehr gutes Restaurant Orangerie, auch im schönen Innenhof.

Gutbürgerlich – **Goldenes Lamm** [2]: 9500 Villach, Hauptplatz 1, Tel. 04242 241 05, Fax 04242 241 05 56, www.gol deneslamm.at, DZ ab 74–120 €. In fünfter Generation familiär geführtes Altstadt-Hotel am Beginn der Fußgängerzone, Traditions- sowie neu renovierte Premium-Zimmer, Relax-Oase, gebührenfreier Hof-Parkplatz.

Ländlicher Charme – **Kramer** [3]: 9500 Villach, Italiener Str. 14, Tel. 04242 249 53, www.hotelgasthofkramer.at, DZ ab 86 €. Gutbürgerlicher Drei-Sterne-Gasthof mit über 100-jähriger Tradition in Grün-Ruhelage am Rand der Altstadt, Gratisparkplätze, Sonnenterrasse, herzhafte kärntnerisch-friulanische Küche im »Stadtwirt« im Haus.

Villach

Nette Mittelklasse – **Seepension Smoley** 4: 9524 St. Magdalen, Peter-Melcher-Str. 15, Tel. 04242 422 66, Fax 04242 42 26 64, www.smoley.at, DZ ab 48 €. Sympathische Drei-Sterne-Pension, fünf Autominuten vom Stadtzentrum, ruhig direkt am Badesee, eigenes Boot, Hotelstrand mit Angelmöglichkeit, Autobahnabfahrt Wernberg.

Essen & Trinken

Mediterran – **Lagana** 1: Europaplatz 2, Tel. 04242 225 22, Di–Sa 11.30–13.30, 18–22 Uhr, www.hi-villach.at, Gerichte ab 19 €. Kosmopolitischer Schick und leichte kreative Küche, teils kärntnerisch, teils italienisch, im Hotelrestaurant des örtlichen Holiday Inn, direkt an der Drau, schöner Altstadtblick.

Haubenküche – **Kaufmann & Kaufmann** 2: Dietrichsteingasse 5, Tel. 042 42 258 71, www.kauf-mann.com/kk/, Di–Sa außer Fei 11.30–14, 18–ca. 24 Uhr, Mittagsmenüs ab 7,50 €, Hauptgerichte ab 9,50 €. Klassisch-mediterran bis modern-österreichische Küche mit Schwerpunkt saisonale Gemüse und hausgemachte Pasta, gemütlich-elegantes Landhaus-Ambiente in historischem Gewölbe, romantischer Innenhofgarten, gutes Wein- und Spirituosensortiment, Reservierung empfohlen.

Tipico italiano – **Trastevere** 3: Widmanngasse 30, Tel. 04242 215 665, tgl. 11.30–24, Küche durchgehend bis 23 Uhr. Exzellente Trattoria/Pizzeria in historischem Gemäuer, wunderschöner sonnen- und regengeschützter Arkaden-Innenhof, Salate, Pasta, Pizze (ab 8 €), frischer Fisch (ab 13 €) u. v. m.

Bierig-urig – **Josef** 4: Treffner Str. 100, Tel. 04242 278 33, www.josef-villach.at, Mo–Fr 7–24, Sa 8–24, So 8–22, Küche durchgehend 11–23 Uhr. Gemütliches Wirtshaus am nördlichen Stadtrand mit bodenständiger Küche, Spezialitäten: warme, belegte Brote ab 6,60 €, Saure Suppe 5,40 €, Familienplatte für 3–4 Pers. 37,20 €; im Sommer Biergarten.

Naschen mit Drau-Blick – **Café Bernold** 5: Nikolaiplatz 2, Tel. 04242 254 42, Mo–Sa 7.30–20, So 9.30–20, im Winter nur bis 19 Uhr. Hausgemachte Torten, Kuchen (Faschingskrapfen!), Eisschleckereien, schöner Gastgarten am Fluss.

Behaglich – **Park-Café** 6: Moritschstr. 2, Tel. 042 42 277 70, Mo–Sa 7–23, So/

Mein Tipp

Das rem – eine museale Überraschungstüte 12
Eine Akademie und Denkfabrik, die zu einer universitären »Fakultät für Ideenfindung und Ideendiskurs« ausgebaut werden soll, hat der Kreativ- und Querkopf Reinhard Eberhart als selbsternannter »Ideengroßindustrieller« in seinem Museum im Villacher Ortsteil St. Ruprecht ins Leben gerufen. Zu sehen gibt es in der Kunsthalle am Dachboden des adaptierten Pfarrhauses schräge Skulpturen, Poster und Objekte sowie im Museumsgarten u. a. eine Muster-Bienenhütte, ein Postkartenarchiv und auf Fahnen eine »XXXL-Landesausstellung« zur Geschichte des Kärntner Faschings; außerdem werden interdisziplinäre Seminare, Vorträge, Themenausstellungen u. v. m. veranstaltet. Ein Vorbeischauen lohnt! (Reinhard-Eberhart-Museum, Villach-Landskron, neben der Autobahnabfahrt A 1, Ossiacher See, St. Ruprechter Platz 1, Tel. 04242 424 20 oder 0664 301 11 00, Mo–Do 8–14 Uhr, www.rem.at, Eintritt frei).

Villach, Ossiacher See und Umgebung

Unzählige Trachtengruppen nehmen alljährlich am Villacher Kirchentag teil

Fei 8–23 Uhr, Mittagsmenü 6,90 €. Gepflegter In-Treff im altehrwürdigen, neu renovierten Parkhotel mit Dallmayer-Kaffee und Confiserie aus dem Hause Koloini; angeschl.: **Park-Lounge**, tgl. 9–1(!) Uhr, mit gut sortierter Imbiss-, Wein- und Sektkarte.

Café-Konditorei – **Koloini** 7: Ossiacherzeile 64, Tel. 04242 413 22, www.koloini.com, Di–Fr 8–19, Sa 8–18, So 10–18 Uhr. Was die Sachertorte für Wien, ist für die Draustadt die Villacher Torte. Hier gibt's (auch zum Mitnehmen) das Original aus mit Nuss-Sahne und Kirschen beschichtetem Nuss- und Schokoladenbiskuit, aber natürlich auch andere sündhafte süße Leckereien.

Einkaufen

Souvenirs mit Tradition – **Kärntner Heimatwerk** 1: Widmanngasse 32–36, Tel. 04242 243 65, www.kaerntnerheimatwerk.at. Volkskunst und Kunsthandwerk in hoher Qualität – von Schnitzwerk und Hinterglasmalerei bis zu Trachten, Stoffen und Schmuck. Filialen auch in Klagenfurt (Herrengasse 2), Spittal (Tiroler Str. 4) und Wolfsberg (Joh.-Offner-Str. 21).

Handmade fashion – **Rettl** 2: Freihausgasse 12, Tel. 04242 268 55, www.rettl.com. Trendige Mode von Thomas Rettl für sie und ihn; als Besonderheit: schottische Kilts. Kilts und Fräcke für spezielle Anlässe auch zum Ausleihen.

Zerbrechliches – **Alois Hechl** 3: Ankerhofeng. 4, Tel. 0676 728 59 40, www.hechlglas.com, Mi, Fr 10–12, 15–18, Sa 10–12 Uhr. Zeitgenössische Glasbläserkunst, fantasiereich und witzig, Führungen in der Werkstatt im Nachbarort St. Magdalen nach Voranmeldung.

Kleidung im Alpinstil – **Liebe Dinge** 4: Ankershofengasse (Zugang von Hauptplatz 11), Tel. 04242 21 00 73, www.liebedinge.at. Originelle Trachtenmode vom Dirndl und Stickhemd bis zur Lederjacke und -hose, Marke Ortrud Rainer, Luis Trenker, Meindl, ELM u. a.,

Villach

dazu Winterjacken, Corsagen, Stiefel u. v. m.

Edler Outfit – **Kohler Trachten** 5: Gerbergasse 8, Tel. 04242 272 31, www.sabinekohler.at. Große Auswahl klingender Markennamen wie Gössl, Habsburg, Gaisberg, Country Classics, Meindl, Mirabell …

Für Leseratten – **Pfanzelt** 6: Unterer Kirchenplatz 4, Tel. 04242 245 54. Kleine, aber fein sortierte Buchhandlung, die älteste der Stadt; besonders kundig berät die Betreiberin in Sachen Kärntner Literatur.

Neu & antiquarisch – **Kärntner Buchhandlung** 7: 8. Mai-Platz 3, Tel. 04242 285 91, www.kbuch.at. Vollsortiment für jeden Geschmack.

Spannendes Gegenwartsgeschehen – **Galerie Unart** 8: Kaiser-Josef-Platz 3, Tel. 04242 280 97, Mi–Fr 10–12.30, 15–18, Sa 10–12.30 Uhr und nach Vereinbarung, www.galerie-unart.at. Ausstellungen renommierter in- und ausländischer KünstlerInnen fast im Monatsrhythmus, Schwerpunkte: Malerei, Keramik- und Porzellankunst.

Wochenmarkt – **Markthalle** 9: auf dem Burgplatz, Mi und Sa vormittags.

Gesund & bekömmlich – **Bio-Bauernmarkt** 10: Hans-Gasser-Platz, Fr ab 11 Uhr.

Aktiv & Kreativ

Adrenalinschub – **Holiday Shuttle** 1: Treffner Str. 71/5, Tel. 04242 454 50, www.holidayshuttle.at. Kajak, Rafting, Canoying, Paragleiten, Bungy-Jumping, Survival Training u. v. m.

Kommunales Kunstzentrum – **Galerie Freihausgasse** 2: Tel. 04242 205-3450 oder 3411, Mo–Fr 10–12.30, 15–18, Sa 10–12 Uhr, www.villach.at. Nicht nur Ausstellungen von Gegenwartskünstlern, sondern auch Kunstvermittlung für Erwachsene sowie künstlerisch-kreative Animation für Jugendliche und Kinder.

Bärige Begegnung – **Kenny-Bear-Land** 3: Ortsteil Müllnern, A 2 Abfahrt Villach Warmbad, Lindnerweg 7, Tel. 04257 44 08 oder 0660 166 20 06, www.kenny-bear.com. Großes Erlebnis vor allem für die Kleinen: die Begegnung mit einem ausgewachsenen, freilich völlig zahmen Braunbär im Freigehege, Fütterung von der Plattform aus, Besuch (6,90 €) und Privatführung mit bis zu 12 Pers. (pauschal 59 €), nur nach tel. Vereinbarung.

Abends & Nachts

Mega-Entertainment – **V-Club** 1: Bruno-Kreisky-Str. 33, A 2, Abfahrt Faaker See, kein Tel., www.vclub-villach.at, Do–Sa 21–4 Uhr, Eintritt 5 €. Disco der Superlative mit diversen Bereichen wie Tanzarena Colosseum, Dancefloor Asia Club, V-Lounge, Game Zone; angeschlossen: Bowling-Center mit acht Bahnen, Billard, Lounge, hier Tel. 0664 88 50 21 22, Mo–Do 14–24, Fr und vor Fei 14–2, Sa 10–2, So/Fei 10–24 Uhr.

Wo die Post abgeht – **Perdu** 2: Rathausplatz 1, Tel. 04242 219 900, www.perdu.at, Mo–Sa 8.30–2, So 18–24 Uhr. Party-Lokal ›zum Gasgeben‹, tolle Musik, Tanzen möglich, kleine Imbisse.

Remmidemmi – **Halli Galli** 3: Gewerbezeile 8, Tel. 04242 230 805, www.halli-galli.at, Do–Sa und vor Fei 21–4 Uhr. Discostadl für die tanzwütige Jugend.

Theater – **Neue Bühne Villach** 4: Rathausplatz 10, Tel. 04242 287 164-0, www.neuebuehnevillach.at. Zeitgenössisch-kritisches Theater auf hohem Niveau.

Für Cineasten – **Filmstudio Villach** 5: Rathausplatz, im Stadtkinocenter, Info: Tel. 04242 21 46 06, www.filmstudio-villach.at.

Villach, Ossiacher See und Umgebung

Infos & Termine

Infos
Tourismusinformation Villach Stadt: 9500 Villach, Bahnhofstr. 3, Tel. 04242 205-2900, Fax 04242 205-2999, www.villach.at/tourismus.
Gratis-Stadtführungen durch die Villacher Altstadt: jeden Fr 10 Uhr, Treffpunkt vor dem Tourismusbüro auf dem Rathausplatz, Dauer: ca. 1,5 Std., Infos: Tel. 04242 205-29 00.

Termine
Villacher Fasching (Jan./Feb.): Faschingsgilde: Tel. 04242 236 63, www.villacher-fasching.at. Humor Marke deftig – schmunzeln, schunkeln, Schenkel klatschen.
Alpe-Adria-Keramikmarkt (Ende Mai): mit internationalen Ausstellern in der Innenstadt.
Theaterfestival Spectrum (Mitte Juni): in der Neuen Bühne Villach (s. o.).
Straßenkunstfestival (Ende Juli): Gaukler, Jongleure, Akrobaten, mehr als 100 Künstler und Ensembles sorgen für Staunen und Stimmung.
Carinthischer Sommer (Juli/Aug.): im Congress-Center: Bedeutsamstes Musikfestivals Kärntens, s. S. 33 und S. 212 (Ossiach).
Villacher Kirchtag (1. Sa im Aug.): s. S. 31. Info-Tel. im Rathaus: Tel. 04242 205-6600, www.villacherkirchtag.at.
Summertime (Mitte Aug.): Das Drau-Ufer wird zur freien Bühne – für Konzerte oder Tanzveranstaltungen auf einem Flussponton, abschließend großes Feuerwerk; Info-Tel. 04242 205-34 00.

Verkehr
Bahn: Mehrmals stdl. Direktverbindungen sowohl nach Klagenfurt als auch nach Spittal (zwischen ca. 20 und 35 Min. Fahrzeit), etwa alle 1,5 bis 2 Std. auch nach Hermagor (Fahrzeit ca. 70 Min.).

Dobratsch und Umland ▶ G/H 6

Alpengarten: www.alpengarten-villach.at, Ende Mai–Ende Aug. tgl. 9–18 Uhr, Eintritt 2,50 €

Eine ideale Möglichkeit, die landschaftliche Pracht des Villacher Raumes und des Dreiländerecks aus der Vogelperspektive zu genießen, bietet der westlich der Stadt emporragende **Dobratsch**. Auf den mächtigen, 2166 m hohen Bergrücken, auch Villacher Alpe genannt, führt seit 1965 eine 16,5 km lange Panorama-Mautstraße. Von ihrem Endpunkt, der ›Roßtratte‹ nahe der Waldgrenze, erreicht man in zweistündigem Fußmarsch den Gipfel, auf dem seit über 300 Jahren ein Marienwallfahrtskirchlein Wind und Wetter trotzt. Und von dem der Blick an klaren Tagen über die ganzen Ostalpen, vom Dachstein bis zu den Dolomiten, reicht. Weiter unten, beim Parkplatz 6 auf 1400 m, vermag ein 10 000 m² großer **Alpengarten** mit mehr als 900 verschiedenen heimischen Pflanzenarten Hobbybotaniker zu begeistern.

Dobratsch ... Der slawische Name lässt sich mit ›guter Berg‹ übersetzen. Das Attribut verliehen ihm die Anrainer wohl aus Dankbarkeit für zweierlei Schätze: zum einen für jene reichen Blei- und Zinklager, die man an seinen nördlichen Ausläufern, in **Bleiberg-Kreuth**, vom Mittelalter bis 1993 abbaute (s. Mein Tipp S. 205), zum anderen für das Thermalwasser, das an mehreren Stellen zu Füßen des Kalkstocks, erwärmt und mit Mineralien angereichert, aus der Erde sprudelt.

An der Ostseite des Berges, in **Warmbad Villach,** treten täglich rund 40 Mio. l Wasser zu Tage, dessen Heilkraft – speziell für den Bewegungsapparat – schon Paracelsus in seinem berühmten Bäderbuch pries. Rund um die Quellen

Dobratsch und Umland

ist längst ein Heilkur- und Urlaubsort von internationalem Rang erwachsen, der mit einem umfangreichen Therapieprogramm, einer hochmodernen Erlebnistherme und zahlreichen, in eine Parklandschaft gebetteten Unterkünften aufwartet. Eine Besonderheit ist das mehr als 550 Jahre alte Urquellbecken, durch dessen Kiesboden das warme Nass direkt aus dem Felsinneren emporsteigt. Ungleich jünger, aber – speziell für Rheuma- und Herz-Kreislauf-Kranke – ähnlich gedeihlich ist die Thermaltradition in **Bad Bleiberg.**

Als keineswegs ›gut‹ erwies sich der Dobratsch übrigens im Jahr 1348. Damals brach ihm infolge jenes Erdbebens, das auch Villach verwüstete, ein Großteil seiner Südflanke weg. Das Trümmergebiet, die sogenannte Schütt, bedeckt eine Fläche von 24 km² und wurde 1942 zum Naturschutzgebiet erklärt.

Apropos: Um die kostbaren Vorräte an Trink- und Thermalwasser, aber auch die einzigartige Flora dauerhaft zu schützen, hat man den gesamten, zuvor als Skiberg viel frequentierten Dobratsch zum Naturpark erklärt, in dem nunmehr Kunstschnee tabu ist, folglich alle Skilifte abgebaut wurden und im Winter somit Tourengeher und Langläufer unter sich bleiben. Im Sommer warten auf Besucher eine Aussichtsplattform, ein geologischer Lehrpfad, ein Kinderspielplatz und diverse Wanderrouten.

Mein Tipp

Terra Mystica & Montana
Als sich in den 1980er-Jahren in Bad Bleiberg für den traditionsreichen Bergbaubetrieb das definitive Ende abzeichnete, verwandelte man 3 km des Stollensystems in eine multimediale Erlebniswelt. In 250 m Tiefe bekommen Besucher seither mit aufwendigen Licht- und Toninszenierungen die Geheimnisse der Welt unter Tage enthüllt – die Arbeit und Gerätschaft der Knappen, die Erdgeschichte und allerlei montanistische Hintergründe. Die Fahrt mit dem Schachtaufzug, der Grubenbahn und über die längste Bergmannsrutsche Europas (68 m) sowie das Karikaturenmuseum »Terra Humoristica« verleihen der Exkursion zusätzliche Würze. Ein spezielles Abenteuer für Kids: die Schatzsuche, in deren Lauf sie das unterirdische Labyrinth nach Edelsteinen absuchen (Tel. 04244 22 55, www.terra-mystica.at, Terra Mystica: Juli/Aug. Führungen tgl. 9.30-15 zu jeder vollen Stunde, Mai/Juni, Sept./Okt. tgl. 11 u. 13 Uhr; Terra Montana: Juli/Aug. Führung tgl. 16, Mai/Juni, Sept./Okt. tgl. 15 Uhr, beide: Nov.-April Sa 15 Uhr; Eintritt je Schaubergwerk 16 €).

Übernachten

Rundum-Verwöhnprogramm – **Warmbaderhof:** 9504 Warmbad Villach, Kadischenallee 22–24, Tel. 04242 30 01-0, Fax 04242 30 01-13 09, www.warmbad. at, DZ ab 180 €. Traditionsreicher Fünf-Sterne-Luxus in 20 ha großem Park neben der künftigen Erlebnistherme mit hauseigenem Hallen- und Freibad, umfassenden Therapie-, Wellness- und Beauty-Angeboten sowie haubengekrönter Küche in drei Restaurants.

Essen & Trinken

Wohlfühloase, auch kulinarisch – **Bleibergerhof:** Bad Bleiberg, Drei Lärchen

Villach, Ossiacher See und Umgebung

150, Tel. 04244 22 05, tgl. 18.30–20.30 Uhr, www.falkensteiner.com, Gerichte ab 12 €, 5-gängiges Abendmenü 38 €. Fein tafeln im Falkensteiner-Luxushotel & Spa, den Restaurants Aurora bzw. Dobratsch-Stube – auch für Diätbewusste; zugehörig: ein renommiertes Vier-Sterne-Thermalhotel (DZ ab 178 €).

Aktiv & Kreativ

Wellness & Heilung – **Erlebnistherme:** Warmbad Villach, wegen Neubau bis Frühjahr 2012 geschlossen.
Klein und gemütlich – **Therme Bad Bleiberg:** Bleiberg-Nötsch 140, Tel. 04242 2295-0, www.bad-bleiberg.at, tgl. 9–20 Uhr.
Ausflug mit Traumaussicht – **Auf den Dobratsch:** Auskünfte Mauthaus Möltschach, Tel. 04242 553 09, im Winter Tel. 04242 205-6017, www.naturpark dobratsch.info und www.schuett at; Zufahrt. Villacher Alpenstraße, Mitte April–Mitte Nov. mautpflichtig (13 € pro Pkw), sonst mautfrei, www.villa cher-alpenstrasse.at.

Abends & Nachts

Open-Air-Fest – **Ackern in Warmbad:** Ende Juni–Ende Juli tgl. ab 17 Uhr, Infos: Tel. 04242 565 25, www.ackern.at. Das ultimative Partyerlebnis – familienfreundlich, in freier Natur inmitten tausender Sonnenblumen und Strohballen, Lagerfeuer, Livemusik, bodenständige Küche.

Infos

Infos
Tourismusinformation Therme Warmbad: 9504 Villach Warmbad, Kadischenallee 25, Tel. 04242 205-2950, Fax 04242 339 66, Mo–Fr 9–12.30, 13.30–17 Uhr.
Kurzentrum Thermalheilbad Warmbad-Villach: Kadischenallee 26, Tel. 04242 3700-0, www.warmbad.com.
Tourismusinfo Bad Bleiberg: 9530 Bad Bleiberg, Bleiberg-Nötsch 149, Tel. 04244 313 06, www.bad-bleiberg.at, Juli/Aug. Mo–Fr 10–12, 14–17, Sa bis 16, Sept.–Juni Sa 10–16 Uhr, Mo–Fr nur nachmittags.

Verkehr
Von Villach nach Warmbad per Bahn oder Bus, nach Bad Bleiberg nur per Bus, auf den Dobratsch 4 x wöchentl. mit dem Postbus, Abfahrt 9 Uhr von Villach, 16 Uhr retour.

Faaker See ▶ H/J 6

Modellbahnparadies: Faak, Marktplatz 1, Tel. 04254 4326, www. modellbahnparadies.at, Juli/Aug. tgl. 10–18, Mai/Juni, Sept. Di–So 13–18, Okt. Do–So 13–17 Uhr, Eintritt 6 €

Österreichs südlichster See schmiegt sich, keine 10 km von Villach entfernt, zu Füßen der majestätischen Pyramide des **Mittagskogels** (2143 m) in eine Mulde des sanften Hügellandes. Das knapp 3,5 km² kleine, flache und – zusätzlich dank thermenähnlicher Bodenquellen – wohlig warme Gewässer, träumte lange Zeit einen touristischen Dornröschenschlaf und wurde relativ spät wach geküsst.

Während sein dicht verschilftes, von den Einheimischen augenzwinkernd als ›Kärntens Everglades‹ bezeichnetes Westufer bis heute weitgehend unverbaut ist, umkränzen die drei Ufergemeinden **Drobollach**, **Egg** und **Faak** den restlichen See mit ihren Hotels, Sommerhäuschen und Campingplätzen längst als eine geschlossene Fremdenverkehrszone. Das Angebot für

Faaker See

Türkisfarbenes Badeparadies: der Faaker See südöstlich von Villach

Wassersportler, überhaupt die touristische Infrastruktur, hat sich im Laufe der Jahre extrem verdichtet. Geblieben sind eine sympathische Beschaulichkeit (Motorbootverbot!) und die Trinkwasserqualität des aufgrund feinster kalkiger Schwebstoffe ungewöhnlich türkisblauen Wassers. Kleiner Wermutstropfen: Mehr noch als an den anderen Seen der Region ist der freie Zugang zum Ufer abseits der eingezäunten Strandbäder kaum möglich. Dafür ragt in der Seemitte eine 8 ha große Insel aus dem Wasser – ein bewaldetes Idyll, das nur per Boot (Ableger in Faak) erreichbar ist.

Kulturell bieten die Uferorte mit Ausnahme zweier gotischer Kirchen und der riesigen **Modelleisenbahnanlage** in **Faak** wenig. Aber oberhalb der nahen Gemeinde Finkenstein thront auf hohem, steilen Fels die **Ruine** einer gleichnamigen Burg aus dem 12. Jh. Ursprünglich im Besitz der Bamberger, gehörte sie später den Habsburgern und wurde 1508 von Kaiser Maximilian I. an Siegmund von Dietrichstein, einen verdienten Heerführer der Türkenkriege, übergeben. Im Westbereich der weitläufigen Anlage liegt die Burgarena – Schauplatz für stimmungsvolle Open-Air-Veranstaltungen aller Art (s. Mein Tipp S. 208).

Am benachbarten **Kanzianiberg** warten für Konditionsstarke ein spektakulärer Klettergarten und für Kunstfreunde ein Kreuzweg samt wunderschön freskierter Wehrkirche aus dem 15. Jh. Apropos: Ein kunsthistorisches Juwel in Form eines besonders prunkvollen spätgotischen Flügelaltars beherbergt, auf halbem Weg zwischen Villach und Faaker See, die vermutlich bereits in langobardischer Zeit gegründete **Wallfahrtskirche von Maria Gail**.

Übernachten

Klein, fein, bequem – **Kleines Hotel Kärnten:** 9580 Egg am Faaker See, See-

Villach, Ossiacher See und Umgebung

Mein Tipp

Stimmungsvoll: Sommerfestival in der Burgarena Finkenstein
In der aussichtsreichen Ruine findet seit Jahren ein weit über Kärntens Grenzen hinaus bekanntes Sommerfestival statt, bei dem hochkarätige Künstler unterschiedlichster Genres, vom Pop- und Opernsänger bis zum Kabarettisten und Chorensemble, ihr Bestes geben. Die Kulisse ist herrlich, die Stimmung, Schönwetter vorausgesetzt, unvergesslich (Aufführungen Mitte Juni–Anfang Sept., Infos & Kontakt: Tel. 04254 51 05 11, www.burgarena.at).

promenade 8, Tel. 04254 23 75, Fax 04254 23 75 23, www.kleineshotel.at, DZ mit HP ab 204 €. Mit nur 32 Betten bietet dieses schicke Boutique-Hotel Luxus für die Seele und ein Ambiente, das durch Detailverliebtheit Edles mit Komfortablem verbindet; jedes Zimmer individuell designt, viel moderne Kunst, 12 000 m² Parkstrand, Seesauna auf Pfählen mit Wintergarten direkt am Schilfufer, Lunch aus der Gourmetküche unter alten Apfelbäumen, Dinner auf der Terrasse.
Ruheoase – **Insel-Hotel:** 9583 Faak am See, Tel. 04254 2145, Fax 04254 21 36 77, www.inselhotel.at, DZ mit HP ab 142 €. Äußerst idyllisch auf einer 8 ha großen, bewaldeten Insel im See gelegen, hauseigener Badestrand, Tennis-, Basket- und Volleyballplätze, Golfübungsgelände, 3-Sterne-Standard, nur mit der Hotelfähre (rund um die Uhr kostenfrei ab Faak) erreichbar.
Nostalgie mit allem Komfort – **Dorfhotel Seeleitn:** 9583 Faak am See, Seeufer-Landesstr. 59, Tel. 04254 2664, Fax 04254 266 44 09, www.dorfhotel.com, Apartments für 2–3 Pers. ab 108 €. 21 blumengeschmückte Bauernhäuser mit je vier gemütlichen Apartments vermitteln authentische Landleben-Atmosphäre, mit eigenem ›Dorfwirt‹, Kindergarten, Badestrand, See-Sauna, zahlreichen Sportmöglichkeiten.
Mainstream mit Niveau – **Seehotel Ressmann:** 9580 Drobollach, Strandbadstr. 69, Tel. 04254 22 10, Fax 04254 22 10 80, www.seeleitn.at, DZ ab 106 €. Gepflegtes Vier-Sterne-Haus in sonniger Ruhelage mit Karawankenblick, eigener Badestrand mit großer, teilweise schattiger Liegewiese, Tennisplätze, Bocciabahn.

Essen & Trinken

Zu Recht legendär – **Gasthof Tschebull:** Egg, Seeuferstr. 26, Tel. 04254 21 91, www.tschebull.com, im Sommer tgl. 10–24, nachmittags Jausenkarte, im Winter Do–Mo 11.30–14.30, 18–22 Uhr, zweite Jan.- und Nov.-Hälfte geschl., Gerichte ab 8 €. Patron Hans Tschmernjak ist einer der Pioniere der kreativen Kärntner Küche mit Alpen-Adria-Einschlag und ein Herzblut-Wirt; bekannt für saisonale Bioprodukte, edle Tropfen aus familieneigener Vinothek, hausgemachte Schmankerl auch zum Mitnehmen, sonn- und feiertags probieren: »Sonntags-Brat'l« und Cremeschnitte!; hauseigenes Strandbad.
Kärntner Landwirtshaus – **Kirchenwirt:** Finkenstein-St. Stefan, Kirchenplatz 2, Tel. 04254 21 78, www.kirchenwirt.in, Fr–Mi 11.30–14, 17.30 bis 21 Uhr, ein Monat vor Faschingssamstag geschl., Gerichte ab 9 €. Kräftige Hausmannskost nach alten Rezepten in rustikalem Ambiente, ausgezeichnete Steaks und gesunde Wok-Küche, nachmittags gibt's Salate und Imbisse.

Aktiv & Kreativ

Rund-um-Entertainment – **Erlebniswelt Arneitz:** Faak am See, Seeufer Landesstr. 53, Tel. 042 54 21 37, www.arneitz.at. Kindererlebnisplatz, Karaoke-Clubbar House of Rock, Open Air-Events, Shopping Mall, Vorträge, Kurse, Wohlfühlzentrum, Strandcampingplatz etc.

Für Schwindelfreie – **Klettergarten Kanzianiberg:** Zufahrt von Finkenstein, Infos und Anmeldung: Tel. 0664 226 10 23. Kärntens größter und traditionsreichster Klettergarten bietet seinen Besuchern mehr als 300 Routen und fast 400 Seillängen auf bis zu 60 m hohen Wänden mit durchwegs komptaktem und gut strukturiertem Fels.

Abends & Nachts

Fröhlich in den frühen Morgen – **Tropicana Bar:** Drobollach, Seeblickstr. 46, 04254 21 84, Mai–Okt. tgl. 19–4 Uhr. Beliebter Treff, halb Kneipe, halb Bar.

Infos & Termine

Infos
Tourismusinformation Faak: 9583 Faak am See, Dietrichsteinerstr. 2, Tel. 04254 21 10-0, Fax 04254 21 10 21, www.tiscover.at/faakersee, Mo–Fr 8–12, 13–17 Uhr.

Termine
Gauklerfest (Mai–Aug.): in Faak, jeden So und Mo zeigen Zauberer, Stelzengeher, Gaukler und andere Artisten hier ihr Können (im Mai/Juni ab 14 Uhr, Juli/Aug. ab 17 Uhr).

Verkehr
Von Villach nach Faak per Bahn oder Bus, nach Egg über Faak per Bus.

Rund um den Ossiacher See

Stift Ossiach ! ▶ J 6

tgl. 10–17 Uhr, falls geschlossen, Schlüssel beim Pfarrer erbitten

Den kulturellen Mittelpunkt der Region markiert Ossiach mit seinem berühmten Stift. Dieses vermutlich früheste Männerkloster des Landes wurde vor über 1000 Jahren von Graf Ozi I. im Auftrag von König Otto III. gegründet und den Benediktinern überantwortet. 1782 ließ Kaiser Joseph II. es aufheben.

Herzstück der überaus malerisch direkt am Seeufer ausgebreiteten Anlage ist die **Stiftskirche,** eine dreischiffige, im Kern romanische Pfeilerbasilika, die um 1740 barockisiert, das heißt eingewölbt und mit wunderbar zartfarbigem, spielerisch-filigranem Stuck sowie leuchtenden Wand- und Deckenbildern versehen wurde. Letztere, 31 an der Zahl, stammen von Josef Ferdinand Fromiller, der auch in den Stiftssälen schöne Fresken hinterließ. Als bedeutendes Relikt der ehemals gotischen Ausstattung hat sich links von der Orgelempore, in der sogenannten Taufkapelle, unter fein bemaltem Kreuzrippengewölbe ein kostbarer Flügelaltar erhalten.

An der linken Außenwand der Kirche fällt ein Römerstein mit einem Pferdebildnis ins Auge. Der Legende nach kennzeichnet er das Grab eines polnischen Königs namens Boleslaw, der im 11. Jh. im fernen Kärnten inkognito einen Mord büßte. Unzählige Pilger sind seinetwegen nach Ossiach gekommen. Ob der solcherart Verehrte allerdings wirklich hier ruht, bleibt bis heute ungeklärt. Nachdem der gesamte Stiftskomplex 1946 wegen sei-

Rund um den Ossiacher See

nes desolaten Zustandes nur knapp einem Abriss entgangen war, wurde er, generalrenoviert, 1969 zum Schauplatz des Carinthischen Sommers erkoren. Seither mehren allsommerlich Solisten- und Kammerkonzerte, Kirchenopern, Ausstellungen, Vorträge und Seminare, zu denen häufig Künstler von Weltrang anreisen, unter Musikfreunden aus nah und fern den Ruhm dieses Ortes.

Übernachten

Funktional in Traumlage – **Stift Ossiach:** 9570 Ossiach 1, Tel. 04243 455 94, www.cma-musikakademie.at, DZ ab 78 €. Drei-Sterne-Komfort in altehrwürdigem Ambiente des revitalisierten Stiftes, zugehörig: Restaurant Allegro und Café Adagio mit Gastgarten und Seeblick.

Strandgasthof – **Seewirt:** 9570 Ossiach 2, Tel. 04243 22 68, Fax 04243 31 68, www.seewirt-ossiach.at, DZ ab 90 €. Familiär geführtes Traditionshaus in Traumlage gleich neben dem Stift, riesige Liegewiese, zugehörig: gutbürgerliches Gasthaus mit schattigem Kastaniengarten direkt am See; für Hausgäste: kostenlos angeln im eigenen, 13 ha großen Fischwasser.

Sehr persönlich geführt – **Seefriede:** 9570 Ossiach, Ostriach 13, Tel. 04243 22 04, Fax 04243 220 44, www.seefriede.com, DZ ab 60 €. Gemütliche Pension mit Gartenstrand und Panoramablick, abseits der Straße.

Essen & Trinken

Geschichtsträchtig und gut – **Stiftsschmiede:** Ossiach 4, Tel. 04243 455 54,

Das über 1000 Jahre alte Stift Ossiach

www.stiftsschmiede.at, Mitte Juni–Mitte Sept. Mo-Sa ab 17.30, So auch Brunch 12–15 Uhr, sonst nur Do-Sa u. So mittags, Hauptgerichte ab 11 €. Über dem Seeufer thronendes Fischrestaurant mit Bar in uraltem Gemäuer, haubengekrönte Küche, im Sommer hauptsächlich See-, im Winter mehr Meeresfisch, schöne Sommerterrasse.

Schmackhafte Mittelklasse – **Fünfhaus:** Ostriach 85, Tel. 04243 432, www.fuenfhaus.com, April–Mitte Okt. tgl. 9–23, Küche 11.30–14, 17.30–20.30 Uhr, Gerichte ab 9 €. Gemütliches Restaurant mit Seeterrasse und Spielplatz, reichhaltiges Salatbuffett, hausgemachte Torten und Strudel, auch ansprechendes Hotel (DZ ab 80 €), seichter Strand, ideal für kleine Kinder.

Einkaufen

Kreatives – **L'Atelier d'Ossiach:** Ossiach 6, gegenüber dem Strandbad, Tel. 04243 288 43 oder 0664 590 00 12, Mai –Sept. tgl. 10–20 Uhr. Verkaufsausstellung von einem Dutzend kreativer Kunsthandwerker, Objekte aus Glas, Leder, Metall, Holz, Textil.

Aktiv & Kreativ

Downhill race – **Sommerrodelbahn:** Info-Tel. 042 43 775, Juli/Aug. tgl. 10–19, Do bis 20.30, Mai/Juni, Sept. bis 17.30 Uhr (außer bei Regen), Tageskarte 3,50 €.

Infos & Termine

Infos
Tourismusinformation Ossiach: Tel. 04243 497, Fax 04243 87 63, www.region-villach.at.

Villach, Ossiacher See und Umgebung

Termine
Carinthischer Sommer in Stift Ossiach (Juli/Aug.): s. S. 33. Büro bis Mai: 1060 Wien, Gumpendorfer Str. 76, Tel. 01 596 81 98, ab Juni: 9570 Ossiach 1, Stift, Tel. 04243 25 10, www.carinthischersommer.at.

Verkehr
Von Villach nach Landskron bzw. Ossiach per Bus.
Schiffstouren: Siehe Infobox S. 196.

Ruine Landskron ▶ H 6

Greifvogel-Zoo mit Adlerflugschau: Tel. 04242 428 88, www.adlerflugschau.com, Juli/Aug. tgl. 10.30–18.30, Okt. tgl. bis 16, Mai/Juni, Sept. Mo–Sa 10.30–16, So bis 17.30 Uhr, Eintritt 4 € (inkl. Flugschau 9 €)

Am anderen Ende des eher schattigen und wohl auch deswegen vergleichsweise wenig bebauten, jedoch von etlichen Campingplätzen gesäumten Südufers bewacht die Ruine Landskron den Weg Richtung Villach. Im ausgehenden 16. Jh. hatte das in der Kärntnerischen Baugeschichte der frühen Neuzeit so allgegenwärtige Geschlecht der Khevenhüller auf dem steilen, schon in vorchristlicher Zeit besiedelten Felskegel ein prachtvolles Renaissanceschloss errichten lassen. Es war von einer doppelten Ringmauer mit sieben Türmen umgeben, besaß vier Stockwerke, einen hohen Turm, einen 150 m (!) tiefen Brunnen und war Treffpunkt der führenden Freigeister jener Zeit. Dementsprechend wurde es in der Gegenreformation als protestantischer Besitz beschlagnahmt, verfiel, brannte durch Blitzschlag aus (1812) und wurde schließlich wegen Einsturzgefahr gesprengt (1912).

Doch selbst in ihrer heutigen ruinösen Verfassung beeindruckt des ›Landes Krone‹ – und lohnt den Besuch. Zumal man von der Restaurantterrasse einen großartigen Rundblick genießt und die im äußeren Burghof in den Sommermonaten täglich veranstalteten **Adlerflugschauen** einen bleibenden Eindruck hinterlassen (tgl. 11 und 14.30, Juli/Aug. zusätzl. 17.30 Uhr).

Essen & Trinken

Haubengekrönt – **Burg Landskron:** Schlossbergweg 30, Tel. 04242 415 63, Mai–Sept. tgl. 18.30–23 Uhr, Gerichte ab 10 €. Gepflegtes Tafeln im Kronensaal, spezielles Gourmet-Candlelight-Dinner im Juli/Aug. jeden Do ab 20 Uhr, p. Pers. 45 €, bodenständigere Küche in anderen Sälen, Stüberln und auf der Panoramaterrasse (tgl. 10–23, Küche durchgehend 11–21.30 Uhr).

Von Steindorf nach Annenheim ▶ H/J 5/6

Saugalerie: Tel. 0664 357 34 74, nur nach Voranmeldung
Alm- und Bergmuseum: Tel. 04248 28 89, Mitte Mai–Mitte Okt. tgl. 10–17 Uhr, Eintritt 3,50 €

Das Nordufer des Ossiacher Sees präsentiert sich als touristisch weit intensiver genutzt, hat sich seinen dörflichen Charakter aber dennoch weitgehend bewahrt. Einen Aufsehen erregenden Kontrapunkt zu der allgemeinen Idylle hat Günter Domenig, seines Zeichens Architekturprofessor an der Uni Graz, in **Steindorf** gesetzt: Sein futuristisches **Steinhaus,** dessen Tore einige Male pro Jahr zu festgesetzten Terminen für neugieriges Publikum offen stehen, ließ unter konservativ gesinnten Einheimischen die Wogen hoch gehen, hat sich andererseits aber als Magnet

Rund um den Ossiacher See

für Fans avantgardistischer Baukunst erwiesen (s. S. 62).

Anspruchslosere Geschmäcker kommen, ebenfalls in Steindorf, in der **Saugalerie** auf ihre Rechnung – einem musealen Stall für mehr als 1000 Schweine aus Email, Glas, Quarz, Lapislazuli u. v. m. aus aller Herren Länder.

Vom Nachbarort **Bodensdorf** führt eine kurvenreiche Mautstraße bis knapp unter den 1909 m hohen Gipfel der **Gerlitzen**, einem bei Wanderern wie Wintersportlern gleichermaßen beliebten, überdurchschnittlich sonnenreichen Aussichtsberg (Auffahrt bis direkt auf das Gipfelplateau an der Nordseite von Arriach aus möglich). Ebenfalls in lichte Höhen, auf immerhin 1526 m, führt von **Annenheim** an der Nordwestecke des Sees die Kanzelbahn, von deren Bergstation man per Sessellift gleichfalls die Gerlitzen erreicht. Auf halbem Weg, in der Pöllinger Hütte, informiert ein nettes **Alm- und Bergmuseum** über den Alltag hoch über dem Tal.

Übernachten

Perfektes Rundum-Service – **Seehotel Hoffmann:** 9552 Steindorf, Stiegl, Tel. 04243 87 04, Fax 04243 870 41 00, www.seehotel-hoffmann.at, DZ ab 110 €, im Sommer ab 144 €. Weitläufige Vier-Sterne-Anlage mit Hotel, Landhaus und Bungalows am See, Familienbetrieb in dritter Generation mit Privatstrand inkl. 10 000 m² Naturpark, äußerst umfassendes Sport-, Relax- und Kinderprogramm.

Für Sportbegeisterte mit Nachwuchs – **Seerose:** 9551 Bodensdorf, Tel. 04243 25 14-0, Fax 04243 25 14 33, www.seerose.info, DZ ab 103 €. Ruhiges Familien- und Sporthotel auf 3000 m² Seegrund, zugehörig: Tennisplätze und -schule, Reitbetrieb, Wassersport-schule, professionelle Kinderbetreuung u. v. m.

Familiär – **Seehaus Kärnten-Inn:** 9551 Bodensdorf, H.-Wobisch-Weg 82, Tel./Fax 04243 87 36, www.kaernteninn.at, DZ ab 70 €. Nettes Mittelklassehaus mit eigenem Strand, idyllischer Blick auf Stift Ossiach, sehr persönlich geführt, auch Halbpension, ausgezeichnete Küche.

Essen & Trinken

Weithin bekannt – **Urbani-Wirt:** Bodensdorf, Bundesstr. 50, Tel. 04243 456 27, www.urbaniwirt.at, Di–So 11–24, Küche 12–14, 18–21 Uhr, im Winter auch Di geschl., Gerichte ab 9,50 €. Regionale Spezialitäten, vom Almochsen über diverse Nudeln bis zum Seefisch auf außergewöhnlichem Niveau, gutbürgerliches Ambiente, kleines Minus: Verkehrslärm im Garten, Empfindliche reservieren besser für drinnen.

Urig und herzhaft – **Kreuzwirt:** Steindorf, Dorfstr. 52, Tel. 04243 87 07, Juni–Sept. tgl. außer Mi abends 12–14, 18–22 Uhr, Nebensaison Mi/Do geschl., Gerichte ab 8 €. Nettes Gasthaus mit sehr guter Küche, fangfrischer Fisch aus eigenem Gewässer, zwei Autominuten vom See im Ortskern.

Aktiv & Kreativ

[handwritten note: rotes Schild für Aussteiger]

Aussicht & wandern – **Kanzelbahn/Gerlitzen:** Tel. 04248 27 22, www.gerlitzen.com, Mitte Juni–Ende Sept. tgl. ca. 9–17, Vor- und Nachsaison gestaffelt Mi, Sa/So/Fei, im Winter ab Skisaison-Beginn bis ca. April, bis auf 1500 m Höhe, ab da 4er-Sessellift auf den Gipfel der Gerlitzen Alpe mit ihrem Skizirkus, Berg- und Talfahrt 18 €.

Staunen & lernen – **Sternwarte Gerlitzen:** am Gipfel der Gerlitzen, Tel. 0463

Villach, Ossiacher See und Umgebung

217 00, www.sternwarte-klagenfurt. at, 8 €. Führungen mit Beobachtung des Firmaments und astronomischen Erläuterungen, Zeiten: auf Anfrage, nur bei klarem Himmel, warme Kleidung und gutes Schuhwerk nötig, Treffpunkt um 18 Uhr am Minimundusparkplatz in Klagenfurt!

Infos

Infos
Tourismusinformation Bodensdorf–Steindorf–Tiffen: Tel. 04243 83 83-23, Fax 04243 83 83 33, www.region-villach.at.

Verkehr
Die Orte am Nordufer des Ossiacher See haben Bahnhöfe entlang der Strecke Villach–Feldkirchen, zur Talstation der Kanzelbahn fährt ab Villach ein Bus.

Im Gegendtal

Etwa auf halbem Weg zwischen Villach und Ossiacher See führt die B 98 Richtung Nordwesten in eine beschauliche, besonders bei Familien beliebte Ferienregion, im Volksmund genannt ›Gegend‹. Als deren kräftigste Touristenmagnete wirken zwei idyllische Badegewässer, der **Afritzer** und der Feldalias **Brennsee,** die sich beide, ihrer Kleinheit zum Trotz, zu veritablen Wonnegefilden für Wassersportler gemausert haben. Aus dem reichen Freizeitangebot hervorhebenswert: die über 1 km lange Sommerrodelbahn von Afritz-Verditz.

Treffen ▶ H 6

Elli Riehl's Puppenwelt: Einöde bei Treffen, Tel. 04248 23 95, www.elli-riehl-puppenwelt.at, Juni–Sept. tgl. 9–18, April/Mai 9–12, 14–18, 1. Okt.-Hälfte nur 14–18 Uhr, Eintritt 4,50 €
Oberwöllan bei Arriach wartet mit einer sehenswerten gotischen Wehrkirche (Christophorus-Fresko!) auf. Das Dorf, das heute als ›Wandergemeinde‹ und ›geografischer Mittelpunkt Kärntens‹ für sich wirbt, bildete einst wegen seiner Entlegenheit ein Zentrum des Geheimprotestantismus.

Hauptort des landschaftlich besonders unversehrten Gebietes ist, näher an Villach, die Marktgemeinde **Treffen.** Hier stand im 9. Jh. ein karolingischer Königshof. Heutige Hauptattraktionen sind, im Ortsteil Winklern, eine **Pilz-Wald-Erlebniswelt** samt Kristallschau (s. u.) und **Elli Riehl's Puppenwelt** mit ihren rund 700 aus Stoff gefertigten, das bäuerliche Leben in all seinen Facetten darstellenden Puppen.

Im Marmorsteinbruch im benachbarten **Krastal** findet alljährlich im Juli ein renommiertes internationales Bildhauersymposium statt. Die seit 1989 gesammelten Werke bilden eine Freiluft-Skulpturenallee, die vom Treffener Gemeindeamt bereits über 1 km weit Richtung Ossiacher See führt.

Radenthein ▶ G 5

Granatium: Klammweg 10, Tel. 04246 291 35, www.granatium.at, Mai–Okt. tgl. 10–18 Uhr, Eintritt 9,90 €
Am nördlichen Ende des in vortouristischer Zeit sehr abgeschiedenen und deshalb als kleinbäuerlich-ärmlich verrufenen Tales, dort, wo sich der Weg schließlich Richtung Millstätter See (links) beziehungsweise Bad Kleinkirchheim und Nockberge (rechts) gabelt, liegt Radenthein. Noch vor hundert Jahren ein bescheidenes Bergdorf, ist es seither aufgrund reicher Magne-

Im Gegendtal

Von der Anhöhe Gerlitzen hat man einen grandiosen Blick auf den Ossiacher See

sitvorkommen, die zur Herstellung feuerfester Auskleidungen für Brennöfen dienen, zu einer wohlhabenden, wenn auch touristisch wenig attraktiven Industriesiedlung mutiert. Im **Granatium** erfährt man in einem aufwendig gestalteten Museum, einem Schaustollen und im Schürfgelände alles rund um den hier über Jahrhunderte en masse gebrochenen, roten »Stein der Liebe und Leidenschaft«. Ein Stückchen oberhalb, im Dorf **Kaning**, lohnenswert: die kleine Wanderung entlang dem ganzjährig frei zugänglichen Mühlen- und Kneippwanderweg (www.kaninger-muehlenweg.at).

Übernachten

All inclusive für Aktivurlauber – **Brennseehof:** 9544 Feld am See, Seestr. 19, Tel. 04246 24 95, Fax 04246 24 95 85, www.brennseehof.at, all inclusive p. Pers./Tag 69–151 €, großzügige Kinderermäßigungen. Familien-Sporthotel in Vier-Stern-Superior-Qualität mit großzügigen Freizeitanlagen, Hallen-Erlebnisbad samt Wellnessbereich, beheizter Außenpool, acht Tennisplätze, Segel-, Surf- und Bikeschule, ganztägig Kinderbetreuung, u. v. m.
Boutique-Hotel – **art lodge:** siehe Lieblingsort S. 216.

Essen & Trinken

Traditionelles leicht und modern – **Lindenhof:** Feld am See, Dorfstr. 8, Tel. 04246 22 74, Mai–Sept. Di–Do 18–21.30, Fr–So tgl. 12–14, 18–21.30 Uhr, www.landhotel-lindenhof.at, Gerichte ab 9 €, Menü ab 22 €. Ausgezeichnetes, von Kritikern gepriesenes Hotel-Restaurant mit reicher Auswahl regionaler und internationaler Spezialitäten, auch vegetarisch; hervorhebenswert: Lachs aus eigener Zucht im See, Nockalmrind, einheimisches Wild.
Klassisch bis exklusiv – **Metzgerwirt:** Radenthein, Hauptstr. 22, Tel. 04246 20 52, www.metzgerwirt.co.at, im Sommer tgl. 8–22 Uhr, Gerichte ab 8 €. Beim

Lieblingsort

Komfortabel und schräg – art lodge in den Nockbergen ▶ H 5

Boutique-Hotels, die sich mit ein paar Exponaten zeitgenössischer Kunst den Anstrich einer Avantgarde-Bleibe verpassen, gibts nicht wenige, Häuser wie dieses kürzlich unweit von Villach entstandene hingegen nur selten. »Irgendwann hatten wir«, erzählen Dirk und Katrin Liesenfeld, damals noch Werbefachleute in Düsseldorf, »begonnen, Kunst zu sammeln«. Bald waren Wohnung und Atelier voll. Also beschlossen sie, in ein großes Haus auf dem Land »auszusteigen«. Das 300 Jahre alte Anwesen in den Kärntner Nockbergen erwies sich als Idealobjekt. Es wurde behutsam renoviert, modernisiert und ausgebaut. Das Ergebnis: ein komfortables wie schräges Hideaway, gut 1000 m über dem Meer, mit famosem Restaurant, Wellnesshaus, Bio-Pool, Boule-Bahn, eigener Galerie, Ateliers – ein Ort der Begegnung, inspirierend und erholsam zugleich (Verditz/Afritz, Verditzerstr. 52, www.art-lodge.com, DZ ab 65 €).

Villach, Ossiacher See und Umgebung

Metzgerwirt gibt es exzellente Kärntner Küche mit Schwerpunkt auf fangfrischem Seefisch, aber – nomen est omen – auch Braten, Schinken, Innereien, gutbürgerliches Ambiente; auch nette Logis (DZ ab 72 €); kulinarische Mitbringsel für daheim: geräucherter Nockschinken und die schokoladige Köstlichkeit »Radentheiner Granat«, beide aus eigener Herstellung.

Einkaufen

Hochkarätig gebrannt – **Destillerie Jesche:** Einöde, Winklern 19, Tel. 042 48 28 07, www.destillerie-jesche.at. Edelste Brände und Schnäpse aus eigener Erzeugung werden angeboten, auch zum Verkosten.
Juwelier – **Zieser:** Radenthein, Hauptstr. 49. Uhren, Brillen, Schmuck, Letzterer insbesondere aus Granatsteinen.

Aktiv & Kreativ

Naturerlebnis – **Pilzmuseum:** Einöde, 4 km nordwestl. von Treffen, Winklerner Str. 26, Tel. 04248 26 66, www.pilzmuseum.at, Mitte April–Mitte Okt. tgl. 10–17, Juli/Aug. 9–18 Uhr, Eintritt 5,50 €. 3-D-Bilderbuch auf 1000 m^2, angeschlossene Multimediashows zu den Themen Insekten & Vögel bzw. Kristalle.
Flotter Spaß – **Sommerrodelbahn:** Afritz, Millstätter Bundesstr. 3, Tel. 04247 26 10, Mai–Sept. tgl. außer bei Regenwetter.
Für Tierfreunde – **Alpenwildpark:** Feld am See, Tel. 04246 2776, www.alpenwildpark.com, Mai–Sept. 9–18, Okt. 9–17 Uhr, Eintritt 8,50 €. 11 ha großes Freigehege mit 30 verschiedenen Wildtierarten von Hirsch bis Hängebauchschwein, Lama bis Pfau und Waschbär, dazu Streichelzoo, Kinderspielplatz und 1100 m^2 Museumsbereich Erlebnis Afrika, Grizzly-Welt und Fischmuseum mit über 300 Präparaten.

Infos & Termine

Infos
Tourismusinformation Treffen: Tel. 04243 23 36, Fax 04243 233 65, www.region-villach.at
Tourismusinformation Afritz: Tel. 04243 21 26, Fax 04243 21 26 36, www.region-villach.at.

Termine
Internationales Bildhauersymposium im Krastal (im Juli): Infos unter Tel. 04248 36 66, www.krastal.com.

Verkehr
Alle genannten Orte sind von Villach direkt per Postbus erreichbar.

Feldkirchen und Umgebung ▶ J 4/5

Museum Feldkirchen: Amthofgasse 5, Tel. 04276 21 76, Ende Juni–Anfang Sept. tgl. 9–13, 14–18, Juni, Sept. nur 14–17 Uhr, Eintritt 3 €
10 km nordöstlich des Ossiacher Sees liegt an einer seit alters wichtigen Straßenkreuzung die schmucke Kleinstadt Feldkirchen. Angesichts der biedermeierlichen Heiterkeit, die rund um ihren schön renovierten, von Kastanienbäumen und Open-Air-Cafés gesäumten Hauptplatz herrscht, würde man nicht annehmen, dass sie zu den ältesten Orten des Landes zählt. Doch die Vorgängerin der zum Teil noch spätromanischen Stadtpfarrkirche (beachtenswert: die Freskenreste und der Flügelaltar!) wurde schon im Jahr 888 beurkundet.

Feldkirchen und Umgebung

Prominentes Baudenkmal ist der schlossähnliche Amtshof. Von ihm aus kontrollierten die Vögte der Bamberger Bischöfe jahrhundertelang die zu ihrem Besitz zählende Stadt und das Umland. Das gotische Gemäuer beherbergt heute ein kleines, aber feines **Regionalmuseum.** In unmittelbarer Nähe locken Urban-, Haiden- und Goggausee, Flatschacher und Maltschacher See (s. u.) schon früh im Jahr zum warmen Bad.

Empfehlenswert ist ein Abstecher in den Nachbarort **Tiffen,** wo auf hohem Fels eine ehemals stark bewehrte, mit etlichen famosen Kunstwerken ausgestattete Kirche thront (u. a. Wandgemälde des berühmten Thomas von Villach).

Mit weiteren sehenswerten Kirchen aus der Gotik und mit einer herrlich stillen, waldreichen Wandergegend obendrein, in der noch zahlreiche Bauernhäuser in alter Holzbauweise stehen, macht ein Ausflug Richtung Norden bekannt. Schöne Exemplare finden sich unter anderem in **Steuerberg, Sirnitz** und **Deutsch-Griffen.** In **Himmelberg** zeugt das – leider nur von außen zu besichtigende – Renaissanceschloss Piberstein von jener längst vergangenen Blütezeit, als man im Ort Sensen und Sicheln in Hülle und Fülle erzeugte.

Übernachten

Nette Mittelklasse – **Hotel Germann:** 9560 Feldkirchen, Rauterplatz 1, Tel. 04276 21 05, Fax 04276 21 05 30, www.hotel-germann.com, DZ ab 78 €. Angenehmes, gut ausgestattetes Haus in zentraler und doch ruhiger Lage; gutbürgerliches Restaurant und eigener Badestrand am Ossiacher See, angeschlossen in unmittelbarer Nähe: Pension Am Hügel (DZ ab 64 €).

Essen & Trinken

Gemütliches Ferienambiente – **Seemandl:** Feldkirchen/St. Stefan 41, Tel. 04276 488 11 oder 0664 424 38 66, www.seemandl.info, tgl. 11–21, außerhalb der Hochsaison Mo/Di geschl., Gerichte ab 7,50 €. Herzhaft gutes Essen in ruhiger, erholsamer Umgebung am Ufer des Flatschacher See, großer Badestrand mit Wiese angeschlossen.

Einkaufen

Holzspielzeug – **Artisanat:** Feldkirchen, Ossiacher Tauern 3, Tel. 04243 81 11, www.members.aon.at/holzspielzeug. Qualitätvoll-originelles vom Puppenhaus und Schaukelpferd bis zum Holzauto, Puzzle und Gesellschaftsspiel, alles in liebevoller Handarbeit gefertigt.

Aktiv & Kreativ

Für Jung & Alt – **Sommerrodelbahnen:** in Hochrindl bei Sirnitz (www.hochrindl.at) und Verditz (www.verditz.at).
Badeidyll – **Maltschachersee:** 10 Autominuten südöstl. von Feldkirchen, Strandbad bei Badewetter tgl. 9–18 Uhr, Eintritt frei, schöne Rad- und Wanderwege.

Infos

Infos
Touristikbüro Feldkirchen: Amthofgasse 3, Tel. 04276 21 76, Mitte Juni–Anfang Sept. Mo-Fr 8–18, Sa 9–12.30, 15–18, So 9–12 Uhr, übrige Zeit leicht reduzierte Öffnungszeiten.

Verkehr
Direkte Bahnverbindung von Villach nach Feldkirchen in gut 30 Min.

Das Beste auf einen Blick

Spittal, Millstätter See und Liesertal

Highlights !

Schloss Porcia: Der Palazzo im Herzen von Spittal gilt Kennern als österreichweit schönster Renaissancebau und birgt ein sehenswertes Museum. S. 223

Millstatt: Die mächtige Benediktinerabtei bildet seit über 900 Jahren das kulturelle Zentrum der Region. Höhepunkt einer Besichtigung ist die Stiftskirche mit dem Kreuzgang. S. 231

Kölnbreinsperre: Hightech im Hochgebirge – die gigantische Staumauer am Ende des Maltatals weckt Bewunderung für die Ingenieurkunst und eröffnet spannende Einsichten in die Natur der Wasserkraft. S. 240

Auf Entdeckungstour

Künstlerstadt Gmünd: Ein Bummel durch den Hauptort des Liesertals offenbart neben einem entzückenden mittelalterlichen Stadtbild eine wundersame Dichte an Museen, Galerien und – häufig besichtigbaren – Ateliers. S. 236

Kultur & Sehenswertes

Porsche-Automuseum: In Gmünd, wo der berühmte Autobauer nach dem Krieg sein Konstruktionsbüro unterhielt, dokumentiert ein aufwendig gestaltetes Museum vierrädrige Meilensteine seines technischen Genies. S. 235

Nockalmstraße: Die Mautstraße zwischen Gurk- und Liesertal führt in die herrlich unberührte Welt des Nationalparks Nockberge. Seine welligen, mit Lärchen und Zirben bestandenen Graskuppen sind ein ideales Familien-Wandergebiet. S. 242

Aktiv & Kreativ

Millstätter Höhensteig: In 13 Tagesetappen, stets den Millstätter See im Blick, 200 km weit über Almen wandern – eine ideale Möglichkeit, Leib und Seele ›auszulüften‹. S. 233

Genießen & Atmosphäre

Römerbad und Kathrein-Therme: Die beiden großen Thermalbäder von Bad Kleinkirchheim verwöhnen Erholungsuchende mit weitläufigen, luxuriösen Badelandschaften und vielfältigen Wellness-Angeboten. S. 244

Abends & Nachts

Glashaus & Garage: Ein äußerst origineller In-Treff mitten in Spittal – als aufwendig gestalteter Mix aus Café, Cocktailbar, Karaoke-Lounge und Musikclub mit Disco und Kleinkunstbühne. S. 225

Komödienspiele Porcia: Lustspiele aus der Feder weltberühmter Autoren, dargebracht auf hohem Niveau im famosen Rahmen des Renaissance-Schlosses. S. 228

Zwischen Badesee und Hochgebirge

Von der Hauptstadt Oberkärntens an den Millstätter See und nordwärts Richtung Hochgebirge – ein weltberühmtes Stift, eine Römersiedlung und ein charmantes Städtchen mit dem schönsten Renaissanceschloss des Landes harren in dieser Ferienregion der Entdeckung. Nicht zu vergessen eine ungemein vielgestaltige Natur, deren Pracht Wanderer, Skiläufer, Wassersportler und Sonnenanbeter gleichermaßen jauchzen lässt.

Das Tal der Lieser, das von Spittal auf den Katschberg führt, ist seit alters eine wichtige Nord-Süd-Transitroute. In jüngster Zeit hat es sich als Familien-Ferienparadies einen Namen gemacht. Vom hübschen Hauptort Gmünd geleitet das Maltatal in die Welt der Wasserfälle und 3000er-Gipfel. Sanfter geht's im östlich angrenzenden Nationalpark Nockberge zu, auf dessen Graskuppen sich bestens wandern und Ski fahren lässt.

Spittal an der Drau
▶ F 5

Am Zusammenfluss von Lieser und Drau, dort wo die uralte Transitroute aus dem Norden über Radstädter Tauern und Katschberg das Drautal erreicht, liegt Spittal, der politische, wirtschaftliche und kulturelle Mittelpunkt Oberkärntens. Seine Geschichte ist untrennbar mit den Ortenburgern verbunden, jenem mächtigen, aus Freising stammenden Geschlecht, dessen Herrschaftsbereich im Hochmittelalter ganz Oberkärnten und weite Teile der Krain, des heutigen Westsloweniens, umfasste. Dessen kolossale Stammburg wacht bis heute – allerdings als Ruine – westlich der Stadt, in Baldramsdorf, über das Drautal und lädt zu einem schönen Spaziergang. Zwei Ortenburger Grafen waren es, die 1191 an der Brücke über die Lieser ein Hospital gründeten, in dem Arme versorgt wurden und die zahlreich durchziehenden Pilger und Händler übernachteten und Brot mit Biersuppe bekamen. An der Stelle des geschichtsträchtigen Hospizes steht seit dem 16. Jh. das Hofspital, ein mittlerweile zeitgemäß adaptierter, vom Volksmund aber immer noch ›Spittl‹ genannter Renaissancebau, in dem heute das Technikum Kärnten und eine Fachhochschule untergebracht sind und

Infobox

Reisekarte: E–H 2–5

Informationen
Tourismusbüro Spittal: 9800 Spittal/Drau, Schloss Porcia, Burgplatz 1, Tel. 04762 56 50-220, Fax 04762 32 37, www.spittal-drau.at, Mo–Fr 9–12, 13–18 Uhr, Juli/Aug. auch Sa 9–13 Uhr.
Infocenter Millstätter See: 9871 Seeboden, Thomas-Morgenstern-Platz 1, Tel. 04766 37 00-0, Fax 04766 370 08, www.millstaettersee.at, Mo–Fr 9–17 Uhr.
Tourismusverband Lieser-Maltatal: 9853 Gmünd, Hauptplatz 20, Rathaus, Tel. 04732 22 22, Fax 04732 39 78, www.familiental.com, nur tel. Auskünfte, ganzjährig Mo–Fr 8–16.30 Uhr.

Spittal an der Drau

dessen überdachter Arkadenhof als Veranstaltungsort dient. Vis-à-vis, am westlichen Flussufer, stößt man in der Bogengasse auf eine bemerkenswerte spätbarocke Fassade – das einstige Brauhaus alias Petzlbräu, das heute das Stadtarchiv beherbergt. Die nahe Pfarrkirche erweist sich nach etlichen brand- und erdbebenbedingten Umbauten und Modernisierungen trotz ihrer altehrwürdigen Vorgeschichte – sie ruht auf den Fundamenten der Ortenburg'schen Kapelle – als kunsthistorisch wenig ergiebig.

Schloss Porcia !
Museum für Volkskultur: Tel. 04762 28 90, www.museum-spittal.com, Mitte April–Okt. tgl. 9–18, sonst Mo–Do 13–16 Uhr, Eintritt 7 €

All diese Gebäude, wie überhaupt der kleine Stadtrundgang sind freilich bloß ein Vorspiel zur Besichtigung der alles überragenden Sehenswürdigkeit der Stadt: dem das Westende des Hauptplatzes dominierenden Schlosses Porcia. Die Geschichte des dreigeschossigen, vierflügeligen Prachtbaus, den Kenner als schönste architektonische Schöpfung der Renaissance in ganz Österreich bezeichnen, beginnt Anfang des 16. Jh. Gut hundert Jahre zuvor war die örtliche Herrschaft von den Ortenburgern an die Grafen von Cilli und wenig später an die Habsburger gefallen. 1524 hatte Ferdinand I., wie so viele Landesherrn in Geldnöten, den ehemals Ortenburg'schen Besitz samt ›Markt und Mauth zu Spittal‹ an seinen spanischen Generalschatzmeister Gabriel von Salamanca verliehen. Dieser, ein Finanzgenie seiner Zeit, holte italienische Baumeister ins Land und ließ sich eine für Kärntner Verhältnisse geradezu schamlos glanzvolle Residenz errichten.

Das zwei Generationen später vollendete Ergebnis: eine Kombination aus einem städtischen Palazzo mit straßenseitiger Schaufassade und einem venetischen Vorbildern nachempfundenen, inmitten eines weitläufigen

Architektonisches Glanzstück: der toskanisch anmutende Arkadenhof des Schlosses

Spittal, Millstätter See und Liesertal

Parks frei stehenden Schloss. Die Liste seiner prominenten Gäste – sie reicht von Karl V. bis Franz Joseph I. – ist so lang wie seine Chronik turbulent: So wurde es etwa 1690 durch ein Erdbeben und 1797 von den Franzosen ein weiteres Mal fast zur Gänze zerstört. Und 1919 tagte in ihm ein halbes Jahr lang die Kärntner Landesregierung.

Die Bedeutung des Schlosses verdeutlicht bereits sein Portal, prangen über ihm doch stolz die Wappen der Ortenburger und auch jener Fürsten von Porcia, die von 1662 bis 1918 in dem bis heute nach ihnen benannten Bau residierten. Architektonisches Glanzstück ist freilich der **Innenhof** – ein dreigeschossiges, an drei Seiten von Loggien mit grazilen Balustraden eingefasstes Geviert (beachtenswert: die kunstvollen Schmiedegitter). Es dient allsommerlich als herrliche Kulisse für die weithin bekannten »Komödienspiele Porcia«, aber auch für Chorkonzerte und Volkstanzfeste. Die historische Innenausstattung ist so gut wie vollständig verloren gegangen. In den Räumlichkeiten lädt auf insgesamt 6500 m^2 Schaufläche ein famoses, vielfach preisgekröntes **Museum für Volkskultur** zu einem Streifzug durch die Geschichte Oberkärntens, sein Brauchtum, Handwerk, den Bergbau, bäuerlichen Alltag u. v. m. Im Schlosskeller hat eine **Galerie** ihr Zuhause. Dort finden auch regelmäßig Literatur- und Jazzabende statt.

Weitere Sehenswürdigkeiten
Ein Hinweis noch auf drei Sehenswürdigkeiten im Nahbereich: auf das gegenüber dem Schloss vermutlich vom selben Baumeister ebenfalls im Renaissancestil errichtete ehemalige **Vicedomgebäude** und heutige Rathaus (Wandbilder im 2. Stock), auf den sogenannten **Malbaum** am oberen Ende des Neuen Platzes, dessen Bilder die Geschichte der Stadt illustrieren, und auf die **Altdeutsche Weinstube** mit sehenswerter künstlerischer Ausstattung aus der Zeit um 1900 (Haus Nr. 17, s. u./ Essen & Trinken).

Übernachten

So kurios wie qualitätvoll – **Kleinsasser Hof:** siehe Lieblingsort S. 226.
Stadthotel mit Stil – **Ertl:** 9800 Spittal/Drau, Bahnhofstr. 26, Tel. 04762 20 48-0, Fax 04762 204 85, www.hotelertl.at, DZ ab 110 €. Gepflegtes Mittelklassehaus, von außen traditionell, innen kürzlich modernst hergerichtet, Zimmer mit schnörkellosem Schick und zeitgemäßem Komfort, farbenfroh-fröhlicher öffentlicher Bereich, Pool, Garten, zentrale Lage nahe Bahnhof und Goldeck-Bahn.

Essen & Trinken

Ein Lokal wie ein Museum – **Mettnitzer:** Neuer Platz 17, in der Altdeutschen Weinstube, Tel. 04762 358 99, Mi–So 11.30–14, 17–21 Uhr, Gerichte ab 10 €. Hier tafelt man wie in einem historischen Weinkeller, unter neogotischen Kreuzbögen, umgeben von opulenten Schnitzereien, Stukkaturen und Glasfenstern. Die Küche steht dem einzigartigen Ambiente nach: verfeinert-bodenständig, für Genießer der alten Schule, von Gault Millau mit 13 Punkten behaubt und überaus freundlich serviert.
Kulinarisches Kreativkonzept – **Zellot:** Hauptplatz 13, Tel. 04762 21 13-0, tgl. 10–15, 17–24, Küche 11.30–14.30, 17.30–21.30 Uhr (Herbst–Frühjahr So/Mo geschl.), Gerichte ab 8 €, Menü ab 10 €. Beliebtes Restaurant mit lockerem und farbenfrohem, aber auch gediegenem Ambiente, ständig wech-

Spittal an der Drau

selndes Speisenangebot für jeden Gusto, Nachteulen wechselnd nach dem Dessert ins Glashaus oder Weltcafé (s. u.); ein Ausbund an Originalität in Design und Programmangebot ist auch das zugehörige Hotel Erlebnis-Post nebenan (www.erlebnis-post.at, DZ 99 €).

Rustikal – **Grebmer:** Baldramsdorf 19, Tel. 04762 600 15, Fr–Mi 11–14, 17–21 Uhr, www.grebmer.at, Pasta ab 7,50 €, Fisch- und Fleischgerichte ab 11,50 €. Altbewährter Familienbetrieb umgeben von Gärten, Aussichtsterrasse, bodenständige Küche, auch Zimmer (DZ schlicht, aber tadellos, um 56 €).

Café-Konditorei – **Moser:** Jahnplatz, Tel. 04762 25 79, www.cafe-moser.at, Mo–Sa 6–23, So/Fei ab 7 Uhr. Sündenbabel für Schleckermäuler, Kuchen, Torten, Eis aus eigener Produktion, lauschiger Gastgarten mit Biotop.

Einkaufen

Souvenirs mit Tradition – **Kärntner Heimatwerk:** Tiroler Str. 4, Tel. 04762 27 41, www.kaerntnerheimatwerk.at. Volkskunst und Kunsthandwerk in hoher Qualität – von Schnitzwerk und Hinterglasmalerei bis Trachten, Stoffe und Schmuck.

Landhausmode – **Jogl:** Tiroler Str. 8, Tel. 04762 355 08, www.trachten-jogl.at. Dirndl, Röcke, Lederhosen, Taschen und Gürtel aus eigener Produktion.

Hervorragende Konditorei – **Lienbacher:** Schillerstr. 10, Tel. 04762 25 25, www.lienbacher.at, Mo–Sa 7.30–19, So 9.30–18.30 Uhr. Süße Mitbringsel für daheim, z. B. Spittaler Törtchen und Trüffelkontekt.

Für Leseratten – **Stadtbuchhandlung:** Tiroler Str. 4, Tel. 04762 34 11. Großes Sortiment; **Nest:** Hauptplatz 2, Tel. 04762 25 35, www.nest.co.at. Bücher, Papier-, Leder- und Geschenkwaren.

Konsum-Mekka – **Stadtpark Center:** Bahnhofstr. 16, Tel. 04762 366 00, www.stadtparkcenter.at. 40 Shops, von Accessoires über Mode bis Schmuck, plus Cineplexx und diverse Gastro-Lokale.

Abends & Nachts

Gastronomisches Gesamtkunstwerk – **Glashaus:** Spittal, Hauptplatz 12, Tel. 04762 22 13, www.glashaus-spittal.at, Mo–Do 9–1, Fr/Sa 9–2 Uhr. Überaus innovatives Lokal-Konglomerat aus diversen, miteinander verschränkten Bereichen, schräg designt mit Kronleuchtern, Kinosesseln, Café-Stühlen, Sitzgruppen aus Plüsch, Lack und Leder, wasserumspülter Theke, Karaoke-Lounge in Pink und Sonnenterrassen, reichhaltiges Drink- und Speisenangebot; angeschlossen: **Musikclub Garage:** Disco und Veranstaltungsraum für Livegigs, DJ-Lines, Kabarett, Theater etc., Fr/Sa und vor Fei 21–4 Uhr.

Mein Tipp

Aufs Goldeck!
Der Hausberg von Spittal ist als Wander-, Ski- und Aussichtsberg gleichermaßen attraktiv. Auf seinen 2142 m hohen Gipfel führen sowohl eine 14,5 km lange Mautstraße (Zufahrt von Zlan, Mitte Mai–Mitte Okt. tgl. 8–17 Uhr, pro Pkw 12 €) als auch, in zwei Teilstrecken, eine Seilbahn (Talstation am Südwestrand der Stadt, in Betrieb von Juni bis Sept. sowie ca. Weihnachten bis Ostern, tgl. 9–17.30 Uhr, Berg- und Talfahrt 16,50 €), Auskünfte unter Tel. 04762 28 64 bzw. www.goldeck-spittal.at.

Lieblingsort

**Überaus skurril –
Kleinsasserhof bei Spittal** ▶ F 5

Das erwartet man nun wirklich nicht, wenn man vom Drautal das Sträßchen durch den Wald hochfährt und vor der Holzfassade eines 500 Jahre alten Anwesens einparkt. Da öffnet man die Haustüre und betritt ein Ambiente, so schräg, dass man seinen Augen nicht traut. An den Wänden prangen dicht an dicht Ronald Reagan, Che Guevara, Elvis und die Jungfrau Maria. Ausgestopfte Elch- und Gämsenköpfe hängen neben modernen Aquarellen. Und draußen vor dem Haus stehen riesige Holzelefanten und Buddha-Statuen. All das passt auf den ersten Blick nicht im Geringsten zusammen. Auf den zweiten freilich verströmt es eine unwiderstehliche Behaglichkeit. »Unser Konzept«, sagt Walli, die Wirtin, »ist die Konzeptlosigkeit und rein gefühlsbestimmt.«
Sie und ihr Josef haben vor 20 Jahren den Hof übernommen und aus der Allerweltsherberge eine »nostalgisch-biologische Erlebniswelt« gemacht – ein kleines Paradies mit viel Wald und Wiesen drumherum, in dem der Gast, gleich, ob er schlemmen oder schlafen will, König ist (Spittal/Drau, Kleinsass 3, Tel. 04762 22 92, Fax 04762 22 43, www.kleinsasserhof.at, DZ ab 118 €).

Spittal, Millstätter See und Liesertal

Szene-Treff – **b2**: Bernhardtgasse 2, Tel. 0699 134 83 000, Mo–Do 10–2, Fr/Sa 10–4, So 19–24 Uhr. Stimmungsvolle Café-Bar im Arkadenhof des Rathauses, bisweilen Liveevents, im Sommer Freiluftkino.

Wein-Pub – **Gerry's Bernstein:** Ebnergasse 14, Tel. 0676 556 37 29, Mo–Fr 7.30–24, Sa 9–14, 19–24, So 19–24 Uhr. Gemütlicher Treff in hübschem Innenhof, gute Weine und Biere, kleine Imbisse, im Sommer ruhiger Garten, im Winter behaglicher Kachelofen.

Infos & Termine

Infos
Tourismusbüro Spittal: siehe Infobox S. 116.

Termine
Salamanca-Fest (Ende Juni): historisches Stadtfest.
Fest der Stimmen (Anfang Juli): Chorwettbewerb im Schloss Porcia, www.singkreis-porcia.at.
Komödienspiele Porcia (Juli/Aug.): Lustspiele der Weltliteratur auf hohem Niveau, Kartenreservierungen ab April Mo–Fr vormittags, ab Juli Mo–Sa ganztags unter Tel. 04762 420 20-20, www.komoedienspiele-porcia.at.

Verkehr
Spittal liegt an der Bahnhauptstrecke Villach–Tauerntunnel–Salzburg, alle Umgebungsorte per Bus erreichbar.

Im Umland von Spittal
▶ F/G 5

Molzbichl
Museum Caranta: Tel. 04767 666, www.carantana.at, Mitte Mai–Mitte Sept. So–Fr 10–12, 13–17 Uhr, Eintritt 1,50 €

4 km südöstlich von Spittal, in Molzbichl, hat man unter der Pfarrkirche die Reste eines karolingischen Klosters (8./9. Jh.) ausgegraben. Die Kirche, das archäologische Freigelände und das **Museum Carantana,** in dem Flechtwerksteine und andere Zeugnisse dieses ältesten baierischen Missionszentrums auf Kärntner Boden ausgestellt sind, bilden gemeinsam den wohl landesweit wichtigsten Brennpunkt frühmittelalterlicher Geschichte.

Baldramsdorf
Handwerksmuseum: Tel. 04762 71 40, www.handwerksmuseum.info, Mai–Sept. tgl. 10–17 Uhr, Eintritt 4 €
In der Gegenrichtung, in der westlichen Nachbargemeinde Baldramsdorf, hat man in einem ehemaligen Kloster zu Füßen der Ruine Ortenburg ein sehenswertes **Handwerksmuseum** eingerichtet. 40 detailreich ausstaffierte Stuben dokumentierten vergangene Berufs- und Arbeitswelten.

Fresach und Ferndorf
Museum: Tel. 04245 614 91, Mai–Okt. Do 9–12, 14–17, So 11–12 Uhr bzw. nach tel. Vereinbarung, Eintritt 4,20 €
Religionshistorisch Interessierten sei ein Abstecher nach Fresach bei Paternion-Feistritz ans Herz gelegt. Dort wurde in einem ehemaligen Toleranzbethaus ein **Evangelisches Diözesanmuseum** eingerichtet, das u. a. anhand von Bibeln, Gebetbüchern, Schriften die 400-jährige Geschichte des Protestantismus in Österreich dokumentiert.

Etwas näher bei Spittal, in Ferndorf, macht man sich die ungewöhnlich starke energetische Schwingung, die der nahe gelegene Berg Mirnock ausstrahlt, zunutze. Stressgeplagte Menschen sollen an speziellen ›Orten der Kraft‹ innere Ruhe finden. Ein Kneipp-Panorama-Rundweg hilft zusätzlich das Wohlbefinden steigern.

Essen & Trinken

Rustikal – **Grebmer:** Baldramsdorf 19, Tel. 04762 600 15, Fr–Mi 11–14, 17–21 Uhr, www.grebmer.at, Pasta ab 7,50 €, Fisch- und Fleischgerichte ab 11,50 €. Altbewährter Familienbetrieb umgeben von Gärten, Aussichtsterrasse, bodenständige Küche, auch Zimmer (DZ schlicht, aber tadellos, um 56 €).

Aktiv & Kreativ

Für künftige Formel-1-Stars – **Abenteuer-Freizeitpark Fresach:** Mitterberg 24, Tel. 04245 24 25, Mai–Okt. tgl. 14–19, So/Fei ab 12 Uhr, Gokart-Bahn, Moto-Cross-Verleih, Hupfburg u. v. m.

Millstätter See

Kärntens zweitgrößter, aber tiefster und wasserreichster See bietet, eingebettet zwischen drei Zweitausendern – dem Tschiernock, der Millstätter Alpe und dem Mirnock – sowie jenem Waldrücken, der ihn vom Drautal trennt, eine ideale Synthese aus Badesee und Mittelgebirgslandschaft. Während sein Südufer dicht bewaldet und weitgehend unverbaut ist, reihen sich entlang dem sonnigen Nordufer Feriendörfer dicht an dicht.

Seeboden und Umgebung ▶ F/G 4/5

Fischereimuseum: Fischerweg 1, Tel. 04762 812 10-14, www.seeboden.at, Mai–Mitte Okt. tgl. 10–18 Uhr, Eintritt 3 €
Zen-Garten: Liedweg, Tel. 04762 819 47, www.bonsaimuseum.at, Mai–Sept. Mo–Sa 10–18, April, Okt. Di–Fr 10–17 Uhr, Eintritt 6,50 €
Burg Sommeregg: tgl. Juli/Aug. 10–20, Mai/Juni bis 18, April, Sept./Okt. 11–17 Uhr

Das größte Feriendorf ist, ganz im Westen, Seeboden – ein quirliger Badeort mit entsprechender touristischer Infrastruktur und zwei sehenswerten Museen – einem, nahe dem See gelegenen, für **Fischerei**, wo sich u. a. in einem 7000-Liter-Großaquarium sämtliche heimische Fischarten tummeln, und einem, das in einem über 3000 m² großen **Zen-Garten** wunderschöne, generationenalte Bonsai-Bäumchen präsentiert.

Über den Ort verstreut, erinnern kesse, bunt bemalte Puppen an das alljährlich Ende Juli stattfindende World Bodypainting Festival. Und auf **Burg Sommeregg**, die seit dem 13. Jh. auf einem nahen Felshügel thront, zeugt Europas angeblich größtes Foltermuseum von gar nicht so fernen, grausamen Zeiten.

Zwei Tipps für Kunstfreunde: Die St. Leonhardskirche im Nachbarort **Treffling** birgt einen der ältesten gotischen Flügelaltäre des Landes mit Bildern des Meisters Thomas von Villach. Einen äußerst feinen Flügelaltar nennt auch die im Kern über 1000 Jahre alte Pfarrkirche von **Lieseregg** ihr Eigen. Mit keinen nennenswerten Sehenswürdigkeiten, aber schönen Stränden, weitläufigen Campingplätzen und zahlreichen Hotels warten **Dellach** und **Döbriach** in der östlichen Ecke des Sees auf.

Übernachten

Klein, fein, zeitlos – **Seefischer:** 9873 Döbriach, Fischerweg 1, Tel. 04246 77 12-0, Fax 04246 77 12 70 93, www.seefischer.at, DZ mit HP ab 156 €. Vier-Sterne-Standard, Ruhelage am See, große Liegewiese, Vitalzentrum, Hallen-/Freibad, eigener Bootshafen.

Spittal, Millstätter See und Liesertal

Anspruchsvoll – **Koller:** 9871 Seeboden, Seepromenade 2, Tel. 04762 815 00, Fax 04762 815 00-40, www.strandhotel-koller.at, DZ (mit Gourmet-HP ab 3 Tagen) ab 152 €. Modernes Wellness-Hotel am See, Vier-Sterne-Komfort, freundlich, familiär, Hallenbad und ganzjährig beheizter Außenpool, sehr schicker Strand-, Seesauna- und Spa-Bereich.

Erd- und naturverbunden – **BioBauern:** Kooperative von sechs Bauernhöfen, die Erholung für Körper, Geist und Seele bieten, familiär, sehr kinderfreundlich, vielfältiges Aktivprogramm, nähere Infos: www.7biobauern.com.

Essen & Trinken

Preisgünstig und gut – **Bachlwirt:** Seeboden, Wirlsdorfer Str. 19, Tel. 04762 812 54, tgl. 10.30–24 Uhr, im Winter Mo, Mi–Sa erst ab 16.30 Uhr, www.bachlwirt.at, tgl. ein Schmankerl um 6–7 €. Gemütliches Gasthaus, heimatlich kärntnerische und internationale Küche mit Schwerpunkt auf frischem Fisch aus dem Millstätter See; zugehörig: bestens ausgestattete Ferienwohnungen für 2–6 Pers.

Einladend – **Postwirt:** Seeboden, Hauptstr. 64, Tel. 04762 811 37, www.postwirt.at, tgl. außer So abends und Mo 10.30–22 Uhr, Gerichte ab 7,50 €. Dorfgasthaus für Einheimische und Treffpunkt für Urlauber, qualitätvolle Küche, beste Weine und Schnäpse.

Abends & Nachts

Mittelalter-Remake – **Burg Sommeregg:** Seeboden, Tel. 04762 813 91, www.sommeregg.at. Foltermuseum, Ritteressen im Burgrestaurant und 2./3. Aug.-Woche Ritterspiele.

Lesungen & Musik – **Rosen- und Wassergarten:** im Garten- & Floristik-Center Winkler, Seeboden, Seehofstr. 36, Tel. 04762 812 03-0, www.gb-winkler.at.

Gemütlich bis fetzig – **Point:** Seeboden, Golfweg 3, Tel. 04762 812 10 14, Mai–Okt. tgl. 15–ca. 1 Uhr, beliebtes Promenaden-Café (und -Bar) in Seenähe.

Infos & Termine

Termine
World Bodypainting Festival (Ende Juli): in Seeboden, www.ebf.info.

Verkehr
Alle Uferorte ab Spittal per Bus.

Wahrhaft idyllisch gelegen: Millstatt am gleichnamigen See

Millstatt ! ▶ F 5

Den kulturellen Mittelpunkt der Region bildet Millstatt. Und zwar schon seit dem ausgehenden 11. Jh. Damals gründeten die Brüder Aribo und Poto aus dem baierischen Geschlecht der Aribonen hier nach dem Vorbild der Klöster am Längsee und in Ossiach eine Benediktinerabtei. Wenig später schon betreiben die Mönche an dem idyllischen Flecken nicht nur eine blühende Landwirtschaft, Brauerei und Weinbau inbegriffen, sondern auch eine weithin bekannte Schreib- und Malschule. Nach einer Phase des Verfalls bekam 1469 der St.-Georgs-Ritterorden, den Kaiser Friedrich III. zwecks geistigem Kampf gegen die Türken gestiftet hatte, das Kloster überantwortet. Dieser baute es aus, befestigte es, verlor jedoch nach dem Tod von Kaiser Maximilian I. im Laufe des 16. Jh. sukzessive an Einfluss und löste sich schließlich auf. 1598 übergab Kaiser Ferdinand im Zuge der Rekatholisierung des weitgehend protestantischen Landes Millstatt an die Jesuiten. In jenen konfliktreichen Jahren wirkte das Kloster als ein Zentrum der Gegenreformation. In seinen Katakomben indes hielten – was in heutigen, ökumenischen Zeiten harmlos scheinen mag, aber seinerzeit ein enormes Wagnis bedeutete – Krypto-Protestanten insgeheim ihre Messen. Die Jesuiten sponserten mit den Einkünften des Klosters die Universität in

Spittal, Millstätter See und Liesertal

Graz und belegten dafür die Einheimischen mit hohen Steuern. Diese rächten sich 1737 mit einer Rebellion. Eine Generation später wurde das Kloster verstaatlicht.

Stiftskirche

Im Zentrum der ehemaligen Benediktinerabtei, die zu den kostbarsten Sakralbauten in Kärnten zählt, steht die ehemalige Stifts- und heutige Pfarrkirche. Sie beherrscht mit ihren zwei im späten 12. Jh. errichteten, 500 Jahre später mit barocken Zwiebelhelmen bekrönten Türmen bis heute das Ortsbild und besitzt trotz mehrmaliger Restaurierungen und Zubauten eine überwiegend romanische und gotische Bausubstanz. Was an der dreischiffigen, ursprünglich flach gedeckten, in der Spätgotik eingewölbten Pfeilerbasilika besonders fasziniert, ist ihre reiche, an oberitalienische Vorbilder gemahnende, romanische Bauplastik. Eine Unmenge von menschlichen und tierischen Wesen bevölkert, umrahmt von üppigem Ornamentschmuck, den Bau – viele von ihnen mit Angst einflößenden Fratzen, die, so hoffte man seinerzeit, die Dämonen bannen sollten. Ihren Höhepunkt erreicht diese symbolträchtige Formenvielfalt im berühmten Stufenportal, dem um 1170 entstandenen Westtor in der Vorhalle. Es zeigt, im Tympanon, Christus Salvator, der einen Mönch samt Kirchenmodell segnet (davor beachtenswert: das Kirchhofportal mit spätgotischen Fresken). Seitlich davon, an den Kapitellen, starren strenge Gesichter die Kirchgänger an. Ihre Augen waren einst mit Granatsteinen besetzt, wie man sie heute noch zuhauf im Schiefergestein der Millstätter Alpe finden kann, und pflegten, von der untergehenden Sonne beschienen, tiefrot zu funkeln. Mindestens ebenso fantasievoll und kostbar ist der Figurenschmuck an den Würfelkapitellen und Basen der Säulchen sowie an der Mönchspforte im Kreuzgang.

Das Kircheninnere mit seinem 60 m langen Mittelschiff, das aufgrund seiner famosen Akustik im Rahmen der Musikwochen regelmäßig als ›Konzertsaal‹ dient, ist von schönen, mit Wappen verzierten Schlusssteinen versehenen Sternrippen überwölbt. Darunter entfaltet eine Barockausstattung aus der Jesuitenzeit – Glanzstücke: der Hochaltar mit der »Verehrung der Hl. Dreifaltigkeit« und darüber »Christus Salvator« – ihre Pracht. Weitere Höhepunkte: mehrere in die Wände eingemauerte Grabplatten aus der Zeit des Ritterordens, das 6 x 4 m große Weltgerichts-Fresko von Urban Görtschacher, das als eines der wichtigsten Wandgemälde der frühen Renaissance im deutschen Sprachraum gilt (1519; im rechten Seitenchor), und, unmittelbar dahinter, die Domitiankapelle. In ihr ruhen die Gebeine jenes heidnischen Karantanenherzogs gleichen Namens, der sich, so will es zumindest die Legende, zum Christentum bekehrt, daraufhin einen Tempel mit tausend Statuen (›mille statue‹ = Millstatt) im See versenkt und an dessen Stelle eine erste Kirche gebaut haben soll.

Stiftsmuseum

Tel. 04766 2023-31, www.stiftsmuseum.at, Mitte Mai–Anfang Okt. tgl. 10–12, 14–17 Uhr, Eintritt 2,90 €, Juli/Aug. Fr bis 22 Uhr Führungen bei Kerzenlicht und Musik

Abschließend empfiehlt sich der Besuch des an die Kirche grenzenden Stiftsmuseums. Es hilft anhand zahlreicher Faksimile und Exponate, darunter eine der drei berühmten Hochzeitstruhen der Paola Gonzaga, das Verständnis für die überragende Bedeutung des Ortes zu vertiefen.

Millstatt

Spaziergang zum Seeufer

Durch den von zweistöckigen Arkaden gesäumten Stiftshof mit seiner 500-jährigen Linde und durch einen zweiten Hof, in dem eine angeblich gar über 1000-jährige Linde eine uralte Richtstätte markiert, führt der Fußweg, am Hochmeisterschloss vorbei, hinab Richtung See. Dessen Uferpromenade lädt zum ausführlichen Spaziergang, ist sie doch von zahlreichen Villen und Hotels aus der Gründerzeit gesäumt, als eine Sommerfrische in Millstatt beim k.u.k-Adel und Großbürgertum als très chic galt. Ebenfalls lohnenswert: die Fahrt von Seeboden auf die Sonnenterrasse der Millstätter Alpe über Laubendorf, Obermillstatt (Heimatmuseum), Lammersdorf (Märchenarena für Kinder) und Sappl (Traumblick auf See und Stift) hinunter nach Dellach.

Übernachten

Für stilbewusste Individualisten – **Hotel See-Villa:** 9872 Millstatt, Seestr. 68, Tel. 04766 21 02, Fax 04766 22 21, www.see-villa-tacoli.com, DZ 78–172 €. Um 1900 erbaut, war die Seevilla schon seinerzeit eine der allerersten Adressen, nur 42 Zimmer, hervorragende Küche, tolle Lage am See und doch mitten in Millstatt, 200 m eigenes Ufer mit großer Liegewiese, Tennisplätze, Gründerbetrieb des Golfclubs, daher Ermäßigungen für den fünf Autominuten entfernten Platz.

Essen & Trinken

Schrill und schmackhaft – **Villa Verdin:** Seestr. 69, Tel. 0699 12 18 10 93, www.villaverdin.at, Mitte Juni–Mitte Sept. tgl. 12–14, sonst Mi–Fr 17–24, Sa 12–24, So 12–18 Uhr, Gerichte ab 8 €. Herrlich kurioses Dekorsammelsurium in historischer Villa, ausgezeichnete, auf saisonalen Frischeprodukten aus der Region basierende Küche, z. B. Almochsen, Seefisch, tagsüber Imbisse, abends à la carte, Latenight-Drinks in der zugehörigen Lounge, auch schöne Zimmer (DZ ab 84 €).

Essen mit Aussicht – **Brugger:** Millstatt/Dellach 7, Tel. 04766 25 06, www.gasthofbrugger.at, Mi–Mo 12.30–21 Uhr warme Küche, Sept.–Juni wochentags nur 16–21 Uhr, Gerichte ab 9 €. Familiengasthof seit mehr als 160 Jahren, Fischspezialitäten, fangfrisch aus den eigenen, 50 ha großen Seelehen, schöne Terrasse mit Panoramablick auf See und Berge.

Älpisch-deftig – **Lammersdorfer Alm:** zu Fuß oder per Pkw von Lammersdorf, Tel. 0664 160 81 23, www.lammersdorferhuette.at, Mai–Nov., Kleinigkeiten ab 4 €. Gemütliche Hütte, Käsespezialitäten, Panoramablick.

Einkaufen

Frischer Fisch für daheim – **Brugger:** Ein schmackhaftes Mitbringsel vom Gasthof Brugger in Dellach sind geräucherte Renke (s. o.).

Aktiv & Kreativ

Erhebendes Wandererlebnis – **Millstätter Höhensteig:** neue 200 km Wanderroute, die in acht Etappen bzw. 13 Tagestouren zwischen 600 bis 2600 Höhenmetern, immer den See im Blick, von den 3000ern im Westen bis zum Mirnock im Osten führt; auch als Acht-Tages-Wanderpaket buchbar, Details im Infocenter der Region (S. 222).

Direttissimo – **Klettergarten Breitwand:** ca. 20 Gehminuten von Döbriach, Tel. 042 46 78 78-11, www.doebri

Spittal, Millstätter See und Liesertal

ach.net. 20 Routen in allen Schwierigkeitsgraden.
Geschichten zum Staunen – **Sagamundo:** Döbriach, Hauptplatz 8, Tel. 04246 766 66, www.sagamundo.at, Mai–Mitte Okt. tgl. 10–18, Osterferien 9–17 Uhr, Eintritt 7,90 €, Kinder 3,90 €, Familien- und Kombikarten mit Granatium in Radenthein. Das »Haus des Erzählens« lädt junge und jung gebliebene Gäste auf drei Etagen – Himmelsgarten, Erdebene und Unterwelt – zu einer spirituellen Reise durch Sagen und Mythen der Region.

Abends & Nachts

Hochwertig – **Musikwochen Millstatt:** Mai–Mitte Okt., im Stift, Tel. 04766 20 23 35, www.musikwochen.com. Kammer-, Chor- und Orchestermusik, auch Rock und Jazz.
Promenieren – **Millstätter Statuen- & Villenweg:** Broschüren im Tourismusbüro erhältlich.
Hipper Treff – **Kap 4613:** am westl. Ortseingang, Tel. 0664 388 83 18, www.kaerntenkult.at, April–Okt. Mo–Fr ab 12, Sa/So/Fei ab 10, Advent u. Weihnachten Do–So/Fei und Ferien ab 12, sonst Nov.–Feb. Fr. ab 18, Sa/So ab 12, März Mi–So/Fei ab 12, jeweils bis mind. 24 Uhr. Espresso-Bar direkt an der Seepromenade, mit sandbedeckter, schwimmender Feuerinsel (open air) und beheizbarer Pyramide auf Pfählen, vielfältiges Veranstaltungsprogramm von Feuer im See über Livekonzerte bis kubanische Parties, Insel-Dinner bei Sonnenuntergang und Christkindlmarkt. Bistro-Küche, Café, gute Drinks.
Strandbar – **Monte Christo:** Millstatt, Kaiser-Franz-Joseph-Str., Tel. 0664 394 03 52, April–Mitte Sept. tgl. 11–mind. 24 Uhr. Apero-Bar am See, Imbisse, Eisspezialitäten, Snacks, Cocktails.

Infos & Termine

Infos
Infocenter Millstätter See: Seeboden, siehe Infobox S. 222.

Termine
Nockalmfest (Mitte Sept.): Tel. 07619 22 35, www.nockalmquintett.com. Mit dem Nockalm Quintett und weiteren Stars der Volksmusik.

Verkehr
Bus: Alle Uferorte sind ab Spittal per Bus erreichbar.
Linienschiffsverkehr: Ende April–ca. Mitte Okt., Tel. 04766 239 39, www.schifffahrt.at/millstaettersee, acht Anlegestellen, beliebt z. B. die Überfahrt von Millstatt ans Südufer, nach Grossegg oder Laggerhof.

Durch das Liesertal

Des einen Freud, des anderen Leid: Mehr als 1500 Jahre lang hatte die steile, enge Straße durch das Liesertal, über Katschberg und Radstädter Tauern den Säumern und Fernreisenden zwischen Kärnten und Salzburg, dem deutschen und dem Adria-Raum, als zwar zeitraubende, aber dennoch direkteste Nord-Süd-Verbindung gedient und vielen Anrainern dauerhaften Wohlstand gebracht. In den 1970er-Jahren jedoch, nach Ausbruch des Zeitalters der Massenmobilität, baute man die **Tauernautobahn.** Es wurde ein Wunderwerk der Ingenieurskunst, das mithilfe kilometerlanger Brücken und Tunnel das bautechnisch ungemein schwierige Gelände elegant überwindet. Die Fahrzeit zwischen Villach und München beträgt seither kaum mehr als drei Stunden. Doch das Betonband und seine mächtigen Stelzen haben das Antlitz des malerischen Tales für immer verändert. Seine Bewohner fanden sich vor die Wahl gestellt zwischen Neuorientierung oder touristischer Resignation. Und ihnen kam die rettende Idee: Sie modelten das Image ihrer Heimat, einer bis dahin trotz aller landschaftlichen Reize vom Fremdenverkehr eher stiefmütterlich behandelten, dafür an Bergbautraditionen reichen Region, radikal um: ›Europas baby- und familienfreundlichstes Tal‹ lautet seither ihr Markenzeichen. Die Verjüngungskur hat sich – auch dank eines faszinierenden Kulturerbes und der unmittelbaren Nachbarschaft zweier Nationalparks, der Nockberge und der Hohen Tauern – als sehr erfolgreich erwiesen.

Gmünd und Umgebung
▶ F/G 5

Porsche-Museum: Riesertratte 4a, Tel. 04732 24 71, www.auto-museum.at, Mitte Mai–Mitte Okt. tgl. 9–18, sonst 10–16 Uhr, Eintritt 7 €
Erste Station auf dem Weg von Spittal Richtung Norden und seit alters der Hauptort des Liesertals ist Gmünd. Die uralte Handelsstation an der Mündung des Maltabaches in die Lieser hat wie kaum eine andere Kärntner Stadt ihr mittelalterliches Aussehen bewahrt. Um die Wende vom 12. zum 13. Jh. von den Salzburger Erzbischöfen planmäßig angelegt, ist sie bis heute in ihrer Gesamtheit von Mauern umgürtet und gegen alle vier Himmelsrichtungen durch Stadttore ›geschützt‹. Die wuchtige Burgruine, die über ihren Dächern thront, blickt auf eine turbulente, gut 700-jährige Geschichte zurück und wurde Anfang der 1990er-Jahre von privater Hand liebevoll und mit Mut zu innenarchitektonischen Kontrasten restauriert. Sie lohnt wegen des gemütlichen Café-Restaurants (prächtige Aussicht vom Balkon) sowie der dort in der warmen Jahreszeit veranstalteten Kunstausstellungen und Theaterabende einen Besuch.

Ein Spaziergang von der Maltabrücke durch das von einem geschwungenen Giebel bekrönte Untere Tor über den lang gestreckten Hauptplatz mit seinen stattlichen Gasthöfen und Bürgerhäusern zum Oberen Tor, dem Neuen Schloss und durch die angrenzenden Gassen offenbart, womit das Städtchen seit geraumer Zeit für sich wirbt: einer angesichts seiner Kleinheit wundersamen Dichte an Museen, Galerien und – häufig zugänglichen – Ateliers (s. Entdeckungstour S. 236).

Diesbezüglich ein Pionier war, wenn auch auf anderem Gebiet, Ferdinand Porsche. Der berühmte Autobauer unterhielt in Gmünd von 1944 bis 1950 ein Konstruktionsbüro, in dem er gemeinsam mit 300 Mitarbeitern u. a. den Prototyp des legendären 356er-Modells entwarf. Manch seiner rasanten Raritäten sind im örtlichen **Porsche-Automuseum** ausgestellt. Kunsthistorisch nähere Beachtung lohnen die spätgotische Pfarrkirche Maria Himmelfahrt samt ihrem Karner, die Kalvarienberg- und die Kreuzbichlkapelle (beide östlich der Altstadt). Ein sehenswertes Kuriosum ist das am nördlichen Ortsausgang oberhalb der Katschberg-Bundesstraße von einem Feldweg in zwei Teile geteilte Kirchlein.

Trebesing und Eisentratten

Der südliche Nachbarort Trebesing war noch in den 1980er-Jahren ein wenig attraktiver Kurort für eine alternde Klientel. Heute ist er als ›Europas 1. Babydorf‹ im Sommer wie Winter vorwiegend von Kleinkindern und ihren Eltern bevölkert, die sich von den ›Wi-Wis‹, den Windel-Wirten, verwöhnen

Auf Entdeckungstour

Gmünd – eine Kleinstadt als Hotspot der Gegenwartskunst

Anfang der 1990er-Jahre begann das mittelalterliche Gmünd, seine malerischen Gassen und Plätze mit Kunst- und Kulturprogrammen zu beleben. Heute wartet das Städtchen mit einer Dichte an Galerien, Ateliers, Schauräumen für Kunsthandwerk sowie einem kunterbunten Ausstellungsprogramm auf, um die manche Metropole es beneiden könnte.

Reisekarte: ▶ G 5

Zeit: je nach Interesse 2/3 Stunden bis zu mehreren Tage.

Infos: Bei den meisten angeführten Adressen gilt: ganzjährig geöffnet und Eintritt frei

Warum nicht gleich mit einem Höhepunkt beginnen? Einen idealen Auftakt zum Rundgang durch die Künstlerstadt Gmünd bildet der Besuch der **Galerie im Stadtturm** 1 . Unter dem gewellten Giebeldach dieses markanten Wahrzeichens, durch das man das mittelalterliche Stadtherz vom Süden, vom Fluss Malta her betritt, werden seit 1996 alljährlich von Mai bis September Werkschauen international bekannter Künstler aus Österreich geboten. Zu Gast waren schon u. a., teilweise post mortem, Herbert Boeckl, Max Weiler, Alfred Hrdlicka, Werner Berg, Alfred Kubin und, 2010 erst, der Zeichner Paul Flora.

Von Galerie zu Galerie

Ein kurzer Abstecher linkerhand ins **Atelier** des Glaskünstlers Dieter **Gratzer** 2 – dann nimmt man, durch die schmale Hintere Gasse wandernd, einer ganzen Reihe verdienstvoller Adressen die Parade ab: Zunächst lädt das **Kunst- & Handwerkshaus Gmünd** 3 zur Besichtigung. Hinter seinen über 300 Jahre alten Mauern wohnen in den warmen Monaten heimische und auswärtige Gastkünstler und zeigen in zwei Schauräumen aktuelle Arbeiten. Gleich nebenan, unter den mittelalterlichen Gewölben der **Galerie Miklautz** 4 , feiern seit vielen Jahren nun schon Antiquitätenhandel und Gegenwartskunst auf das Trefflichste Hochzeit. In der benachbarten **Malwerkstätte** 5 können Kinder und Jugendliche selbst zum Pinsel greifen und ihre Talente aktiv ausleben. Und in der **Galerie Gmünd** 6 haben junge, aufstrebende Künstler und Künstlerinnen aus Österreich das Sommerhalbjahr über Raum, ihre Kunstpositionen vor Publikum zu zeigen.

Dicht gesät sind auch in der nördlich parallel laufenden Kirchgasse die Attraktionen: Da wartet etwa vor der Stadtpfarrkirche Maria Himmelfahrt eine originelle **Spiegelinstallation** darauf, begangen zu werden. Deren Schöpferin, **Larissa Tomassetii,** kann man am anderen Gassenende, in ihrem Atelier im Bogen des **Maltatores** 7 eine Visite abstatten. Und dazwischen, etwa auf halbem Weg, betreiben **Birgit Bachmann und Fritz Russ** 8 ihre ebenso qualität- wie stimmungsvolle Hausgalerie.

Lust für Rast und Stärkung? Dafür bietet sich das **Café Nußbaumer** 1 (s. S. 239) auf dem hübschen Hauptplatz an. Oder, reizvoller noch, das Restaurant oben in der **Alten Burg** 12 (s. S. 238). Beim Blick hinab auf die Dächer und in die verwinkelten Höfe lässt sich gut über die wundersame Wandlung dieses 2600 Seelen-Städtchens vom zwar sehr anmutigen, weil von modernen Bausünden verschonten, aber heillos verschlafenen Ort zum dynamischen und jugendlich charmanten Schauplatz aktuellen Kunstgeschehens reflektieren.

Wundersame Wandlung

»Solcherlei brauchen wir nicht.« Mit diesen Worten hatte vor gut einem Vierteljahrhundert der damalige Bürgermeister angeblich einen jener Pioniere begrüßt, die, begeistert von den Arbeitsbedingungen, der Beschaulichkeit und den sehr erschwinglichen Werkstätten, in das Städtchen am Zusammenfluss von Malta und Lieser gezogen waren, um die ersten Weichen für dessen Metamorphose zu stellen. Damals hatte gerade die 1986 eröffnete Tauernautobahn, die sich auf dicken, betongrauen Elefantenfüßen ihren Weg durch das Liesertal bahnt, erst frisch ihre Schatten auf Gmünd geworfen. Und Nachwuchskünstler aus der Fremde, gar noch langhaarige in Latzhosen, wurden von den Stammtischen aus noch skeptisch beäugt.

Mittlerweile ist Gmünd natürlich längst stolz auf seine Künstlerkolonie. Die Stadtoberen haben ehemalige Ställe, alte Wohn- und Lagerhäuser restaurieren lassen, bieten sie kreativen Gästen zu Wohn- und Arbeitszwecken an, organisieren Ausstellungen, finanzieren Kataloge. Auf der Autobahn oben werden Neuankömmlinge vor der Ausfahrt schon mit zeitgenössischen Skulpturen willkommen geheißen. Kurz: Das Markenzeichen »Künstlerstadt« ist mittlerweile fester Bestandteil des kommunalen Selbstverständnisses. Bereits 1999 wurde Gmünd dafür als »Kärntens lebenswerteste Gemeinde« ausgezeichnet, erhielt im Jahr darauf einen »Europäischen Dorferneuerungspreis« und 2010, als höchste touristische Auszeichnung des Landes, den »Tourismus Award«.

Staunen allerorten

Wer übrigens glaubt, das Besichtigungsprogramm sei mit den vor der aussichtsreichen Pause auf der Burg absolvierten Stationen erschöpft, irrt gehörig. Zurück im Tal wartet noch allerhand: südlich des Hauptplatzes zum Beispiel, im über 800 Jahre alten Komplex des ehemaligen St.-Antonius-Spitals, das **Pankratium** 9 alias **»Haus des Staunens«**, wo Jung und Alt anhand von Objekten und Rauminstallationen Wasser- und Klangphänomene erleben und selbst ausprobieren können. Oder die **Lodronsche Reitschule** 10, die neuerdings für spannende Architekturausstellungen genutzt wird. Oder, an der Westseite der Malta, direkt gegenüber dem Stadtturm, die **Fotogalerie Gmünd** 11. Gar nicht zu reden von den etlichen anderen, bislang unerwähnten privaten Kunstateliers und -galerien. Und schließlich fungiert auch die **Alte Burg** 12 selbst als Kulturzentrum: In dem imposanten Gemäuer finden regelmäßig Ausstellungen von Künstlern aus dem Alpe-Adria-Raum, aber auch Kleinkunst-Veranstaltungen, von Lesungen und Konzerten bis zu Kabarett- und Theaterabenden, statt.

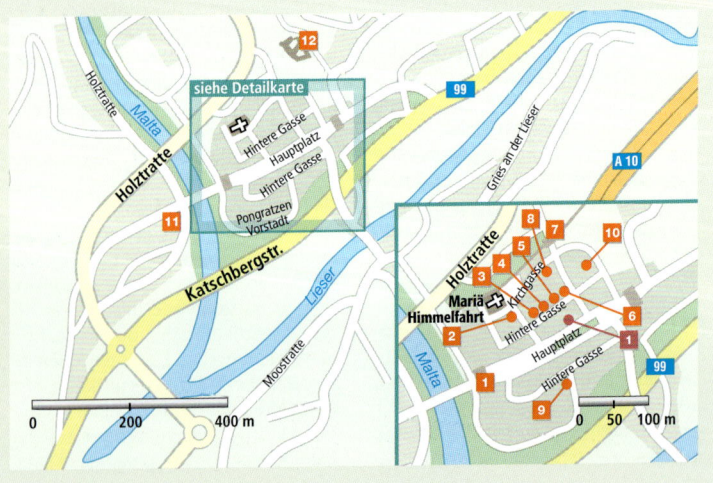

Durch das Liesertal

lassen. Eine Märchenwandermeile mit der längsten Hängebrücke der Alpen (175 m), Indianerdorf, Ponyranch, Hexenhaus, ein Kinderklettergarten und jede Menge Spiel-Spaß-Sport-Programme sorgen für Kurzweil.

In Eisentratten, 4 km nordöstlich von Gmünd, zeugen ein denkmalgeschützter Hochofen und ein Knappenweg, der über die Zollstation Kremsbrücke bis zum begehbaren Stollen in Innerkrems führt, von der montanistischen Vergangenheit des Ortes.

Übernachten

Wegbereiter & Top-Profis – **1. Baby- & Kinderhotel:** 9852 Trebesing, Bad 1, Tel. 04732 23 50, Fax 04732 235 04 15, www.babyhotel.eu, Familienapartments und -suiten ab 190 € inkl. Gourmetpension; Kinderbetreuung und gesamtes Hotelangebot exkl., nach Alter gestaffelte Tagespreise für Kinder. Pionierbetrieb mit schnullergerechter Ausstattung und Führung, 10 000 m² gesichertes Hotelareal, acht Kinderbetreuerinnen, reiches Programmangebot für alle Altersklassen, Gourmet-Küche, In- und Outdoor-Pool u. v. m.

Zum Wohlfühlen – **Gasthof Prunner:** 9853 Gmünd, Hauptplatz 15, Tel. 047 32 21 87, Fax 04732 39 25, www.members.aon.at/prunner, DZ ab 50 €. Traditionsgasthof am Unteren Tor, gutbürgerlich in Ausstattung, Preis und Küche, gratis Fahrradverleih, Spezialitäten aus eigener Landwirtschaft.

Essen & Trinken

Traditionsbewusst – **Kohlmayr:** Gmünd, Hauptplatz 7, Tel. 04732 2149, www.gasthof-kohlmayr.at, tgl. 7–24, Küche durchgehend ab 11–22 Uhr, Gerichte ab 8,40 €, Menüs ab 9 €. 400-jähriger Stadtgasthof, seit 200 Jahren in Familienbesitz, mit gutbürgerlich-bodenständiger Küche und schön-altmodischem Interieur, auch schöne Zimmer (DZ ab 60 €).

Schrullig & charmant – **Café-Restaurant Alte Burg:** Gmünd, Tel. 04732 36 39, www.alteburg.at, April–Dez. Mi-So 11–ca. 21 Uhr, Gerichte ab 7,90 €, Familienmenüs ab 17 €. Gemütlich verwinkelt, kreativ und kurios-witzig eingerichtet, hausgemachte Spätzle-Variationen, Herzhaftes aus der Pfanne und vom Grill.

Ausgezeichnete Café-Konditorei – **Nussbaumer:** Gmünd, Hauptplatz 23, Tel. 04732 21 45, www.cafe-nussbaumer.at, Mo–Do 7.30–22, Fr/Sa 9–2(!), So/Fei 9–22 Uhr. Spezialität: Trüffelkonfekt in zehnerlei Sorten, von Amaretto und Caramel bis Pfefferminze und Whiskey.

Aktiv & Kreativ

»Wasserwelt des Staunens« – **Pankratium:** Gmünd, Hintere Gasse 60, Tel. 04732 311 44, www.pankratium.at, Mai–Okt. tgl. 10–18, Führungen 11 u. 15 Uhr, Eintritt 8 €. Interaktive Ausstellung mit Experimentierstationen für alle Sinne, spannend vor allem für Kinder und Jugendliche.

Erlebnis für Kinder – **Tschu-Tschu-Bahn:** Fahrt von Rennweg in das hintere Pöllatal; Pfingsten–Anfang Okt., Tel. 047 34 33 00, www.katschberg-rennweg.at, Hin- und Rückfahrt 8 €, Kinder 5,50 €.

Abends & Nachts

Für Nachteulen – **Rudi's Büro:** Sept.–Juni Fr/Sa und vor Fei 21–2 Uhr. Nette Kellerbar im Café Nussbaumer (s. o.), Jugendtreff mit Tanzmöglichkeit.

Spittal, Millstätter See und Liesertal

Infos & Termine

Infos
Tourismusverband Lieser-Maltatal: s. Infobox S. 222.

Termine
Mittelalterliches Stadtfest (Anfang Aug.) und **Kunsthandwerksmarkt** (Mitte Aug.); **Sommertheater** auf der Alten Burg.

Verkehr
Orte im Liesertal ab Spittal per Bus.

Maltatal und Kölnbreinsperre!

▶ E/F 2/3

Hochalm-Straße: Tel. 04733 296, www.verbund-tourismus.atca, Mitte Mai–Okt. tgl. 7–18 Uhr, Pkw 15,50 €; Bienenlehrpfad: Führungen Mai–Sept., Anmeldung: Tel. 04733 654
Ein Landschaftserlebnis der besonderen Art verspricht ein Ausflug in das ›Tal der stürzenden Wasser‹. Zum einen wegen der Dreitausender-Kulisse der Reißeck-, Ankogel- und Hafnergruppe, von deren steilen Flanken dutzende Wasserfälle in die Tiefe gischten (diesbezüglich größte Attraktionen: die Wanderung durch die **Malteiner Wasserspiele** und zu den drei **Gößfällen** bei Koschach); zum anderen wegen der **Kölnbreinsperre**, der mit 204 m höchsten Staumauer Österreichs. Von der Mautstelle bei Koschach windet sich die 18,3 km lange **Malta-Hochalm-Straße** durch Tunnel und über Spitzkehren 1000 Höhenmeter hinauf zu jenem imposanten Betonriegel, der 200 Mio. m³ Wasser aus einem 132 km² großen Einzugsgebiet zu einem bis zu 4,5 km langen **See** zu stauen vermag. Der Panoramaturm birgt neben einem Café-Restaurant und Sporthotel eine multimediale Ausstellung zu den Themen Hochgebirgsnatur, Mineralien und Strom aus Wasserkraft (Eintritt frei). Außerdem: Führungen ins Innere der Mauer und atemberaubende Blicke in die Tiefe vom Skywalk.

Im Hauptort **Malta** lohnt die gotische Pfarrkirche mit sehenswerten Fresken und schönem Barockaltar einen Besuch. Außerdem nett: eine Wanderung über den Maltataler **Bienenlehrpfad**.

Übernachten

Äußerst kinderfreundlich – **Kerschhackl:** 9854 Malta, Brandstatt 30, Tel. 04733 362, Fax 04733 36 28, www.kerschhackl.at, DZ ab 107 €. Baby-Alpengasthof mit Riesen-Spiellandschaft, Hallenbad, Kinderbetreuung u. v. m., All-Inclusive-Prinzip.
Beliebt bei Bikern – **Pension Hochalmspitze:** 9854 Malta 55, Tel. 04733 211, Fax 04733 21 14, www.hochalmspitze.com, DZ ab 60 €. Familienbetrieb (April–Okt.) mit gutbürgerlicher Atmosphäre, Ruhelage, großer Garten, Zusatzattraktion für Kinder: der zugehörige 10 000 m² Eselpark mit Reitmöglichkeit (www.eselgestuet.at).
Vorzeige-Betrieb – **Familien-Campingplatz Malta:** 9854 Malta 6, Tel. 04733 234-0, Fax 04733 234 16, www.maltacamp.at, pro Tag und Person 4,70–7 €. Vielfach ausgezeichneter Terrassen-Campingplatz in Panoramalage, beste Infrastruktur (beheiztes Schwimmbad), sehr kinderfreundlich.

Essen & Trinken

Nett familiär – **Malteinerhof:** Malta 39, Tel. 04733 206, www.malteinerhof.at,

Das Maltatal – dank unzähliger Wasserfälle auch ›Tal der stürzenden Wasser‹ genannt

tgl. 8–ca. 23, Küche 11.30–14, 18–21 Uhr, im Winter Mo geschl., Gerichte ab 7 €, Menü ca 13 €. Regionale Feinschmeckerküche im auf Kinder und Biker spezialisierten Vier-Sterne-Hotel (DZ mit HP ab 94 €).

Naturschauspiel zum Essen – **Gasthof Faller:** Malta, Brandstatt 9, Tel. 04733 317, www.pension-faller.at. Kulinarische Schmankerln (ab 8 €) aus der eigenen Landwirtschaft (Wildspezialitäten), Traumlage am höchsten Wasserfall des Tals; tadellose Zimmer (DZ ab 46 €).

Infos

Infos
Tourismusverband Malta: Malta 13, Tel. 04733 220 15, www.maltatal.com.

Verkehr
Maltatal und Innerkrems ab Spittal per Bus, umsteigen in Gmünd.
Wanderbus Maltatal-Kölnbreinsperre, Mitte Juli–Ende Sept.

Nockberge ▶ G/H 4

Östlich des Liesertales erstrecken sich die Nockberge, eine ganz unverwechselbare Mittelgebirgslandschaft, deren weite, von sanften Tälern durchzogene Höhenzüge einen reizvollen Gegensatz zu den schroffen Gipfeln der benachbarten Bergmassive bilden. Bis Mitte der 1970er-Jahre hat sich das Interesse an dieser nahezu unbesiedelten Region in Grenzen gehalten. Ein Stausee war geplant, und Investoren träumten von einer skitouristischen Erschließung. 1980 kam es deshalb zu einer Volksbefragung, in der sich 90 % der Bevölkerung gegen diese Pläne aussprachen. 1987 erklärte die Kärntner Landesregierung das 187 km² große Gebiet zum Nationalpark.

Die sanften Kuppen, die von den Kärntnern als ›Nocken‹ bezeichnet werden, weil sie wie die Nockerln (Klößchen) in den Pfannen der heimischen Küchen aussehen, erreichen Höhen bis über 2400 m. Sie sind ein idea-

Spittal, Millstätter See und Liesertal

les Familien-Wandergebiet, in dem sich lange, wenig angestrengt und gefahrenfrei ausschreiten lässt. Im Winter stehen, von Bad Kleinkirchheim aus, über 100 km präparierte Skipisten und 30 km Langlaufloipen zur Verfügung.

Nockalmstraße

Mai–Okt. 18–8 Uhr Fahrverbot für Motorräder, Infos: Tel 04736 265, www.nockalmstrasse.at, Tageskarte 14 € per Pkw
Erschlossen wird der Nationalpark von der Nockalmstraße, einer gebührenpflichtigen, ob ihrer geringen Steigungen und gut einsehbaren Kurven auch bei Rad- und Motorradfahrern beliebten Panoramastrecke. Sie führt von **Innerkrems,** einem vor allem für seine Schneesicherheit und das alpine Leistungszentrum bekannten Ort, in dem sich Österreichs Skiathleten auf die Rennsaison vorbereiten, 35 km weit nach Osten – erst durch Wälder, später jenseits der Baumgrenze über Almen und durch Hochtäler, vorbei an zahlreichen Almhütten und Aussichtspunkten. Ein Faltblatt, das man an den Mautstellen erhält, informiert über die Lehrpfade, Ausstellungen und Kinderspielstationen entlang der Strecke.

Turracher Höhe

Kristall- und Edelsteinmuseum: Tel 04275 8 233, www.kranzlbinder.at, Mo–Sa 9.30–17 Uhr, Eintritt 4 €
Von **Ebene Reichenau,** dem östlichen Endpunkt der Straße, führt die B 95 Richtung steirische Grenze auf die Turracher Höhe, ein weiteres wunderschönes Wander- und Wintersportgebiet, das u. a. mit dem höchstgelegenen Badesee des Landes (1780 m) und

Wie ›Nockerln‹ wirken die sanften Hügelkuppen der Nockberge

Nockberge

einem faszinierenden Kristall- und Edelsteinmuseum aufwartet.

Übernachten

Innovativer Leitbetrieb – **Hotel Hochschober:** 9565 Turracher Höhe 5, Tel. 04275 82 13, Fax 04275 83 68, www.hochschober.at, DZ mit HP ab 266 €. Urlaubsoase auf 1780 m Seehöhe, Vier-Sterne-Standard mit Spitzenküche, geheiztes Seebad, Hammam, 4-stöckiger Chinaturm als Tee- und Medidationshaus, vielfältiges Aktivprogramm.
Maßgeschneidert für den Nachwuchs – **Heidi-Hotel Falkertsee:** 9564 Falkert-Patergassen, Tel. 04275 72 22-0, Fax 04275 72 22 40, www.heidi-hotel.at, DZ ab 140 € plus Zusatzbeitrag pro Kind. Kinder- und Familienhotel im Herzen des Nationalparks auf fast 2000 m Seehöhe, umfassendes Wellness- und Aktivprogramm im Sommer und Winter, zugehörig: 2000 m² große **Heidi-Alm-Erlebniswelt.**

Essen & Trinken

Urig – **Zechneralm:** Innerkrems, Nockalmstr., Tel. 04736 304, www.zechneralm.at, Mai–Allerheiligen 9–18 Uhr, Schmankerln ab 7 €. Gemütliches Almgasthaus in unberührter Nationalparknatur, Hausmannskost aus eigener Landwirtschaft, Kinderspielplatz, Almwirtschaftsmuseum und Bauernmarkt.

Aktiv & Kreativ

Exotisch – **Reptilienzoo Nockalm:** Patergassen, Vorwald 83, Tel. 042 75 231 65, tgl. 10–18, Juli/Aug. ab 9, Fütterungen Di, Do 18 Uhr, Eintritt 9 €. Etwa 100 verschiedene Tierarten in Innen- und Außenterrarien.
Kindererlebnispark – **Heidi-Alm:** auf dem Falkert, Zufahrt von Patergassen, Tel. 04275 722 40, www.falkert.at, Ende Mai–Mitte Okt. tgl. 10–17 Uhr, Eintritt 5 €. 50 Figuren aus der gleichnamigen Zeichentrickserie.
Tempospaß – **Nocky Flitzer:** auf der Turracher Höhe, Tel. 04275 82 52-0, www.nockyflitzer.at, ganzjähriger Betrieb, Berg- und Talfahrt 8 €.

Infos

Infos
Nationalparkverwaltung Nockberge: 9565 Ebene Reichenau, Tel. 04275 665, www.nationalparknockberge.at, Mo–Do 7.30–16, Fr bis 13.30 Uhr.
Tourismusverein Turracher Höhe: 8864 Turracher Höhe 218, Tel. 04275 8392-0, www.turracherhoehe.at, Mo–Fr, in der Hauptsaison auch Sa/So 9–17 Uhr.

Spittal, Millstätter See und Liesertal

Verkehr
Patergassen und Turrach ab Villach bzw. Spittal per Bus, umsteigen in Radenthein.
Nockbergebus für autofreien Wandergenuss: Juli bis Anfang Sept. Mo–Fr alle 2 Std. entlang der Nockalmstraße (innerhalb der beiden Mautstellen gratis); Postbus-Anschluss u. a. von Klagenfurt und Bad Kleinkirchheim.

Bad Kleinkirchheim ▶ H 4

Der 1100 m über dem Meer gelegene touristische ›Nabel‹ des Nockgebiets empfiehlt sich für eine Kombination aus Wander- beziehungsweise Wintersport- und Wellnessferien. Im Mittelpunkt stehen die zwei aufwendig gestalteten, öffentlichen Thermen – **St. Kathrein und das Römerbad**. Die Heilkraft des radonhaltigen Wassers war bereits vor 500 Jahren bekannt (die spätgotische Katharinenkirche mit ihrem kostbaren Flügelaltar ist eine Art Quellheiligtum).

Dennoch blieb Bad Kleinkirchheim bis vor zwei Generationen ein bescheidenes Bauerndorf. Inzwischen hat es sich zwar zum Musterbeispiel eines zeitgemäßen Kur- und Wintersportorts mit drei Fünf- und 26 Vier-Sterne-Hotels und einer Infrastruktur gemausert, die, vom 18 Loch-Golfplatz über die Halfpipe mit Flutlicht bis zu modernsten Bergbahnen, alle Register zieht. Seinen sympathisch-dörflichen Charakter hat es freilich nicht verloren.

Besonders urtümlich präsentiert sich der Kern des ein paar Kilometer hangaufwärts gelegenen Ortsteils **St. Oswald**. Dort versetzt, rund um die spitztürmige Pfarrkirche aus dem frühen 16. Jh., ein Ensemble wettergegerbter Blockbauhöfe mit gezimmerten Giebeln den Betrachter in eine malerische Vergangenheit (empfehlenswert: ein Spaziergang entlang dem ›Kulturweg‹).

Übernachten

Renommierbetrieb – **Ronacher:** 9546 Bad Kleinkirchheim, Thermenstr. 3, Tel. 04240 282, Fax 04240 28 26 06, www.ronacher.com, DZ mit HP ab 256 €. Fünf-Sterne-Hotel mit mediterranem Flair, Gourmettempel, 4000 m² Thermen- & Wohlfühlwelt mit fünf In- bzw. Outdoorbecken, Saunadorf, Sole-Grottenpool, Beauty-Farm.
Gediegen und entspannend – **Pulverer:** 9546 Bad Kleinkirchheim, Thermenstr. 4, Tel. 04240 744, Fax 04240 793, www.pulverer.at, DZ mit HP ab 192 €. Zweites hotelleristisches Aushängeschild: zentrale Ruhelage, behagliche Ausstattung, luxuriöser Service, 1500 m² Badelandschaft mit eigener Therme und Vital-Oase, Gourmetrestaurant Loystub'n (s. u.), vielfältiges Sport- und Aktivprogramm.
Sympathisch – **Dalnig:** 9546 Bad Kleinkirchheim, Dorfstr. 84, Tel. 04240 228, www.dalnig.at, DZ inkl. 50 %-Thermen-Eintritt ab 90 €. Gediegener Drei-Sterne-Großgasthof mit bestens ausgestatteten Komfortzimmern, Naturschwimmteich, Kräuterwochen, im Souterrain-Gewölbe: Tanzbar »King«.

Essen & Trinken

Gourmettreff – **Loystub'n:** Thermenstr. 4, Tel. 04240 744, tgl. 12–13.30, 18–21.30 Uhr, April, Nov. geschl., Hauptgerichte ab 18 €. Haubengekröntes Restaurant des Hotels Pulverer, regionale Küche vom Feinsten in altem Holzbauernhaus.
Haubengekrönt – **Drage:** Rottenstein 16, Tel. 04240 277, Mi–Fr 12–14, 17.30–

Nockberge

21, Sa/So 12–21 Uhr, Juni geschl., Hauptgerichte ab 13 €. Uriger Gasthof in altem Bauernhaus, kreative, gesunde Kärntner Kost mit Fokus auf Produkte aus heimischen Jagdrevieren, Höfen oder eigenem Hausgarten, empfehlenswert: Degustationsmenü.

Einkaufen

Internat. Top-Niveau – **Wolfram Ortner:** Untertschernerweg 3, Tel. 04240 760, www.wob.at, Verkauf Mo–Fr 15–18 Uhr sowie nach Vereinbarung. Edle Brände und Schnäpse aus eigener Destillerie.
Gesunde Mitbringsel – **Mallhof:** Dorfstr. 31, Tel. 04240 83 32-30, Mo–Fr 9–12, 15–18 Uhr, Sa nur vormittags. Bio-Lebensmittel und Geschenkartikel wie Tees, Säfte, Weine, Öle etc.

Aktiv & Kreativ

Sommer & Winter – **Rundum sportiv:** Mehr als 1000 km markierte Wanderwege (z. B. Speik-Spaziergang, Wasser-Erlebnisweg, Fährtensuche für Kinder), drei Nordic Walking Trails, 43 Mountainbike-Strecken, 18-Loch-Golfplatz, Surfen und Segeln am Brenn- und Millstätter See, Reiten, Heißluftballon, Sommerrodeln auf der Turracher Höhe; im Winter: 103 km beschneite Pisten, 55 km Loipen, Rodeln, (Hunde-)Schlitten fahren, Snowbiken, Schneeschuh- und Winterwandern.
Wellness & Heilung – **Karlbad**, **Thermalbäder Römerbad** und **St. Kathrein:** s. S.71.

Abends & Nachts

Zwei urige Pub-Bars mit später Sperrstunde – **Die Tränke:** St. Oswalderstr.

Mein Tipp

Strandkästen auf der Alm
Seit Kurzem bietet Bad Kleinkirchheim seinen Gästen an ›berauschenden Wasserplätzen‹ zum Relaxen Hängematten aus Holz. Am Ufer des Speichersees auf 2000 m Höhe verströmen Strandkästen südliches Flair. Und in Vollmondnächten bleiben sämtliche Bergbahnen bis spätabends in Betrieb.

59, Tel. 04240 83 33, gute Küche, u. a. Steaks, Salate, Pizzen, ganzjährig Di–Sa 16–2, Küche 18.30–22.45 Uhr; **Peso:** Maibrunnenweg 5, Tel. 04240 204 72, Mo–Sa 17–2 Uhr, Imbiss-Küche.

Infos & Termine

Infos
Bad Kleinkirchheimer Tourismus: 9546 Dorfstr. 30, Tel. 04240 82 12, Fax 04240 85 37, www.badkleinkirchheim.at, Mai–Sept. u. Mitte Dez.–Ostern Mo–Sa 8.30–19, So/Fei 9–17, in der Nebensaison Mo–Fr 9–18, Sa/So/Fei 10–13, 14–17 Uhr.

Termine
Franz-Klammer-Golfturnier (Anfang Aug.): Jet-Set-Treff.
Internationale Österreichische Alpenfahrt (Mitte Sept.): Oldtimer-Rallye.
Wenn di Musi spielt: TV-kompatibles Open Air-Volksmusik-Mega-Event, letztes Juliwochenende; Winter-Musi: Mitte Jan.

Verkehr
Ab Spittal per Bus, umsteigen in Radenthein.

Lieblingsort

Rustikal relaxen ▶ H 4

Gewiss, die luxuriösen Thermaltempel – **Römerbad** und **Kathrein-Therme** – unten im Tal sind prestigeträchtiger und versprechen ungleich vielfältigeres Wellnessfeeling. Doch tiefer ins Gedächtnis gräbt sich gerade bei komfortverwöhnten Zeitgenossen mit Sicherheit der Kuraufenthalt im **Karlbad**. Jedesmal, wenn ich in dem urigen Bauernhof an der Nockalmstraße, ein paar hundert Höhenmeter oberhalb von Bad Kleinkirchheim, im Holztrog vor mich hin schwitze, fühle ich, wie sich die Hektik des Alltags im Nu durch alle Poren verflüchtigt. Das Wasser, erhitzt durch glühende Mineralkiesel aus dem Bachbett, dampft, in der Nase der kernige Duft von Almwiese und Stall. Die Zeit scheint angehalten – oder, besser gesagt, zurückgedreht in jene gar nicht ferne Vergangenheit, da man sehr genau spürte, dass in der Reduktion auf das Einfachste die wahre Qualität der Erholung liegt (Infos siehe S. 73).

Das Beste auf einen Blick

Mölltal und Hohe Tauern

Highlight !

Großglockner-Hochalpenstraße: Die Königin der Panoramastraßen in den Ostalpen führt von Heiligenblut in 27 Kehren 48 km weit und bis auf 2500 m Seehöhe hinüber ins Salzburgische Bruck-Fusch. Während der Fahrt zieht die grandiose Bergwelt der Hohen Tauern wie in cinemascope am Autofenster vorbei. S. 263

Auf Entdeckungstour

Panoramafahrt durch Gipfelwelten: Auf Tuchfühlung mit dem Hochgebirge – vom Auto aus, aber auch in Museen entlang der Strecke und bei Spaziergängen auf Naturlehrpfaden. S. 260

Kultur & Sehenswertes

Raggaschlucht: 800 m lang, 200 m tief und acht Wasserfälle entlang des Weges – die Durchquerung des Naturdenkmals an der Flanke des Polinik hinterlässt tiefe Impressionen. S. 254

Heiligenblut: Das Gebirgsdorf mit der spitztürmigen Wallfahrtskirche vor der grandiosen Kulisse des Glocknermassivs bietet Wanderern, Wintersportlern wie Gipfelstürmern ein schier unbegrenztes Betätigungsfeld. S. 257

Aktiv & Kreativ

Wildwassersport: Rafting, Canyoning, Kajaking, Riverbug oder Kanu … Behelmt über die gischtenden Wasser der Möll zu brausen, verpasst einen heftigen Adrenalinkick. S. 252 und 254

Pferdetrekking: Einen Tag oder bis zu einer Woche lang hoch zu Ross, rundum bestens versorgt, auf den Spuren der alten Säumer in die Welt der Dreitausender. Unvergesslich! S. 257

Genießen & Atmosphäre

Zur guten Quelle in Obervellach: Ein Gasthof wie aus dem Bilderbuch: das Ambiente – authentisch restauriert und urgemütlich, der Service – von Herzen und kreativ, die Küche – raffiniert mit Bodenhaftung, die Umgebung – Natur pur und sehr romantisch. S. 252

Mölltaler Handwerkstube: Wohlig Wolliges vom Schaf, Filzpantoffel, Wildhonig … der gemütliche Laden in Großkirchheim zeigt der synthetischen Massen- und Industrieware draußen in der Welt die lange Nase. S. 257

Abends & Nachts

Pro Musica Mallnitz: Solisten und Ensembles von Rang bringen regelmäßig klassische Töne ins Hochgebirge. Hörenswert! S. 254

Im Angesicht der Dreitausender

Infobox

Reisekarte: B–D 3/4

Informationen
Nationalpark Region Hohe Tauern Kärnten: 9843 Großkirchheim, Döllach 1, Tel. 04825 200 49, Fax 04825 20 04 94, www.nationalpark-hohetauern.at bzw. www.hohetauern.at, Mo–Fr 8–16.30 Uhr, detaillierte Infos zu allen Angeboten und Aktivitäten der Region.

Nationalpark Kärnten Card
Diese Karte ergänzt die klassische Kärnten Card (s. S. 21) um die zahlreiche Erlebnisziele in den Kärntner Hohen Tauern. Sie ist nicht käuflich erwerbbar, sondern ein exklusives Angebot, das man als Gast in einem der mehr als 100 Inklusiv-Nächtigungsbetriebe bei der Ankunft zwischen Mai und 26. Okt. erhält, und zwar kostenlos für die gesamte Dauer des Aufenthalts (mindestens 2 Nächte)! Jedes Angebot kann beliebig oft in Anspruch genommen werden. Näheres unter www.np-kaerntencard.at.

Nationalpark-Wanderbusse
Mit diesen Bussen gelangt man entspannt und umweltfreundlich zu rund 30 ausgewählten Ausflugszielen und Ausgangspunkten für Wanderungen im Nationalparkgebiet – Wochenpass p. P. 30 €, für Familien (2 Erw. plus beliebig viele Kinder) 70 €, für 1 Erw. plus beliebig viele Kinder 40 €; 50% Ermäßigung mit der Nationalpark Kärnten Card. Infos in den Büros der Nationalparkverwaltung und den Gemeinden der Region.

Seltene Tiere und Pflanzen, einsame Hochalmen, Wasserfälle, Gletscher und kühne Gipfel – im Nordwesten von Kärnten zeigt sich die Natur von ihrer unberührtesten und spektakulärsten Seite. Rund um den Nationalpark Hohe Tauern finden Wanderer und Wintersportler gleichermaßen ihr Paradies. Ein Muss, selbst für eilige Besucher der Region: die Fahrt über die Großglockner-Hochalpenstraße.

Unteres Mölltal

Reißeck-Standseilbahn: Tel. 04783 24 10, www.tauerntouristik.at, Mitte Mai–Mitte Okt. 8.30–17 Uhr, Berg- & Talfahrt 17,50 €
Kreuzeckbahn: Tel. 0664 904 66 81, www. reisseck.at, Ende Juni–Mitte Sept. Mo–Sa 9–17 Uhr, Berg- & Talfahrt 13 €.

12 km nordwestlich von Spittal, wo die Möll in die Drau mündet und die B106 von der Drautal-Bundesstraße (B100) rechts ab Richtung Alpenhauptkamm abzweigt, liegt **Möllbrücke**. Die strategische Bedeutung des Ortes erkannten schon die Römer: Sie nannten ihn Lurno. Im 17. und 18. Jh. wurden hier Kupfer und Eisen aus den Hohen Tauern verarbeitet. 1809 lieferten sich die Kärntner mit napoleonischen Soldaten heftige Kämpfe, von denen auf der Fassade des alten Gasthofs Zur Post Wandbilder und Einschüsse von Kanonenkugeln zeugen. Sehenswürdigkeit Nummer eins ist freilich die etwas außerhalb des Zentrums gelegene Leonhardskirche – ein gotischer Bau mit einem herrlichen Flügelaltar, dessen Protagonisten, der Namenspatron mit der Kette sowie die Heiligen Rochus und

Unteres Mölltal

Sebastian, dem Betrachter erstaunlich lebensecht gegenüberstehen.

Folgt man der Möll talaufwärts, passiert man zunächst das aus dem Kölnbreinsausee (s. S. 240) gespeiste Kraftaus Rottau. Auch im benachbarten **Kolbnitz** stechen Anlagen zur Stromerzeugung ins Auge. Sie sind Teil jenes gewaltigen Reißeck-Kreuzeck-Kraftwerks, das maßgeblich zu Kärntens Stromversorgung beiträgt.

Von hier führt eine Standseilbahn auf das **Reißeck-Seenplateau** und eine Schmalspurbahn weiter bis zur **Bergstation Schoberboden** (2237 m). An der südlichen Talseite erleichtert die nostalgische **Kreuzeckbahn** den Aufstieg zu einem wunderschönen Bergwandergebiet. Auf der bewaldeten Kuppe des **Danielsbergs,** die sich wenig weiter mitten im Mölltal erhebt, steht – auf den Fundamenten eines Herkules-Tempels aus der Römerzeit – ein dem hl. Georg geweihtes Kirchlein. Ein Stück besonders unberührter Bergnatur bietet das vom nahen Dorf Napplach erreichbare Teuchltal.

Obervellach ▶ D 4

Obervellach, der auf einem Schuttkegel entstandene und im Lauf der Zeit des Öfteren von Überschwemmungen heimgesuchte Hauptort an der Unteren Möll, war im ausgehenden Mittelalter ebenfalls ein Bergbauzentrum, ja sogar Sitz des Oberstbergmeisters für die innerösterreichischen Länder. Von jener dem Gold und später dem Kupfer zu dankenden Blütezeit zeugen das Spalier stattlicher Bürgerhäuser am Marktplatz und die spätgotische Pfarrkirche. Letztere birgt einen kostbaren Barockaltar mit Tafeln des Niederländers Jan van Scorel.

Beschirmt ist Obervellach, das sich in jüngerer Zeit als Luft- und Schrothkurort einen Namen gemacht hat, nicht nur von Bergkolossen, sondern auch von einem Kranz imposanter Burgen: dem barocken, u. a. von J. F. Fromiller freskierten **Schloss Trabuschgen** (Führungen nach Voranmeldung möglich, Tel. 04782 25 10), im Nordwesten der trutzigen, im Kern über 700 Jahre alten **Feste Groppenstein** und im Südwesten, umrahmt von der Bogenbrücke der Tauernbahn, dem historistisch-romantischen **Burgschloss Niederfalkenstein** (beide nicht zugänglich).

Wanderern besonders ans Herz gelegt sei u. a. der Dreischluchtenweg (mit Kräuterlehrpfad) oder der Aussichtsberg Polinik (knapp 3 Std. Aufstieg vom letzten Parkplatz), Kunstfreunden ein Abstecher zur **Wallfahrtskirche Maria Tax** im Ortsteil Stallhofen (Stampfer-Kapelle mit Fromiller-Fresken).

Übernachten

Entschlackend erholen – **Die Schrothkur:** 9821 Obervellach, Tel. 04782 20 43, Fax 04782 20 43 14, www.schrothkur.at, p. P. ab 115 € im DZ (zusätzl. pro Tag 29 € ärztl. Pauschale, Gesundheitswoche p. P. 1176 €). Spezialisiert auf Heilfasten-Kuren, Vier-Sterne-Standard für Gesundheitsbewusste, Ruhelage am Ortsrand.

Nettes Drei-Stern-Haus – **Pacher:** 9821 Obervellach, Hauptplatz 64, Tel. 04782 22 59, Fax 04782 286 04, www.hotelpacher.at, DZ ab 76 €. Moderner Komfort und heiter-helle Atmosphäre in historischem Gemäuer, schöner Innenhof, parkähnlicher Garten, Sauna, Dampfbad, Wintergarten.

Gehoben rustikal – **Herkuleshof:** 9815 Kolbnitz, Am Danielsberg, Tel. 04783 22 88, Fax 04783 30 02, www.herkuleshof.com, DZ ab 50 €. Idyllischer, 100 Jahre alter Gasthof am Moorbade-

Mölltal und Hohe Tauern

teich, mit schönen Holzveranden und -balkonen, komfortablen Zimmern, nett geführt, sehr preisgünstig.

Essen & Trinken

Im 7. Gastro-Himmel – **Zur Guten Quelle:** Obervellach, Lassach 7, Tel. 04782 299 92, Mai–Okt. Mi–Mo 11–22, im Winter Mi–Fr 16–22, Sa/So/Fei 11–22 Uhr, www.zurgutenquelle.at, Hauptgerichte ab 13 €, Menüs ab 42 €. Romantik pur: ein uralter Gasthof an der Tauernroute samt Zoll- und Wachturm, liebevoll und sehr authentisch mit viel altem Holz restauriert; die Küche: regional, saisonal auf Basis klassisch-französischer Tradition, dazu eine formidable Weinkarte, eigene Käserei, Tierzucht, Eingelegtes und Säfte zum Mitnehmen, zuweilen Konzert- und Kleinkunstabende; auch charmante Zimmer im Dachgebälk (DZ 90 €).

Zünftig-urig – **Himmelbauer:** Obervellach, Wolliggen 4, Tel. 04782 20 38, April–Okt., warme Küche 11–22 Uhr, Gerichte ab 6,80 €. 400 Jahre altes Bauernhaus in 1250 m Seehöhe, echte Kärntner Schmankalan aus hofeigenen Produkten, traumhafter (Terrassen-)Blick, ideal für den kurzweiligen Familienausflug.

Gute Hausmannskost – **Penkerwirt:** Reisseck, Penk 11, Tel./Fax 04783 22 41, Mi–Mo 11–22 Uhr, durchgehend warme Küche, Juni–Sept. kein Ruhetag, Gerichte ab 7 €. Gasthaus mit bodenständiger Küche, Augenmerk auf saisonalen Produkten, eigens für Radler: Lydias Jausenhütte im Freien.

Café-Konditorei & Bar – **Central:** Möllbrücke, Hauptstr. 6 (im Hotel Kreinerhof), Tel. 04769 22 21, tgl. 7.30–ca. 2 (!) Uhr. Weithin gerühmter Treff für Leckermäuler, Eisspezialitäten, hausgemachte Mehlspeise, (auch hervorragendes Hotel und Restaurant!).

Süße Rast – **Café Oberstbergmeisteramt:** Obervellach, Hauptplatz 58, Tel. 0676 844 777 401, Mi–Sa, Mo 7–19, So 9–19 Uhr, neu eröffnet im Erdgeschoss des Renaissance-Palasts mit seinem romantischen Arkadenhof, leckere Kuchen, Torten, italienischen Caffè.

Aktiv & Kreativ

Wildwassersport – **Sporterlebnis-Camp Pristavec:** Tel. 0664 357 31 95, www.sporterlebnis.at, Ende April–Mitte Sept. Rafting, Kanu, Kajak, Hydrospeed, Skijak u. ä. auf der Möll, zudem Klettern, Hochseilgarten …

Bergwanderwoche für Jedermann – Unter kundiger Führung, zahlreiche Pauschalangebote; Infos erteilt das Tourismusbüro.

Infos

Infos
Tourismusbüro Obervellach: 9821 Obervellach, Tel. 04782 25 10, Fax 04782 25 05, www.obervellach.at, Mo–Fr 8–12.30, 14.30–17.30, Hauptsaison bis 19 sowie Sa 9–12 Uhr.

Mallnitz ▶ D 3

Nationalparkzentrum BIOS: 04784 701, Mai–Okt. tgl. 10–18 Uhr, www.bios.mallnitz.at, Eintritt 8,70 €

Von Obervellach führt die B 105 in gut ausgebauten Kehren hinauf nach **Mallnitz**. Am Eingang in das ob seiner sauberen Luft und Höhenlage (1200 m) zum heilklimatischen Kurort geadelte Dorf liegt jener Bahnhof, an dem die Österreichische Bundesbahn Autos huckepack auf Waggons verlädt, um sie – zu Spitzenzeiten im 20-Minuten-Takt – durch den 8,5 km langen Tauerntunnel

Unteres Mölltal

Die Möll ist ideales Revier für Freunde des Wildwassersports

nach Böckstein im salzburgischen Gasteinertal zu überstellen. Dahinter, abseits des Transitverkehrs, entfaltet der idyllische Kern der Nationalparkgemeinde, die seit alters eine wichtige Station für den Saumhandel über den Hohen und Niederen Tauernpass bildete, seinen Charme. Bergwanderungen, geführte Hochgebirgstouren, Nordic-Walking-Strecken, botanische und mineralogische Exkursionen und im Winter die Pisten des Ankogels, Kärntens höchstem Skiberg, auf dem bis Anfang Mai Schneegarantie gilt ... Das Angebot für Aktivsportler ist beinahe so überwältigend wie die Gipfelkulisse rundum.

Ein Gustostück für alle (Hobby-)Naturkundler ist der **Naturlehrpfad** vom Stappitzer See durch das Seebachtal zur Schwussnerhütte. Einen Anziehungspunkt für Jung und Alt stellt das **Nationalparkzentrum BIOS** dar – eine 600 m² große Erlebniswelt, in der man die Grundgeheimnisse des Lebens mit allen Sinnen erkunden kann. Zu den kulturgeschichtlichen Sehenswürdigkeiten zählen: die alten Stockmühlen (am nördlichen Ortsrand), das Alte Tauernhaus unterhalb der Hagener Hütte und das Venezianer-Sägewerk im Dösener Tal.

Übernachten

Gesundheitsbewusst – **Hotel Alpengarten:** 9822 Mallnitz, Rabisch 11, Tel. 04784 81 00, Fax 04784 81 00 15, www.alpengarten.at, DZ ab 90 €. Kärntens einziges Feng-Shui-Hotel, Vier-Sterne-Standard, ganzheitlich geführt, Wellness, Meditation, Yoga u. v. m., Haubenküche, Naturbadeteich, im Winter Eislaufplatz.

Essen & Trinken

Guter Standard – **Sonnenhof:** Mallnitz 15, Tel. 04784 260, www.sonnenhof.at, Juni–Anfang Okt. und Mitte Dez.–nach Ostern, tgl. 11.30–21 Uhr durchgehend warme Küche, Hauptspeisen 8–14 €. Ggemütliches Hotel-Restaurant, gute Hausmannskost und internationale

Mölltal und Hohe Tauern

Küche unter Verwendung heimischer Produkte.

Aktiv & Kreativ

Fit mach mit – **Austria Sportschule Schusser:** Mallnitz, Tel. 0664 204 08 14, www.peak.at/sportschule. Vielerlei Angebote für Alpintouren, Wildwassersport, (Mountain-)Biking etc.
Wandern & Wintersport – **Hochgebirgsbahnen Ankogel:** Mallnitz, Tel. 04784 632; Mölltaler Gletscher/Express und Eisseebahn: Talstation in Innerfragant, Tel. 04785 81 10, beide: in Betrieb Mitte Juni–Anfang Mai, tgl. 8.30–16.30 Uhr. www.gletscher.co.at.

Abends & Nachts

Behaglich – **Almstuben** (im Ferienhotel Alber): Mallnitz, Arnoldstr. 25, Tel. 04784 525, tgl. ab 16 Uhr. Rustikale Gaststube mit Barbetrieb und Tanzfläche, zur Hauptsaison Mi Livemusik.
Orchester und Solisten – **Pro Musica Mallnitz:** Tel. 04784 250-11. Kammermusikfestival im Nationalpark, Konzerte über das ganze Jahr verteilt.

Infos

Infos
Urlaubsinformation Mallnitz: 9822 Mallnitz 11, Tel. 04784 290, Fax 04784 635, www.mallnitz.at, ca. Mitte Juni–Ende Sept. u. Mitte Dez.–Ostern Mo–Fr 8.30–17.30, Sa 15–18, So 9–11, Nebensaison Mo–Fr 8.30–13.30 Uhr.

Fraganttal ▶ C/D 3/4

Raggaschlucht: Mitte Mai–Anfang Okt. tgl., 9/10–16/17 Uhr, Eintritt 6 €

Der nächste Ort draußen im Mölltal ist Flattach. Auch hier wurden einst Gold, Eisen und Kupfer gewonnen, woran im Ortsteil Schmelzhütte ein Schauraum und mehrere Lehrpfade erinnern. Und auch hier wird heute eifrig gewandert und gerafted. Hauptattraktion jedoch ist für sportive Gäste der **Mölltaler Gletscher.** Von Innerfragant am hinteren Ende des Fraganttals gelangt man im **Gletscher Express,** der mit 4,8 km längsten unterirdischen Standseilbahn der Welt, in nur acht Minuten in Kärntens höchstgelegenes, von Oktober bis Ostern absolut schneesicheres, in Umweltschützerkreisen allerdings nicht unumstrittenes Wintersportgebiet, und per Eisseebahn und Sessellift weiter bis auf den 3122 m hohen **Schareck-Gipfel.**

Nicht minder spektakulär mutet die **Raggaschlucht** an, die der gleichnamige Bach südlich von Flattach in jahrtausendelanger Arbeit in die Flanke des Polinik gefräst hat. Kunstvoll angelegte Stege führen, an acht Wasserfällen vorbei, durch dieses 800 m lange und bis zu 200 m tiefe Naturwunder.

Übernachten

Wellness & Sport – **Flattacher Hof:** 9831 Flattach 13, Tel. 04785 81 00, Fax 04785 81 00 40, www.flattacherhof.at, DZ mit HP ab 150 €. Feines Vier-Sterne-Hotel mit großzügigen Zimmern, Wintergarten, 200 m² großem Sauna-Wellnessbereich mit Hallenschwimmbad, reichhaltigem Freizeit- & Aktivprogramm, sehr kindergerecht.
Besonders familienfreundlich – **Alpenhotel Badmeister:** 9831 Flattach, Innerfragant 18, Tel. 04785 81 05, Fax 04785 81 05 55, www.badmeister.at, DZ mit HP ab 110 €. Behagliches Drei-Sterne-Haus in ruhiger Lage, direkt neben der Talstation zur Gletscherbahn,

sehr gute Küche, Sonnenterrasse, Streichelzoo, Spielplatz, im Winter: Flutlichtrodelbahn.

Essen & Trinken

Immer frische Vielfalt – **Gletschermühle:** Flattach 119, Tel. 04785 421, www.zraunig.at, Di–So 11.30–22 Uhr durchgehend warme Küche, Hauptgerichte ab 9 €. Feines Einheimisches, von Tolgnloabelen und Kärntner Reindl bis zum Nudel-Gustoteller, nettes Ambiente.

Oberes Mölltal ▶ B/C 4

Zeitfabrik: Mai–Okt. tgl. 11–17 Uhr
Mautturm: Winklern 47, Tel. 04822 227-20, www.winklern.at, Mai–Anfang Okt. tgl. 9–17 Uhr, Eintritt 4 €

Auch in seinem mittleren Abschnitt wartet das Mölltal mit einer herrlich unversehrten Alpinnatur und dementsprechend mannigfachen Wander- und Sportmöglichkeiten auf. Die kulturellen Anziehungspunkte jedoch sind eher dünn gesät: In der Schule in **Stall** hat man zur Erinnerung an den großen Sohn des Ortes, den Dichter, Denker und Anthropologen Fercher von Steinwand, ein Gedenkzimmer eingerichtet. Im Hotel Mölltalerhof in **Rangersdorf** lädt die Zeitfabrik zu einer Reise durch die Geschichte der Menschheit. Ihr angeschlossen sind eine Volkstrachtenschau und ein Handwerksraum. In **Winklern,** wo die B107 über den Iselsberg ins Osttiroler Lienz führt und sich seit alters Fernwege kreuzen, erhebt sich, angeblich auf römischen Fundamenten, ein über 600 Jahre alter, aus Bruchsteinen gefügter und kürzlich generalrestaurierter Turm. Er ist der Rest einer kleinen, von den Görzer Grafen errichteten Burg, diente einst als Wohn-, Wehr- und Mautturm und beherbergt interessante Wechselschauen von Mineralien, Bergkristallen, Steinen.

Auf den Anhöhen des Mölltals – Wandern inmitten einer malerischen Alpinwelt

Mölltal und Hohe Tauern

Übernachten

Modernisierter Einkehrgasthof – **Hotel Post:** 9841 Winklern, Großglocknerstr. 22, Tel. 04822 254, Fax 04822 273, www.hotelpost-winklern.at, DZ ab 70 €. Alteingesessenes Drei-Sterne-Haus zum Wohlfühlen, neben dem Mautturm, geführte Wanderungen und Ausflüge, Biergartenkonzerte.

Essen & Trinken

Schmackhafter Standard – **Mölltalerhof:** Rangersdorf, Lainach 45, Tel. 048 22 381, www.busheimat.at, tgl. 11.30–21 Uhr (Nov. und Winterzwischenzeit geschl.). Sympathischer Familienbetrieb mit kärntnerisch-internationaler Speisekarte, Spezialitäten: Mölltalforelle und selbst ausgelassenes Grammel (= Grieben-)fett.

Aktiv & Kreativ

Outdoor Sportzentrum – **Club Aktiv Mölltal:** Flattach/Fragant, Tel. 04785 410, www.cam.at. Von Kletter- und Bergtouren bis Pferde- und Wassersport.

Infos

Nationalpark Region: siehe Infobox S. 250.
Tourismusbüro Winklern: 9841 Winklern, Tel. 04822 227, Fax 04822 227 19, www.winklern.at.

Döllach und Mörtschach

Putzenhof: Großkirchheim, Tel. 04825 205, www.putzenhof.at, Ende Mai–Mitte Okt. tgl. 10–18, Ende Dez.–Anfang April 17–20 Uhr, Eintritt 4 €
Mörtschach: Schmutzerhaus: Tel. 04826 419, Ende Juni–Mitte Sept. tgl. 10–18 Uhr
Mentlhof: Tel. 04824 25 27, Mitte Juni–Mitte Sept., Führungen Mo, Mi, Fr 12, 14, 16 Uhr

Bei Winklern schwenkt das Tal der Möll, deren von Molina (= Bergbach) abgeleiteter Name übrigens keltische Wurzeln haben dürfte, jählings nach Norden. Mörtschach, Döllach, Apriach etc. – in den Namen vieler Talorte spiegelt sich die frühe slawische Besiedelung wider. Die oberhalb gelegenen Gehöfte und Weiler hingegen sind, ein Relikt der späteren Kolonisierung aus dem Westen, in der Regel deutsch benannt.

Bis in die Römerzeit zurück reicht in der gesamten Tauernregion die Tradition des Goldbergbaus. Dass dieser für die Gegend auch im 15. und 16. Jh. von überragender Bedeutung war, offenbart ein Zwischenstopp in Döllach. Dort baute damals ein Gewerke jenes **Schloss Großkirchheim**, von dem aus heutzutage die Wirtfamilie Sauper Pferedetrekkingtouren in die umliegenden Täler organisiert (s. u.). Eine imposante Privatsammlung zum Thema Tauerngold und zur Geschichte des hiesigen Montanwesens findet sich im historischen **Putzenhof.** Die Methoden zur Gewinnung und Verarbeitung des edlen Metalls finden sich hier ebenso umfassend dargestellt wie der Alltag der Knappen und allerlei interessantes Natur- und Heimatkundliches.

Im südlichen Nachbarort Mörtschach lohnt das historische **Schmutzerhaus** den Besuch, das unter seinem Dach eine Ausstellung des Nationalparks beherbergt. 4 km nördlich von Döllach, in **Apriach**, bilden acht alte, funktionsfähige und ganzjährig frei zugängliche Stockmühlen, in denen die Bergbauern einst ihr Getreide mahlten, eine volkskundliche Sehenswürdigkeit ersten Ranges. Und im nahen Bergbauernmuseum **Mentlhof** bekommt man das einst harte Alltagsleben in den Alpentälern auf authentische Weise vermittelt (und in der zugehörigen Buschenschank Zünftiges kredenzt).

Übernachten

Trekkingspezialist – **Schlosswirt:** 9843 Großkirchheim, Döllach 100, Tel. 04825 411, Fax 04825 41 11 65, www.schlosswirt.net, DZ inkl. HP ab 104 €. Traditionshotel mit uriger Atmosphäre, Sauna, Tennis, Spezialprogramm: Pferdetrekking auf alten Säumerwegen (s. u.).

Einkaufen

Authentisch alpin – **Mölltaler Handwerkstube:** Döllach 1, Tel. 04825 62 00, Mo, Mi, Fr 15–18 Uhr. Heimische Wollwaren, Filze, Imkerei- und andere bäuerliche Produkte, Ausstellungen, Kurse.

Aktiv & Kreativ

Pferdetrekking – **Schlosswirt:** Döllach, entlang der alten Säumerwege, ein- oder mehrtägige Touren ohne Gepäck, auch Tauernhauptkamm-Querung, www.alpinreiten.com.

Infos

Tourisbüro Großkirchheim: 9843 Großkirchheim, Döllach 47, Tel. 04825 521, Fax 04825 522, www.grosskirchheim.at.

Heiligenblut ▶ B 3

Bei Pockhorn, wo der Fleißbach in die Möll mündet, haben Straße und Fluss eine markante Geländestufe zu überwinden. Dahinter entfaltet sich das vermutlich meist fotografierte Gebirgspanorama Kärntens: auf einem Schwemmkegel, geduckt zwischen steilen Waldhängen, Felswänden, sattgrünen Almmatten, ein Nest dicht gedrängter Hotels und wettergebräunter Gast- und Bauernhöfe, in seiner Mitte der bleistiftspitze Turm der berühmten Wallfahrtskirche und darüber die ewig weiße Majestät von Österreichs höchstem Gipfel, dem Großglockner – so bilderbuchhaft idyllisch präsentiert sich die Nationalparkgemeinde Heiligenblut ihren zahlreichen Gästen.

Noch vor nicht viel mehr als 100 Jahren war sie ein kleines Bauerndorf am äußersten Rand der bewohnten Welt. Dann kamen erste Forscher und Bergsteiger, später höhenhungrige Urlauber und schließlich scharenweise Touristen – zum Wandern, Skifahren oder auf dem Weg zu der wohl spektakulärsten Panoramastrecke der Ostalpen: der Großglockner-Hochalpenstraße. Dadurch stieg Heiligenblut zu einem ganzjährig viel besuchten, aber immer noch heimeligen Ferienort auf.

Fremde fanden freilich schon im Mittelalter ihren Weg in den malerischen Talschluss. Den Anlass dazu lieferte ein gewisser Briccius, seines Zeichens byzantinischer Feldherr aus Dänemark, der im frühen 8. Jh. auf dem Heimweg aus Konstantinopel just hier in einem Schneesturm erfror. Der fromme Mann habe, so die Legende, ein Fläschchen mit einigen Tropfen vom Blute Christi bei sich getragen. Sein Leichnam sei gefunden worden, weil aus dem Schnee, der ihn bedeckte, drei Weizenähren wuchsen.

Mölltal und Hohe Tauern

Schlank-elegant erhebt sich die Wallfahrtskirche vor dem Gebirgspanorama

Zum Gedenken an die wundersame Begebenheit erbauten die Einheimischen über seinem Grab eine Kapelle. Alsbald blühte die Wallfahrt. Im Laufe des 15. Jh. entstand die heutige Kirche. Schmuckstück des eleganten, dem hl. Vinzenz geweihten Baus ist der Hochaltar, ein dreiflügeliges Meisterwerk der Spätgotik aus der Nachfolge Michael Pachers. Außerdem beachtenswert: das steinerne, 13 m hohe Sakramentshaus mit der Heiligblutreliquie, die Krypta und, auf dem Friedhof, das »Eiserne Buch«, in dem seit Mitte des 19. Jh. alle Bergtoten verewigt sind.

Mannigfaltig sind die Ausflugsziele in der Umgebung. Zu den beliebtesten zählen der Naturlehrpfad zum **Gössnitzfall** und **Kachlmoor** (ca. 2 Std.), der Weg zum Goldgräber-Camp im **Fleißtal** und weiter zum Alpengasthof Alter Pocher (knapp 1 Std.) sowie die Fahrt mit der – auch für Wintersportler essenziellen – Bergbahn auf das Schareck (2604 m) und von dort der **Geotrail** zum Hochtor (ca. 2 Std.).

Heiligenblut

22 45 81, www.landhotel-post.com, DZ mit HP ab 98 €. Nettes Familienhotel direkt an der Seilbahn, tadellose Mittelklasse-Ausstattung, angeschlossen: Gästehaus Schober.

Freundliche Frühstückspension – **Bergkristall:** 9844 Heiligenblut, Hof 71, Tel. 04824 2 005, Fax 04824 20 05 33, www.bergkristall-heiligenblut.at, DZ ab 48 €. Neben der Talstation der Schareck-Bahn gelegen, sehr ruhig, preisgünstig, grandioser Bergblick.

Essen & Trinken

Fein tafeln – **Platzhirsch im Glocknerhof:** Heiligenblut, Tel. 04824 22 44, Mitte Juni–Sept., Dez.–Mitte April, tgl. 11.30–14, 18.30–20.30 Uhr, zwischendurch kleine Küche; Hauptgerichte ab 9 €, 5-Gang-Menü 30 €. Gediegenes Hotel-Restaurant, beste Küche, sehr gut sortierte Vinothek, auch luxuriöse Zimmer (DZ inkl. HP ab 138 €).

Almgasthof – **Alter Pocher:** Kleines Fleißtal, Tel. 0664 316 05 24, www.alterpocher.at, Mai–Okt. 9–ca.19 Uhr, Gerichte ab 6,50 €. Auf den Fundamenten mittelalterlicher Erzkammern (sehenswert: revitalisierte Gold-Aufbereitungsanlage, s. S. 258).

Urig – **Kräuterwandstüberl:** Winkl, Tel. 0664 352 26 82, tgl. 10–19 Uhr. Jausenstation, 3 km vom Ortskern Richtung Bricciuskapelle.

Übernachten

Wohlfühladresse – **Kärntnerhof:** 9844 Heiligenblut, Winkl 3, Tel. 04824 2004-0, Fax 04824 20 04 89, www.hotel-kaerntnerhof.com, Juni–Anfang Okt. und Mitte Dez.–Mitte April, DZ mit HP ab 165 €. Vier-Sterne-Familienhotel abseits des Ortszentrums, Dampf- und Heubad, Massagen, rundes Hallenbad mit Glocknerblick.

Heimelig – **Hotel Post:** 9844 Heiligenblut, Hof 1, Tel. 04824 22 45, Fax 04824

Aktiv & Kreativ

Ausgefallen – **Kreatives Kunsthandwerk:** Knopfmacherstube im Sturm-Arche-Hof, ca. 2 km Richtung Talende, Tel. 04824 23 27, in der Sommersaison tgl. 9–18 Uhr, läuten oder vorab anrufen.

Wärmendes vom Schaf – **Webstube:** Fleiß 3, Tel. 04824 24 40, Besuch auf

Auf Entdeckungstour

Großglocknerstraße – Panoramafahrt durch Gipfelwelten

48 km, 36 Kehren, ein Höhenanstieg auf über 2500 m: Die Befahrung der Königin unter Österreichs Panoramastraßen ist ein erhebendes Erlebnis. Etliche Ausstellungen, Lehrwege und Infostellen entlang der Strecke eröffnen faszinierende Einblicke in die Geschichte der Bergsteigerei und das Wesen der alpinen Natur.

Reisekarte: ▶ B 2

Dauer: Ein ganzer Tag

Praktische Infos zur Staße: s. S. 263

Planung: Die Ausstellungen sind tgl. 10–17 Uhr geöffnet, das Haus Alpine Naturschau ab 9 Uhr; mit dem Fahrticket freier Eintritt. Wild- & Freizeitpark Ferleiten: Mai–Anfang Nov. tgl. ab 8 Uhr, Tel. 06546 220, www.wildpark-ferleiten.at, Eintritt 6 €.

Die Glocknerstraße ist die älteste für den motorisierten Verkehr konzipierte Nord-Süd-Transversale über den Hauptkamm der Hohen Tauern. Sie folgt in weiten Teilen jener Trasse, die, wie der Fund einer bronzenen Herkules-Statuette an der Scheitelstrecke belegt, schon vor 2000 Jahren von Menschen begangen wurde. Später schleppten auf ihr die Säumer mit ihren Norikerpferden Handelsgüter wie Salz, Leder, Wolle, Holz und Eisen Richtung Süden und in die Gegenrichtung die sogenannte Venedigerware – Olivenöl, Glas, Südfrüchte, Seife, Baumwolle, Seide, Gewürze und den besonders beim Salzburger Klerus begehrten »welschen Wein«.

Pionierbau in schwierigen Zeiten

Ende der 1920er-Jahre, inmitten der Weltwirtschaftskrise, beschloss man zwecks Senkung der horrenden Arbeitslosenzahlen eine Straße zu bauen. Im Sommer 1935 wurde das gigantische Werk, an dem unter Leitung eines gewissen Dipl. Ing. Franz Wallack 3200 Männer beschäftigt waren, eingeweiht. Die Betreiber waren, was man heute PR-Genies nennen würde. Für den Tag nach der Eröffnung der Straße hatten sie das »Erste Internationale Großglockner-Rennen« organisiert. Im darauffolgenden Winter trainierte am Hochtor die rotweißrote Skinationalmannschaft in Vorbereitung auf die Olympiade in Garmisch. Und bald nach dem Krieg, 1949, machte man die Etappe hinauf zum Hochtor zum Höhepunkt der Österreich-Radrundfahrt.

Schon im ersten Jahr erklommen, übrigens noch im Linksverkehr, 12 900 österreichische Autos, das waren rund 60 % aller im Lande zugelassenen Privat-Pkws, die Straße. Inzwischen hat die Besucherzahl längst die 50-Millionen-Grenze überschritten.

Fahrerlebnis der besonderen Art

Das Vergnügen (und Erkunden) beginnt noch im Tal, im berühmten Bergsteigerdorf **Heiligenblut**. Dort ergötzt man sich nicht nur an dem Bilderbuchmotiv der spitztürmigen Wallfahrtskirche vor der Kulisse des Glocknermassivs, sondern findet im Ortskern eine erste von der Nationalparkverwaltung eingerichtete **Infostelle** `1`. Thema der Ausstellung, der ein Kleinkino mit spannenden Bergfilmen angeschlossen ist: die Erschließung des Großglockners.

Das erste intensive Schauerlebnis in freier Natur wartet wenige Fahrminuten nach der **Mautstelle Roßbach**, auf dem Aussichtspunkt Kasereck (1913 m). Von dort folgt man der Straße über Guttal bis zum Abzweiger zur **Kaiser-Franz-Josefs-Höhe** `2`. Gleich nahe dem Beginn dieser knapp 9 km langen Gletscherstraße, im Bereich des Schöneck, vielleicht ein kurzer Spaziergang über den botanischen Lehrpfad? An ihrem Ende dann ein absoluter Höhepunkt: das Paradepanorama auf den Großglockner und die 10 km lange Pasterze. Eine Standseilbahn führt hinab bis knapp an den Gletscherrand. In den Ausstellungsräumen neben dem Parkhaus warten klug gemachte Themenschauen. Im zugehörigen Kino wird ein 15-minütiger Film über den Glockner-Alpinismus einst und heute gezeigt.

Vom Scheitelpunkt nordwärts

Zurück auf der Transitstraße, erreicht man bald deren 2504 m hohen Scheitelpunkt, das **Hochtor** `3`. Hier birgt ein neues Ausstellungsgebäude örtliche Funde aus der Keltenzeit und Interessantes zum Thema Tauerngold. Dringend empfohlen: die Wanderung über den Gamsgrubenweg. Nachdem man die Landesgrenze zu Salzburg gequert und das Brennkogelkar mit seinen markanten Felsstürzen passiert hat, erreicht man die Fuscher Lacke, an deren Ufer eine **Dauerausstellung** 4 das Thema Straße und Arbeit, also die Baugeschichte, veranschaulicht.

Bald nach dem **Fuscher Törl** 5 (2428 m) zweigt rechts die Stichstraße zur **Edelweißspitze** 6, dem mit 2571 m höchsten Punkt der Route, ab. Vom Aussichtsturm schweift der Blick hier über 30 (!) 3000er-Gipfel. Stark kurvig geht es auf der Hauptstrecke weiter. Eine Pflichtstation markiert bei km 26 das **Museum Alpine Naturschau** 7. Es vermittelt mit modernsten didaktischen Methoden vielerlei über Fauna, Flora und ökologische Zusammenhänge. Angeschlossen sind eine Multimediaschau und, im Freien, ein botanischer Lehrweg samt Mineral- und Flechtenausstellung.

Kurz nach Kehre Nr. 10 quert man den Abschnitt **Hexenküche** 8 – eine Zone der Felsstürze mit reichlich Steinen und Geröll. Bald ist auf dem Weg Richtung Fuscher Tal die 2000-Meter-Marke ›durchstoßen‹, und mit dem **Parkplatz Hochmais** 9 auf 1850 m Seehöhe auch schon die Waldgrenze erreicht. Eine weitere naturkundliche Infostelle, diesmal zum Thema Geologie, sowie der grandiose Blick auf Talschluss und Gletscher des Ferleitentales lohnen den Halt. Nur zwei, drei Fahrminuten weiter, beim **Piffkar** 10, wo auch Café und Restaurant warten, haben die Nationalparkwarte eine Adler-Wanderausstellung und einen Lehrweg angelegt, der, von zahlreichen Schautafeln gesäumt, detailliert über Vegetation und Tierwelt dieser Höhenstufe informiert.

Von hier sind es nur noch knapp 5 km zu den nördlichen Mautkassen in **Ferleiten**. Unmittelbar dahinter können Groß und Klein im **Wildpark** 11 auf Tuchfühlung mit der hochalpinen Fauna, zum mehr als 200 in Mitteleuropa zum Teil ausgestorbenen Tieren wie Braunbären, Wölfen oder Luchsen, gehen.

A Aussichtspunkt an der Strecke
B Informationsstelle / Souvenirshop, -laden
C Öffentliche Toilette
D Größerer Parkplatz
E Lehr- und Wanderweg

Anfrage, Wollprodukte, Teppiche, diverses Kunsthandwerk (Selbstweben möglich).
Klein-Alaska in den Alpen – **Goldwaschen**: Abenteuer für Groß und Klein im Goldgräberdorf Heiligenblut, Juni–Sept. tgl. 10–17 Uhr, eintägiger Lehrgang inkl. Leihgeräte für Erw. plus Kind 6 € (Tel. 04824 246 55).

Abends & Nachts

Für Jung & Alt – **Mühle**: Winkl, Tel. 0664 44 48 21, tgl. 18–4 Uhr. Urgemütliche, kleine Bar in umgebauter Mühle, gute Imbisse.

Infos & Termine

Infos
Tourismusverband Heiligenblut: 9844 Heiligenblut, Tel. 04824 20 01-21, Fax 04824 20 01 43, www.heiligenblut.at, Juni–Sept. Mo–Fr 9–18, Sa 9–12, 16–18 Uhr, in der Winter- u. Zwischensaison verkürzte Zeiten.
Nationalpark-Information und Bergführer-Büro: im Ortskern hinter dem Gästehaus Schober, Tel. 04824 27 00, www.hohetauern.at, Mai–Okt., tgl. 10–17, Ende Dez.–Anfang April Di–Do 16–19 Uhr.

Termine
Glockner-Berglauf (um den 20. Juli): Distanz: 14 km, über 1100 Höhenmeter.
Glocknerlamm-Fest (3. Sept.-Wochenende): Kulinarisches, Handwerkliches und Musikalisches rund um das Lamm.

Verkehr
Postbus ab Mallnitz bzw. Spittal, Postbus-Linienverkehr zwischen Heiligenblut und Franz-Josefs-Höhe bzw. FJH und Zell am See/Salzburg.

Großglockner-Hochalpenstraße! ▶ B 2

Entlang dieser 48 km langen, serpentinenreichen und teilweise recht steilen Trasse, die von Heiligenblut über den Alpenhauptkamm bis in das Salzburgische Fuscher Tal führt, kann jedermann das Faszinosum Hochgebirge hautnah erleben. Ob der weite Talboden von Ferleiten mit seinen bewaldeten Lehnen unterhalb des Hohen Tenns und des Großen Wiesbachhorns, das Hochmais mit dem von Wasserfällen umkränzten Käfertal oder das Unternassfeld mit dem wilden Bergsturzgebiet der Hexenküche, ob die Stichstraße zur Edelweißspitze, das den Scheitelpunkt der Transitstraße bildende Hochtor (2504 m) oder die Kaiser-Franz-Josefs-Höhe, wo einem der Großglockner direkt gegenüber und der Pasterzen-Gletscher in seiner 10 km langen, in Zeiten des Treibhauseffekts allerdings zunehmend schmelzenden Pracht zu Füßen liegt – von jeder Kehre tun sich neue, atemberaubende Perspektiven auf. Über den genauen Streckenverlauf und sämtliche Attraktionen wie Museen, Lehrpfade, Aussichtspunkte informiert ein Faltblatt, das man bei der Entrichtung der Maut erhält (siehe Auf Entdeckungstour S. 260).

Infos

Öffnungszeit: Mitte Juni–Mitte Sept. 5–21.30, im Frühjahr/-sommer 6–20, im Herbst 6–19.30 Uhr, letzte Einfahrt 45 Min. vor Nachtsperre.
Tageskarte: Pkws 28 €, Motorräder 18 €, Wohnwagengespanne 35 €.
Auskünfte: zu Straßenzustand/wetterbedingten Sperren Tel. 06546 650, allgemein www.grossglockner.at.

Das Beste auf einen Blick

Oberes Drautal, Gailtal und Lesachtal

Auf Entdeckungstour

Kriegsgedenken 1915– 1918: Die Karnischen Alpen waren im Ersten Weltkrieg Schauplatz extrem blutiger Stellungskämpfe. Auf einer Wanderung über den Friedensweg rund um den Plöckenpass kann man inmitten der grandiosen Gebirgsszenerie die Gräben, Kasernen und Kasematten von einst inspizieren. Hintergründe zur Historie und zum soldatischen Alltag erhellt ein Museum unten im Tal. S. 278

Kultur & Sehenswertes

Kirchenfresken: In vielen Dörfern des Drautals gibt es kleine, mit kostbaren Altären und Wandmalereien geschmückte Gotteshäuser. Besonders sehenswert: Gerlamoos, Gajach, Irschen, Berg und Zwickenberg. S. 267

Nötscher Kreis: Ein kleines Museum erinnert in Nötsch an Leben und Werk der aus vier Malern bestehenden Expressionistengruppe. Gezeigt werden auch zahlreiche Originalbilder. S. 272

Aktiv & Kreativ

Drauradweg: Beschaulich auf dem Drahtesel flussabwärts rollen – entlang der bestens adaptierten Route von der Osttiroler Grenze bis nach Spittal. S. 269

Weissensee: Joggen, schwimmen, angeln, im Winter Schlittschuh laufen – gesünder als im oder rund um Kärntens höchstgelegenen Badesee lässt sich Sport nicht betreiben. S. 270

Genießen & Atmosphäre

Kräuterdorf Irschen: Schaugarten mit Führungen, Praktika, Kräuterfelder, Ab-Hof-Verkauf, ein Festival … Wer sich für heilkräftige (und schmackhafte) Pflanzen interessiert, findet hier sein Paradies. S. 268

Tuffbad St. Lorenzen: Geheimtipp für Wellnessapostel – Kuren nach Bauernart, z. B. im Stein-, Brot- oder Brechelbad, allerdings mit modernem Komfort im neuen Wohlfühl-Hotel. S. 282

Abends & Nachts

Regionalkultur am Weissensee: Unterhaltsames Veranstaltungspotpourri, darunter auch Volksmusik am Floss im See, den ganzen Sommer über in der Gemeinde Techendorf. S. 271

Der Südwesten

Ganz Kärnten präsentiert sich dem Reisende überaus naturverbunden. Doch besonders intensiv lässt sich die Sehnsucht nach Ursprünglichkeit, nach intakten Gewässern, Wiesen und Wäldern und nach traditionellem Leben im äußersten Südwesten stillen. Die Ortschaften etwa im Lesachtal oder auf den Sonnenterrassen des Oberen Drautales sind Bilderbuchidyllen, deren touristische Randlage lange Zeit als Handicap empfunden wurde, sich aber heute, in Zeiten chronischer Reizüberflutung, als Trumpf erweist.

Hauptattraktion der Region, die sich mit gutem Grund »Kärntens Naturarena« nennt, ist denn auch das weite Betätigungsfeld, das sie Aktivurlaubern bietet: Die Wälder und Gipfel der Karnischen Alpen sind Paradiese für Wanderer wie Kletterer. Wassersportler kommen am Weissen- und Presseggersee auf ihre Rechnung. Und auch auf Kunstinteressierte warten diverse Kleinode.

Infobox

Reisekarte: A–F 5–7

Informationen
Kärntens Naturarena: 9620 Hermagor, Hauptstr. 14, Tel. 04282 31 31, Fax 042 82 31 31 31, www.naturarena.com, im Sommer Mo–Fr 8.30–17, Sa 8.30–13 und 14–16, im Winter auch So vormittag, Zwischensaison Mo–Fr 8.30–16 Uhr, Telefon-Info ca. Mitte Juni–Mitte Sept. und Dez.–April tgl. 8.30–19 Uhr. Zentrale Auskunftsstelle für die Regionen Gail-, Gitsch- und Lesachtal, Weissensee, Nassfeld, Hermagor und Pressegger See.

Anreise und Weiterkommen
Das Gailtal ist von Villach bis Kötschach-Mauthen durch eine Bahnstrecke erschlossen. Gleiches gilt für das Obere Drautal, durch das die Strecke Spittal–Lienz führt. Abgelegenere Gegenden wie das Lesachtal sind per Bus erreichbar. Busse verkehren auch durch das Gitschtal zwischen Hermagor und Greifenburg bzw. zwischen Oberdrauburg und Kötschach.
Auskünfte zu den Fahrplänen sämtlicher öffentlicher Verkehrsmittel in der Region Naturarena (und zu Sammeltaxen): Mobilbüro Hermagor, Tel. 04282 252 25, www.mobilbuero.com, Ende März–Ende Nov. Mo–Fr 9–12, Winterhalbjahr ab 9.30 Uhr.

St. Peter im Holz ▸ E 5

Nach dem Zollfeld nördlich von Klagenfurt stellt das **Lurnfeld,** das sich westlich von Spittal bis zur Mündung der Möll in die Drau erstreckt, Kärntens zweite historische Kernlandschaft dar. Ihren – für uns weitgehend imaginären – Mittelpunkt bildet das heutige Dörfchen St. Peter im Holz bei Lendorf. Denn auf dem Waldrücken, der sich dort rund 60 m über dem nahen Fluss erhebt, wurde bereits in der späten Bronze- und Hallstattzeit und verstärkt in keltisch-norischer Zeit gesiedelt. Vor allem aber errichteten die Römer dort (um 50 n. Chr.) eine autonome Stadt, Teurnia mit Namen, von der aus sie ganz Oberkärnten, den Lungau und weite Teile des Kanaltals verwalteten. Dieses planmäßig angelegte *municipium* umfasste zwei ausgedehnte Wohnbezirke und auf höher gelegenen Terrassen, wie es sich gehört, ein Forum samt Marktbasilika, einen Kapitolstempel, eine große Therme sowie das Heiligtum einer keltischen Gottheit, die Apollo ähnelte – insgesamt ein 17 ha großes, von mindestens 7000 Menschen bevölkertes Gebiet, das gemeinsame Grenzen mit Virunum (s. S. 162), Aguntum (bei Lienz) und Luvavum (Salzburg) hatte. Im 4. Jh. wurde die Stadt Sitz einer Diözese und wenig später sogar anstelle von Virunum Verwaltungszentrum der Provinz Binnen-Noricum. Kein Wunder also, dass sich der Holzerberg eineinhalb Jahrtausende später für Archäologen als Fundgrube ersten Ranges entpuppte.

Römermuseum
Tel. 04762 338 07, www.landesmuseum-ktn.at, Mai–Mitte Okt. Di–So 9–17 Uhr, Eintritt 5 €
Die Besichtigung beginnt oben auf der Hügelkuppe nahe der Pfarrkirche mit dem Römermuseum Teurnia. Im Jahr 2000 eröffnet, veranschaulicht es anhand von Inschriften, Statuen, Büsten, Altären und zahlreichen anderen Fundstücken die örtliche Kultur der (Spät-)Antike. Die Grundmauern, die man dahinter, im Wald, frei gelegt hat, sind für Laien wenig attraktiv. Umso ansehnlicher ist jene Ruine einer dreischiffigen, knapp 27 m langen Bischofskirche, die man ein Stück weiter westlich, rechts der Straße Richtung Tal, zu Tage gefördert und vor wenigen Jahren mit einem ausgesprochen ästhetischen Überbau gegen Wind und Wetter geschützt hat. Die Reste eines weiteren frühchristlichen Gotteshauses sind unten, am westlichen Fuße des Hügels, zu besichtigen. Hier ist sogar aus der Zeit um 500 n. Chr. ein hervorragend erhaltenes Bodenmosaik zu bewundern (Schlüssel, auch zum zugehörigen kleinen Museum, an der Kasse des Römermuseums).

Infos

Verkehr
St. Peter ist ab Spittal per Bus erreichbar.

Von St. Peter nach Oberdrauburg ▶ C–E 4/5

Vorbei an **Pusarnitz**, das in die Geschichtsbücher einging, weil 1460 hier Friedrich III. und Graf Johann von Görz ihren erbitterten Kampf um das Erbe der Grafen von Cilli beilegten, was die Position der Habsburgers in Kärnten maßgeblich stärkte, vorbei auch an der weithin sichtbaren **Ruine Hohenburg** und dem gleichnamigen Wallfahrtskirchlein, in dem die Drau-Flößer einst die hl. Jungfrau um sichere Flussfahrt zu bitten pflegten, führt die B 100 westwärts in das **Obere Drautal.**

Eingebettet zwischen den schroffen Gipfeln der Gailtaler Alpen beziehungsweise Lienzer Dolomiten im Süden und den deutlich sanfteren Abhängen der Kreuzeck-Gruppe im Norden, bildet das über lange Strecken recht breite Talbecken seit alters ein viel befahrenes Durchzugstal. Die Landschaftsterrassen, vor allem jene an der sonnigen Nordseite, bieten vielfältige Möglichkeiten zum Wandern und auch Mountainbiken. Und manch Bergdorf birgt kunsthistorische Kostbarkeiten ersten Ranges.

Diesbezüglich das wohl verblüffendste Beispiel bietet der Weiler **Gerlamoos.** Sein Georgskirchlein wartet, halb im Wald versteckt und nur über einen Fußpfad zu erreichen, mit grandiosen Wandmalereien auf: einem Hauptwerk des Thomas von Villach, der hier um 1470 auf über 30 Bildfeldern die Georgslegende sowie Kindheit und Leiden Christi farbenreich ver-

Oberes Drautal, Gailtal und Lesachtal

ewigt hat. Das spätgotische Kirchlein von **Gajach** am Südhang vis-à-vis besitzt gleich drei hervorragende Flügelaltäre. Ähnlich entzückend gelegen und erlesen ausgeschmückt sind die Gotteshäuser von **Berg** (romanische und gotische Fresken, auch nebenan im Karner) und von **Zwickenberg** (Wandmalereien außen und innen, vortrefflicher Flügelaltar). Und auch **Irschen** lockt nicht nur mit seiner besonders lieblichen Landschaft und seinen vielfältigen Attraktionen als Kräuterdorf (siehe Mein Tipp unten), sondern gleichfalls mit einem Kirchlein voller wertvoller Fresken (um 1330).

Bei aller Begeisterung für die Kunstschätze in luftiger Höhe sollte man allerdings die Talorte nicht außer Acht lassen. Auch dort, in **Steinfeld** etwa, einem alten Zentrum für Gold- und Silberbergbau, in **Sachsenburg** oder **Greifenburg**, stößt man auf manch mächtige Burg oder mittelalterliche Häuserzeile.

Mein Tipp

Heilsame Düfte im »Kräuterdorf«
In Irschen dreht sich alles um die heilende Wirkung von Kräutern: Das **KräuterHausPfarrStadel** präsentiert Kräuter- und Agrarprodukte sowie bäuerliches Handwerk (Mai–Okt. Mo–Sa 10–12, 15–18 Uhr); der **Biobauernhof Köstl** bietet nicht nur ein Kräuterfeld und Ab-Hof-Verkauf, sondern auch Kräuter-Praktika (Tel. 04710 237 72). Für Liebhaber von Kräutern ein Muss: der Schaugarten **»Heilgarten der Alpen«**, und auch beim **Kräuterfestival** am 1. Juli-Wochenende dreht sich alles um … (Info: www.irschen.at).

Wegen seines hübschen, homogenen Ortsbildes und gleich zweier Burgruinen speziell hervorhebenswert ist **Oberdrauburg**, der strategisch bedeutsame Schnittpunkt jener Fernverkehrswege, die entlang der Drau Richtung Villach und Lienz beziehungsweise nach Süden über Gailbergsattel und Plöcken ins Italienische führen.

Übernachten

Bioferien – **Mandlers Landhaus:** 9973 Irschen, Stresweg 8, Tel. 04710 24 71, Fax 04710 247 11 30, www.landhausmandler.at, DZ ab 96 €. Modernes Bio-(Nichtraucher-)Hotel in Sonnenlage, helle, große Zimmer, Naturholzmöbel, gute, hauptsächlich vegetarische Küche, Generalthema: alles rund um Kräuter, guter Stützpunkt für Outdoor-Aktivitäten in der Region.

Traditionsgemäß – **Gasthof Post:** 9781 Oberdrauburg, Marktplatz 4, Tel. 04710 22 57-0, Fax 04710 22 57 16, www.gasthofpost.at, DZ ab 54 €. Historischer Gasthof im Ortskern, gehoben bürgerliches, sehr gemütliches Ambiente, gute Küche, Gastgarten mit Grillplatz.

Essen & Trinken

Gehobene Gasthausküche – **Zum Goldenen Rössl:** Sachsenburg, Marktplatz 18, Tel. 04769 25 56, www.goldenesroessl-sachsenburg.at, tgl. 6–24, Küche Mai–Okt. ganztägig, sonst 11.30–14.30, 17.30–21 Uhr, Gerichte ab 7, Menüs ab 9,50 €. Neu renoviertes Traditionshaus in sonniger, zentraler Lage am Drautal-Radweg, überdachte Terrasse, regionale Spezialitätenküche, saisonal und frisch zubereitet, vieles hausgemacht, Fitnessgerichte, auch nette Zimmer (DZ ab 64 €).

Weissensee

Wenig bebaute Ufer und kristallklares Wasser sind die Markenzeichen des Weissensee

Rustikal-behaglich – **Zur Linde:** Oberdrauburg, Ötting 9, Tel. 04710 22 13, Do–Di 12–22 Uhr, Gerichte ab 7 €. Gemütlicher Gasthof in totaler Ruhelage, Garten unter 600-jähriger Linde, kinderfreundlich, eigene Landwirtschaft, Kärntner Kost, Spezialität: ›Törggelen‹ mit Kastanien und Wein, auch Zimmer (DZ ab 44 €).

Aktiv & Kreativ

Kommod strampeln – **Drauradweg:** Der Uferweg von der Osttiroler Grenze flussabwärts bis Spittal ist Teil der 366 km langen Fernroute vom Toblacher Feld in Italien bis ins slowenische Marburg, Näheres unter www.drauradweg.com.

Infos & Termine

Termine
Kärntnernudelfest (1. Aug.-Wochenende): Oberdrauburg, Tel. 0664 201 12 18, www.kaerntnernudel.at.

Verkehr
Irschen und Oberdrauburg von Spittal aus direkt per Bahn, Gerlamoos per Bus.

Weissensee ▶ E 5/6

Er ist Kärntens viertgrößter und höchstgelegener (930 m) Badesee und gilt als einer der reinsten und fischreichsten der Alpen. Schmal, aber 11,6 km lang, liegt er wie ein nordischer Fjord zwischen den dichten Bergwäldern der Gailtaler Alpen und der Latschurgruppe eingebettet. Doch wird sein türkisblaues Wasser im Sommer sehr wohl bis zu 24 °C warm. Und für gewöhnlich den ganzen Winter über ist er von einer dicken, 6,5 km² großen Natureisfläche bedeckt, was ihn für alle Arten von Eissport prädestiniert.

Zudem ist der Weissensee, den man von Greifenburg im Drautal oder von Hermagor durch das Gitschtal und über den nur 1077 m hohen Kreuzbergsattel bequem erreicht, nicht rundherum befahrbar. Sein Ostteil

Oberes Drautal, Gailtal und Lesachtal

lässt sich, mit Ausnahme einer schmalen Stichstraße, nur per pedes oder Boot erkunden. Zwei Drittel der im Osten wildromantisch steilen, im Westen lieblich flachen Ufer sind unverbaut. Kein Wunder also, dass der See im Ruf eines Naturidylls par excellence steht und seine Anrainer für Ihr Bestreben, Fremdenverkehr und nachhaltiges Wirtschaften vernünftig unter einen Hut zu bringen, 1995 mit dem Europäischen Preis für Tourismus und Umwelt ausgezeichnet wurden.

In der Tat bieten seine Ufergemeinden, von Oberdorf über Gatschach, den Hauptort **Techendorf**, wo seit 800 Jahren schon eine Brücke den an dieser Stelle flaschenhalsengen See überspannt, bis **Neusach** und **Naggl** Erholung pur. Und das Aktivprogramm, das neben Wandern, Mountainbiken und allen Arten von Wassersport (außer Motorbootfahren) unter anderem Fischen, Jogging auf markierten Parcours, Wandertauchen, Schnupperklettern und Schlauchkanadiertouren umfasst, ist ganz auf Natur erleben ausgerichtet.

Übernachten

Strandhotel – **Weissenseerhof:** 9762 Neusach 18, Tel. 04713 22 19, Fax 04713 221 95 00, www.weissenseerhof.at, DZ mit HP ab 218 €. Vier-Sterne-Komfort direkt am See, zeitlos elegante Ausstattung, Sonnenterrasse, Liegewiese, Kinderstrand, großes Sportangebot, vorzügl. Küche mit 2 Gault-Millau-Hauben.
Nette Mittelklasse – **Kärntnerhof:** 9762 Techendorf 56, Tel. 04713 22 12, Fax 04713 221 23, www.kaerntnerhof.at, DZ ab 80 €. Familiäres Seehotel, eigener Badestrand, große Liegewiese.
Für Aktivurlauber – **Die Weissenseer Naturnahen:** Fünf herrlich, direkt am See gelegene Drei-Sterne-Häuser bieten im Verbund gemeinsam organisierte Aktivitäten wie Sonnenaufgangswandern mit Almfrühstück oder Kajakfahrt, Infos: Tel. 04713 22 20-0, www.naturnahe.at, DZ 50–100 €.

Essen & Trinken

Frisch & gesund – **Nagglerhof:** Naggl 2, Tel. 04713 2106, www.nagglerhof.com, Mi–Mo 11.30–13.30, 17.30–20.30 Uhr. Gutbürgerliche Kärntner Küche, Produkte vom eigenen Öko-Bauernhof, Panoramablick, Themenwochen (Fisch, Wild, Steak etc.), auch schöne Zimmer (DZ mit HP ab 116 €).
Besonders kinderfreundlich – **Kreuzwirt:** Kreuzberg 2, Tel. 04713 22 06, www.hotelkreuzwirt.at, tgl. 12–20.30 Uhr, Mitte März-Anfang Mai u. Nov. geschl., Gerichte ab 8 €. Wunderschönes Wirtshaus mit gehoben-bodenständiger, saisonaler Küche, auch ansprechendes Hotel (DZ ab 61 €).
Prachtlage am Wasser – **Ronacherfels:** Neusach 40, Tel. 04713 21 72, www.ronacherfels.at, Di–So 12–15, 18–21 Uhr, 3-gängig tafeln um ca. 35 €. Café-Restaurant mit Seeterrasse und Sonnenveranda an der Schiffsanlegestelle, ideales Ausflugsziel zu Fuß oder per Schiff, haubengekrönte Gourmetküche, Fisch- und Wildspezialitäten, erstklassige Weinkarte; auch stilvolles Boutiquehotel (DZ mit HP ab 132 €, Pauschalangebote für Angler).

Aktiv & Kreativ

Rund um den See – **Aktiv Fitness Park:** zwölf Laufparcours, neun Nordic Walking, davon vier im Winter geräumt, elf Loipen, Mountain Biking, geführte/betreute Fitnessprogramme … Treffpunkt: Weissensee Info/Techen-

dorf Süd (Info: s. u.): Mo, Mi– Fr, Teilnahme für Gästekarten-Inhaber gratis, sonst 8 €.
Lehr- und Themenpfade – **Feuchtwiesenwanderweg** ›Von Fischen und Fischern‹ (Techendorf–Praditz), **Märchenweg** (Techendorf-Süd–Naggl).

Abends & Nachts

Authentisches aus der Region – **Kultursommer:** Lesungen, Chor- und Kammerkonzerte im Weissensee-Haus oder in der Evangelischen Kirche in Techendorf, bei Schönwetter So Blasmusik der Trachtenkapelle am Floss im See, Programminfos: Tel. 04713 22 20 bzw. www.weissensee.com.

Infos

Infos
Weissensee Information: 9762 Weissensee, Tel. 04713 22 20-0, Fax 04713 22 20 44, www.weissensee.com.

Verkehr
Von Hermagor per Bus, von Spittal per Bahn bis Greifenburg, ab da per Bus; Dorfbus – die bequeme Alternative zum eigenen Fahrzeug, in Betrieb zw. Hermagor und allen Ufergemeinden von Ende Juni bis Anfang Sept., Fahrplan-Info im Tourismusbüro und auf www.mobilbuero.com.
Weissensee-Schifffahrt: Mitte Mai-Mitte Okt. 10–18, Juli/Aug 9.45–19 Uhr, Auskünfte: Tel. 04713 22 67, www.weissensee-schifffahrt.at.

Durch das Gailtal

Das Gailtal, Rückgrat der »Naturarena Kärnten« erstreckt sich parallel zur italienischen Grenze von Villach über 100 km weit bis nach Osttirol. Aufgrund einer turbulenten, nahezu eine halbe Milliarde Jahre währenden Entstehungsgeschichte der angrenzenden Gebirgsketten ist es insbesondere für (Hobby-)Geologen von großem Interesse. Für sie hat man entlang dem Kamm der Karnischen Alpen spezielle Geo-Trails angelegt (s. S. 51).

Von Nötsch nach St. Stephan ▶ F/G 6/7

Museum des Nötscher Kreises: Nötsch, Haus Wiegele 39, Tel. 04256 36 64, www.noetscherkreis.at, April–Anfang Nov. Mi–Sa, Fei 14–18 Uhr, Eintritt 4 €
Doch auch auf Kunstfreunde wartet in der Gegend vielerlei Ergötzliches. Gleich hinter Villach, nahe dem Dreiländereck Österreich-Slowenien-Italien an der Straße Richtung Kanaltal

Mein Tipp

Petri Heil
Weissensee, Pressegger See, die Gail und ihre Zubringer sind dank ihrem glasklaren Wasser allesamt ideale – und international gefragte – Fischreviere. An ihren Ufern haben sich zahlreiche Betriebe auf die Bedürfnisse der Petrijünger spezialisiert. Sie besorgen Fischerkarten, geben fachkundige Informationen, bereiten das Thermofrühstück zu, haben Tiefkühltruhen, eigene Räume für nasse Kleidung und Gerät und bieten Pauschalen für Fischereiurlaube an. Näheres erfährt man unter Tel. 04282 31 31 oder www.fischen.naturarena.com.

Oberes Drautal, Gailtal und Lesachtal

zum Beispiel, in **Thörl-Maglern:** Dort hinterließ Thomas von Villach, der große Tafel- und Wandmaler der Gotik, im späten 15. Jh. in einer nach außen hin schlichten Kirche eines seiner Hauptwerke – Chorfresken von berückender Formenvielfalt und Qualität. Im Zentrum des vielschichtigen ikonografischen Programms steht ein ›lebendes Kreuz‹, das den Gläubigen seinerzeit die Geschichten von Himmel und Hölle, Sünde und Erlösung, Altem und Neuem Testament eindrucksvoll nahe brachte.

Nördlich der Gail, am Fuße der Villacher Alpe, liegt **Nötsch.** Das Dorf ist dank einer im frühen 20. Jh. hier ansässigen Gruppe expressionistischer Maler, dem sogenannten Nötscher Kreis, in die Kunstgeschichte eingegangen (s. S. 83). Ein kleines, feines Museum im Ortskern zeigt – neben Dokumenten zu Leben und Werk – zahlreiche Originalbilder und regelmäßig auch themenverwandte Sonderausstellungen. Zu den verschiedenen Wirkstätten der Künstler führt ein ausführlich beschilderter Kulturwanderweg.

Anton Kolig, ein führender Vertreter der ›Nötscher‹, hinterließ übrigens an der Außenmauer der Pfarrkirche im Ortsteil Saak ein beeindruckendes Marienfresko. Von außen ebenfalls sehenswert ist in **Saak** Schloss Wasserleonburg. Es geriet 1937 in die Schlagzeilen, als der Herzog von Windsor nach seiner Abdankung als Eduard VIII. hier mit Mrs. Wallis Simpson seinen Honeymoon verbrachte.

Ein Stückchen talaufwärts, in **St. Stefan,** stehen eine spätgotische, besonders schön mit Netzrippen und Reliefs verzierte Kirche und, südlich davon, ein Prachtexemplar von einem freskierten Bildstock. Und in der Nachbargemeinde Vorderberg hat sich Cornelius Kolig, ein Enkel des Malers Anton Kolig, über die Jahre ein Refugium der fantastischen Art geschaffen. »Das Paradies«, wie er es getauft hat, birgt in einem auf dem 6000 m² großen Areal mit Bedacht arrangierten Ensemble aus Speicher- und Werkstattgebäuden, »Erlebnisräumen« und Gärten Arbeiten des von einen als Genie gepriesenen, von anderen als Provokateur skandalisierten Künstlers – großformatige Fotos und Gemälde, kuriose Gerätschaften, Geräte, Objekte und Installationen aus Plexiglas, Polyester, Hartschaum, Aluminium (nicht öffentlich zugänglich, aber vereinzelt private Führungen nach Voranmeldung möglich, Tel. 065 709 19 42, www.kolig.at).

Infos

Verkehr
Nötsch ab Villach direkt per Bahn, Thörl-Maglern per Bus; im Winter Zubringer-Skibus aus der Umgebung.

Hermagor und Nassfeld
▶ E 6/7

Gailtaler Heimatmuseum: Möderndorf, Tel. 04282 30 60, www.karnische-museen.at, Mitte Juli–Anfang Sept. Di–So 10–17, ab Mitte Mai u. bis Mitte Okt. nur Di–Fr, Eintritt 4 €

Die Bezirks- und Einkaufsstadt Hermagor liegt an der Einmündung des Gitschtales ins Gailtal und blickt auf eine mindestens 850-jährige Geschichte zurück. Ihr Kern ist infolge zahlreicher Brände und Kriege kunsthistorisch jedoch wenig interessant. Umso attraktiver ist allerdings ihr Umland: Keine 5 km östlich bürgt der **Pressegger See,** ob seiner seltenen Fauna und Flora unter Naturschutz gestellt und ob seiner hohen Wassertemperaturen gerne als ›Badewanne Kärntens‹

Durch das Gailtal

Auch im Winter überaus reizvoll: die Sonnenalpe Nassfeld

bezeichnet, für feuchtfröhliche Erholung. In Schloss Möderndorf, einem über 500 Jahre alten, burgartigen Bau am Südrand der Stadt, ist das **Gailtaler Heimatmuseum** untergebracht. Es dokumentiert mit seiner reichhaltigen Sammlung das volkskundliche Erbe der Region.

Von Kennern unter die schönsten Schluchten Österreichs gereiht wird die nahe gelegene, an die 600 m tiefe **Garnitzenklamm.** Der tour-retour 12 km lange Steig ist als Geo-Trail gestaltet und verlangt einiges an Trittsicherheit und Kondition. Belohnt wird die rund viereinhalbstündige Mühe jedoch mit unvergesslichen Eindrücken.

Von Tröpolach, wenige Autominuten weiter westlich, führt der **Millenium-Express,** die mit 6 km längste Seilbahn der Alpen, auf die Sonnenalpe Nassfeld. Dort, an der Grenze zu Italien und 800 bis 1200 m über dem Gailtal, finden Wanderer und, intensiver noch, Wintersportler ihr Glück.

Übernachten

Für Wintersportler – **Hotel Sonnenalpe:** 9620 Hermagor, Sonnenalpe Nassfeld 9, Tel. 04285 82 11, Fax 04285 81 28, www.sonnenalpe.at, nur Nov.–April, DZ mit HP 280 €. Qualitätshaus direkt an der Skipiste, mit viel Holz farbenfroh gestylt, große Bade- und Saunawelt, eigenes Kinderhaus mit Betreuung, exzellentes Restaurant.

Biedermeier-Schlössl – **Gut Lerchenhof:** 9620 Hermagor, Untermöschach 8, Tel. 04282 21 00, Fax 04282 21 00-9, www.lerchenhof.at, DZ ab 76 €. Gehobene Mittelklasse in denkmalgeschütztem Herrschaftssitz, Grünlage mit 10 ha Wald und Wiesen, Kurzweil für Kinder u. a. durch zugehörigen Bauernhof garantiert, Sauna, Dampfbad, gutbürgerliche Küche.

Ideal für Selbstversorger-Familien – **Feriendorf Pressegger See:** 9620 Pressegger See 7, Tel. 04282 446 09, Fax 04282 446 09 44, www.familienferiendorf.at,

Lieblingsort

Rundum-Genuss im Landhaus »Kellerwand« ▶ C 6

Mein Gott, was soll man da noch viele Worte verlieren? Seit 30 Jahren lenkt Sissy Sonnleitner nun schon gemeinsam mit ihrem Gemahl – und seit Längerem tatkräftig unterstützt von Tochter Stefanie – die Geschicke dieses Rolls-Royce unter Kärntens kleinen Landhotels und sichert ihm mit ihrer schlafwandlerischen Stilsicherheit seine Stellung als Fixstern am hiesigen Gastronomiehimmel. Zu Österreichs »Köchin des Jahres« hat man sie erkoren, ihr zwei Hauben und den Beinamen »Sissy nazionale« verliehen, und die Lobeshymnen aus dem In- und Ausland strotzen vor Superlativen.
Was also erzählen über diese in Kötschach-Mauthen beheimatete Institution? Am besten, Sie fahren baldigst hin, nehmen einige Tage in der »Kellerwand« Quartier und geben sich Abend für Abend, nachdem ausgiebige Wanderungen in der prachtvollen Umgebung gebührlich Appetit geweckt haben, den Wonnen der Speisekarte hin (Tel. 04715 269, www.sissy-sonnleitner.at, Hauptgerichte ab ca. 18 €, Menüs ab 32 €).

Oberes Drautal, Gailtal und Lesachtal

Apartments für 4 Pers. ab 120 €. Geschmackvolle Anlage mit 16 behaglichen Holzhäusern à 60 m², ruhige Lage am See, vielfältiges Kinderprogramm mit Betreuung, Haustiere willkommen.
Top-Standard – **Schluga Camping** in Vellach bei Hermagor (ganzjährig) und **Naturpark Schluga Seecamping** am Pressegger See (Mitte Mai–Mitte Sept.), Tel. 04282 20 51, Fax 04282 28 81-20, www.schluga.com, 2 Erw., 2 Kinder und Stellplatz ab 26 €. Fitness- und Wellness-Center, große Badeanlage am See, Top Ausstattungt.

Essen & Trinken

Für Fischliebhaber – **Beim Bachmann:** Hermagor, Obervellach 33, Tel. 04282 20 69, www.biolachs.at, tgl. 11.30–14, 17.30–22 Uhr, Nebensaison Mo Ruhetag. Feinschmeckertreff mit saisonaler Küche, offener Grill, Spezialität: der (fast) fangfrische, selbst geräucherte und vielfach prämierte Atlantik-Lachs; Mitgliedsbetrieb der Slow Food-Bewegung, jeden Do–Sa 17 Uhr Räuchereibesichtigung, um 19 Uhr nach Voranmeldung Schmankerltour, p. P. 35 €; angeschlossen: Deli-Shop und kleines, feines Hotel (DZ ab 90 €).
Herzhaft – **Bärenwirt:** Hermagor, Hauptstr. 17, Tel. 04282 20 52, tgl. 9–24 Uhr, ganztägig warme Küche, Nov.–Mai am So, Okt. ganz geschl. Gemütliches Stadtgasthaus, unprätentiöse Spezialitätenküche von Beuschel und Blutwurst bis Ritschert und Maischalan, mit saisonalen Schwerpunkten, Bildersammlung einheimischer Künstler.

Einkaufen

Aus eigener Fertigung – **Wurzer-Dirndl:** Hermagor, Kühwegboden 30, Tel. 04282 23 17, www.wurzerdirndl.at. Seit über 40 Jahren Trachten- und Landhausmode in hoher Qualität und zeitlosem Design.

Aktiv & Kreativ

Action & Spaß – **Erlebnispark Pressegger See:** Tennis, Baden, Riesenrutsche und -rad, Luftschlösser u. v. m., Mai–Sept. 9–18 Uhr, www.erlebnispark.cc, Pauschal-Tageskarte inkl. aller Geräte, Spiele, Attraktionen, Zugang in Badezone, Liege, Sonnenschirm, Boots- und Spieleverleih um 15 €.
Sportler-Eldorado – **Skiarena Nassfeld:** Kärntens größtes Skigebiet mit 30 Liftanlagen und Seilbahnen, 100 km Pisten, 55 km Schneewanderwegen, Twinpipe, Bordercrossparcour u. v. m., im Sommer u. a. Hochseilgarten, als Zubringer: die längste Kabinenbahn der Alpen (Millennium-Express), Tel. 042 85 82 41, www.skiarena.at.

Infos

Infos
Tourismusbüro Hermagor (zuständig auch für Nassfeld und Pressegger See): 9620 Hermagor, Göseringlände 7, Tel. 04282 20 43, Fax 04282 20 43 50, www.hermagor.info, Öffnungszeiten: siehe Kärntens Naturarena, Infobox S. 250.
Tourismusinfo Gitschtal: 9622 Weissbriach, Tel. 04286 219, Fax 04286 219 15, www.weissbriach.at.

Verkehr
Hermagor ab Villach direkt per Bahn; im Winter Zubringer-Skibus aus der Umgebung.
Millenium-Express: Die Kabinenseilbahn fährt von Tröpolach in wenigen Minuten auf das Nassfeld, Infos: Tel. 04285 636.

Kötschach-Mauthen ▶ C 6

Museum 1915–1918 im Rathaus und Freilichtmuseum Plöckenpass siehe Auf Entdeckungstour S. 278

Seit alters als eine wichtige Station an der Nord-Süd-Route vom Drautal Richtung Oberitalien fungiert die Zwillingsgemeinde Kötschach-Mauthen. Schon von weitem fällt ihr wichtigstes Kunstdenkmal ins Auge: die Pfarrkirche von Kötschach. Der spätgotische Hallenbau, ein Werk Barthlmä Firtalers aus dem frühen 16. Jh., der weithin als ›Gailtaler Dom‹ bekannt ist, besitzt wunderschöne Fresken und darüber ein einzigartiges Netzgewölbe aus sogenannten Schlingrippensternen. Ein ähnlich entzückendes, extrem fantasievoll dekoriertes Gotteshaus hinterließ der Baumeister aus Innichen übrigens an der Zufahrt zum Gailberger Sattel, in Laas.

Dass die Region bereits in römischer Zeit, ja sogar noch früher, von reichen Eisen-, Blei- und Zinkvorkommen profitierte, haben Ausgrabungen in **Gurina**, oberhalb des Nachbarortes Dellach, offenbart. Um diese besser ausbeuten zu können, aber vor allem wohl zwecks besserer Anbindung Teurnias beziehungsweise Agentums an den Süden, bauten die Römer die Straße über den Plöckenpass aus. Drei Steintafeln mit lateinischen Inschriften bezeugen auf italienischer Seite die frühe ingenieurtechnische Meisterleistung.

Apropos Meisterleistung: Kötschach-Mauthen gilt, was die Nutzung erneuerbarer Energie betrifft, österreichweit als ein Musterort. Dank 21 Kleinwasserkraftwerken, diversen Anlagen zur Verwertung von Solarenergie, Biomasse und -gas sowie Kärntens bislang einziger Windkraftanlage ist der Ort bereits von der öffentlichen Stromversorgung unabhängig und verfügt über ein eigenes, privat betriebenes Netz.

Übernachten

Wellness-Leitbetrieb – **Bio-Pension Daberer:** 9635 St. Daniel 32, Tel. 04718 590, Fax 04718 59 03 10, www.biopension.at, DZ, ¾-Pension und diverse Anwendungen inkl. ab 161 €. Vier-Sterne-Vitalhotel, großzügiges Ambiente, weitläufiger Spa-Bereich, diverse Wohlfühl-Programme, Waldsauna, grüne Haube für naturfrische Küche.
Gediegen – **Lenzhofer:** 9634 Gundersheim, Landhof 1, Tel. 04718 33 70, Fax 04718 30 04, www.landhof-lenzhofer.at, DZ ab 108 €. Schmuckes Vier-Sterne-Landhotel, sehr persönlich geführt, direkt an Radweg und Langlaufloipe gelegen, 300-m^2-Bioteich, zugehöriges 250-ha-Jagdrevier, hervorragende Küche und guter Weinkeller; probierenswert: Loncium-Bier aus der gleichnamigen Mikrobrauerei in Kötschach.
Kindergolfhotel – **Erlenhof:** 9640 Mauthen 82, Tel. 04715 444, Fax 04715 444 44, www.erlenhof.at, DZ 80 € im Drei-Sterne-, 110 € im Vier-Sterne-Haus. Familienbetrieb mit freundlicher Atmosphäre und überdurchschnittlich guter Küche, großer Garten, Golf 4 Kids mit Putting Green zum spielerischen Erwerb der Kinderplatzreife, diverse andere Aktivprogramme.

Essen & Trinken

Legende zu Lebzeiten – **Restaurant & Landhaus Kellerwand:** siehe Lieblingsort S. 274.
Gepflegt und gesundheitsbewusst – **Pfeffermühle:** Tel. 04715 560, www.pfeffermuehle.com, tgl. 11.30–22.30 Uhr, im Winter Mo geschl., Gerichte ab

Auf Entdeckungstour

Kötschach – in paradiesischer Landschaft der Hölle gedenken

Im Ersten Weltkrieg tobte entlang dem Karnischen Kamm ein grausamer Stellungskrieg. An das gegenseitige Hinschlachten von Italienern und Österreichern gemahnt oberhalb des Plöckenpasses ein Freilichtmuseum. Nicht minder eindrucksvoll ist das in Kötschach-Mauthen eingerichtete Antikriegsmuseum.

Reisekarte: ▶ C 6

Freilichtmuseum: zugänglich vom Ende der Schneeschmelze bis zum ersten herbstlichen Schlechtwetter.

Museum 1915–1918: Rathaus, Kötschach-Mauthen, Tel. 04715 8513-32, www.dolomitenfreunde.at, Mitte Mai–Mitte Okt., Mo–Fr 10–13, 15–18, Sa/So/Fei 14–18 Uhr, Eintritt 4,80 €.

Planung: Der »Sommerbus« (siehe www.kaerntner-linien.at) fährt nur Mitte Juli–Mitte Sept. zur Passhöhe. Für die Erkundung des Kleinen Pal unverzichtbar: Übersichtskarte 1:1250, erhältlich im Museum in Kötschach und im italienischen Grenzgasthof.

Taucht der Plöckenpass heutzutage in den Nachrichten auf, sind dafür in der Regel Verkehrsbehinderungen, ausgelöst durch Autokolonnen von Ausflüglern oder heftigen Schneefall, der Grund. Vor knapp 100 Jahren jedoch war die durch die herrliche Gebirgslandschaft des Karnischen Kamm über die Staatsgrenze führende Passstraße regelmäßig in den politischen Nachrichten zu finden. Am 23. Mai 1915 hatte das bis dahin neutrale Italien Österreich-Ungarn den Krieg erklärt und mit seinen Truppen unverzüglich versucht, die Gebirgsgrenze zu Südtirol und Kärnten beziehungsweise über den Isonzo nach Triest zu überqueren. Den k.u.k.-Truppen freilich gelang, wiewohl sie in der Minderzahl waren, die natürlichen Verteidigungsbarrieren entlang der Südwestfront zu halten. Was folgte, war ein jahrelanger erbitterter Stellungskrieg, dessen Blutzoll dem der weit berühmteren Schlachten von Verdun kaum nachstand.

Hunderttausende Soldaten beider Seiten fielen allein den zwölf Isonzoschlachten zum Opfer, abertausende den strengen Gebirgswintern. Gleich nach Kriegsbeginn kam es auch entlang der kärntnerisch-friulischen Grenze zu ersten heftigen Kämpfen, die im Großen und Ganzen aber bald wieder abflauten. Um die Höhenzüge am Plöckenpass jedoch, den Kleinen Pal, den Cellon, die Cellonschulter, den Freikofel und den Großen Pal, wurde jahrelang intensiv gerungen. Schließlich ging es um die einzige befahrbare Durchbruchspforte in das Gail- und weiter in das Drautal, mithin um eine strategische Schlüsselposition.

Freilichtmuseum Plöckenpass
Nachdem Anfang der 1970er-Jahre eine Gruppe von Bergbegeisterten den Verein der Dolomitenfreunde ins Leben gerufen hatte, um alte Steige entlang der einstigen Südwestfront als »Friedenswege/Vie della Pace« instand zu setzen, erkoren sie den Höhenweg entlang dem Karnischen Kamm zu einem Schwerpunkt ihrer Arbeit. Deren zentrales Ergebnis ist ein großräumiges Freiluftmuseum auf den Anhöhen über dem Plöckenpass, das wie kein anderes Gebiet im heutigen Österreich eine Vielzahl historischer Anlagen des Ersten Weltkriegs aufweist. Es eignet sich deshalb ideal dazu, der heutigen Generation drastisch die Leiden und Leistungen der Frontsoldaten und zugleich die Untauglichkeit von Krieg als Instrument der Konfliktaustragung vor Augen zu führen.

Ausgang- und Endpunkt des Rundweges, auf dem man den am bequemsten zugänglichen Sektor des Museums, den sogenannten Abschnitt **Maschinengewehrnase**, erkundet, ist die Passhöhe. Etwa 1,5 Stunden wandert man vom Propellerrad, das sich dort heute friedlich und Energie spendend im Wind dreht, leichten, aber tunlichst trittsicheren Fußes der gut beschilderten Route folgend bis zu jenem Geländepunkt, von dem aus seinerzeit die österreichischen Militärs den Straßenübergang sperrten.

Schweißtreibender, freilich auch noch weit lohnender ist der Aufstieg in den **Gipfelbereich des Kleinen Pal,** für den man einen ganzen Tag reservieren sollte. Cirka 70 Objekte, vor allem Gräben, Kavernen und Kasematten, wurden auf dem karstartigen, teilweise dicht von Latschen bewachsenen und von kleinen Tälern, Mulden sowie (Vorsicht bei Nebel!) Felsspalten durchzogenen Plateau wieder begehbar gemacht. Der häufige schwere Beschuss hatte seinerzeit beide Seiten, Alpini und k.u.k.-Soldaten, gezwungen, sich immer tiefer im Fels zu verbarrikadieren. Zahlreiche Schutzräume sowie verbindenden Stollen und Galerien entstanden. Ein Netz von Saumwegen, Frontsteigen und Materialseilbahnen sicherte dann die Versorgung.

Geschätzte zweimal tausend Mann lagen einander hier oben im Sommer 1917 gegenüber - in manchen Frontabschnitten auf Handgranatenwurfweite. Als dann im Oktober desselben Jahres im Zuge der 12. Isonzoschlacht bei Flitsch-Tolmein und Karfreit alias Caporetto, dem heute slowenischen Kobarid, die verbündeten österreichisch-ungarischen und deutschen Truppen die Front durchbrachen und das italienische Kommando seinen Truppen den Rückzug erteilte, schwiegen mit einem Mal die Waffen. Der Gebirgskrieg in den Dolomiten, den Julischen und Karnischen Alpen war beendet.

Auf unterirdischem Klettersteig

Mit welch ungeheurem, geradezu bizarren Aufwand an Mensch und Material im Hochgebirge um marginale Geländegewinne gerungen wurde, wird am nachdrücklichsten im dritten Museumsabschnitt, dem **Cellonstollen**, offenbar. Im Sommer 1916 war es den Italienern gelungen, den Ostgipfel des Cellon zurückzuerobern. Wodurch große Teile der zuvor von den Österreichern erbauten Wege, Seilbahnen Stellungen am Kleinen Pal und weit hinaus bis zum Gailbergsattel plötzlich in ihrem Sichtbereich lagen. Ab nun verursachte jede Ablösung in den k.u.k.-Reihen, jeder Trägertransport Verluste. In mühevollster Arbeit mussten die Anlagen Richtung Osten, in das Angerbachtal, verlegt werden. In dieser Phase wurde der beschusssichere Cellonstollen gebaut. Er ist heute Österreichs einziger unterirdisch versicherter, historischer Klettersteig. Um ihn zu durchsteigen, muss man, wiederum von der Paßhöhe, bloß den Wegweisern folgen. Die gesamte Tour dauert circa einen halben Tag und führt nach dem Stollen über die untere und obere Cellonschulter auf italienischer Seite über die Collinetta-Alm zurück zum Plöckenpass. Allerdings ist sie nur für versierte Alpinisten ratsam. Denn der Weg ist zwar durchgehend mit Seilen gesichert. Doch setzt seine Begehung Trittsicherheit und absolute Schwindelfreiheit voraus, sind Selbstsicherung, Steinschlaghelm und Stirnlampe angeraten. Wie überhaupt für Cellonstollen und Kleinen Pal die Ausrüstung mit Bergschuhen, Kälte- und Regenschutz sowie eine gewisse Fitness Voraussetzung sind. Dringend empfohlen wird zudem, da oben weder Quellen noch bewirtschaftete Schutzhütten vorhanden sind, die Mitnahme von Proviant und Getränken.

Preisgekröntes Antikriegsmuseum

Als Ergänzung zum Freilichtmuseum dringend empfohlen ist schließlich der Besuch des Museum **1915–1918: Vom Ortler bis zur Adria**, das die Dolomitenfreunde im Rathaus von Kötschach-Mauthen eingerichtet haben. Hier werden auf mehr als 600m^2 nicht nur anhand von Fotos, Dokumenten, Karten und Exponaten ausführlich das Kriegsgeschehen und der soldatische Alltag entlang der gesamten Südwestfront dargestellt. Auch die mannigfaltigen Aktivitäten im Rahmen der »Friedenswege« zwischen Col di Lana und Plöckenpass finden sich dokumentiert in diesem musealen Memento, dessen Betreiber für die eindrückliche und fundierte Gestaltung mit mehreren Museumspreisen ausgezeichnet worden sind.

9 €. Ein traditionelles Wirtshaus im besten Sinne, bodenständige Kost mit Speck, Almkäse, Polenta und dem Gros der anderen Produkte aus eigener Herstellung bzw. dem Tal, ansprechendes Ambiente, großer Kinderspielplatz.

Einkaufen

Delikatessen – **Herwigs Spezialitäten:** Hauptplatz 19, 04715 246, www.kaeseschokolade.at. Feinste Schinken, Pasta, Öle, Essig, Oliven, Essig, Senf, Kärntner Edelbrände und Weine, einzigartig: die Käseschokolade.

Aktiv & Kreativ

Wasser- & Wellnessoase – **Aquarena:** Tel. 04715 567, www.aquarena.info, Di–So 10–20, Do bis 21 Uhr. Natürlich beheiztes Hallen- und Freibad, großer Wellnessbereich, Riesenrutsche, Tageskarte 6,60 €, idyllische Alternative: **Wald- und Naturschwimmbad** am Ortsrand von Mauthen.

Infos & Termine

Infos
Tourismusbüro Kötschach-Mauthen: 9640 Kötschach 390, Tel. 04715 85 16, Fax 04715 85 16 31, www.koemau.com, Mo–Fr 8.30–12 , 13–17, Juli/Aug. länger.

Termine
Gaumenfreuden im Gailtal: Speckfest (Anfang Juli), **Käsefest** (Ende Sept.), **Polentafest** (Anfang Okt.), Besuche bei einschlägigen Gasthöfen, Bauern, Fleischern etc., www.kaernten.at.

Verkehr
Ab Villach direkt per Bahn.

Im Lesachtal ▶ A–C 6

Westlich von Kötschach-Mauthen windet sich eine enge Straße in zahllosen Kurven und Kehren in ein Hochtal hinauf, das bis heute abseits der großen Verkehrs- und Tourismusströme liegt: Das Lesachtal, das im Westen, jenseits der Grenze zu Osttirol, in das Hochpustertal mündet, galt unter Kärntnern lange Zeit als eine Art hinterwäldlerischer Herrgottswinkel. Mittlerweile preist man es als ein ›Zukunftsmodell für Alpenregionen‹. Die Ernennung zum ›naturbelassensten und umweltfreundlichsten Tal Europas‹ ist nur eine von mehreren Auszeichnungen für seine sorgsam gehütete Unversehrtheit (s. S. 77).

Knapp 25 km ist dieser oberste Abschnitt des Gailtales, den der Volksmund früher ›Tal der 100 Mühlen‹ nannte und dessen Name sich aus dem Slawischen Wort für ›Wald‹ ableitet, lang, zwischen 900 und 1500 m hoch gelegen, und an seinem Talgrund sehr eng. Den Süden mauern die kühnen Gipfel und Grate der Karnischen Alpen ab, den Norden die Lienzer Dolomiten. Tief unten schäumt grün und kalt der junge Fluss. Mehr als 70 Wildbäche stürzen ihm entgegen und zerfurchen dabei die steilen Flanken so sehr, dass sich die Hauptstraße, mancher Begradigung und neuen Brücke zum Trotz, immer noch gehörig die Abhänge entlang kringeln muss. Auf halber Höhe schmiegen sich fünf Dörfer malerisch an die schmalen Sonnenterrassen. Beiderseits der Talschlucht über die stets sattgrünen Wiesen gestreut: ein paar Dutzend alte oder im alten Stil neu gebaute Weiler und Einzelhöfe.

Eine Sehenswürdigkeit hält gleich der erste größere Ort nach Kötschach, **St. Jakob**, bereit: einen überaus stimmungsvollen Kalvarienberg. Von hier

Oberes Drautal, Gailtal und Lesachtal

führt ein Fahrweg (für die Benützung berappt man einen kleinen Obolus) auf die Mussen – ein Almgebiet, das für seine besonders reiche und ungewöhnliche Flora bekannt ist. Weil dort seit Jahrhunderten zwar gemäht, aber nie geweidet wurde, gedeihen unter anderem Tüpfelenziane, Alpenazaleen sowie äußerst rare Orchideen- und Lilienarten.

Birnbaum ist der Ausgangspunkt für Wanderungen durch das Wolayertal zum gleichnamigen, äußerst malerisch am Fuß der Hohen Warte (2780 m) gelegenen See. Einen grandiosen Blick auf die Karnische Gipfelkulisse genießt man vom Weiler **Kornat** oberhalb von Birnbaum aus.

In der Nähe von **St. Lorenzen**, wo etliche besonders stattliche Exemplare des Lesachtaler Hofes mit den charakteristischen, breiten Satteldächern den Ortskern umstehen, findet sich das älteste Bauwerk im Tal: die 1085 geweihte Kirche St. Radegund. In einem Seitental hat man kürzlich anstelle des altehrwürdigen, aber ziemlich unzeitgemäßen Tuffbades eine moderne Kuranlage samt Wellness-Hotel (s. u.) errichtet.

In **Maria Luggau** klappern noch fünf 200 Jahre alte Wassermühlen, denen man entlang einem hübschen Wanderweg beim Getreidemahlen zusehen kann. Vor allem aber lockt die Wallfahrtskirche Maria Schnee bis heute scharenweise Pilger und Kunstfreunde an. Sie wurde im 16. Jh. erbaut, im 18. innen glanzvoll barockisiert und wird heute von Mönchen des zugehörigen Servitenklosters betreut. Wer von hier auf die **Samalm** steigt, darf sich auf einen Traumblick freuen, der bis zum Glocknermassiv und zu den Sextener Dolomiten reicht.

Mein Tipp

›Mega dive‹, die Riesenschaukel

Adrenalinstoß garantiert: Wer seinen ganz persönlichen Beschleunigungsrekord aufstellen will, kann dies seit Kurzem auf Europas größter Schaukel tun. Sie hängt an 70 m langen Stahlseilen unter einer Brücke bei Birnbaum und bietet drei Wagemutigen im Fallschirmgurt Platz, um, nach der ›Bergfahrt‹ an einer Seilwinde, mit 100 km/h über die Baumwipfel zu sausen. Nähere Auskünfte, auch über Kajak- und Raftingtouren, Goldwaschen, Edelsteinschürfen u. v. m., bei: Fit & Fun Outdoor, St. Lorenzen, Tel. 04716 597, 0676 504 91 69, www.fitundfun-outdoor.com.

Übernachten

Verjüngungskur – **1. Almwellness-Hotel:** 9654 St. Lorenzen, Tuffbad 3, Tel. 04716 622, Fax 04716 622 55, www.almwellness.com, DZ ab 176 €. Neues Wohlfühl-Haus fernab der Hauptstraße, moderner Vier-Sterne-Komfort, Mineralschwimmbad, bäuerliche Kurmittel wie Brechel-, Steinöl-, Brotbad, Massagen, Yoga, Abteilung u. v. m.

Komfortabel & ambitioniert – **Wanderniki:** 9653 Liesing, Obergail 3, Tel. 04716 294, Fax 04716 29 48, www.wanderniki.at, DZ ab 70 €. Idyllisch gelegener Komfort-Gasthof, naturnahe, sehr gute Küche mit Schwerpunkt auf selbstgezüchtet, -gefangen, -gemacht, Panoramablick, auch schöne Suiten, diverse Aktivprogramme, Gratis-Mountainbike-Verleih.

Wellnessbetont – **Alpenhof Wolayersee:** 9652 Birnbaum, Wodmaier 5, Tel.

Im Lesachtal

04716 727, Fax 04716 72 78, www.alpenhof-wolayersee.at, DZ ab 64 €. Qualitätvoller Familienbetrieb, nett-rustikal, Sauna, Sonnenterrasse, ›Raum der Stille‹ mit Bergaussicht.
Im gesamten Lesachtal – Besonders viele Angebote für ›Urlaub am Bauernhof‹, s. auch www.mehrwerthoefe.com.

Essen & Trinken

Herzhaft – **Löwen**: St. Jakob 12, Tel. 047 15 88 18, tgl. 6–22 Uhr, Gerichte ab 8,50 €. Alter, traditioneller Dorfgasthof, ›gestandene‹ Hausmannskost.
Rustikal mit Stil – **Paternwirt**: Maria Luggau 30, Tel. 04716 288, www.paternwirt.at, Gerichte ab 8 €. Stattlicher Gasthof in herrlicher Lage mit behaglichen Stuben (Kachelofen), heimische Schmankerl (Lammbratl!), viel Vollwert und Vegetarisches, Nachmittagsjause im Panorama-Wintergarten.
Gehoben – **Badstub'n**: Liesing, Klebas 30, Tel. 04716 690 00, www.egartner-lesachtal.at, tgl. 10–24, warme Küche 11–21 Uhr, Gerichte ab 7,50 €. Gepflegtes Restaurant, Kärntner und internationale Spezialitäten, Lesachtaler Menüs, benachbart öffentliches Schwimmbad.
Traumlage – **Lahnerhof**: Liesing, Obergail 8, Tel. 04716 239, www.lesachtal.com/lahnerhof, Mai–Okt. tgl. 12–21 Uhr, Nudelgerichte ab 6,30 €. 200-jähriger Berggasthof aus dem Bilderbuch, Aussichtsterrasse, nette Stube, Spezialitäten-Bio-Küche.

Einkaufen

Naturbelassenes – **Bauernladen**: Maria Luggau, Tel. 04716 484, Mai–Okt. tgl. 10–18 Uhr. Schmackhafte Bioprodukte und nettes Kunsthandwerk von 70 örtlichen Betrieben, jeden 1. und 3. Fr im Monat 9.30–13 Uhr Bauernmarkt.
Direkt vom Bergbauern – **Jöhrerhof**: Liesing, Tscheltsch 4, Tel. 04716 283, www.joehrerhof.com, Schafskäse und Wollprodukte.

Aktiv & Kreativ

Los geht's! – **Wanderopening im Lesachtal**: alljährlich zu Pfingsten/2. Juniwoche.
Gehend lernen – **Erlebniswanderweg St. Radegund** (in St. Lorenzen) und **Mühlenweg** (in Maria Luggau).

Infos & Termine

Infos
Tourismusinformation Lesachtal: 9653 Lesachtal, Liesing, Tel. 04716 24 22 12, Fax 04716 242 20, www.lesachtal.com.
Abenteuer-Alpen-Card: kostenlos für Nächtigungsgäste der ca. 40 Mitgliederbetriebe, bietet günstige Rabatte für 70 spannende Abenteuer-Angebote plus zwei Gratis-Gutscheine; Info-Hotline: Tel. 04282 31 31-14, www.abenteueralpen.at.

Termine
Almfest (2. Sept.-Wochenende): mit Fußhakel-Meisterschaft: Steineckenalm.
Festival AlpenKammerMusik, Dorf- und Brot- bzw. Mühlenfest: s. S. 79.

Verkehr
Ganzjährig Bus von Kötschach bis Maria Luggau; Sommerbus Lesachtal: tgl. außer So von Kötschach nach Sillian bzw auf den Plöckenpass, auch als Zubringer/Abholer für Wanderungen auf dem Karnischen Höhenweg, Infos: Tourismusbüro bzw. www.mobilbuero.com/sommerbus.

Register

Afritzer See 214
Aichernig, Horst 103
Aktivurlaub 29
Althofen 46, **186**
Annenheim 212
Apotheken 35
Apriach 256
Arnulf von Kärnten 44, 161
Arriach 214
Ärztliche Versorgung 35
Auen 123

Bachmann, Ingeborg 86, 98
Bad Bleiberg 205
Bad Eisenkappel 141
Bad Kleinkirchheim 71, **244**
Bad St. Leonhard 149
Baldramsdorf 228
Baumgartner, Franz 117, 119
Berg, Alban 82, 123
Berg, Werner 84, **144**, 147
Bernhard von Spanheim, Herzog 45, 92, 99, 158
Birnbaum 79, 282
Bleiberg-Kreuth 204
Bleiburg 144
Bodental 134
Boeckl, Herbert 84, 167
Brahms, Johannes 56, 82, 114
Brennsee 214
Burg Hochosterwitz 166
Burg Sommeregg 229

Carl Freiherr Auer von Welsbach 187, 188
Curtis, Tim 133

Danielsberg 251
Dellach 123, 229, 277
Deutsch-Griffen 219
Diex 137
Diplomatische Vertretungen 35
Disney, Walt 166
Dobratsch (Villacher Alpe) 45, 50, 52, **204**
Döbriach 229
Döllach 256
Domenico dell'Allio 94
Domenig, Günther **62**, 103, 212

Dougherty, Patrick 133
Drau (Fluss) 42, 44, 130, 131, 197, 222, 250
Drautal 50, **130**, 222, **264**
Drobollach 206

Ebene Reichenau 242
Eberhart, Reinhard 201
Eberstein 191
Edoga, Mo 133
Egg 206
Einreisebestimmungen 20
Eisentratten 235
Elbe, Johann 144
Engelbert I. von Spanheim 153
Essen und Trinken 26

Faak 206
Faaker See 206
Fauna 50
Feiertage 35
Feilacher, Johann 133
Feistritz 131
Feldkirchen 218
Ferlach 54, 134
Ferndorf 228
Feste 31
Finkenstein 207, 208
Flattnitz 182
Fleißtal 258
Flora 50
Fraganttal 254
Fremdenverkehrsämter 15
Fresach 228
Friesach 45, 46, **176**
Frög 131
Fromiller, Joseph Ferdinand 100, 102, 119, 209, 251
Fürstenstein 98, **161**

Gailtal 264, 271
Gailtaler Alpen 50, 269
Garnitzenklamm 273
Gatschach 270
Gegendtal 214
Geld 35
Geografie 42
Geologie 48
Gerlamoos 267
Gerlitzen 213
Geschichte **44**, 92, 196
Gienke, Volker 103

Giselbrecht, Ernst 103
Globasnitz 144
Gmünd 235
Görtschacher, Urban 232
Görtschitz (Fluss) 188
Görtschitztal 174
Gößfälle 240
Gössnitzfall 258
Grades 181
Green, Julien 102
Greifenburg 268, 269
Griffen 86, **139**
Griffener Tropfsteinhöhle 139
Großglockner 42, 257, **260**, **263**
Großglockner-Hochalpenstraße 65, **74**, 257, **260**, **263**
Gurina 277
Gurk 183
Gurktal 174, 182
Gurktaler Alpen 42, 50
Gustav-Mahler-Komponierhäuschen 121

Hagenauer, Johann Georg 186
Haider, Jörg 47, **58**
Haimburg 137
Handke, Peter 86, 140
Harrer, Heinrich 192
Heft, Freilichtmuseum 189
Heiligenblut 257, **261**
Heinrich I., Herzog 197
Hemma von Gurk 180, 183
Hemmaberg 144
Henckel-Donnersmark, Grafen 150
Hermagor 269, 272
Hermann von Spanheim, Herzog 92
Herzogstuhl 161
Himmelberg 219
Hirt 176
Hochfeistritz 191
Hoffmann, Josef 117
Hofmeister, Werner 191
Hohe Tauern 42, 66, **248**
Hohenburg 267
Hoke, Ed und Tomas 133
Hoke, Giselbert 83, 98
Hollenburg 134

Register

Holzbauer, Wilhelm 103
Hörfeld-Moor 190
Horten, Helmut 122
Hüttenberg 52, 189

Informationsquellen 14
Innerfragant 254
Innerkrems 242
Irschen 268

Janus, Gustav 87
Jauntal 128, 136
Jonke, Gert 87
Joseph II. 45

Kachlmoor 258
Kaiser-Franz-Josefs-Höhe 261, 263
Kaning 215
Kanzianiberg 207
Karawanken 42, 50, 130
Karl V., Kaiser 198
Karlbad 247
Karlmann, König 44, 114
Karnburg 44, **161**
Karnische Alpen 42, 266
Kärnten Card 21
Keutschach 126
Keutschacher Seental 126
Keutschacher See 126
Khevenhüller, Bartholomäus 118
Khevenhüller, Georg 119, 166, 167
Klagenfurt 45, 46, 90, **93**
Klein St. Paul 191
Klima 42
Klopeiner See 140
Knappenberg 189
Kofler, Werner 87
Kogelnik, Kiki 84, 100, 141, 142, 145
Kolbnitz 251
Kolig, Anton 83
Kolig, Cornelius 84, 200, 272
Kölnbreinsperre 240
Konrad von Friesach 184
Koralpe 42, 50
Koschat, Thomas 81
Kötschach-Mauthen 277
Krappfeld 186
Krastal 214

Krumpendorf 112

Land Art 132
Landskron 212
Längsee 165
Lassnig, Maria 84
Lavant, Christine 86, 98
Lavanttal 44, **148**
Lesachtal 77, 264, **281**
Lesetipps **16**, 57, 67
Liaunig, Herbert W. 145
Lied 80
Lieding 186
Lieseregg 229
Liesertal 220, 234
Liesing 79
Lipus, Florjan 87
Lobisser, Suitbert 100
Lurnfeld 266

Magdalensberg 44, **172**
Mahler, Gustav 82, 117, 121
Maier, Elke 133
Mallnitz 252
Malta 240
Malta-Hochalm-Straße 240
Maltatal 240
Malteiner Wasserspiele 240
Marchstaller, Hieronymus 154
Maria Elend 131
Maria Gail 207
Maria Luggau 79, **282**
Maria Rain 134
Maria Saal 46, **167**
Maria Theresia, Kaiserin 45, 97, 150
Maria Waitschach 189
Maria Wörth 123, 124
Maximilian I., Kaiser 93
Metnitz 182
Metnitztal 174, 181
Millstatt 231
Millstätter See 220, 229
Minimundus 108
Mittagskogel 206
Mölk, Joseph 102
Möll (Fluss) 250
Möllbrücke 250
Mölltal 250
Mölltaler Gletscher 254
Molzbichl 228
Moosburg 113

Mörtschach 256
Musil, Robert 85, 87, 98

Napoleon 94
Nassfeld 272
Nationalpark Hohe Tauern 47, 51, **68**
Naturraum 48
Neuhaus 145
Nockalmstraße 242
Nockberge 47, **241**
Norische Region 189
Notruf 37
Nötsch 271
Nötscher Kreis 83, 271

Oberdorf 270
Oberdrauburg 268
Obervellach 251
Oberwöllan 214
Öffnungszeiten 37
Oman, Valentin 84, 169, 171
Ossiach 209
Ossiacher See 194, **209**
Ozi I., Graf 209

Pacher, Michael 154, 163
Packalpe 42
Paladino, Mimmo 100
Paracelsus 198, 204
Pasterze (Gletscher) 75, 262
Perkonig, Josef Friedrich 80
Petzen 145
Plöckenpass 277, 278
Pöckstein-Zwischenwässern 186
Podrecca, Boris 103
Politik 43
Porsche, Ferdinand 235
Pörtschach 113, 117
Pressegger See 272
Prunnerkreuz 162
Pusarnitz 267
Pyramidenkogel 124, 126

Radenthein 214
Raggaschlucht 254
Rangersdorf 255
Reichenfels 149
Reifnitz 122
Reisende mit Handicap 38
Reisezeit 17

285

Register

Reißeck-Seenplateau 251
Roman I., Bischof 183, 186
Roman von Gurk, Bischof 98
Rosegg 131, 133
Rosental 128, **130**
Rundreisen 18

Saak 272
Sablatnigmoor 140
Sachsenburg 268
Saualpe 50
Säumer 65
Schaidasattel 134
Schareck-Gipfel 254
Schau-Kraftwerk Forstsee 118
Schiefling 123
Schloss Ebenau 131, 133
Schloss Ferlach 133
Schloss Frauenstein 165
Schloss Stadlhof 165
Schloss Tanzenberg 169, 171
Schloss Wernberg 119
Schlossberg 139
Seeboden 229
Seetaler Alpen 42, 50
Sekirn 122
Sicherheit 38
Sirnitz 219
Sonklar, Karl von 66
Spittal an der Drau 222
St. Andrä 152
St. Donat 165
St. Georgen 165
St. Jakob 281
St. Kanzian 140
St. Lorenzen 79, 282
St. Martin am Techelsberg 118

St. Oswald 244
St. Paul im Lavanttal 153
St. Peter am Bichl 161
St. Peter im Holz 44, **266**
St. Stefan 272
St. Veit 45, 93
St. Veit an der Glan 45, **158**
Stall 255
Stappitzer See 253
Staudacher, Hans 84
Steckbrief 42
Stein im Jauntal 140, 142
Steindorf 62, **212**
Steinfeld 268
Steuerberg 219
Stift Eberndorf 141
Straßburg 186
Suetschach 131

Taggenbrunn 165
Tauernautobahn 47, 65, 234
Techendorf 270
Telefonieren 39
Thomas von Villach 154, 197, 267, 272
Thörl-Maglern 272
Tiffen 219
Top-Ski-Kärnten-Pass 21
Trebesing 235
Treffen 214
Treffling 229
Treibach 186
Troger, Paul 98
Tscheppaschlucht 134
Turner See 140
Turracher Höhe 242
Turrini, Peter 87
Twimberg 149

Übernachten 23
Ulrich von Liechtenstein 180
Ulrichsberg 161

Velden 117, 118
Vellach (Fluss) 141
Verkehrsmittel 20
Verwaltung 43
Vierbergelauf 34
Viktring 126
Villach 45, 93, **196**
Villacher Alpe siehe Dobratsch
Virunum 44, 98, 162
Vogelsang, Ulrich und Andreas 96
Völkermarkt 45, 93, **136**

Waldo von Freising 123
Wallack, Franz 75, 261
Warmbad Villach 204
Weissensee 269
Weitensfeld 182
Weizelsdorf 131, 133
Wellness 31, 71
Wetter 17
Winkler, Josef 87
Winklern 255
Wirtschaft 43, 52
Wolfsberg 45, 150
Wörthersee 46, 90, **111**
Wörthersee-Kärnten-Card 93

Zell-Pfarre 134
Zollfeld 156

Das Klima im Blick — atmosfair

Reisen bereichert und verbindet Menschen und Kulturen. Wer reist, erzeugt auch CO_2. Der Flugverkehr trägt mit einem Anteil von bis zu 10 % zur globalen Erwärmung bei. Wer das Klima schützen will, sollte sich für eine schonendere Reiseform (z. B. die Bahn) entscheiden – oder die Projekte von *atmosfair* unterstützen. *Atmosfair* ist eine gemeinnützige Klimaschutzorganisation. Die Idee: Flugpassagiere spenden einen kilometerabhängigen Beitrag für die von ihnen verursachten Emissionen und finanzieren damit Projekte in Entwicklungsländern, die dort den Ausstoß von Klimagasen verringern helfen. Dazu berechnet man mit dem Emissionsrechner auf *www.atmosfair.de*, wie viel CO_2 der Flug produziert und was es kostet, eine vergleichbare Menge Klimagase einzusparen (z. B. Berlin – London – Berlin 13 €). *Atmosfair* garantiert die sorgfältige Verwendung Ihres Beitrags. Klar – auch der DuMont Reiseverlag fliegt mit *atmosfair*!

Abbildungsnachweis/Impressum

Abbildungsnachweis

art lodge, Verditz: S. 11. u. re., 194 re., 216/217
Bad Kleinkirchheimer Tourismus Marketing GmbH: S. 11 u. li., 246/247
Bildagentur Huber, Garmisch-Partenkirchen: S. 42, 156 li., 166 (o. A.); S. 74/75 (Gräfenhain); S. 264 li., 273 (Schmid)
Carnica-Region Rosental: S. 129 li., 132
dpa, Frankfurt: S. 160
Dumont Bildarchiv: S. 27, 30, 90 li., 91 li., 94/95, 101, 138/139, 174 (2 x), 184/185, 187, 190, 207, 248 re., 258/259, 265 li., 269
Heinz Ellersdorfer, St. Veit an der Glan: S. 10 o. re., 128 re., 142
Stefan Zoltan, Klagenfurt/Viktring: S. 192
Kleinsasser Hof, Spittal: S. 11 o. li., 221 li., 226/227
Kulturbüro Gmünd: S. 220 li., 236
Künstlerischer Nachlass Werner Berg, Völkermarkt: S. 11 o. re., 146/147
laif, Köln: S. 83 (Bungert); S. 85 (Duroy/VU); Titelbild, S. 48/49, 195, 210, 230/231 (Gerber); S. 12/13, 128 li., 152/153, 175 li., 178, 248 li., 253 (Haenel); S. 40/41 (Hilger); S. 63 (Hoehn); S. 55, 71 (Kaiser); S. 10 u. li., 264 re., 274/275 (Kreuels); S. 68, 255, Umschlagrückseite (Kuerschner); S. 58 (Merillon); S. 80, 194 li., 202 (Morascher); S. 36, 52 (Standl)
Landesmuseum Kärnten, Klagenfurt: S. 172
Look, München: Umschlagklappe vorn (Eisenberger); S. 241 (Erber); S. 88/89 (Strauss); S. 10 o. li., 124/125 (Terra Vista)
mauritius immages, Mittenwald: S. 249 li., 260 (Higuchi); S. 9 (imagebroker/Dauerer); S. 220 re., 223 (imagebroker/Edwin); S. 78 (imagebroker/Kreder); S. 242/243 (Ritschel); S. 77 (Scholz)
Ernst Peter Prokop, Klagenfurt: S. 10 u. re., 157 li., 168/169
Thomas Stankiewicz, München: 90 re., 108, 112/113, 156 re., 159, 215
Verein Dolomitenfreunde, Kötschach-Mauthen: S. 278
Walter M. Weiss, Wien: S. 8
Kurt-Michael Westermann: S. 65
Wörthersee Tourismus GmbH: S. 116 (Gerhard Tilly)

Zitate

S. 9: aus »Kärnten«, Pinguin-Verlag, Innsbruck 1982, S. 15.
S. 55: aus »Merian Kärnten«, Jahreszeiten Verlag, München 1986, S. 8.

Kartografie

DuMont Reisekartografie, Fürstenfeldbruck
© DuMont Reiseverlag, Ostfildern

Umschlagfotos

Titelbild: Blick auf den Millstätter See
Umschlagklappe vorn: Wandern in den Nockbergen

Hinweis: Autor und Verlag haben alle Informationen mit größtmöglicher Sorgfalt geprüft. Gleichwohl sind Fehler nicht vollständig auszuschließen. Alle An-gaben erfolgen ohne Gewähr. Bitte, schreiben Sie uns! Über Ihre Rückmeldung zum Buch und über Verbesserungsvorschläge freuen sich Autor und Verlag: **DuMont Reiseverlag,** Postfach 3151, 73751 Ostfildern, info@dumontreise.de, www.dumontreise.de

1. Auflage 2011
© DuMont Reiseverlag, Ostfildern
Alle Rechte vorbehalten
Grafisches Konzept: Groschwitz/Blachnierek, Hamburg
Redaktion: Susanne Pütz, Sabine Zitzmann
Printed in Hungary